国际物流管理

主　编　王　钢　史成东
副主编　王雅平　李春霞　宋　洁

中国水利水电出版社
www.waterpub.com.cn

·北京·

内 容 提 要

本书旨在帮助读者全面、深入地理解国际物流的运作机制、管理策略以及发展趋势。从国际物流的基本概念出发，本书系统地介绍了国际物流管理的各个方面，包括国际物流的概述、发展，国际贸易与国际物流的紧密联系，国际货物运输与保险，国际货运代理，国际物流中的报关和报检等核心环节。同时，本书还特别关注了保税物流与自由贸易区、跨境电商物流等新兴领域，以及"一带一路"背景下国际供应链管理的创新实践。

本书适合作为相关院校物流管理专业教学用书，也适合从事国际物流、物流运输相关技术人员借鉴参考。

图书在版编目（ＣＩＰ）数据

国际物流管理 / 王钢，史成东主编. -- 北京：中国水利水电出版社，2024.5
ISBN 978-7-5226-2472-3

Ⅰ. ①国… Ⅱ. ①王… ②史… Ⅲ. ①国际贸易－物流管理 Ⅳ. ①F252

中国国家版本馆CIP数据核字(2024)第109597号

书　　名	**国际物流管理** GUOJI WULIU GUANLI
作　　者	主　编　王　钢　　史成东 副主编　王雅平　李春霞　宋　洁
出版发行	中国水利水电出版社 （北京市海淀区玉渊潭南路1号D座　100038） 网址：www.waterpub.com.cn E-mail: sales@mwr.gov.cn 电话：（010）68545888（营销中心）
经　　售	北京科水图书销售有限公司 电话：（010）68545874、63202643 全国各地新华书店和相关出版物销售网点
排　　版	中国水利水电出版社微机排版中心
印　　刷	清淞永业（天津）印刷有限公司
规　　格	184mm×260mm　16开本　17印张　414千字
版　　次	2024年5月第1版　2024年5月第1次印刷
印　　数	0001—1000册
定　　价	**68.00元**

凡购买我社图书，如有缺页、倒页、脱页的，本社营销中心负责调换
版权所有·侵权必究

前　言

在全球经济一体化浪潮的推动下，国际物流作为连接各国经济活动的桥梁和纽带，扮演着愈发重要的角色。面对日益复杂的国际环境和多变的物流需求，培养具备国际视野、精通国际物流运作与管理的高素质人才显得尤为重要。为此，我们精心编著了这本《国际物流管理》，以期为广大学子提供一本全面、深入、实用的学习指南。

本书旨在帮助读者全面、深入地理解国际物流的运作机制、管理策略以及发展趋势。从国际物流的基本概念出发，本书系统地介绍了国际物流管理的各个方面，包括国际物流的概述、发展，国际贸易与国际物流的紧密联系，国际货物运输与保险，国际货运代理等核心环节。同时，我们还特别关注了保税物流与自由贸易区、跨境电商物流等新兴领域，以及"一带一路"背景下国际供应链管理的创新实践。

在编写过程中，本书注重理论与实践相结合，既介绍了国际物流管理的理论框架，又提供了丰富的案例分析和实训项目。我们希望通过这种方式，使读者在理论学习的同时，提高实际操作能力，更好地应对国际物流市场的挑战和机遇。值得一提的是，本书特别注重思政元素的融入。我们深入挖掘国际物流管理领域的思政资源，将其巧妙地融入教材内容中，旨在培养学生的爱国情怀、国际视野和职业道德。通过学习本书，学生不仅能够掌握国际物流管理的专业知识和技能，还能够树立正确的价值观和职业观，为未来的职业发展奠定坚实的基础。

此外，本书还体现了物流管理与工程类专业新文科建设的最新研究成果和最佳实践经验。我们紧密关注国际物流领域的最新动态和发展趋势，将最新的理论成果和实践经验融入教材中，使教材内容更加贴近实际、更具前瞻性。

本书的适用对象广泛，既可作为高校物流管理、物流工程、国际经济与贸易、电子商务等相关专业的教材，也可作为从事国际物流工作的职业人士的参考书籍。我们希望通过这本书，能够为广大读者提供一本全面、实用、前沿的国际物流管理指南，助力他们在国际物流领域取得更好的成绩。

本书是由山东华宇工学院王钢、山东理工大学史成东担任主编，山东华宇工学院王雅平、李春霞、宋洁担任副主编，在此对所有为本书编写付出辛勤努力的专家和学者表示感谢，他们的智慧和贡献使得这本书更加完善和丰富。同时，本书也是2022年山东省本科教改项目《新文科背景下"管工融合"的物流工程专业建设研究与实践》阶段成果和2022年山东华宇工学院立项教材建设项目成果。

我们深知教材的编写是一项系统工程，需要不断地完善和优化。因此，我们诚挚地希望广大读者在使用过程中提出宝贵的意见和建议，以便我们不断改进和完善本书。

目　录

前言

第1章　国际物流管理概论 ········· 1
1.1　国际物流概述 ············· 2
1.2　国际物流管理内容 ············ 10
1.3　国际物流的发展 ············ 14
1.4　实训项目——调查国际物流企业情况 ····· 24

第2章　国际贸易与国际物流 ······· 28
2.1　国际贸易与国际物流概述 ········· 28
2.2　国际贸易实务 ············ 31
2.3　实训项目——国际贸易合同条款识别 ····· 57

第3章　国际货物运输与保险 ······· 59
3.1　国际货物运输概述 ············ 60
3.2　国际货物运输方式 ············ 64
3.3　国际多式联运 ············ 81
3.4　国际货物运输保险 ············ 88
3.5　实训项目——国际空运的报价 ······· 108

第4章　国际货运代理 ············ 111
4.1　国际货运代理 ············ 112
4.2　国际海上货运代理业务 ········· 118
4.3　国际航空货运代理业务 ········· 128
4.4　国际陆上货运代理业务 ········· 133
4.5　集装箱运输与国际多式联运代理业务 ····· 140
4.6　国际货运事故处理 ············ 146
4.7　实训项目——缮制出口货运单证 ······· 162

第5章　国际物流中的报关和报检 ······ 165
5.1　海关基本知识 ············ 166
5.2　通关一体化改革 ············ 173
5.3　进出口货物报关程序 ········· 180
5.4　实训项目——报关报检操作 ······· 193

第6章　保税物流与自由贸易区 ································ 196
6.1　国际物流货物仓储概述 ································ 197
6.2　保税仓库与保税区 ···································· 202
6.3　国际物流货物仓储业务运作基本程序 ···················· 205
6.4　自由贸易园区 ······································ 211
6.5　实训项目——调查自由贸易区相关资料 ·················· 214

第7章　跨境电商物流 ······································ 217
7.1　跨境电商概述 ······································ 218
7.2　跨境电商与国际物流 ································ 220
7.3　实训项目——调查跨境电商领域国际物流企业相关资料 ······ 227

第8章　"一带一路"背景下国际供应链管理 ···················· 229
8.1　供应链与供应链管理概述 ······························ 231
8.2　国际供应链产生背景 ································ 238
8.3　国际供应链管理 ···································· 244
8.4　"一带一路"背景下的国际供应链构建 ···················· 252
8.5　"一带一路"背景下国际供应链管理 ···················· 256
8.6　实训项目——中国香港利丰集团全球供应链管理的案例分析报告 ···· 261

参考文献 ·· 265

第 1 章　国际物流管理概论

学习目标与要求

本章重点介绍了物流与物流管理、国际物流等基本概念，分析了国际物流管理内容，回顾了国际物流的发展阶段，总结了国际物流的发展障碍及趋势。
1. 掌握物流概念、价值及职能，了解物流发展过程。
2. 掌握国际物流的概念、特点，理解国际物流的形成背景。
3. 理解国际物流管理内容。
4. 了解国际物流兴起原因、发展障碍及发展趋势。

导入案例

中国成全球最大船东国，海运连接度全球领先

截至 2023 年 8 月，我国船东拥有船队规模达 2.492 亿总吨，从总吨上成为世界最大船东国。我国海运服务网络遍及全球。目前，我国已与 100 多个国家和地区建立了航线联系，服务网络不断完善，海运连接度全球领先。我国港口货物吞吐量和集装箱吞吐量连续多年居世界第一位，在世界港口吞吐量、集装箱吞吐量排名前十位的港口中，我国分别占 8 席和 7 席。2022 年全国港口货物吞吐量达 156.85 亿吨，集装箱吞吐量 2.96 亿标箱。内河货运量连续多年稳居世界第一位，内河通航里程居世界第一位，长江干线连续多年成为全球内河运输最繁忙、运量最大的黄金水道。2022 年我国内河运输完成货运量 44.02 亿吨、货物周转量 1.9 万亿吨公里，支撑服务保障区域经济发展能力显著增强。

在铁水联运方面，2022 年铁水联运量 874.7 万标准箱，同比增长 16%；2023 年上半年集装箱铁水联运量完成 477.8 万标箱，同比增长 9.4%。在智慧化发展方面，智慧港口、智慧航道建设深入推进，已建成自动化集装箱码头 16 座，在建 10 余座，已建和在建规模均居世界首位。全国电子航道图发布里程超过 5700 公里，长江水系电子航道图干支联通持续推进。积极推动航运数字化转型，基于区块链的海运进口集装箱、大宗散货电子放货平台应用不断拓展。国际海运业全面对外开

放，与66个国家和地区商签了70个双边和区域海运协定，上海国际航运中心基本建成，海运国际影响力显著提升。我国连续17年当选国际海事组织A类理事国，参与全球海运治理能力稳步增强。

2023年是共建"一带一路"倡议提出10周年。我国全力保障国际物流供应链稳定畅通。面对国际物流供应链紧张局面，指导国际班轮公司优化航线运力投入，全力做好我国主要外贸集装箱航线运力保障。优化完善港口重点物资运行监测，提升沿海港口矿石、集装箱码头和粮食中转仓储设施能力，提升粮食、化肥、电煤、液化天然气等重点物资和国际集装箱水路运输保障能力和水平。持续发挥水运"压舱石"作用，确保"出口货物出得去、进口货物进得来"，为保障全球产业链、供应链稳定贡献中国力量。

资料来源：经济日报

思考：我国保障国际物流供应链稳定畅通的意义及对策。

1.1 国际物流概述

1.1.1 物流与物流管理

1. 物流发展史

人类从物—物交换时代就有物流的存在，现代物流形成于商业领域的实物配送（Physical Distribution）与军事后勤的后勤学（Logistics），而我国使用的物流概念来自于日语"物的流通"。

（1）中国古代的物流活动。中国西汉时期，张骞出使西域，开辟了从长安经甘肃、新疆到中亚、西亚，并连接地中海各国的陆上通道，即举世闻名的古"丝绸之路"。茶马古道的路线大致有两条：一条从云南普洱茶的产地出发，经下关、丽江、迪庆、德钦到西藏，出境至缅甸、印度；另一条则是由四川雅安出发，经泸定、康定、昌都至拉萨，出境至尼泊尔、印度。唐朝时期，杜牧路经华清宫抵达长安时，有感于唐玄宗、杨贵妃荒淫误国而作的"长安回望绣成堆，山顶千门次第开。一骑红尘妃子笑，无人知是荔枝来"，当杨贵妃看见"一骑红尘"奔驰而至，知是供口腹享受的荔枝到了，故欣然而笑。其他人以为这是来传送紧急公文，谁想道马上所载的是来自涪州的鲜荔枝呢！据《新唐书·杨贵妃传》记载，杨贵妃嗜食荔枝，为求新鲜，乃置骑传送，走数千里，荔枝味未变，已至京师。这一行为揭示了"安史之乱"的祸根，抨击了封建统治者的骄奢淫逸和昏庸无道。以上均是我国古代物流活动的经典案例。

（2）国外物流概念演变。1915年阿奇·萧在《市场流通中的若干问题》一书中就提到了"实物分配"（Physical Distribution）。1918年，英国犹尼利弗的哈姆勋爵成立了即时送货股份有限公司，目的是在全国范围内把商品及时送到批发商、零售商和用户手中。美国营销学者克拉克于1924年在其著作《市场营销管理》中也使用了物流概念。1935年，美国销售协会阐述了实物分配的概念，即"实物分配是指在销售过程中物资资料和服务，从生产场所到消费场所的流动过程中所伴随发生的种种经济活动"。到了第二次世界大战期间，美国从军事需要出发，首先采用了物流管理（Logistics Management）这一概念，逐渐建立了军事后勤理论。该理论通过将战时物资生产、采购、运输、配给等活动作为一个整体进行统一部署、规划，以求后勤补给的总费用最低、速度更快、服务更好。第二次世界大战后，物流一词被借用到企业管理中，被称作企业物流（Business Logistics），包含了生产过程和流通过程的物流，是一个包含范围更广泛的物流概念。20世纪80年代后，后勤（Logistics）逐渐取代实物分配（Physical Distribution），成为物流的代名词，包含生产领域的原材料采购、生产过程中的物料搬运、厂内物流、流通过程中的销售物流，这是物流科学走向成熟的标志。美国学者鲍沃京克斯在1974年出版的《物流管理》一书中，将物流管理定义为以卖主为起点将原材料、零部件与制成品在各个企业间有策略地加以流转，最后达到用户，其间所需要的一切活动的管理过程，这一概念已接近现代物流管理的定义。1985年美国物流管理协会提出了物流的新概念：物流是对货物、服务以及相关信息从起源地到消费地的有效率、有效益的流动和存储，进行计划、执行与控制及满足顾客要求的过程，将顾客服务的理念引入到物流概念中，是传统物流与现代物流的分界线，标志着现代物流管理的形成。

随着经济全球化以及市场经济一体化的发展，企业之间的竞争已经转变成为供应链与供应链之间的竞争。物流管理由原来关注于企业内部的供应链管理发展到侧重于企业之间和全球或国际供应链管理，供应链企业之间的关系从过去的竞争与利己关系，转变成合作与互利的关系，近年来进一步发展到注重知识的分享和创造、通过供应链成员的紧密合作和能力互补与提升形成国际延伸和虚拟企业，最终为顾客提供更好的产品与服务。

2. 物流与物流管理概念

《物流术语》（GB/T 18354—2021）将物流定义为："根据实际需要，将运输、储存、装卸、搬运、包装、流通加工、配送、信息处理等基本功能实施有机结合，使物品从供应地向接收地进行实体流动的过程"，并将物流管理定义为："为了以最低的物流成本达到用户所满意的服务水平，对物流活动进行的计划、组织、协调与控制"。国内外对物流的定义很多，较具代表性的还有以下几个：

（1）从物流作用的对象角度，将物流定义为"一个控制原材料、制成品、产成品和信息的系统"。

（2）依据物流的过程，将其定义为"从供应开始经各种中间环节的转让及拥有而到达最终消费者手中的实物运动，以此实现组织的明确目标"。

（3）从物流的作用来定义物流，则为"物资资料从供给者到需求者的物理运动，是创造时间价值、空间价值和一定的加工价值的活动"。

（4）从物流的活动及价值来定义物流，物流是"指物资实体从供应者向需求者的物理移动，它由一系列创造时间价值和空间价值的经济活动组成，包括运输、仓储、配送、包装、装卸、流通加工及物流信息处理等多项基本活动，是这些活动的统一"。

从以上定义可以看出，物流概念与我国传统的储运概念不同，物流不仅包含储存、运输，还涉及装卸、搬运、包装、流通加工、配送、信息处理等基本活动，所包含的内容更广泛，同时以追求各活动的系统化、整体化最优为目的。物流管理实质上是对物流系统的管理。一个完整的物流系统是从供应商提供原材料或零部件开始，经由生产过程转变为产成品后再配送到顾客手里。

在物流系统中流动的"物"的性质、尺寸、形状等物理与化学性质都不应当发生改变，更为准确地说，物流活动和生产加工活动不同，不以创造"物"的使用价值为主要目的，而以克服供给方和需求方在空间维和时间维方面的不匹配性，创造空间价值和时间价值为主要特点，并在特定情况下，也可能创造一定的加工附加价值，在社会经济活动中起着不可或缺的作用。

(1) 时间价值。"物"从供给者到需求者之间有一段时间差，因改变这一段的时间差而创造的价值，称作时间价值。物流主要通过缩短时间创造价值、弥补时间差创造价值、延长时间差创造价值等几种方式实现其时间价值。以大米为例，其种植和收获具有季节性，但消费者的需求却是日常性的。物流系统通过仓储和库存管理，确保了即使在大米收获的季节之外，消费者也能随时购买到新鲜、优质的大米。这种通过使用仓储手段克服季节性产出与日常消耗之间的不匹配，实现大米的持续供应，正是物流时间价值的体现。

(2) 空间价值。空间价值是指通过改变物质的空间距离而创造的价值。物流创造的空间价值是由现代社会产业结构、社会分工所决定的，主要原因是供给和需求之间的空间不匹配，商品在不同地理位置有不同的价值，通过物流活动将商品由低价值区转移到高价值区，便可获得价值差，即空间价值。空间价值的实现主要有从集中生产场所流入分散需求场所创造价值、从分散生产场所流入集中需求场所创造价值等几种具体形式。例如山西的煤埋藏在深山中，和泥土、石块一样，没有任何价值，只有经过采掘、输送到别的地方用来作为发电、取暖的燃料的时候才能实现其价值，通过运输克服了需求和供给的空间不匹配才得以实现。

(3) 加工附加价值。加工是生产领域常用的手段，并不是物流的本来职能，但物流也可以创造加工附加价值，这种加工活动不是创造商品的主要实体并形成商品，而是带有完善、补充、增加性质的加工活动，如钢板裁剪。薄板厂生产出来的薄板为60吨一卷，运输、吊装、储存都非常方便，但却无法满足零售需求。为了方便销售和用户购买，就需要用切板机将钢板切割、裁剪成适合用户需要的形状尺寸，为了实现运输的规模效应和满足客户的个性化需求，切割、裁剪这些工作最好在靠近客户需求端的流通过程完成，这就称为流通加工，其可以创造新的附加价值。

3. 物流职能

现代物流的职能是指物流活动应该具备的基本能力，以及通过对物流活动的有效组合，达到物流的最终经济目的，一般由运输、仓储、包装、装卸搬运、流通加工、配送及与上述职能相关的物流信息等构成。从对创造时间价值和空间价值贡献度而言，可以将物流的职能分为主体职能、辅助职能和信息管理职能。物流的职能如图 1.1 所示。

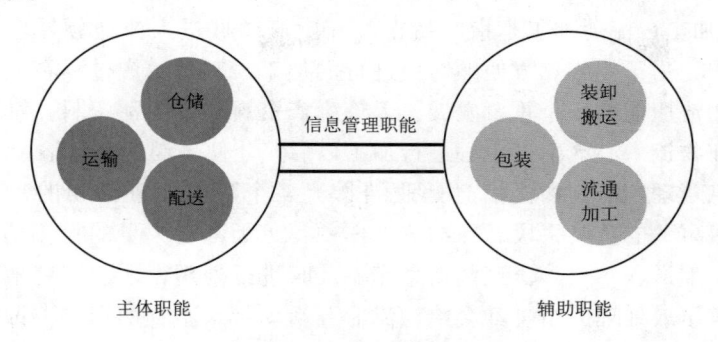

图 1.1 物流的职能

(1) 主体职能。物流的主体职能包括运输、仓储和配送。

1) 运输。在物流过程中的运输，主要是指物流企业或受货主委托的运输企业，为完成物流业务进行的运输组织和运输管理工作。如生产过程中的原材料运输，半成品、成品的运输，包装物的运输；流通过程中的物资运输，商品运输等；在回收物流过程中，各种回收物品的分类、捆装和运输；在废弃物流过程中，各种废弃物包括垃圾的分类和运输等。无论哪一种物流，一般都离不开运输工作。运输工作是其中心业务活动。无论哪一种运输，都追求一个目标，即最大限度地实现运输合理化。

2) 仓储。这里所说的仓储，主要是指生产仓储和流通仓储。工厂为维持连续生产进行的原材料储存、零部件储存；商业、物资企业为保证供应、避免脱销进行的商品储存和物资储存；在回收物流过程中，为了分类、加工和运送而进行的储存；在废弃物流过程中，为了进行分类和等待处理的临时储存等。这些仓储业务活动除了保证社会生产和供应外，还需要实现仓储合理化。要做到仓储合理化，需采取相应措施。如国外部分工厂实现"零库存"，即按计划供应，随用随送，准时不误，避免积压原材料和资金。

3) 配送。配送是物流业一种新的服务形式，其业务活动面很广，包括物资供应部门给工厂的配送，商业部门给消费者的配送，工矿企业内部的供应部门给各个车间配送原材料、零部件等。配送业务强调的是及时性和准确性。

(2) 辅助职能。在由运输、仓储和配送构建的物流体系框架中，还存在着诸多辅助性的职能。这些辅助职能就整个物流体系而言，不可或缺。甚至可以说这些辅助职能同样存在于每一次细微的物流活动中。辅助职能主要有包装、装卸搬运和流通加工。

1) 包装。包装也是物流的重要职能之一。包装不仅是为了商品销售，而且在物流的各个环节如运输、储存、装卸搬运等过程中，都需要包装。特别在运输和装卸作业时，必须强化包装加固，以避免商品破损。我国每年由于物品包装不善而造成的损失是相当惊人的。

2) 装卸搬运。装卸搬运是物流业务中经常性的活动。无论是生产物流、销售物流还是其他物流，在运输、储存或其他物流作业活动中，都离不开物品的装卸搬运。所以说装卸搬运在整个物流业务活动中是一项很重要的职能。在装卸搬运作业中，一般采用自动化、机械化、半机械化和手工操作等作业方式。

3）流通加工。流通加工是指产品在离开生产领域进入流通领域，但尚未进入消费的过程中，为了销售和方便顾客而进行的加工。其是生产过程在流通领域内的继续，也是物流职能的一个重要发展。无论生产资料还是生活资料，都有一些物资和商品必须在物流中心或配送中心进行加工以后，才便于销售和运输。

（3）信息管理职能。物流信息是联结物流各个环节业务活动的链条，也是开展、完成物流事务的重要手段。在物流工作中，每天都有大量的物流信息发生，如订货、发货、配送、结算等。这些信息需要及时进行处理，才能顺利地完成物流任务。信息的积压或处理失当，都会给物流业务活动带来不利的影响。因此，如何收集、整理并及时处理物流信息，也是物流的重要职能之一。

物流信息管理通常包括：市场信息收集与需求分析、订单处理、物流动态信息传递、物流作业信息处理与控制、客户关系管理、物流经营管理决策支持等内容。

4. 物流合理化目标

（1）距离短。物流是物质资料的物理性移动，即运输、仓储、包装、装卸搬运、流通加工、配送等活动，最理想的目标是零距离。凡是移动都要产生距离，移动的距离越长，费用越大，反之则费用越小，所以缩短移动距离为物流合理化的目标之一。

产品在产地消费能大大节省运输成本，减少能源消耗；产品采取直达运输，尽量不中转，避免或减少交叉运输、空车返回，也能做到近距离短；大中城市间采取大批量运输方式，城市外围建配送中心，由配送中心向各类用户进行配送，就能杜绝重复运输，缩短运距；"门到门""线到线""点到点"的送货，进一步缩小了运输距离，大幅度减少了运输上的浪费；运输距离短还包括装卸搬运距离短，货架、传送带和分拣机械等都是缩短装卸搬运距离的工具。

（2）时间少。从原材料生产线到制造、加工生产线，再到产品交付给最终用户，在这一过程中要尽量减少物品在途时间，如运输时间、仓储时间、装卸搬运时间和包装时间等。压缩保管时间，就能减少库存费用和占压资金，节约生产总成本；装卸搬运实现机械化、自动化作业后，不仅大大缩短时间、节约费用、提高效率；在包装环节，使用打包机作业比人工作业速度更快。尽量减少物流时间是物流合理化的重要目标之一。

（3）整体最优。整合好物流是一个整体性概念，是运输、仓储、包装、装卸搬运、流通加工、配送及信息的统一体，是这几个功能的有机组合。物流是一个系统，强调的是综合性、整合性，存在效益背反现象。只有从系统整体上综合考虑，才能发挥物流的作用，降低成本、提高效益。单一发展、一枝独秀并不可取。如企业花费庞大投资建了一个全自动化立体仓库，实现了仓储作业的高效率，可是该企业运输环节落后，交叉运输、空车往返，或者由于道路拥挤致使运输速度和效率低，不能与全自动化立体仓库匹配，自动化立体仓库意义不大；再如一个企业运输、仓储、包装和装卸四个环节都已实现现代化，但是信息环节落后，造成信息收集少、传递不及时、筛选分析质量差或者计算差错率高等，导致整个物流系统同样不能高效运转。

（4）质量高。质量高是物流合理化目标的核心。物流质量高包括运输、仓储、包装、装卸搬运、配送和信息各环节本身的质量要高、为客户服务的质量要高、物流管理的质量要高等。

就运输和仓储质量来说，送货的数量和地址不能有差错，中途不能出交通事故、不能走错路，保证按时到达。在库存保管方面，要及时入库、上架、登记，做到库存物品数量准确、货位确切，还应将库存各种数据及时传递给各有关部门，作为生产和销售的依据，对库存数据和信息的质量要求也必须高标准。物流合理化目标的归结点就是为客户服务，客户是物流的服务对象，物流企业要按照用户要求的数量、时间、品种，准确地将货物送到指定的地点。这是物流合理化的主体和实质。

物流质量高的另一个方面是物流管理质量。高水平物流管理是高水平物流的前提条件。

（5）费用低。围绕客户需求及企业服务水平，在保证顾客满意的情况下，尽可能降低物流成本，节省费用。如减少交叉运输和空车行驶会节约运输费用；利用计算机进行库存管理，充分发挥信息的功能，可大幅度降低库存；加快仓库周转，避免货物积压，也会大大节省费用；采取机械化、自动化装卸搬运作业，既能大幅度削减作业人员，又能降低人工费用。此外，装卸搬运的人工费用开支在企业中所占的比例很高，节省费用的潜力很大。

（6）安全、准确、环保。物流活动必须保证安全，物流过程中货物不能出现被盗、被抢、被冻、被雨淋的现象，不能发生交通事故，确保货物准时、准点、原封不动地送达。同时，诸如装卸、搬运、运输、仓储、包装、流通加工等各环节作业，不能给周围环境带来影响，尽量减少废气、噪声、震动等公害，要符合环保要求。

1.1.2 国际物流

1. 国际物流概念

20世纪70年代，集装箱业务的发展促进了国际船舶运输的大型化及航空运输的发展，出现了更高水平的国际物流联运；1993年欧洲经济、政治共同体（欧盟）、1994年北美自由贸易区加速了区域经济集团化发展；1994年成立的世界贸易组织（World Trade Organization，WTO）作为全球性的世界贸易组织，已拥有164个成员国，贸易总额达到全球区域间贸易的98%。经济全球化的进程使物流突破了国家的界限，扩展到国际区域间的领域。

国际分工的日益细化和专业化，使任何国家都不能够包揽一切专业分工，必须要有国家间的合作与交流，随之而来的国家间的商品、物资的流动便形成了国际物流。国际物流将本国需要的设备、物资等及时、高效、便宜地进口到国内，满足国内人民生活、生产建设、科学技术与国民经济发展的需要，也将国外客户需要的商品适时、适地、按质、按量、低成本地送到国外，从而提高本国商品在国际市场上的竞争能力，扩大对外贸易。

作为国内物流的延伸和进一步扩展，国际物流是不同国家之间的物流，是跨国界的、流通范围扩大了的物的流通，是国际贸易的一个必然组成部分，也称其为国际大流通或大物流。国际物流（International Logistics，IL）的概念有广义和狭义之分。

广义的国际物流包括国际贸易物流、非贸易性国际物流、国际物流投资、国际物流合作、国际物流交流等。其中，国际贸易物流是指国际贸易货物（进口、出口货物）在不同国家间的合理流动；非贸易性国际物流是指各种会展物品、行李物品、办公用品、捐助、援外物资等非贸易货物在不同国家间的流动；国际物流合作是指不同国别的企业完成重大的国际经济技术项目的国际物流；国际物流投资是指不同国家物流企业共同投资建设国际物流企业；国际物流交流则主要是指物流科学、物流技术、物流教育、物流培训和物流管理方面的国际交流。

狭义的国际物流是指当生产和消费分别在两个或两个以上的国家（或地区）独立进行时，为了克服生产和消费之间的空间不匹配和时间不匹配，对物资（商品）进行物理性移动的一项国际性商品贸易或交流活动，从而完成国际商品交易的最终目的，即实现卖方交付单证、货物和收取货款，而买方接受单证、支付货款和收取货物的贸易对流活动。

国际物流是为跨国经营和对外贸易服务，使各国物流系统相互"接轨"，因而在环境、系统范围等方面都具有自身特点，并且还需要信息系统的支持和统一的国际标准。国际物流管理是指在现代信息技术基础上，合理、高效地计划、组织、指挥、协调及控制不同国家间的货物流动，以最小的成本、最优的服务质量保证国际贸易和国际化生产高效、有序地进行，最大限度地在供应链中创造价值，以顾客满意的价格提供优质的产品和服务。

相比于国内物流，国际物流业务多了进出口货物交易的程序，包括买卖双方通过商务谈判签订合同和合同的履行等两个主要环节。

国际物流过程离不开贸易中间人，即由专门从事商品使用价值转移活动的业务机构或代理人来完成，如国际货物的运输是通过国际货物运输服务公司（代理货物的出口运输）完成。另外如报关行、出口商贸易公司、出口打包公司和进口经纪人等，他们主要是接受企业的委托，代理与货物有关的各项业务。之所以存在这些企业，是由于在国际物流系统中，很少有企业能依靠自身力量办理和完成复杂的进出口货物的各项业务工作。这是国际物流与国内物流最重要的区别之一。

2. 国际物流特点

国际物流在物流环境、系统范围、信息系统及标准化等方面与国内物流存在着明显差别，具有如下特点：

（1）物流环境存在差异。国际物流的一个非常重要特点是各国物流环境的不同，尤其是物流软环境的差异。物流环境的差异迫使一个国际物流系统需要在几个不同法律、人文、习俗、语言、科技、设施的环境下运行，无疑会大大增加物流的难度和系统的复杂性。不同国家、地区适用物流的法律不同，使国际物流的复杂性远高于一国的国内物流，甚至会阻断国际物流；不同国家的不同经济和科技发展水平会造成国际物流处于不同科技条件的支持下，甚至有些地区根本无法应用某些技术而迫使国际物流系统水平的全面下降；不同国家的不同标准，也会造成不同国家间接轨的困难，因而使国际物流系统难以建立；不同国家的风俗人文也使国际物流受到很大局限。

（2）国际物流的参与者众多，专业领域差异巨大。由于国际物流的供给地和接收地分处不同国家或地区，由此产生相应的物品跨越国境的业务，这些业务专业性强，而且业务性质差别大，很难由物品的供给方或者接收方单独完成，通常需要借助中介机构来操作。如实现货物所有权转移需要通过贸易代理商、货物运输需要通过承运人（船运公司）、海关清关需要通过报关代理人、运输的订舱需要通过货运代理人、国际物流单证需要通过银行等。如果说国内物流还存在着自营物流和第三方物流的选择，那么国际物流基本上都是通过第三方物流来完成的。

（3）物流系统范围广。物流本身的功能要素、系统与外界的沟通关系复杂，国际物流在此基础上又增加了不同国家的要素，不仅包括地域的广阔和空间的广阔，导致难度和复杂性增加，风险增大，而且所涉及的内外因素更多，使国际物流运作所需的时间更长。也正因如此，运用现代化系统技术使国际物流运作效果显著提升，如开通某个大陆桥之后，国际物流速度成倍提高，效益显著增加。

（4）国际物流必须有国际化信息系统的支持。国际化信息系统是国际物流重要的支持手段。然而，由于世界上有些地区物流信息水平较高，有些地区较低，所以会出现信息水平不均衡的状况，加之管理困难、投资巨大等原因，使得国际信息系统建立的难度加大。当前建立国际物流信息系统的一个较好的办法是和各国海关的公共信息系统联机，及时掌握有关各个港口、机场和联运线路、站场的实际状况，为供应或销售物流决策提供支持。国际物流是最早应用电子数据交换（Electronic Date Interchange，EDI）的领域，以 EDI 为基础的国际物流对物流的国际化产生了重大影响。

（5）国际物流的标准化要求较高。物流标准化是国际物流畅通的保障，如果没有统一的标准，将大大影响国际物流运作水平，必然在转运、换车等许多方面耗费时间和费用，从而降低其国际竞争力。目前，美国、欧洲基本实现了物流工具、设施的统一标准，如托盘统一采用 1000mm×1200mm 的尺寸标准，集装箱多采用 20GP（外形尺寸：6.058m×2.438m×2.591m）、40GP（外形尺寸：12.192m×2.438m×2.591m）、40HQ（外形尺寸：12.192m×2.438m×2.896m）等规格，条码采用统一的结构等，都降低了物流费用和转运的难度。

（6）运输形式多样化，物流作业复杂。国际多式联运是国际物流中常常选用的运输方式。国际多式联运是指由一个承运人使用一份多式联运的合同将至少两种不同的运输方式连接起来进行货物国际间的转移，期间需经过多种运输方式的转换和货物的装卸搬运，与单一的运输方式相比更加复杂。

国际物流货物运输距离长、成本高，运输单位成本相对较低廉的海运往往是其主要的运输形式，然而海运的缺陷是难以实现门到门的服务，通常需要接驳内陆运输。内陆运输往往又以铁路和公路为主，因此一笔货物的物流往往会使用多种运输形式。多种运输形式的接驳产生多次的装卸和搬运作业。而且，远洋运输需要更坚固的包装。这样，国际物流作业就变得比国内物流更复杂。随着航空运输成本的降低，国际货物运输中航空运输的比重不断增加。但是，国际航空运输以国际空港为节点，通常需要接驳内陆运输。为了保持国际航空运输带来的效率，内陆接驳的运输方式也必须考虑运输效率，这同样会导致成本的上升。边境相邻的国家，也可能选择管道运输的方式。尤其是石油和天然气等资源性货物的运输，管道运输具有高效率、低成本的优势。国内物流与国际物流的差异见表1.1。

表 1.1　　　　　　　　　　国内物流与国际物流的差异

项　目		国内物流	国际物流
运输工具		公路、铁路为主	海运、航空为主
信息传递		语音、文件与 EDI 信息（标准化程度相对较低）	语音、文件与 EDI 信息（EDI 信息标准化程度高，便于国际交流）
文件		较少，主要是国内法规要求的文件	高度的文件需求，包括进出口许可证、关税文件、商检报告等
风险	货物运输	相对较低，运输时间短，货物转手少	较高，运输时间长，货物转手处理多，涉及更多不可控因素
	财务	较低，主要涉及国内货币和法规	较高，涉及不同的货币、汇率、通货膨胀以及国际法规
组织	外包组织	较多采用外包组织	依赖承运人、流通商、报关行等多个组织
	政府组织	涉及政府监管较少	受国际海关、交通运输等政府机构监管
文化		文化差异较少，主要是国内文化差异	文化差异显著，影响产品市场需求、消费者偏好及商业习惯等

1.2　国际物流管理内容

国际物流管理的内容广泛而复杂，其涵盖了多个关键领域，旨在确保全球范围内的物流活动能够高效、顺畅地进行。

1.2.1　国际物流活动要素管理

国际物流活动要素管理主要包括对采购、包装、流通加工、储存保管、装卸和运输、信息处理等环节的管理。

1. 采购管理

采购管理涉及全球供应商的选择、原材料或产品的采购策略制定、采购订单的处理以及供应链的协调与优化。旨在确保所需物品能够及时、有效地被采购到，以满足生产和运营的需求。

2. 包装管理

包装管理确保货物在运输和存储过程中的安全，并符合国际贸易中的相关包装标准和法规。合理的包装设计有助于保护货物，降低破损风险，同时也有助于提高装卸效率。

3. 流通加工管理

流通加工管理是在货物从生产地到使用地的运输过程中，根据需要对货物进行加工、组装、分割、计量、包装等操作。这有助于满足特定市场的需求，提高货物的附加值。

4. 储存保管管理

储存保管管理包括仓库选址、库存管理、货物养护与保管等。其要求合理规划仓库布局和使用面积，建立科学的库存管理系统，并采取适当的保管措施，确保货物的安全、完整和及时供应。

5. 装卸和运输管理

装卸和运输管理涉及货物的装卸作业、运输方式的选择、运输路线的规划以及运输过程的监控。有效的装卸和运输管理可以提高物流效率，降低运输成本，并确保货物按时到达目的地。

6. 信息处理管理

利用信息技术对物流信息进行收集、处理、分析和传递。这有助于实现物流活动的信息化和智能化，提高决策效率和管理水平。

通过这些活动要素的管理，企业可以优化国际物流流程，降低成本，提高效率，并增强在全球市场的竞争力。同时，这也需要企业具备专业的物流管理知识和技术，以适应不断变化的国际贸易环境。

1.2.2　国际物流系统要素管理

国际物流系统要素管理是对国际物流系统一般要素、物质支撑要素等的管理，主要是对人、财、物、设备等要素的管理，其涉及对系统中各个要素的有效组织和协调，以确保国际物流活动的顺畅进行。

1. 人员管理

人员管理是国际物流系统要素管理的核心。这包括招聘具备专业知识和技能的物流人员，为他们提供必要的培训和发展机会，以及制定合理的考核和激励机制。

（1）招聘与选拔。根据国际物流的需求，招聘具备相关专业背景、语言能力和跨文化沟通能力的物流人员。注重候选人的实践经验、问题解决能力和团队合作精神。

（2）培训与发展。为新员工提供系统的入职培训，帮助他们快速掌握国际物流的基本知识和技能。同时，为现有员工提供持续的职业发展培训，提升他们的专业水平和适应能力。

（3）考核与激励。建立科学的考核体系，对物流人员的工作绩效进行客观评价。根据考核结果，实施相应的奖励和惩罚措施，激励员工积极工作，提高整体绩效。

2. 财务管理

财务管理是国际物流系统要素管理的重要组成部分，其涉及对物流成本的核算和控制，以及资金的合理配置和使用。

(1) 成本核算。准确核算国际物流的各项成本，包括运输成本、仓储成本、包装成本等。通过对成本的细致分析，找出成本控制的关键点和优化空间。

(2) 预算制定。根据企业的战略目标和国际物流需求，制定合理的财务预算。预算应充分考虑各种不确定因素，为物流活动提供充足的资金支持。

(3) 资金管理。优化资金的使用，提高资金的使用效率。通过合理的资金调度和风险控制，确保国际物流活动的顺利进行。

3. 设施与设备管理

设施与设备管理是国际物流系统要素管理的基础，其涉及对物流设施和设备的规划、采购、使用和维护。

(1) 设施规划。根据国际物流的需求，合理规划仓库、装卸区、配送中心等物流设施的位置和规模。确保设施能够满足国际物流的需求，并具备可扩展性。

(2) 设备采购。选择合适的运输工具、装卸设备、仓储设备等，确保设备的质量、性能和安全性。同时，考虑设备的成本效益和使用寿命，为企业的长期发展奠定基础。

(3) 设备使用与维护。建立设备使用和维护的规范流程，确保设备的正常运行和延长使用寿命。定期对设备进行检查和维修，及时发现并解决问题，避免设备故障对国际物流活动的影响。

通过人员管理、财务管理和设施与设备管理这三个方面的要素管理，企业可以建立高效、稳定的国际物流系统，提高物流效率和质量，降低物流成本，增强企业在全球市场的竞争力。同时，这也需要企业不断关注国际物流市场的变化和新技术的发展，不断优化和改进物流系统要素管理的方式和方法。

1.2.3 国际物流活动中具体职能的管理

国际物流活动中具体职能的管理主要包括国际物流经济管理、国际物流质量管理和国际物流工程经济管理等。

1. 国际物流经济管理

国际物流经济管理是指以物的国际流动过程（含储存）为主体，运用各种管理职能，对物的流动过程进行系统的统一管理，以降低国际物流成本，提高国际物流的经济效益，也就是用经济方法来研究、管理物的国际流动中的规律问题。

国际物流经济管理的基本内容如下：

(1) 国际物流计划管理。国际物流计划管理是指对物的国际化生产、分配、交换、流通整个过程的计划管理，也就是在国际物流大系统计划管理约束下，对国际物流过程中的每个环节都要进行科学的计划管理，具体体现为国际物流系统内各种计划的编制、执行、修正及监督的全过程。

(2) 国际物流统计管理。国际物流统计是对国际物流全过程中经济活动的数量研究。国际物流统计管理就是要对所统计的数字进行分析、研究，发展问题，改进国际物流工作，提高物流经营水平。其是国际物流经济管理的基础工作。

(3) 国际物流费用成本管理。国际物流总成本和企业的利润、税金共同构成国际物流总费用。在一般情况下，国际物流总费用中占比重最大的部分是国际物流总成本。国际物流总成本可以反映企业活动的经济状态。通过货币形态可以客观地评价国际物流活动中各环节的不同经济效果，利用物流成本这个尺度可以简单明了地对条件相当的国际物流企业的经营活动进行评价和分析比较。控制合理的物流成本构成，是加强国际物流管理工作的重要内容。

（4）国际物流设施管理。国际物流设施是指在国际物流全过程中为物的流动服务的所有设施（如交通运输设施、仓储设施等），是国际物流活动不可缺少的物质基础。国际物流设施是保证物以最快速度和最小耗费、保质保量地从生产领域进入国际消费领域的重要前提条件。随着社会生产力的不断发展，物流企业要不断加强对各类设施的配套管理，要注意设施的维修、养护，要不断革新技术，补充原有的设施，提高设施的利用效率。加强各类物流设施管理是国际物流经济管理的重要内容。

2. 国际物流质量管理

国际物流企业要树立全面的质量观。国际物流质量既包含物流对象的质量，又包含物流手段、物流方法的质量。国际物流质量具体包含以下内容：

（1）商品的质量保证及改善。国际物流过程并不单是消极地保护和转移物流对象，还可以是采用流通加工等手段改善和提高商品的质量。因此，国际物流过程在一定意义上说也是商品质量的"形成过程"。

（2）国际物流服务质量。整个国际物流的质量目标，就是客户对其服务质量的高满意度。服务质量因用户的要求不同而有差异，因此国际物流企业一定要掌握和了解客户要求，这样才能提高客户对国际物流服务的满意度。

（3）国际物流工作质量。国际物流工作质量是确保国际物流各环节，包括运输、搬运、装卸和保管等能够高效且准确地完成的关键。为了提升这一质量，需要在搬运方法、所使用的设备、设施以及器具上持续优化和升级。例如，通过采用固定工位器具的方式，确保加工件在运输过程中免受磕碰，从而保障产品的完整性和质量。值得注意的是，国际物流工作质量与物流服务质量虽然相关，但并非完全相同。物流服务质量实际上是各个环节工作质量的综合体现。因此，提升国际物流工作质量是确保物流服务质量的重要基础和保障。只有当我们重点抓好国际物流工作质量时，物流服务的质量才能得到有效的保证。

（4）国际物流工程质量。国际物流工程质量同样是影响国际物流整体质量的重要因素。在国际物流过程中，涉及的各种因素，如人员、体制、设备、工艺方法、计量与测试手段以及环境因素等，都可以归结为"工程"的范畴。这些因素的优劣直接影响着国际物流的质量和效率。因此，提高国际物流工程质量是进行国际物流质量管理的根本和基础。只有加强工程质量的管理和控制，才能真正做到"预防为主"，从而确保国际物流的顺畅和高效。

国际物流是一个系统，在系统中各个环节间的联系和配合是非常重要的。国际物流质量管理必须强调预防为主，明确事前管理的重要性，即上一道物流过程要为下一道物流过程做准备，评估下一道物流过程可能出现的问题，并且加以预防。

国际物流质量管理的目的就是在向用户提供满足要求的质量的服务和以最经济的手段来提供这两者之间找到一条优化的途径，可同时满足这两个要求。为此。国际物流企业必须全面了解生产者、消费者、流通者等各方面所提出的要求，从中分析出真正合理的、各方面都能接受的要求，并且以其作为管理的具体目标。从这个意义上讲，国际物流质量管理可以解释为用经济的办法向用户提供满足其要求的物流质量的手段体系。

3. 国际物流工程经济管理

国际物流工程经济管理的对象不是物流的纯技术问题，也不是物流的纯经济问题，而是国际物流工程的经济效果问题，也可以说是物流技术的可行性和经济合理性问题，实质上是对国际物流工程客观经济规律的研究。国际物流工程经济研究的任务就是为了正确地认识和处理物流技术和经济之间的辩证关系，即寻找物流技术和经济之间的合理关系。

国际物流工程的经济评价标准为"多、快、好、省"。"多"是指国际物流的数量要求；"快"是指国际物流的速度要求，同时也是国际物流最基本的要求；"好"是指国际物流的质量要求；"省"是指国际物流的经济要求。

综上所述，可以用"多流、迅速、及时、准确、经济、安全、少损"7 条原则来概括国际物流"多、快、好、省"4 个方面的要求。

1.3 国际物流的发展

按照大卫·李嘉图（David Ricardo）的比较利益学说，国际分工呈现出日益细化和专业化的趋势，任何国家要包揽一切专业分工的生产经营活动是不可能的，也是不现实的。在竞争激烈的当今世界，任何一个谋求发展壮大的企业，甚至是国家都需要通过国际间的合作与交流和广泛的国际贸易增强经济实力，提高科技水平和竞争力。因此，国际间合作与全球范围内配置资源具有极高的战略意义。而与全球化资源配置不可分割的就是国际间的物资流动，即国际物流。

1.3.1 国际物流的发展过程

国际物流实际上自古以来就存在，但伴随着国家间的经济往来规模的加大，国际物流呈现出加速发展态势。目前全球已基本形成了六大地区贸易圈：地中海贸易圈、印度洋贸易圈（海上丝绸之路）、西太平洋贸易圈（东亚贸易圈）、欧亚内陆贸易圈（陆上丝绸之路）、撒哈拉贸易圈、波罗的海和北海贸易圈，伴随着六大贸易圈的发展，国际物流也有了长足进步。从促进国际物流发展的里程碑来看，现代国际物流的发展过程大概经历了 4 个阶段。

第一阶段——20 世纪 50 年代前，这个时期国际上的经济交往已经较频繁，但是无论从数量还是从质量上，国际运输都没有被放到主要地位。但 1944 年布雷顿森林货币体系的建立稳定了各个国家之间的货币兑换率，减少了企业从事国际贸易的汇率风险，为战后经济复苏及国际贸易的发展起到了重要的促进作用。

第二阶段——20世纪50年代至80年代初。这一阶段物流设施和物流技术得到了极大的发展，十万吨级油轮、国际集装箱等运输工具的运用，配送中心、立体无人仓库的出现以及电子计算机在管理上的广泛应用等，大大提高了货物在国际间转移的效率，改善并促进了国际贸易的发展。物流活动远远超出了国界的范围，国际货物承运人开发出国际多式联运服务模式，为消费者提供多种运输方式组合的一站式服务，但物流国际化的趋势还没有得到人们的重视，国际物流的概念还未正式提出。

第三阶段——20世纪80年代初到90年代初。国际贸易进一步扩大，伴随着国际多式联运出现的信息系统和电子数据交换（EDI）系统被称为这一时期的标志，物流国际化开始得到世界的广泛关注。进入20世纪80年代，美国经济已经失去兴旺的发展势头，陷入了长期衰退的危机中，为了改善国际物流管理、降低成本、扩大销售，美国首先正式提出了国际物流概念，日本和一些欧洲发达国家也随之开展国际物流业务，实现与其对外贸易相适应的物流国际化，并建立了物流信息网络，加强物流全面质量管理，提高物流国际化的效率。此时，国际物流已进入了物流信息时代，不过国际化趋势还局限在美国、日本和欧洲一些发达地区。自动化仓库、自动化港口机械等设施的出现大大地提高了物流作业效率和作业的安全性，降低了作业成本。

第四阶段——20世纪90年代初至今。这一时期经济全球化、一体化加速了国际物流的发展，其概念和重要性已被世界各国接受。互联网、条形码以及全球卫星定位系统在物流领域得到普遍应用，极大提高了物流的信息化水平和服务水平。世界各国广泛开展国际物流理论和实践方面的大胆探索，每年有十亿级的资金被花费在用于计划和管理有效物流活动的专业计算机软件的开发和第三方物流上。另外，贸易伙伴遍布全球，必然要求物流国际化，即物流设施国际化、技术国际化、服务国际化、货物运输国际化、包装及流通加工国际化等。此时人们已经形成共识：物流无国界。只有广泛开展国际物流合作，才能促进世界经济繁荣。

现代物流的国际化至少表现为两个方面的内容：一方面是其他领域的国际化产生了国际物流需求即国际化的物流；另一方面是物流领域本身的国际化。随着经济全球化的发展，将会有越来越多的跨国物流企业，开展综合物流业务，从而实现国内物流和国际物流的一体化，或者进口物流和出口物流的一体化。

1.3.2 国际物流兴起与机遇

国际物流的产生与兴起，具有深刻的社会经济背景。20世纪70年代后，主要发达国家和发展中国家的经济持续增长，具体表现为生产效率的提高、产品种类的发展、市场准入的改善，而随之而来是单纯依靠本国资源发展经济的难度越来越大，整合国际资源、发展国家间的贸易逐渐成为经济发展的新动力。国际化的企业通过在全球范围内选择低成本供应商、低成本制造基地来降低企业的成本，给企业带来了更多的发展空间、更多的获利机会，然而地理上分散的供应商、制造基地和分散的客户给企业物流管理带来了成本上升的压力。而在20世纪90年代，以国际互联网技术为代表的信息革命，为全球市场的扩展提供了可靠的应用手段，使得全球化制造和全球化供应链的能力大大提高，全球市场迅速扩张。企业在国际市场之间相互渗透，为取得市场，必然扩大生产的地域范围，进行全球制造和全球销售。从宏观上来说，经济全球化的发展，是国际物流兴起与发展的有力推动因素。从微观上说，企业的国际化经营和跨国公司的发展，加速了生产经营全球化，促进了专业分工的深化，改变了供应链模式，均促使了国际物流的兴起。

电子信息技术的发展，加快了信息的传播，使人们之间联系更加广泛，而且导致了企业生产方式的变革。企业不再仅仅关注自己产品的生产成本和市场占有率，而是立足于企业间的合作，利用企业外部的资源和分工优势，追求企业间的合作共赢，着眼于整体价值链的价值增值，在全球范围内进行资源配置，从而催生了全球范围内的物流运作。在经济全球化的条件下，当前国际物流的发展，正面临着前所未有的机遇。

（1）国际贸易的急剧扩大，为国际物流提供了广阔的发展空间。世界贸易组织发布2023年全球货物贸易数据显示，2023年中国进出口总值5.94万亿美元，连续7年保持全球货物贸易第一大国地位；其中，出口和进口国际市场份额分别为14.2%和10.6%，连续15年保持全球第一和第二。在世界经济艰难复苏的大背景下，中国经济表现出较强的发展韧性，为全球贸易增长提供驱动力。中国始终是经济全球化的坚定支持者、维护者，主张在多边框架内解决贸易争端。近年来，中国不断降低关税，通过举办进博会等形式扩大进口，让世界各国更好地分享中国市场机遇。在"脱钩断链"风险持续攀升的背景下，中国积极维护全球产业链、供应链安全稳定，推动全球贸易复苏，并不断推进自贸协定签署与升级，将对全球贸易增长产生积极的拉动作用。

（2）国际产业的重新分工布局，为国际物流发展提供了广泛的服务。从国际分工看，相互依存、优势互补的分工程度大大提高，制造业重心继续东移。原来的传统垂直分工体系，是由发展中国家提供能源、资源和原材料、发达国家提供工业制成品的两极配对，现在已演变成一般发展中国家提供能源和资源、以我国为首的一些新兴经济体提供大部分工业制成品、发达国家提供关键技术、零部件、高端产品和服务、最后进行总集成或总装的格局。在出口结构上，世界制成品的出口约占总出口的70.1%，北美制成品出口占比超过73.5%，欧洲78.4%，亚洲制成品出口占比也高达81.9%。中东、非洲和独联体国家2/3出口则依赖燃油和矿产品，中南美洲农产品出口占到23.8%，燃料和矿产品出口占42.4%。安哥拉、孟加拉国、柬埔寨等最不发达国家3/4出口收入来源于初级产品，只有1/4来源于服装制成品出口。在进口结构上，发达国家是最终的消费和进口市场，美国进口占据了世界进口总额比重的15.8%，欧盟25国为39.2%，日本为4.8%，三者合计高达60%，世界货物进出口的一半以上都为美国、日本等10个发达国家所拥有。这种新的国际分工和布局，不仅决定了国际物流的走向和布局，而且决定了国际物流新的服务对象和服务内容。

（3）国际贸易的内涵变化，对国际物流提出了新的服务要求。这种变化和要求主要表现在加工贸易发展、大数据和物联网的应用及跨国公司的作用等几个方面：

1) 加工贸易发展。国际贸易发展的一个显著特征，就是零部件贸易得到前所未有的发展，贸易年均增长14%，高于同期贸易增速9%，占全球制成品贸易比重从17%增长到23%。全球生产体系的含义，就是一个产品多国生产，零部件制造和加工过程分散在世界许多国家进行，表现在国际贸易中，就是加工贸易的不断增加。目前，波音747飞机的制造需要400多万个零部件，由65个国家的1500个大企业和15000个中小企业提供。这需要有一个强大物流系统来支撑这种生产，一个完整的供应链系统来帮助完成这个过程。

2) 大数据和物联网的应用。大数据和物联网技术正在快速发展，这些技术可为国际物流货运提供更多的信息支持。例如，利用物联网技术可以实现对货物运输全生命周期进行追踪，确保货物的安全性；而利用大数据分析则可提高物流运作的效率，降低成本并减少资源浪费。

3) 跨国公司的作用。跨国公司主导着全球的生产和贸易，不仅在全球生产和贸易的链条中越来越重要，而且对国际物流的主导能力也越来越强，如沃尔玛等大型国际零售商都建立了自己强大的物流系统。目前全球跨国公司已近7万家，子公司达90多万家，其占全球生产的40%、直接投资的90%、贸易的60%、技术交易的80%和高新技术研发的95%。跨国公司内部贸易对国际物流的影响也越来越大。根据联合国贸发会议的估计，目前跨国公司内部贸易大约占世界贸易总量的1/3，其制定的物流标准正影响着国际物流标准。国际贸易的这种结构和内涵的变化，对国际物流既带来了新的机遇，也带来了新的挑战。作为新兴服务业，国际物流伴随着国际贸易的发展有着越来越广阔的前景。

（4）国际市场的进一步开放，为国际物流发展提供了稳定的基础保障。关税及贸易总协定（GATT）成立后，共举行了八轮多边贸易谈判。这些谈判旨在通过削减关税和其他贸易壁垒，消除国际贸易中的歧视待遇，促进贸易自由化，充分利用世界资源，扩大商品生产和流通。八轮谈判为全球贸易自由化和多边贸易体制的建立与发展奠定了坚实基础。通过不断减少关税和非关税壁垒，促进了国际贸易的扩大和各国经济的增长。同时，这些谈判也推动了国际贸易规则的完善和发展，为后来的世界贸易组织（WTO）的建立奠定了基础，大大推进了贸易自由化进程。WTO成立后，通过制定规则、组织谈判、贸易政策审议、解决争端，致力于降低关税和减少非关税壁垒，推动成员间互相开放市场，有力地促进了贸易自由化和经济全球化的进程。据统计，目前世界区域内的贸易约占全球贸易的一半，其中北美自贸区、欧盟的区内贸易比重分别达55.7%和67.6%，而正是这种区内贸易，使欧盟许多物流中心、配送中心如雨后春笋般地快速成长。亚洲区内贸易比重达51.2%，东亚也在50%以上。北美自贸区实施20多年来，区内贸易成倍增长。国际市场的全球性开放和区域性开放，为国际物流的发展消除了大量的制度性障碍。当前许多国家开始重视现代物流业对经济的作用，出台一些促进物流业发展的措施，这也为国际物流在更大范围、更广领域、更高层次参与世界经济发展提供了更多的条件。

1.3.3 国际物流发展的障碍

在经济全球化的推动下，国际物流得到了快速发展，成为连接各国经济的重要纽带。然而，与此同时，国际物流的发展也面临着一些不利因素和重大壁垒。美国物流专家唐纳德 J. 鲍尔索克斯（Donald J. Bowersox）和戴维 J. 克劳斯（David J. Closs）指出，"国际物流主要面对三大壁垒：**市场进入壁垒、金融壁垒和配送渠道壁垒**"，如图 1.2 所示。

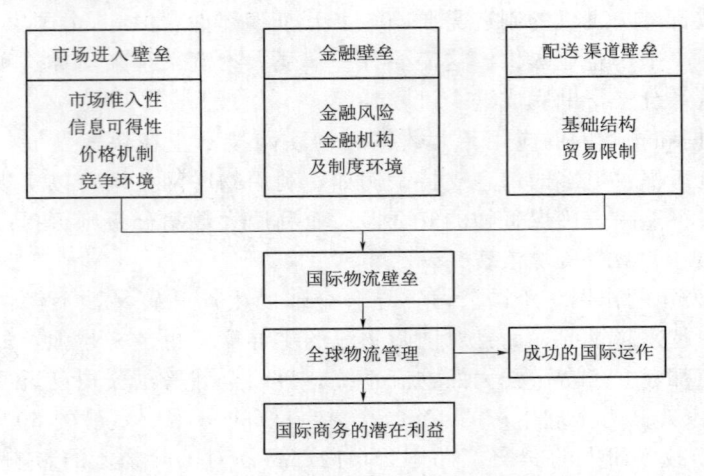

图 1.2　国际物流主要面对三大壁垒

1. 市场进入壁垒

市场进入壁垒是国际物流发展面临的重要挑战之一。这些壁垒包括市场进入限制、信息可得性、定价和关税等多个方面。其中，市场进入限制通常通过立法或司法实践设置障碍，限制进口商品进入一国国内市场，如欧洲实施的当地实际到位制度以及日本实施的当地零售商"投票"制度等。此外，信息不对称也是外国企业在国际贸易中面临的一大难题，特别是在获取市场规模、人口分布和竞争态势等核心数据方面，常常难以全面掌握。同时，进口业务和相关单证的处理流程因国家政策和特定情况而异，显得尤为复杂。许多国家要求货物装运前必须完成所有单证的准备和处理，但信息的缺失或不准确常常导致单证存在瑕疵，进而引发货物装运延迟、海关扣押等物流中断问题，甚至可能招致客户索赔，给企业带来经济损失和声誉风险。

为保护本国市场和企业，一些国家实施关税和非关税壁垒来限制国际贸易，在一定程度上增加了国际物流中物流运作的难度和成本。例如，为应对某国对商品进口额的限制，有些进口商会使用在保税仓库里建立存货的方法。这种策略减少了关税费用，但却增加了物流活动的复杂性及其成本，从而降低了外国物流企业的竞争力。

2. 金融壁垒

国际物流中的金融壁垒产生于国际金融环境的不确定性、预测和金融的基础结构。尽管在任何情况下进行预测都不容易，但在全球环境下，进行金融或财务预测尤其困难。国内预测面临的挑战是要在顾客趋势、竞争行为和季节性波动的基础上进行单位销售量和销售金额的预测；而在全球环境下，这些预测的进行还必须结合汇率、顾客行为以及复杂的政府政策等。此外，金融基础壁垒产生于如何协调中间人包括银行、保险公司、法律顾问和运输承运人等作业方面上的差异。金融环境加上机构的不确定因素，导致厂商难以规划其产品和财务需求，因而企业不得不增加存货、增加运输的前置时间，以致增加全球作业的金融资源。

商品审价是一种与营销有关的壁垒。国际贸易商品价格受汇率变动影响很大，从而影响着物流需求的时间分布。例如，经营德国汽车零件的美国配送商为应对汇率波动，尽可能地订购补充零件，以减少风险和投资。然而，当欧元对美元的比价处于上升期时，储备零件反而有利于厂商实施低成本战略。因此，贸易商品价格的汇率波动，增加了国际物流运作的难度。为此，厂商不得不增加存货和运输的前置时间。

3. 配送渠道壁垒

国际物流还要面对诸如基础结构标准化和贸易协定等方面差异而形成的配送渠道壁垒。基础结构标准化方面的差异是指运输和材料搬运设备、仓库设施和港口设施以及通信系统的差异。不同国家和地区运输和材料搬运设备、仓库设施和港口设施以及通信系统等存在着很大的差异。尽管近年来提高了集装箱标准化程度，但在全球运输设备中，运输工具的尺度、能力、重量和轨道规格等方面依然存在着较大的差异，当其未被标准化时，国际物流的费用和时间势必会增加。

国际贸易中的关税和非关税壁垒限制了进口数额，进口商常采用保税仓库存货策略，以确保来年年初的货物供应，减少关税支出。然而，这种策略增加了物流的复杂性和成本。同时，获取关于市场规模、人口和竞争状况等直接信息以及进口业务和单证要求的复杂信息面临挑战，这些信息常因不同政府和特定情境而异。政府要求货物装运前必须备齐和处理相关单证，单证问题往往导致货物装运延迟或被扣押。因此，企业在国际贸易中需权衡关税减少与物流复杂性增加的关系，并加强信息收集和单证管理，以确保货物顺利流通。

1.3.4 国际物流发展的趋势

随着经济全球化步伐的加快，科学技术尤其是信息技术、通信技术的发展，跨国公司的出现所导致的本土化生产、全球化采购以及全球消费趋势的加强，使得当前国际物流的发展呈现出一系列新的特点。

1. 物流企业向集约化与协同化发展

物流产业将由起步期逐渐过渡到发展期乃至成熟期，物流服务产品的标准化、规范化和全面市场化发展，必将使参差不齐的物流企业被逐步淘汰。物流行业服务标准的形成和物流市场竞争格局的逐步确立，将使物流产业的规模效应迅速显现出来，物流产业的空间范围将进一步扩大，物流企业将向集约化与协同化发展。

首先表现在物流企业的兼并与合作。进入21世纪以来，随着全球各行业企业间的联合与并购趋势加强，国际物流业正加速迈向全球化。这种全球化趋势又进一步促进了各国物流企业的联合与并购活动，形成了良性互动的发展格局。随着各国贸易的发展，美国和欧洲的一些大型物流企业跨越国境，展开连横合纵式的并购，大力拓展国际物流市场，以争取更大的市场份额。过去物流企业的单个企业之间的竞争，现在已经演变成一群物流企业与另一群物流企业的竞争、一个供应链与另一个供应链的竞争、一个物流体系与另一个物流体系的竞争。

其次是物流企业间战略联盟的形成。由于商业运作的复杂性，某一单一的物流服务提供方往往难以实现低成本、高质量的服务，也无法给客户带来较高的满意度。通过结盟解决资金短缺和应对市场波动压力，并进而增加服务品种和扩大企业的地理覆盖面，为客户提供一站式服务，从联合营销和销售活动中受益正成为许多具有一定实力的物流企业的发展战略。对物流企业而言，战略合作伙伴既可以选择其他物流企业、货运代理公司、国际分销公司等，也可以选择信息系统公司、制造商、设备租赁商等。通过结盟，使企业得以在未来进行大规模资本投资的情况下，扩大业务范围，提高市场份额和竞争能力。许多从事物流业经营和研究的人员认为，相同的文化背景和彼此相互依赖、有效而积极的信息沟通、共同的企业经营目标和凝聚力、技术上的互补能力、双方高层管理人员在管理方面的共同努力等是物流企业联盟的关键因素。

2. 物流服务的网络化与优质化

通过精细化运作构建需求导向的个性化增值服务体系，在系统工程思想的指导下，以现代信息技术提供的条件，强化资源整合和优化物流过程是当今国际物流发展的最本质特征。信息化与标准化这两大关键技术对当前国际物流的整合与优化起到了革命性的影响。同时，由于标准化的推行，使信息化的进一步普及获得了广泛的支撑，使国际物流可以实现跨国界、跨区域的信息共享，物流信息的传递更加方便、快捷、准确，加强了整个物流系统的信息连接。现代国际物流就是这样在信息系统和标准化的共同支撑下，借助于储运和运输等系统的参与及各种物流设施的帮助，形成了一个纵横交错、四通八达的物流网络，使国际物流覆盖面不断扩大，规模经济效益更加明显。

随着消费多样化、生产柔性化、流通高效化时代的到来，社会和客户对物流服务的要求越来越高，物流成本不再是客户选择物流服务的唯一标准，人们更注重的是物流服务的质量。物流服务的优质化是物流今后发展的重要趋势。五个亮点（Right）的服务，即把适当的产品（Right Product），在适当的时间（Right Time）、适当的地点（Right Place），以适当的数量（Right Quantity）、适当的价格（Right Price）提供给客户将成为物流企业优质服务的共同标准。

在市场需求瞬息万变和竞争环境日益激烈的情况下，要求物流在企业和整个系统必须具有更快的响应速度和协同配合的能力。更快的响应速度要求物流企业必须及时了解客户的需求信息，全面跟踪和监控需求的过程，及时、准确、优质地将产品和服务递交到客户手中。协同配合的能力要求物流企业必须与供应商和客户实现实时的沟通与协同，使供应商对自己的供应能力有预见性，能够提供更好的产品、价格和服务；使客户对自己的需求有清晰的计划性，以满足自己生产和消费的需要。国际物流为了达到零阻力、无时差的协同，需要做到与合作伙伴间业务流程的紧密集成，加强预测、规划和供应，共同分享业务数据、联合进行管理执行以及完成绩效评估等。只有这样，才能使物流作业更好地满足客户的需要。

现在的物流服务已经超出了传统意义上的货物传送、仓储或者寄存。实际上从客户接到订单开始，物流公司就已经参与产品的全过程。不论是在海运、空运还是陆运，事实上几乎所有和物流运输业有关的公司都在想方设法地提供增值服务。全球性的大运输公司和快递公司选择为顾客提供一站式服务，他们的服务涵盖了一件产品从采购到制造、仓储入库、外包装、配给、发送和管理回返、修理以及再循环的全过程。比如传统船运公司如今已不仅限于货物运输，更扩展至提供商业发票制作、货物保险购买及全程管理服务等，力求实现全面供应链管理。这使得客户能够实时追踪货物位置、掌握确切进程并了解实际费用，极大提升了物流服务的便捷性和透明度。

3. 物流产业由单一的业种向业态一体化、多元化发展

在经济发达国家，随着电子商务、网络技术以及物流全球化的迅速发展，广义的区域物流与企业物流通过上下游的延伸与拓展，呈现出相互融合的趋势。这一趋势促使物流企业模式，即物流产业经营类型与业态向着多样化和细分化方向发展。随着我国物流业的发展逐步趋于成熟，市场份额的控制壁垒将随之产生并不断强化。在优胜劣汰中保留下来的物流企业将控制行业的部分市场份额，并形成稳定的业务渠道，新加入的企业则必须开辟新的市场空间。这也会在一定程度上加速物流业态多元化的发展。

随着精益制造、敏捷制造、虚拟制造等生产组织方式的蓬勃发展，国际战略联盟等观念的深入将推动国际供应链一体化的发展。一个企业无论规模多么庞大，多元化程度多么高，国际市场分布多么广泛，总是无法满足所有顾客的需求。而且随着企业规模的扩大，会带来组织管理上的瓶颈效应，导致管理成本增加，管理效率降低。企业与产业链上下游的相关企业共同构建国际一体化的供应链将是应对这种趋势的有效方式。

供应链管理以核心企业为中心，关注跨公司边界整合供给与需求。原材料供应商、产成品分销商、物流提供商乃至最终消费者都将纳入统一的全球供应链管理范畴。企业通过全球一体化供应链管理，为顾客提供高效率、低成本、高水平的产品和服务。在构建全球供应链一体化的进程当中，国际物流企业有着广阔的发展空间。

4. 第三方物流占据主导地位，第四方物流有待发展

第三方物流（Third Party Logistics，3PL）由供方和需方以外的物流企业提供物流服务的业务模式，第三方物流企业不拥有商品，不参与商品的买卖，而是为客户提供以合同为约束、以结盟为基础的、系列化、个性化、信息化的物流代理服务。第三方物流使生产企业集中精力于核心业务、减少固定资产投资、加速资本周转、降低库存与成本，为供需双方创造更多的价值，而在物流产业中逐渐占据主导地位。

但第三方物流在整合社会所有的物流资源以解决物流瓶颈和达到最大效率方面力不从心。第三方物流在局部是高效率的，但从地区、国家的整体来说，第三方物流企业各自为政，这种加和的结果很难达到最优，难以解决经济发展中的物流瓶颈，尤其是电子商务中新的物流瓶颈。另外，物流业的发展需要技术专家和管理咨询专家的推动，而第三方物流缺乏高技术、高素质的人才队伍支撑，于是第四方物

流（Fourth Party Logistics，4PL）应运而生。

第四方物流的首要倡议者是安盛咨询公司，其将第四方物流定义为：一个调配和管理组织自身的及具有互补性服务提供商的资源、能力与技术，来提供全面的供应链解决方案的供应链集成商。第四方物流同第三方物流相比，服务的内容更多，覆盖的地区更广，对从事货运物流服务的公司要求更高，其必须开拓新的服务领域，提供更多的增值服务。第四方物流最大的优越性是它能保证产品更快、更好、更廉地送到需求者手中。当前经济形势下，货主和托运人为适应跨国经营需求，积极追求供应链全球一体化。跨国公司需集中资源于核心业务，因此更加依赖物流外包。其不仅在操作层面寻求外部协调，更在战略层面借助外部力量，以获取更高效、优质且经济的物流服务。

第四方物流的基本功能有3个方面：一是供应链管理功能，即管理从货主、托运人到用户、顾客的供应全过程；二是运输一体化功能，即负责管理运输公司、物流公司之间在业务操作上的衔接与协调问题；三是供应链再造功能，即根据货主/托运人在供应链战略上的要求，及时改变或调整战略战术，使其长期高效率运作。而第三方物流要么独自提供服务，要么通过与自己有密切关系的转包商为客户提供服务，而很少提供技术、仓储和运输服务的最佳整合。因此，第四方物流就成了第三方物流的协助提供者，也是货主的物流方案集成商。第四方物流服务商的集成服务如图1.3所示。

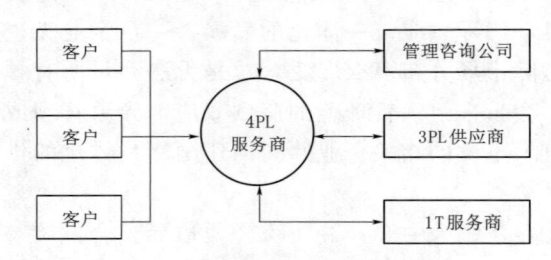

图1.3 第四方物流服务商的集成服务

5．新型物流方式的兴起：绿色物流与逆向物流

21世纪，人类面临着人口膨胀、环境恶化、资源短缺的三大危机，全球经济的可持续发展备受关注，绿色物流得到提倡。物流的飞速发展给城市环境带来不利的影响，如运输工具的噪声、污染物排放、交通堵塞，以及生产和生活中废弃物的不当处理所造成的环境影响等。远洋轮船和飞机都是高耗能和高污染的设施，不仅会产生废气污染，还会产生巨大的噪声污染。此外，包装材料也是节能环保的难点，聚酯材料难降解带来高污染以及纸质材料消耗大量木材，会对生态环境造成破坏。

绿色物流是指以降低对环境的污染，减小资源消耗为目标，利用先进物流技术，规划和实施运输储存、包装、装卸、流通加工等物流活动。绿色物流从环境的角度对物流体系进行改进，形成了一个与环境共生型的物流管理系统。现代绿色物流强调了全局和长远的利益以及全方位对环境的关注，体现了企业的绿色形象，是一种全新的物流形态，是物流发展的必然趋势。

绿色物流发展的现实意义主要有：

（1）绿色物流适应了社会发展的潮流，是全球经济一体化的需要。随着全球经济一体化的发展，一些传统的关税和非关税壁垒逐渐淡化，环境壁垒（绿色壁垒）逐渐兴起。

（2）绿色物流是物流不断发展壮大的根本保障。物流企业要发展，一定要与绿色生产、绿色营销、绿色消费紧密衔接。人类的经济活动绝不能因物流行业的发展而过分地消耗资源，破坏环境，以至造成再次重复污染。

（3）绿色物流是最大限度降低经营成本的必由之路。产品从投产到售出，制造加工时间仅占总时间的10%，而几乎90%的时间为储运、装卸、分装、二次加工、信息处理等物流过程。因此，物流专业化无疑为降低成本奠定了基础。绿色物流不仅是一般意义上的节约和降低成本，其更为重要的是绿色化和由此带来的节能高效少污染，由此节省的生产经营成本非常可观。绿色物流系统如图1.4所示。

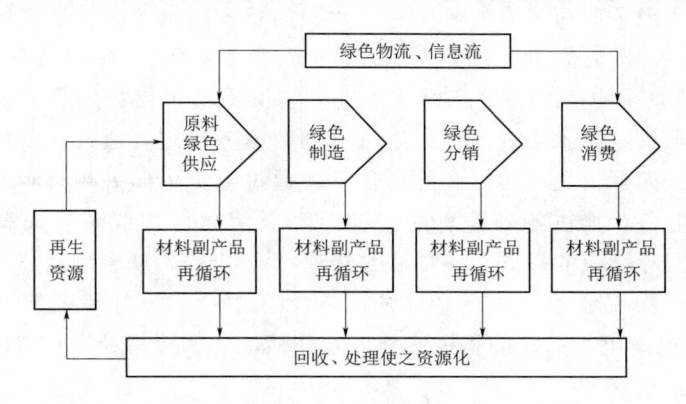

图 1.4 绿色物流系统

传统的高消耗、高产出模式已不适应现代节能环保需求，环保和可再生的理念日益普及。人们开始重视废弃物的回收、无害化处理及循环利用，这正是逆向物流所专注的领域，有助于推动可持续发展。在过去的经济发展中，正向物流技术得到足够的开发，而逆向物流的规律还没有得到足够的研究和总结，原因是高成本、低效率制约了其发展。研究和开发高效率、低成本的逆向物流技术和管理方法将是今后绿色物流的重要课题。与正向物流（货物从生产到消费的实际方向上的物流）相比，逆向物流更多的是针对返回供应链渠道中的产品或者材料，所以逆向物流主要是处理损坏、不符合顾客要求的退回商品、季节性库存、产品召回等，另外还包括废物回收、危险材料和过期设备的处理及资产的回收，如图1.5所示。作为新型的物流管理方式，绿色物流和逆向物流将更有利于绿色生产与消费的健康循环以及人民生活质量的提高，必然成为当今物流管理发展的方向。

6. 物流新技术广泛应用，电子物流蓬勃兴起

以自动化、信息化、智能化为代表的新技术被广泛应用于物流管理的各个环节。仓储系统、装卸搬运、包装、配送、检验检疫等实施自动化作业，自动采集信息纳入信息管理系统。无线射频识别技术（RFID）、卫星定位系统（GPS）、地理信

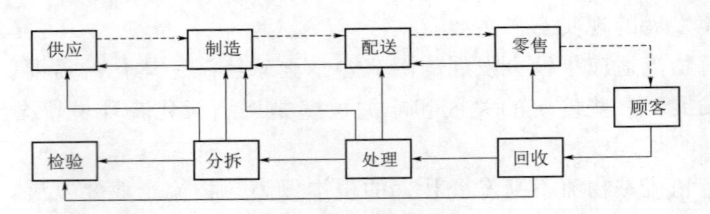

图 1.5 逆向物流

息系统（GIS）、互联网技术等先进技术在物流管理中逐步普及，加快了物流的信息化进程。智能交通与运输系统（ITS）、电子识别和电子跟踪技术、销售时点系统（POS）等智能技术组成智能化的物流管理体系。

在此基础上，基于互联网、信息技术和电子商务的电子物流将蓬勃兴起。互联网技术使消费者与制造商、制造商与供应商、制造商与分销商、各企业与政府和公众之间的联系实现了前所未有的便捷。企业和消费者、企业和企业之间不仅通过互联网获取商品和服务信息，还可以实现电子交易。基于客户订货的生产模式（BTO）改变了以往的消费和生产模式，也对物流提出了更高的要求。电子物流也将利用互联网和信息技术实现与传统物流有别的服务形式，通过互联网追踪订单信息、生产状态、库存信息、运输和配送信息，通过电子单证处理订单、运单、检验检疫、保管等业务，加快各种信息的传递，降低信息传递成本，提高顾客服务效率。事实上，国际物流的领先企业如联邦快递（FedEx）、联合包裹（UPS）等都已经率先开拓电子物流业务，并在全球范围内争夺市场。一些传统的行业如沃尔玛（Wal-Mart）也是电子物流的积极实施者，相信电子物流将迎来重要的发展机遇。

1.4 实训项目——调查国际物流企业情况

1.4.1 实训目的

通过查找知名国际物流企业的名单及企业情况，熟悉国际物流相关企业的公司概况、组织结构、业务范围、主要客户、业务流程等。

1.4.2 实训内容

1. 实训任务

（1）通过网络查找 10 家以上国外知名国际物流相关企业名单及其概况，10 家以上国内知名国际物流相关企业名单及其概况，列一份表格，表格名称为：国内外知名物流企业名录。

（2）选择其中一家有代表性的国际物流企业，每个小组做一份该企业介绍的PPT，并选出代表进行汇报。

2. 实训教学建议

（1）教学方法：多媒体教学、实践操作。

(2) 实践课时：2学时。

（3）实践过程：包括4个环节。首先，在课堂上由教师明确实训目标，即收集国内外知名物流企业的相关资料。其次，各小组学生们通过网络查找并筛选整理这些信息，形成国内外知名物流企业名录。接着，各小组选定一家代表性企业，深入研究并制作PPT介绍。最后，在课堂上，各小组代表汇报展示PPT，并与教师和其他同学进行讨论交流。

3. 实训成果

（1）国内外知名国际物流企业名录。

（2）国际物流企业介绍PPT。

案例分析

顺丰向国际物流巨头迈进了一步

2023年8月20日，顺丰航空采用B747-400型全货机开通了"深圳—莫尔兹比港"国际货运航线，一批电气设备搭乘首航航班由深圳飞往巴布亚新几内亚首都莫尔兹比港，后续将投入当地基础工程的建设。该航线开通后，顺丰航空结合当地特点提升了机组操作、签派放行等关键能力，为后续拓展更多大洋洲航线打下基础。随之，顺丰航空将形成辐射亚洲、延伸欧美、触达大洋洲的新格局，其全货机航线服务范围得到进一步扩大。另外，在货机方面，目前顺丰航空全货机机队规模已突破84架，随着航空物流服务能力的不断强化，顺丰在国际市场的竞争力将持续提升。

2018年，顺丰与美国夏晖成立了合资公司新夏晖，并通过出资55亿元人民币收购了敦豪供应链（香港）有限公司和敦豪物流（北京）有限公司100%的股权，为后续的国际化发展奠定了坚实的基础。

2021年，顺丰完成对东南亚最大物流企业嘉里物流的收购，全面吹响国际化的号角。

2022年，亚洲第一个专业货运枢纽机场——鄂州花湖机场正式投运，标志着顺丰进一步迈向了国际化。

2023年7月，已被顺丰收购的嘉里物流发布公告称，将以2.5亿港元的价格，向顺丰出售旗下于亚太地区及欧洲从事快递服务的若干附属公司，接下来顺丰将借力嘉里物流深耕多年的物流网络，加快推进布局国际化业务。

这一系列战略举措的实施，不仅凸显了顺丰对国际化发展的高度重视，更彰显了顺丰决策层在国际化领域的宏大愿景。正是在这种愿景的引领下，顺丰在数年间便成功实现了国际化业务的突破性进展。

2022年财报显示，顺丰的供应链和国际业务营收达到了878.7亿元，营收占比达到了32.85%，成为了顺丰集团第二大营收业务。基于此，顺丰开拓大洋洲航线，进一步打开国际航空物流市场，显然也是为了更好地打开国际化业务的新空间。

最近几年，国际航空物流行业的竞争愈发激烈，除了顺丰，圆通、菜鸟、京东等多家头部物流企业都在加快相关业务布局。

圆通方面，作为通达系中唯一一家拥有航空货运公司的物流企业，其间接全资持股圆通航空，通过长期加码航空货运抢占了更多国际市场先机。财报显示，2022年，圆通速递国际和圆通航空合计归母净利润达到2.68亿元。

为了维持航空货运业务的稳健增长，圆通也加快了布局的脚步。2023年7月31日到8月2日，圆通连续开通了广州—金奈、广州—孟买、广州—德里三条货运航线，实现"三天三线连开"，布局速度堪称迅猛。

菜鸟方面，2023年4月，菜鸟与深圳宝安国际机场签署合作协议，双方将联手打造菜鸟国际快递全国首个航空货运中心，并开通了深圳飞往南美的首条全货机国际货运航线，预计跨境包裹处理效率提升30%。

京东方面，自2017年起，京东物流便开始发展航空货运业务，前期京东航空重点围绕国内长三角、环渤海、珠三角三大经济圈的航空货运市场进行布局，而后期京东航空以东南亚、日韩等国际航线起步，并逐渐开拓欧美远程航线，将更多目光放到了国际市场上。

这些大型物流企业之所以对航空货运如此重视，无非是因为近几年航空货运市场前景可观。数据显示，2032年全球航空包机市场预计将达到536.5亿美元，年复合增长率为5.8%。

除此之外，由于跨境电商市场规模不断飙升，国际航空物流的需求出现爆发性增长。数据显示，2018—2022年我国跨境电商市场规模分别为9万亿元、10.5万亿元、12.5万亿元、14.2万亿元、42.07万亿元，增速分别为11.66%、19.04%、16.66%、13.6%。其中，2022年我国跨境电商交易额占总货物贸易进出口总值的37.32%。正是由于跨境电商业务保持快速增长，国内物流企业才会积极推进国际航空物流业务的发展，希望从中寻找出新增量。

纵观国内物流企业在航空货运领域的布局，不难发现他们存在一些短板。这些短板突出表现在航空货运资源分配不均、全货机运力的缺乏、基础建设薄弱等方面。

反观国际三大快递巨头FedEx、UPS、DHL，他们在供应链、运力、资源等方面的竞争力明显比国内物流企业要强。以FedEx为例，其不仅早已建立起航空货运枢纽，还拥有完善的航空货运体系。1973年，FedEx总部入驻孟菲斯国际机场，并在此建立了快递超级转运中心，目前该转运中心与机场协同合作，能够实现集中起降、集中分拣，24小时充分运转，平均每小时能处理超过18万个包裹。截至2023年2月28日，FedEx全货机保有量为710架，对比拥有84架全货机的顺丰，简直是大巫见小巫。可以说，在入驻孟菲斯机场的50年时间里，FedEx凭借"超级转运中心＋机场"的轴辐射式网络，在成本和时效两大方面，都建立了显著的竞争力。

同时，由于国内物流企业布局国际航空货运市场的时间并不算长，目前仍处于初级发展阶段，暂时掌握不了太大的话语权。

在这种情况下,国内物流企业要想与 FedEx、UPS、DHL 三大国际物流巨头抗衡,唯一能做的就是强化资源整合能力和物流服务竞争力,提高航空物流供应链体系的全球竞争力和抗风险能力。

换句话说,出于国际竞争需要,苦练"内功",全面提升综合能力,是当下我国物流企业必须做出的选择。

资料来源:电商报

请结合案例回答下列问题:
(1) 分析国内物流企业布局国际物流市场的意义。
(2) 分析顺丰布局国际物流市场的优势与劣势。

思 考 与 习 题

(1) 物流创造了哪些价值?功能要素有哪些?
(2) 国际物流相对于国内物流具有什么特点?
(3) 如何理解国际物流兴起的原因?国际物流的发展壁垒及发展趋势有哪些?
(4) 国际物流管理包含哪些内容?

第2章 国际贸易与国际物流

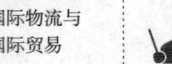

学习目标与要求

本章重点介绍了国际贸易的基本概念，介绍了国际贸易合同中主要的合同条款。通过对于国际贸易合同中合同条款的分析，进行物流设计，提供相应的对策。
1. 了解国际贸易与国际物流的关系。
2. 掌握常用的国际贸易术语。
3. 熟悉国际贸易合同中主要的合同条款。
4. 熟悉国际贸易结算工具与结算方式。
5. 了解进出口贸易合同的履行。

导入案例

CIF合同下货物规格偏差引发的拒付货款与合同撤销争议

A出口公司与国外买方订立一份贸易术语CIF（成本、保险费加运费）合同，合同规定："番茄酱罐头200箱，每箱24罐×100克"。但卖方在出货时却装运了200箱，每箱24罐×200克。进口方收到提单等相关单证后，拒绝付款，并要求撤销合同。

思考：买方为何在还未见货就拒付了货款？买方有权这样做吗？

2.1 国际贸易与国际物流概述

2.1.1 国际贸易

1. 国际贸易概念

国际贸易是指世界各国或地区之间在商品和服务方面的交换活动，是各国之间分工的表现形式，反映了世界各国在经济上的相互依靠。如果从单个国家或地区的角度出发，一个特定的国家或地区同其他国家或地区之间所进行的商品和服务的交换活动,就称为对外贸易。一些海岛国家或地区以及某些对外贸易活动主要依靠海运的国家或地区,如英国、日本等,也把这种交换活动称为海外贸易。

2. 国际贸易分类

(1) 按商品流向分为出口贸易、进口贸易、过境贸易。出口贸易(Export Trade)指将本国生产和加工的商品输往国外市场进行销售;进口贸易(Import Trade)又称输入贸易,指将外国生产和加工的商品输入本国市场销售。出口贸易与进口贸易是每一笔贸易的两个方面,对卖方而言是出口贸易,对买方而言则是进口贸易;过境贸易(Transit Trade)又称通过贸易,指贸易货物通过一国国境,不经加工地运往另一国的贸易活动。过境贸易属于直接贸易。另外,如果过境贸易货物不经过境国海关保护仓库存放,而是完全为了转运的过境,属于直接过境贸易;而由于种种原因,如商品需要分类包装、暂时的转运困难、购销当事人的意愿改变引起的中途变更等,把货物先存放在过境国的海关仓库,而后再进行分类包装、转运出境的贸易,属于间接过境贸易。

(2) 按商品形态分为货物贸易和服务贸易。货物贸易是指物质商品的进出口。货物贸易又常常被称为有形贸易(Visible Trade)。服务贸易是指国家之间出售或购买服务的交易。按照《服务贸易总协定》(GATS)的定义,服务贸易是指服务贸易提供者从一国境内通过商业现场或自然人的商业现场向服务消费者提供服务,并获取外汇收入的过程。

3. 国际贸易特点

国际贸易属跨国家、跨地区性质的交易,虽是国内贸易的延伸,却具有许多不同于国内贸易的特点,其交易环境、交易条件、交易程序、贸易做法及所涉及的问题,都远比国内贸易复杂。国际贸易的特点主要表现在下列几个方面:

(1) 国际贸易是一项具有涉外性质的商业活动。国际贸易的这一特点表明,其不仅是一项经济活动,也是涉外活动的一个方面,因此在对外交往中,不仅要考虑经济利益,而且还应配合外交活动,体现并贯彻国家对外方针政策,防止出现忽视和违反政策的偏向。在商务运作过程中,要切实按国际规范行事,恪守"重合同、守信用"的原则。在同外商交往和接触时,要讲究礼仪,不卑不亢,落落大方,言谈举止得当,尊重对方民族习惯,以便对外树立和保持良好的形象。

(2) 国际贸易环境错综复杂,变化多端。在国际贸易中,交易双方处在不同国家和地区,各国的政治制度、法律体系不同,文化背景互有差异,价值观念也往往有别,在洽商交易和履约过程中,涉及各自不同的政策措施、法律规定、贸易惯例和习惯做法,情况千差万别,错综复杂。

国际贸易的发展,一般不如国内贸易稳定,易受国际政治、经济形势和各国政策及其他客观条件变化的影响,尤其在当前国际局势动荡不安、国际金融市场变化莫测与商品价格瞬息万变的情况下,国际贸易的不稳定性更加明显。

(3) 国际贸易的风险远比国内贸易大。在国际贸易中,交易双方的成交量通常都比国内贸易大,而且交易的商品往往需要通过长途运输,在远距离的运输过程中,可能遇到各种自然灾害、意外事件和其他外来风险,加之国际市场情况复杂、多变,海盗活动猖獗,恐怖分子破坏,从而更加大了国际贸易的风险程度。

(4) 国际贸易线长、面广,中间环节多。在国际贸易中,交易双方相距遥远,在开展交易过程中,包括许多中间环节,涉及面很广,除了双方当事人外,还涉及各种中间商、代理商以及为国际贸易服务的商检、仓储、运输、保险、金融、车站、港口、海关等部门,若一个部门或一个环节出问题,就会影响整笔交易的正常进行。

(5) 国际贸易中的竞争异常激烈。在国际贸易中,一直存在着市场的争夺竞争,有时甚至达到白热化的程度。竞争的形式虽表现为商品竞争、市场竞争、技术竞争、服务质量竞争,但归根到底,竞争的实质还是人才的竞争。因此,我们必须增强竞争意识,提高国际贸易从业人员的整体素质和竞争能力,才能在国际市场竞争中立于不败之地。

2.1.2 国际贸易与国际物流的关系

1. 国际贸易是国际物流的基础

国际贸易是国际物流存在和发展的前提和基础。如果没有国际贸易,也就不存在该种商品在国与国之间的流动和转移问题,不会涉及围绕该种商品流动所需要的跨国运输、仓储、包装、报关、装卸、流通加工等一系列的国际物流活动。因此,国际贸易是国际物流发展的基础和条件,两国或地区间的国际贸易越活跃,对国际物流的运作能力和技术水平的要求也就越高。

2. 国际物流对国际贸易起保障作用

世界范围的社会化大生产必然会引起不同的国际分工,任何国家都不能够包揽一切,因而需要国家间的合作,国家间的商品和劳务流动是由商流和物流组成,前者由国际交易机构按照国际惯例进行,后者由物流企业按各个国家的生产和市场结构完成。为了克服两者之间的矛盾,就要求开展与国际贸易相适应的国际物流。出口国企业只有把物流工作做好了,才能将国外客户需要的商品按时、保质、保量、低成本地送到,从而提高本国商品在国际市场上的竞争能力。因此,国际物流对国际贸易起保障作用。

3. 国际贸易促进物流国际化

第二次世界大战以后,出于恢复重建工作的需要,各国积极研究和应用新技术、新方法,从而促进生产力迅速发展,世界经济呈现繁荣兴旺的景象。国际贸易也因此发展得极为迅速。同时,由于一些国家和地区的资本积累达到了一定程度,本国或本地区的市场已不能满足其进一步发展的需要。加之交通运输、信息处理及经营管理水平的提高,出现了众多的跨国公司。跨国经营与国际贸易的发展,促进了货物和信息在世界范围内的大量流动和广泛交换。物流国际化成为国际贸易和世界经济发展的必然趋势。

4. 国际贸易对国际物流提出新的要求

(1) 质量要求。国际贸易的结构正在发生着巨大变化,传统的初级产品、原料等贸易品种逐步让位于高附加值、精密加工的制成品。由于高附加值、高精密度的商品流量的增加对物流的质量提出了更高的要求。同时出口国际贸易需求的多样化，形成的物流多品种、小批量等趋势，要求国际物流向优质服务和多样化发展。

（2）效率要求。国际贸易活动的集中表现就是合约的订立和履行，而国际贸易合约的订立和履行很大部分是由国际物流活动来完成的，因而要求物流有很高的效率。从输入方面的国际物流来看，提高物流效率最重要的是如何高效率地组织所需商品的进口、储备和供应。也就是说，从订货、交货，直至运输仓储、配送分拨的整个过程，都应加强物流管理。

（3）安全要求。国际物流所涉及的国家多，地域辽阔，在途时间长，受气候条件、地理条件等自然因素，罢工等人为因素，战争等社会政治经济因素的影响，因此国际物流选择运输方式和路线时，要密切注意所经地域的气候条件、地理条件，还应注意沿途所经国家和地区的政治局势、经济状况等，以防不可抗拒的因素造成货物灭失。

（4）经济要求。国际贸易的特点决定了国际物流的环节多、备运期长。在国际物流领域，控制物流费用、降低成本具有很大潜力。对于国际物流企业来说，选择最佳物流方案、提高物流经济性、降低物流成本和保证服务水平是提高竞争力的有效途径。

2.2 国际贸易实务

2.2.1 国际贸易术语

1．国际贸易术语的概念

国际贸易术语又称贸易条件，是进出口商品价格的一个重要组成部分，通过一个简短的概念或3个字母的缩写来说明买卖双方有关费用、风险和责任的划分，确定卖方交货和买方接货方面的权利和义务的专业用语。

2．国际贸易术语的作用

贸易术语是在国际贸易的长期实践中形成的。使用贸易术语的好处主要在于其可以大大地简化交易洽商的内容，缩短达成交易所需花费的时间和过程，节省交易成本，从而便于国际贸易的促成。

为了明确交易双方各自承担的责任和义务，当事人在洽商交易、订立合同时，必然要考虑以下几个重要问题：

（1）卖方在什么地方，以什么方式办理交货？

（2）货物发生损坏或灭失的风险何时由卖方转移给买方？

（3）由谁负责办理货物的运输、保险以及通关过境的手续？

（4）由谁承担办理上述事项时所需的各种费用？

（5）买卖双方需要交接哪些相关的单据？

在国际贸易中采用贸易术语主要是为了确定交货条件，说明买卖双方在交接货物方面对彼此承担责任、费用和风险的划分。同时，贸易术语也可用来表示成交商品的价格构成因素,特别是货价中所包含的从属费用。贸易术语的价格构成因素不同,所以成交的价格也有所不同。

由此可见,贸易术语具有双重性,即一方面表示交货条件,另一方面表示成交价格的构成因素。这两者是紧密相连的。

在相当长的时间内,在国际上没有形成对各种贸易术语的统一解释。不同国家和地区在使用贸易术语时有不同的解释和做法。由于国际贸易货物买卖合同的国际性,合同一方当事人对于对方国家的习惯解释不了解,这就会引起当事人之间的误解、争议和诉讼,既浪费时间和金钱,也影响国际贸易的发展。为了解决这些问题,国际商会、国际法协会和美国一些著名的商业团体经过长期努力,制定了解释国际贸易术语的规则,称为国际贸易惯例。

3. 国际贸易惯例

有关贸易术语的国际贸易惯例主要有三种,即《1932年华沙—牛津规则》(*Warsaw-Oxford Rules 1932*)、《1941年美国对外贸易定义修订本》(*Revised American Foreign Trade Definitions 1941*)和《国际贸易术语解释通则》(*International Rules for the Interpretation of Trade Terms*)。

(1)《1932年华沙—牛津规则》是国际法协会专门为解释CIF合同而制定的。19世纪中叶,CIF贸易术语开始在国际贸易中得到广泛采用,然而对使用这一术语时买卖双方各自承担的具体义务,并没有统一的规定和解释。对此,国际法协会于1928年在波兰首都华沙开会,制定了关于CIF买卖合同的统一规则,称之为《1928年华沙规则》,共包括22条。其后,在1930年的纽约会议、1931年的巴黎会议和1932年的牛津会议上,将此规则修订为21条,并更名为《1932年华沙—牛津规则》,沿用至今。这一规则对于CIF合同的性质、买卖双方所承担的风险、责任和费用的划分以及货物所有权转移的方式等问题,都作了比较详细的解释。

(2)《1941年美国对外贸易定义修订本》是由美国几个商业团体制定的。最早于1919年在纽约制定,原称为《美国出口报价及其缩写条例》。后来于1941年在美国第27届全国对外贸易会议上对该条例作了修订,命名为《1941年美国对外贸易定义修订本》。这一修订本经美国商会、美国进口商协会和全国对外贸易协会所组成的联合委员会通过,由全国对外贸易协会予以公布。

《1941年美国对外贸易定义修订本》中所解释的贸易术语共有6种,分别为:

1) Ex(Point of Origin)(产地交货)。
2) FOB(Free on Board)(在运输工具上交货)。
3) FAS(Free Along Side)(在运输工具旁边交货)。
4) C&F(Cost and Freight)(成本加运费)。
5) CIF(Cost,Insurance and Freight)(成本加保险费、运费)。
6) ExDock(Named Port of Importation)(目的港码头交货)。

(3)《国际贸易术语解释通则》(以下简称《通则》),其是由国际商会为了统一对各种贸易术语的解释而制定的。最早的《通则》产生于1936年,之后分别于1953年、1967年、1976年、1980年、1990年、2000年、2010年(2010年正式取得商标Incoterms®)、2020年共八次修订。在目前实践中广泛采用《2000年国际贸易术语解释通则》(以下简称《2000年通则》)、《2010年国际贸易术语解释通则》(以下简称《2010年通则》)。

《2000年通则》于2000年1月1日起生效。国际商会推出《2000年通则》时，在其引言中指出，进行国际贸易时，除了订立买卖合同外，还要涉及运输合同、保险合同、融资合同等。这些合同相互关联，互相影响，但《2000年通则》只限于对货物买卖合同中交易双方权利、义务的规定，而且该货物是有形的，不包括电脑软件之类的东西。作为买卖合同的卖方，其基本义务可概括为交货、交单和转移货物的所有权，而《2000年通则》也仅仅涉及前两项内容，不涉及所有权和其他产权的转移问题，也不涉及违约和其产生的后果问题。《2010年通则》是国际商会根据国际货物贸易的发展，对《2000年通则》的修订，于2010年9月27日公布，2011年1月1日起开始全球实施，《2010年通则》较《2000年通则》更准确标明各方承担货物运输风险和费用的责任条款，令船舶管理公司更易理解货物买卖双方支付各种收费时的角色，有助于避免现时经常出现的码头处理费（THC）纠纷。《2010年通则》贸易术语的分类见表2.1。

表2.1　《2010年国际贸易术语解释通则》贸易术语的分类

组别	术语	中文解释
E组 启运	EXW（Ex Works）	工厂交货
F组 主要运费 未付	FCA（Free Carrier） FAS（Free Alongside Ship） FOB（Free on Board）	货交承运人 装运港船边交货 装运港船上交货
C组 主要运费 已付	CFR（Cost and Freight） CIF（Cost, Insurance and Freight） CPT（Carriage Paid to） CIP（Carriage and Insurance Paid to）	成本加运费 成本加保险费、运费 运费、保险费付至 运费付至
D组 到达	DAP（Delivered at Place） DAT（Delivered at Terminal） DDP（Delivered Duty Paid）	目的地交货 运输终端交货 完税后交货

知识链接

2020年国际贸易术语解释通则

《2020年国际贸易术语解释通则》（以下简称《2020年通则》）已于2020年1月1日正式实施。

相对《2010年通则》，《2020年通则》主要有以下变化：

(1)《2020年国际贸易术语解释通则》中将DAT（Delivered at Terminal）目的

地或目的港的集散站交货更名为 DPU（Delivered at Place Unloaded）目的地卸货后交货。DPU 术语强调了目的地可以是任何地方，而不仅仅是 DAT 术语所强调的"运输终端"的现实。

（2）提高了 CIP 卖方的投保最低险别要求。在 Incoterms®2010 的规定中，采用 CIP 交易时卖方投保的基本原则是卖方自付费用取得货物保险，该保险需至少符合《协会货物保险条款》条款（C）或类似的最低险别。

（3）针对 FCA 贸易术语提单问题引入附加机制。针对 FCA 贸易术语新增提单附加机制，即买卖双方可以约定，同意买方指定的承运人在货物装船后向卖方签发已装船提单。这项新的提单附加机制为卖方获取已装船提单提供了明确依据。获得已装船提单后卖方有义务，通常是通过银行交单。

（4）FCA、DAP、DPU 和 DDP 贸易术语下，买卖双方可以使用自有运输工具安排运输。

（5）改变交易费用的呈现方式。

（4）国际贸易惯例的性质和作用。国际贸易惯例是国际组织或权威机构为了减少贸易争端和规范贸易行为，在长期、大量的贸易实践的基础上制定出来的。由此可见，贸易惯例与习惯做法是有区别的。国际贸易业务中反复实践的习惯做法经过权威机构加以总结、编纂与解释，从而形成国际贸易惯例。美国《统一商法典》对"惯例"的解释是："一项贸易惯例是在某一地方，某一行业或贸易中所惯常奉行的某种做法或方法，并以之判定发生争议的交易中应予奉行的所期望的行为模式。"

国际贸易惯例的适用是以当事人的自治为基础的，其本身不是法律，对贸易双方不具有强制性约束力，故买卖双方有权在合同中作出与某项惯例不一致的规定。只要合同有效成立，双方均要履行合同规定的义务，一旦发生争议，法院和仲裁机构也要维护合同的有效性。但是，国际贸易惯例对贸易实践仍具有重要的规范作用。一方面，如果双方都同意采用某种惯例来约束该项交易，并在合同中作出明确规定时，那么这项约定的惯例就具有了强制性。《1932年华沙—牛津规则》在总则中说明，这一规则供交易双方自愿采用，凡明示采用《1932年华沙—牛津规则》者，合同当事人的权利和义务均应援引本规则的规定办理。经双方当事人明示协议，可以对本规则的任何一条进行变更、修改或增添。如本规则与合同发生矛盾，应以合同为准。凡合同中没有规定的事项，应按本规则的规定办理。在《1941年美国对外贸易定义修订本》中也有类似规定："此修订本并无法律效力，除非有专门的立法规定或为法院判决所认可。因此，为使其对各有关当事人产生法律上的约束力，建议买方与卖方接受此定义作为买卖合同的一个组成部分。"国际商会在《通则》的引言中指出，希望使用《通则》的商人，应在合同中明确规定该合同受《通则》的约束。许多大宗交易的合同中也都作出采用何种规则的规定，这有助于避免对贸易术语的不同解释而引起的争议。另一方面，如果双方在合同中既未排除，也未注明该合同适用某项惯例，在合同执行中发生争议时，受理该争议案的司法和仲裁机构也往往会引用某一国际贸易惯例进行判决或裁决。所以，国际贸易惯例虽然不具有强制性，但其对国际贸易实践的规范作用却不容忽视。不少贸易惯例被广泛采纳、沿用，说明其是行之有效的。在我国的对外贸易中，在平等互利的前提下，适当采用这些惯例，有利于外贸业务的开展，而且，通过学习掌握有关国际贸易惯例的知识，可以帮助我们避免或减少贸易争端，即使在发生争议时，也可以引用惯例解决问题。

4. 常用的贸易术语

在我国对外贸易中，经常使用的贸易术语为适合于水上运输的 FOB、CFR、CIF 和适合各种运输方式的 FCA、CPT、CIP。

（1）FOB 贸易术语。FOB 指"Free on Board (... named port of shipment)，即船上交货（……指定装运港）"，习惯称为装运港船上交货。在这一术语之后要注明装运港的名称，例如 FOB Dalian，此处"Dalian"为装运港，即在大连港船上交货。

装运港船上交货（FOB）是国际贸易中广泛应用的一种贸易术语。按照 FOB 条款，卖方负责在合同明确约定的日期或期限内，将货物运抵合同中规定的装运港口，并成功地将货物交付到买方指定的船只上。一旦货物安全地装载到买方指定的船只，卖方便完成了其交货义务。这样的表述更为精确且合理，清晰地阐述了卖方在 FOB 贸易术语下的责任和交货流程。另外，卖方要提交商业发票以及合同要求的其他单证。

采用 FOB 术语时，关于买卖双方义务的规定可概括如下：

1）风险转移问题。卖方在装运港将货物交到买方所派的船只上时，货物损坏或灭失的风险由卖方转移给买方。

2）通关手续问题。卖方需自行承担风险和费用是负责获取出口许可证或其他官方必需的批准证件，并确保完成货物出口所需的所有海关手续。相应地，买方则需自行承担的风险和费用是负责获取进口许可证或其他官方必需的批准证件，并确保完成货物进口以及从第三国过境运输所需的所有海关手续。

3）运输合同和保险合同。卖方并不承担为买方订立运输合同的义务。然而，如果买方提出明确需求，或者按照商业惯例，卖方可以在买方承担所有相关风险和费用的前提下，依据普遍适用的条件协助订立运输合同。同样的，卖方也没有义务为买方订立保险合同。但是，如果买方有此需求，且愿意承担相关的风险和费用，卖方有责任向买方提供办理保险所需的必要信息，以便买方能够自行安排保险事宜。

4）主要费用的划分。卖方负责承担货物在交货前所产生的费用，包括办理货物出口所需的关税以及其他相关费用。而买方则需承担自货物装运港起运至目的港期间所产生的费用，这包括运费以及办理进口手续时所需支付的关税和其他相关费用。

（2）CFR 贸易术语。CFR 指"Cost and Freight (... named port of destination)，即成本加运费（……指定目的港）"，又称运费在内价，也是国际贸易中常用的贸易术语之一。在 CFR 贸易术语下，卖方有责任在合同约定的日期或期限内，将货物运送至指定的装运港口,并确保货物安全装载至其自行安排的船舶上。此外,卖方还需提供货物已装船的相关证明,以此履行其交货义务。另外,卖方要提交商业发票以及合同要求的其他单证。

采用 CFR 术语时,关于买卖双方义务的规定可概括如下:

1) 风险转移界限。一旦卖方在装运港将货物交付至指定的船上,或提供货物已装船的相关证明,货物的损坏或灭失风险即由卖方转移至买方。

2) 通关手续责任。卖方需自行承担风险和费用,负责取得出口许可证或其他官方必需的批准文件,并完成货物出口所需的海关手续。相应地,买方则需自担风险与费用,获取进口许可证或其他必要的官方批准,并办理货物进口及可能的第三国过境运输的海关手续。

3) 运输与保险安排。卖方有责任按照常规条件订立或确保获得运输合同,确保货物能够安全运抵合同约定的目的港。至于保险合同的订立,卖方对买方并无此项义务。然而,若买方提出请求,并愿意承担相关风险和费用,卖方有义务向买方提供办理保险所需的必要信息,以协助买方进行保险安排。

4) 费用划分原则。在交货前,卖方需承担所有相关费用,包括但不限于办理出口手续时的关税及其他费用。此外,卖方还需支付从装运港至目的港的运费及与运输相关的其他费用。而交货后,买方则需承担所有后续费用,特别是办理进口手续时的关税及其他相关费用。

5) 注意事项。①卖方及时向买方发出装运通知。按 CFR 术语履行合同,卖方必须给予买方关于货物已按规定交付至船上的充分通知,这项通知比在 FOB 下的装运通知显得更为重要。因为在 CFR 术语下,由卖方办理租船订舱及在装运港将货物装上船的手续,而装运后的风险又是由买方承担的,对装运情况毫无所知的买方无法及时在目的港办理货运保险,就货物装上船后可能遭受灭失或损坏的风险取得保障。《通则》对卖方未能给予买方该项充分通知的后果也没有做具体的规定,但是根据货物买卖合同的适用法律,卖方将承担违约责任,需承担损害赔偿责任。所以,卖方及时给买方以充分的通知是 CFR 合同中一个至关重要的问题。所谓"充分的通知"是指该装船通知在时间上是"毫不迟延的",在内容上是"详尽"的,可满足买方为在目的港收取货物采取必要措施(包括办理保险)的需要。为此,在实际业务中,卖方应根据约定或习惯做法及时采取适当的方式,如用传真或电子邮件向买方发出装船通知。②在进出口业务中,应慎重使用 CFR 术语。在 CFR 术语下进口货物比在其他术语下更容易发生欺诈。因为按 CFR 条件成交时,由出口商安排运输,进口商负责保险,有可能出口商与船方勾结出具假提单,或租用不适航的船舶,或伪造品质证书与产地证明等。若出现这类情况,会使进口商蒙受损失,故按 CFR 条件成交时应选择资信好的客户成交,并对船舶提出适当要求。

(3) CIF 贸易术语。CIF 指 "Cost Insurance and Freight (... named port of destination),成本加保险费、运费(……指定目的港)"。CIF 又称运费保险费在内价,也是国际贸易中常用的贸易术语之一。在 CIF 贸易术语下,卖方有义务在合同明确规定的日期或期限内,将货物运送至合同指定的装运港口,并成功将其装载至卖方所安排的船舶之上。此外，卖方还需提供相应的货物已装船证明，以此作为完成交货义务的有效凭证。另外，卖方还要为买方办理海运货物保险。此外，卖方要提交商业发票以及合同要求的其他单证。

采用 CIF 术语时关于买卖双方义务的规定可概括如下：

1) 风险转移界限。在 CIF 贸易条款下，一旦卖方在装运港完成交货义务，即货物被装上约定的运输工具或取得已装船证明，货物损坏或灭失的风险即从卖方转移至买方。

2) 通关手续责任。卖方需承担风险与费用，负责获取出口许可证或其他必要的官方批准文件，并完成货物出口所需的所有海关手续。相应地，买方则需自担风险与费用，负责取得进口许可证或其他官方批准，并办理货物进口及可能的第三国过境运输的海关手续。

3) 运输与保险安排。卖方有义务按照行业惯例订立或取得运输合同，确保货物能够安全、及时地运抵合同约定的目的港。此外，卖方还需负责签订保险合同，该合同应与声誉良好的保险公司签订，以确保买方或其他对货物具有可保利益的主体能够直接向保险公司提出索赔。

4) 费用分摊原则。在交货前，卖方需承担包括办理出口手续时的关税及其他费用在内的所有相关费用，并负责支付从装运港至目的港的运费及与水路运输保险相关的费用。而交货后，买方则需承担办理进口手续时的关税及其他相关费用。

5) 注意事项。①在 CIF 术语下，卖方在装运港将货物装上船即完成了交货义务。因此，采用 CIF 术语订立的合同属于"装运合同"。尽管卖方将运费、保险费付至目的港，但必须明确指出，CIF 以及其他 C 组术语与 F 组术语一样，卖方在装运港完成交货义务，对货物可能发生的任何风险不再承担责任。因此，采用这些术语订立的买卖合同均属"装运合同"。需注意的是，在任何情况下使用 CIF 贸易术语时，都不应规定抵达目的港的时间，而只应就货物的装运时间做出规定。如果买方希望货物能在具体时间实际抵达目的地，则应采用 D 组到达术语。②在 CIF 术语下，越过船舷风险将由买方承担，而运输途中的保险由卖方办理。卖方是为了买方的利益代办的保险。③象征性交货是指卖方只要按期在约定地点完成装运，并向买方提交合同规定的包括物权凭证在内的有关单证就算完成了交货义务，而无需保证到货。因此，象征性交货是指卖方凭单交货，买方凭单付款，单据代表着货物，是一种单据买卖。但是，若按 CIF 术语成交，卖方履行交单义务，只是得到买方付款的前提条件，除此之外，还必须履行交货义务。如果卖方提交的货物不符合合同要求，买方即使已经付款，仍然可以根据合同的规定向卖方提出索赔。④卖方必须自行承担费用，按照通常条件订立运输合同，将合同规定的货物经惯常航线，用通常用来运输此类货物的船舶运至指定目的港。买方一般无权对班轮公司或其船只等提出要求。在实际出口业务中，如国外买方提出上述要求，在能够满足又不增加额外费用的情况下，卖方也可灵活掌握考虑接受。因此，如果卖方不能及时租船订舱，以至于不能按合同规定装船交货，即构成违约，将承担有关的法律责任。

(4) FCA 贸易术语。FCA 指 "Free Carrier (... named place of delivery), 即货交承运人 (……指定交货地点)"。所谓承运人, 是指受买方的委托, 负责将货物从约定的启运地运往目的地的人。承运人既包括拥有运输工具、实际完成运输任务的运输公司, 也包括不掌握运输工具的运输代理。

根据《2010 年通则》的解释, 按 FCA 条件成交时, 卖方是在合同中约定的日期或期限内在其所在地或其他约定地点把货物交给买方指定的承运人完成其交货义务。此外, 卖方要提交商业发票以及合同要求的其他单证。

采用 FCA 术语时, 双方承担主要义务可概括如下:

1) 风险转移界限。在 FCA 术语下, 风险转移的关键时刻是货物交由承运人控制之时。在此之前, 卖方承担货物灭失或损坏的风险; 一旦货物交由承运人控制, 风险即转移至买方。

2) 通关手续安排。卖方需自行承担风险和费用, 负责获取出口许可证或其他必要的官方批准文件, 并完成货物出口所需的所有海关手续。相应地, 买方亦需自担风险与费用, 取得进口许可证或其他官方批准, 并办理货物进口及可能的第三国过境运输所需的海关手续。

3) 运输与保险安排。在 FCA 术语下, 卖方对买方并无直接订立运输合同的义务。然而, 若买方提出请求并愿意承担相关风险和费用, 卖方可在通常条件下协助订立运输合同。至于保险合同的订立, 卖方同样对买方无直接义务。但应买方的要求, 并在其承担风险和费用的前提下, 卖方有义务向买方提供办理保险所需的必要信息。

4) 费用划分原则。在交货地点将货物交与承运人之前, 卖方需承担包括办理出口手续时的关税及其他费用在内的所有相关费用。一旦货物交由承运人控制, 买方则需承担包括办理进口手续时的关税及其他费用在内的后续所有费用。此外, 买方还需负责签订从指定地点承运货物的合同, 并支付相关的运费。

(5) CPT 贸易术语。CPT 指 "Carriage Paid To (... named place of destination), 即运费付至 (……指定目的地)"。在 CPT 贸易术语中, 明确注明双方约定的目的地名称是至关重要的, 这一目的地可以是两国之间的边境地点, 也可以是进口国的海港, 甚至可以是深入进口国内陆的某个具体位置。然而, 需要特别指出的是, 尽管最终目的地可能多种多样, 但在 CPT 术语下, 卖方实际交货的地点始终限定在出口国的内陆地区或边境附近的港口、车站等交通枢纽。

根据《2010 年通则》的相关规定, 当采用 CPT 条件进行交易时, 卖方有责任在合同所约定的特定日期或期限内, 将合同中明确规定的货物交付给由卖方自行选定的承运人, 或是交付给第一承运人。这一交付行为即视为卖方完成了其交货义务。此外, 为了确保交易的顺利进行, 卖方还需提供商业发票以及合同中所要求的其他相关单据, 以满足交易双方的信息需求和后续操作需要。

采用 CPT 术语时, 关于买卖双方义务的规定可概括如下:

1) 风险转移界限。在 CPT 术语下, 风险的转移发生在货物被交付给承运人控制之时。在此之前, 卖方承担货物的所有风险, 而一旦货物交由承运人控制, 风险则转由买方承担。

2）通关手续责任。卖方需自行承担风险与费用，负责获取出口许可证或其他必要的官方批准文件，并完成货物出口所需的所有海关手续。同时，买方亦需自担风险与费用，取得进口许可证或其他官方批准，并办理货物进口及可能的第三国过境所需的海关手续。

3）运输与保险安排。卖方有明确的义务按照通常条件订立运输合同，确保货物从交货地点安全、准时地运送到约定的目的地。至于保险合同，卖方对买方并无直接订立义务。然而，在买方提出请求并愿意承担相关风险和费用的情况下，卖方有义务向买方提供办理保险所需的必要信息。

4）费用划分原则。在交货地点将货物交给承运人之前，卖方需承担包括出口关税、装货费以及将货物运至指定地点的运费等在内的所有相关费用。此外，根据合同规定，卖方可能还需承担在目的地的卸货费用。而买方则需承担在交货地点交货后与货物相关的除运费之外的所有费用，包括但不限于进口关税和其他相关费用。

5）注意事项。首先，关于风险划分界限，虽然卖方负责订立运输合同并支付运费，但风险并未延伸至目的地。这意味着在货物到达目的地之前，买方仍需承担可能发生的货损或灭失风险。其次，关于装运通知，由于卖方负责安排运输，并在货物交给承运人时风险即转移给买方，因此卖方在交付货物后应及时向买方发出装运通知。这有助于买方及时办理货运保险，确保货物在运输过程中得到必要的保障。若卖方未能及时发出装运通知，可能导致买方失去对货物的保险保障，从而需承担违约损害赔偿的责任。

（6）CIP 贸易术语。CIP 指 "Carriage and Insurance Paid To（… named place of destination），即运费付至（……指定目的地）"。在 CIP 贸易术语中，明确指定双方约定的目的地名称至关重要，这个目的地可以是两国边境，进口国港口，或是深入进口国内陆的特定地点。然而，在 CIP 条件下，卖方实际交货的地点始终位于出口国的内陆或边境附近的港口、车站等交通枢纽。

根据《2010 年通则》的阐释，采用 CIP 术语成交时，卖方需在合同中规定的日期或期限内，将合同所列的货物交付给其自行指定的承运人或第一承运人，以此完成交货义务。除此之外，卖方还须负责为买方订立货物运输的保险合同，确保货物在运输途中的安全。同时，卖方还需提供商业发票及合同约定的其他必要单证，以满足交易双方的信息需求和后续操作需要。

采用 CIP 术语时，关于买卖双方义务的规定可概括如下：

1）风险转移。在 CIP 术语下，风险转移的关键时刻发生在货物正式交由承运人控制之时。在此之前，所有与货物相关的风险，如损失或损害，均由卖方承担。一旦货物交由承运人控制，无论货物实际位于何处，其风险即刻转移至买方。

2）通关手续。卖方有责任确保其出口活动符合所有适用的法律和规定，包括取得必要的出口许可证或其他官方批准文件，并完成所有相关的出口海关手续。同样的，买方需负责取得进口所需的许可证或批准，并完成进口海关手续，包括可能

3）运输与保险安排。卖方承担按照标准商业实践安排运输的责任，确保货物从指定的交货地点安全、准时地运至合同约定的目的地。此外，卖方还需为买方安排货物运输保险，尽管货物的运输风险在交给承运人后已转移至买方，但这一保险安排属于卖方的代办性质。

4）费用分配。在 CIP 术语下，费用分配相对明确。卖方承担交货前与货物相关的所有费用，包括但不限于出口关税、运费（从交货地点至目的地）以及保险费。买方则负责承担交货后产生的所有费用，主要是进口关税和其他与进口相关的费用。

5）注意事项。①理解和区分风险与保险。尽管卖方负责办理货物运输保险，但货物的风险在交给承运人后即转移至买方。这意味着卖方提供的保险更多是一种服务，而非承担风险的手段。②合理定价策略。由于 CIP 术语下卖方承担的责任和费用较多，因此在定价时应充分考虑这些因素。卖方应详细核算运输、保险等成本，并合理预测相关费用的变动趋势，以确保报价的合理性。同时，买方也应仔细分析卖方的报价，避免接受不合理的高价。③CIP 与 CIF 的区别。尽管 CIP 与 CIF 在价格构成上都包括运费和保险费，且都属于装运合同，但两者在多个方面存在显著差异。特别是交货地点、风险转移点以及卖方承担的责任和费用等方面，这些差异主要源于两者所适用的运输方式不同。因此，在交易过程中，买卖双方应明确所选术语的具体内容，以避免误解或纠纷。

至于 F 组与 C 组术语的特点，其确实都属于象征性交货范畴。这意味着卖方在合同规定的装运期内将货物交给买方指定的承运人或装上买方指定的运输工具即完成交货义务，而不保证货物一定到达。这种交货方式使得买卖双方的风险和费用在特定时刻得以明确划分，同时也为国际贸易提供了更多的灵活性和选择空间。

2.2.2 国际贸易结算

2.2.2.1 国际贸易的支付工具

国际贸易货款的收付，采用现金结算的较少，大多使用非现金结算，即采用各类金融票据来进行支付。金融票据指可以流通转让的债权凭证，是国际上通行的结算和信贷工具。金融票据主要有汇票、本票和支票，其中汇票最为常见。

1. 汇票

（1）汇票的含义。汇票是国际货款结算中使用最为广泛的主要票据。根据 1996 年 1 月 1 日施行的《中华人民共和国票据法》（以下简称《票据法》）的规定，汇票是出票人签发的，委托付款人在见票时或者在指定日期无条件支付确定的金额给付款人或者持票人的票据。

根据各国广泛引用或参照的《英国票据法》的规定，汇票是由一人签发给另一人的无条件书面命令，要求受票人见票时或于未来某一规定的或可以确定的时间，将一定金额的款项支付给某一特定的人或其指定的人或持票人。

汇票是一种要式证券，所以必须要式齐全。所谓要式齐全，就是必须具备法定的形式要件，必须载明必要的法定事项，才能成为完整的汇票，从而具有票据的效力。

（2）汇票的内容。根据我国《票据法》的规定，汇票必须记载的事项包括：
1）表明汇票的字样。
2）无条件支付的命令。
3）确定的金额。
4）付款人名称。
5）收款人名称。
6）出票日期。
7）出票人签章。

如果汇票上未记载上述规定事项之一的，汇票无效。

实际业务中，汇票上还需列明付款日期、付款地点和出票地点等内容。如果没有记载相关内容，其处理方式包括：
1）汇票上未记载付款日期的，为见票即付。
2）汇票上未记载付款地的，付款人的营业场所、住所或者经常居住地为付款地。
3）汇票上未记载出票地的，出票人的营业场所、住所或者经常居住地为出票地。

（3）汇票的种类。
1）按照出票人的不同，汇票可分为银行汇票和商业汇票。

a. 银行汇票：在国际结算中，银行汇票签发后，一般交汇款人，由汇款人寄交国外收款人向指定的银行取款。出票行签发汇票后，必须将付款通知书寄给国外付款行，以便付款行在收款人持票取款时进行核对。一般为光票，不随付货运单据。

b. 商业汇票：出票人是工商企业或个人，付款人可以是工商企业、个人或银行。在国际贸易中，通常由出口人开立，向国外进口人或银行收取货款时使用。商业汇票大都附有货运单据。

2）按照有无随附商业单据，汇票可分为光票和跟单汇票。
a. 光票：是指不附有商业单据的汇票。
b. 跟单汇票：是指附有商业单据的汇票，商业汇票多为跟单汇票。

3）按照付款时间的不同，汇票可以分为即期汇票和远期汇票。
a. 即期汇票：在汇票付款日期栏中采用见票即付（at sight）的汇票。
b. 远期汇票：指在一定期限或特定日期付款的汇票。在实际业务中，远期汇票付款日期的记载方法主要有：①规定某一个特定日期（fixed date）；②付款人见票后若干天付款（at ×× days after sight）；③出票后若干天付款（at ×× days after date of draft）；④运输单据日后若干天付款（at ×× days after B/L date）。上述远期汇票付款日期中，"付款人见票后若干天付款"在实际业务中较常见。

4）按照承兑人的不同，汇票可分为商业承兑汇票和银行承兑汇票。
a. 商业承兑汇票：是由工商企业或个人承兑的远期汇票。商业承兑汇票是建立在商业信用的基础之上，其出票人也是工商企业或个人，如出口企业。

b. 银行承兑汇票：是由银行承兑的远期商业汇票。通常由出口人签发，银行对汇票承兑后即成为该汇票的主债务人，而出票人则成为从债务人。银行承兑汇票是建立在银行信用的基础之上，便于在金融市场上进行流通。

(4) 汇票的使用。

1) 出票（Issue）。出票是指出票人签发票据并将其交付给收款人的票据行为。

2) 提示（Presentation）。提示是指收款人或持票人将汇票提交付款人要求付款或承兑的行为。付款人看到汇票，即为见票。提示又可分为提示承兑和提示付款2种。

a. 提示承兑特指远期汇票的一种交易行为。在此过程中，远期汇票的持票人会向付款人展示汇票，并明确要求付款人对未来的付款义务作出承诺。这一行为旨在确保付款人明确知晓并接受其将来需履行的付款责任，从而为持票人未来能够顺利收到款项提供法律保障。

b. 提示付款则是汇票交易中更为常见的环节。无论是即期汇票还是已经承兑的远期汇票，持票人都需要在汇票规定的付款期限内向付款人（或远期汇票的承兑人）出示汇票，并正式要求付款人（或承兑人）按照汇票上载明的金额进行付款。这一行为是汇票交易中实现资金流转的关键步骤，确保了持票人能够按照约定收到应得的款项。

值得注意的是，远期汇票的承兑和即期汇票的提示付款均应在法定期限内进行。

3) 承兑（Acceptance）。承兑是指汇票付款人承诺在汇票到期日支付汇票金额的票据行为。

a. 承兑的时间：付款人应当自收到提示承兑的汇票之日起 3 日内承兑或者拒绝承兑。

b. 承兑的履行手续：由付款人在汇票正面写上承兑字样，注明承兑的日期，并由付款人签名，交还持票人。

c. 承兑的法律效果：汇票一经承兑，付款人就成为汇票的承兑人，并成为汇票的主债务人，而出票人便成为汇票的从债务人（或称次债务人）。

4) 背书（Endorsement）。背书是一种以转让票据权利为目的的票据行为，是票据转让的一种重要的方式。我国票据法对票据转让的规定：持票人转让汇票应当背书并交付汇票。背书通常由持票人在汇票的背面或粘单上签上自己的名字，或者再加上受让人（被背书人）的名称，并把汇票交给受让人。其目的是将权利转让给受让人或将一定的汇票权利授予受让人行使。

5) 付款（Payment）。付款是指付款人向持票人支付汇票金额的行为。持票人获得付款时，应当在汇票上签收，并将汇票交给付款人作为收据存查，汇票一经付款，汇票上的一切债权债务即告结束。

6) 拒付（Dishonour）。拒付指付款人正式表示不付款或不承兑；或付款人或承兑人死亡、逃匿、被依法宣告破产或因违法被责令停止业务活动等情况，造成事实上不可能付款。

7) 追索（Recourse）。当发生拒付或拒绝承兑时，持票人可向承兑人、所有的前手（包括所有的背书人与出票人）行使追索权。持票人进行追索时，应将拒付事实书面通知其前手，并提供被拒绝承兑或被拒绝付款的证明或退票理由书。需要注意的是，在实际业务中，持票人可以不按照票据债务人的先后顺序，对其中一个人、数人或者全体行使追索权。被追索人清偿债务后，可向其他汇票债务人进行追索。为了避免承担被追索的责任，出票人或背书人有时在出票或背书时加注"不受追索"（Without Recourse）的字样，注有这种字样的汇票在转让时，很难被人接受。

2. 本票

（1）本票的含义。本票是一种由出票人承诺在到期日无条件支付确定金额给收款人或持票人的票据，具有无因性、设权性、文义性等票据共有性质。作为自付证券，出票人承担绝对付款责任，这是本票与汇票、支票的主要区别。我国《票据法》明确规定了本票的定义和出票人的责任，强调出票人需有可靠资金来源保证支付，确保本票可靠性和有效性，保护持票人权益。本票可根据是否记名、有无到期日期以及签发人类型等多种标准进行分类。根据《英国票据法》的规定，本票是一个人向另一个人签发的，保证于见票时或定期或在可以确定的将来的时间，对某人或其指定人或持票人支付一定金额的无条件的书面承诺。简言之，本票是出票人对收款人承诺无条件支付一定金额的票据。本票的基本当事人只有两个：出票人和收款人。本票的付款人就是出票人本人。按我国《票据法》规定，在持票人提示见票时，本票的出票人必须承担付款责任。

（2）本票的内容。我国《票据法》第七十六条规定，本票的必备内容包括：

1）表明"本票"的字样。

2）无条件支付的承诺。

3）确定的金额。

4）收款人名称。

5）出票日期和地点。

6）出票人签章。

（3）本票的种类。本票根据出票主体的不同，主要可以划分为商业本票和银行本票两大类。其中，商业本票由企业或个人签发，代表着出票人对收款人或持票人承诺在特定条件下支付一定金额。而银行本票则由银行签发，其特性在于银行承诺在见票时无条件支付固定金额给收款人或持票人。

在商业本票的分类中，依据付款日期的不同，可以进一步细化为定日付款本票、出票后定期付款本票、见票后定期付款本票以及见票即付本票。相对而言，银行本票则通常被视为即期票据，即一旦持票人提示票据，银行即需无条件支付相应金额。

值得注意的是，我国《票据法》对本票的定义有所特定。该法第七十三条明确指出，本法所称的本票特指银行本票。这主要源于银行本票所依托的银行信用，使其在实际应用中更具可靠性和普及性。而商业本票虽在实际经济活动中存在，但并未在我国《票据法》中明确规定，这主要是基于我国当前的经济和法律环境的考量。

（4）本票的使用。本票的使用涉及多个票据行为，其中出票、背书、付款等环节与汇票操作类似。然而，本票在应用中也有一些独特的规定和要求。根据我国《票据法》的相关规定，本票的签发受到严格限制，只能由中国人民银行审定的银行或其他金融机构进行。这一规定确保了本票签发方的信用度和可靠性。同时，出票人在签发本票时，必须确保拥有支付本票金额的可靠资金来源，以维护票据的兑付能力。此外，本票在使用过程中还存在一些时效性规定。例如，自本票出票之日起，其付款期限最长不得超过两个月。持票人必须在此期限内按规定提示见票，否则将丧失对出票人以外的前手的追索权。这些规定确保了本票流通的及时性和有效性，维护了票据市场的稳定和公平。

3. 支票

（1）支票的含义。支票是由出票人签发、委托办理支票存款业务的银行或者其他金融机构在见票时无条件支付确定金额给收款人或者持票人的票据。其本质可以说是以银行为付款人的即期汇票。

（2）支票的必备内容。根据我国《票据法》第八十五条规定，支票必须记载下列事项：

1）表明"支票"的字样。
2）无条件支付的委托。
3）确定的金额。
4）付款人名称。
5）出票日期和地点。
6）出票人签章。

（3）支票的特点。

1）出票人在签发支票后，应负票据上的责任和法律上的责任。银行拒绝支付空头支票的金额。空头支票是指出票人所签发的支票金额超过在付款行的实有存款金额。

2）支票的出票人是经中国人民银行当地分支行批准办理支票业务的银行机构开立可以使用支票的存款账户的单位和个人。

3）支票上印有"现金"字样的为现金支票，只能用于支取现金；印有"转账"字样的为转账支票，只能用于转账；未印有"现金"或"转账"字样的为普通支票，既可用于支取现金，又可用于转账；在普通支票左上角划两条平行线的为划线支票，只能用于转账。

4）支票的提示付款期限为自出票日起10日内，但中国人民银行另有规定的除外。超过提示付款期限提示付款的，付款人不予付款。

（4）支票的票据行为。在支票的票据行为中，对于出票、背书、付款行为和追索权的行使，适用《票据法》中对于汇票的相应行为和权利行使的规定；但对支票的特殊规定除外。例如，我国《票据法》规定，支票的持票人应当自出票日起 10 日内提示付款；异地使用的支票，其提示付款的期限由中国人民银行另行规定。超过提示付款期限的，付款人可以不予付款；付款人不予付款的，出票人仍应当对持票人承担票据责任。

2.2.2.2　国际贸易的支付方式

在支付进出口商品的货款时，常用的支付方式有：仅提供商业信用的汇付和托收支付方式，以及提供银行信用的信用证支付方式。其中，汇付方式出口商是通过顺汇方式收取货款，托收和信用证支付方式出口商是通过逆汇方式收取货款。所谓顺汇法是由汇款方主动汇付，资金流动方向与票据流动方向相同；所谓逆汇法是由收款方主动索取，资金流动方向与票据流动方向相反。

1. 汇付（Remmittance）

（1）汇付的含义。汇付又称汇款。指付款人主动通过银行或其他途径将款项汇交收款人，对外贸易的货款如采用汇付，一般是由买方按合同约定的条件和时间，将货款通过银行汇交给卖方。

在汇付业务中，通常有 4 个当事人：

1) 汇款人（Remitter）。即汇出款项的人，在进出口交易中，汇款人通常是进口人。

2) 收款人（Payer or Beneficiary）。即收取款项的人，在进出口交易中，通常是出口人。

3) 汇出行（Remitting Bank）。即受汇款人的委托，汇出款项的银行。通常是在进口地的银行。

4) 汇入行（Paying Bank）。即受汇出行委托解付汇款的银行。又称解付行，在对外贸易中，通常是出口地的银行。

（2）汇付的种类。汇付方式可分为信汇、电汇和票汇 3 种。

1) 电汇（Telegraphic Transfer，T/T）。电汇是汇出行应汇款人的申请，拍发加押电报或电传给在另一个国家的分行或代理行指示解付一定金额给收款人的一种汇款方式。电汇方式的优点是收款人可迅速收到汇款，但费用较高。

2) 信汇（Mail Transfer，M/T）。信汇是指汇出行应汇款人的申请，将信汇委托书寄给汇入行，授权解付一定金额给收款人的一种汇款方式。信汇方式的优点是费用较为低廉，但收款人收到汇款的时间较晚，目前应用较少，如美国、加拿大等国家已不接受信汇汇款业务。

信汇方式与电汇方式相似，只是汇出行不适用 SWIFT（国际资金清算系统）或电传，而是使用付款委托书或付款命令通过航空邮寄的方式交汇入行。委托书上一般不加密押，而由有权签字人的签字代替，汇入行凭汇出行的印鉴册核对签字无误后，即行解付。

3) 票汇（Demand Draft，D/D）。票汇是指汇出行应汇款人的申请，代汇款人开立以其分行或代理行为解付行的银行即期汇票，支付一定金额给收款人的一种汇款方式。

票汇与电汇、信汇的不同在于票汇的汇入行无需通知收款人取款，而由收款人持票登门取款；这种汇票除有限制转让和流通的规定外，经收款人背书，可以转让流通，而电汇、信汇的收款人则不能将收款权转让。

(3) 汇付的特点。汇付的特点主要表现如下：

1) 商业信用。汇付虽是以银行为中介进行国际结算的，但银行在此过程中仅承担收付委托款项的责任，而对买卖双方在履行合同中的义务并不提供任何担保。汇付的实现取决于商人的信用。

2) 风险大。对于货到付款的卖方或对于预付货款的买方来说，能否按时收汇或能否按时收货，完全取决于对方的信用。如果对方信用不好，则可能钱货两空，因此买卖双方必定有一方要承担较大的风险。这就要求经营者加强信用风险管理。

3) 资金负担不平衡。对于货到付款的卖方或预付货款的买方来说，资金负担较重，整个交易过程中需要的资金，由卖方或者买方承担，资金负担极为不平衡。

4) 手续简便与费用低廉。汇付结算的手续比较简单，银行的手续费用也较少。因此，在交易双方相互信任的情况下，在跨国公司的各子公司之间或公司内的贸易结算，均可以采用汇付方式。

(4) 汇付方式在国际贸易中的使用。在国际贸易中，汇付方式通常用于预付货款、随订单付款和赊销等业务，采用预付货款和订货付现，对卖方来说，就是先收款后交货，资金不受积压，对卖方最为有利。反之，采用赊销贸易时，对卖方来说，就是先交货后收款，卖方不仅要积压资金而且还要承担买方不付款的风险。因此，该支付方式对卖方不利，而对买方最为有利。此外，汇付方式运用于订金、分期付款、代付货款尾数以及佣金等费用的支付。

2. 托收 (Collection)

(1) 托收的含义。托收是指债权人出具汇票委托银行向债务人收取货款的一种支付方式。托收方式一般都通过银行办理，所以，又叫银行托收。基本做法是由出口人根据发票金额开出以进口人为付款人的汇票，向出口地银行提出托收申请，委托出口地银行通过其在进口地的代理行或往来银行代向进口人收取货款。

(2) 托收的种类。托收可根据所使用的汇票不同，分为光票托收和跟单托收，国际贸易中货款的收取大多采用跟单托收。在跟单托收情况下，根据交单情况不同，又可分为付款交单和承兑交单两种。

1) 付款交单 (Documents against Payment，D/P)。付款交单是指出口人的交单以进口人的付款为条件。即出口人发货后，取得装运单据，委托银行办理托收，并在托收委托书中指示银行，只有在进口人付清货款后，才能把装运单据交给进口人。按付款时间的不同，付款交单又可分为即期付款交单和远期付款交单两种。

a. 即期付款交单 (D/P at Sight) 是指出口人发货后开具即期汇票连同货运单据，通过银行向进口人提示，进口人见票后立即付款，进口人在付清货款后向银行领取货运单据。

b. 远期付款交单 (D/P at ××× days after Sight) 是指出口人发货后开具远期汇票连同货运单据，通过银行向进口人提示，进口人审核无误后即在汇票上进行承兑，与汇票到期日前付清货款后再领取货运单据。

2）承兑交单（Documents against Acceptance，D/A）。承兑交单是指出口人的交单以进口人在汇票上承兑为条件。即出口人在装运货物后开具远期汇票连同装运单据，通过银行向进口人提示，进口人承兑汇票后，代收行即将货运单据交给进口人在汇票到期时，买方履行付款义务。承兑交单方式只适用于远期汇票的托收。由于承兑交单是进口人只要在汇票上承兑之后，即可取的货运单据，凭以提取货物。也就是说，出口人已交出了物权凭证，其收款的保障依赖进口人的信用，一旦进口人到期不付款，出口人便会遭到货物与货款全部落空的损失。因此，出口人会慎重选择接受这种方式。

（3）托收方式特点。

1）托收的性质为商业信用。银行办理托收业务时，只是按委托人的指示办事，并无承担付款人必然付款的义务。

2）在进口人拒不付款赎单后，除非事先约定，银行没有义务代为保管货物。

3）在承兑交单条件下，进口人只要在汇票上办理承兑手续，即可取得货运单据，凭此提取货物。

3. 信用证（Letter of Credit，L/C）

信用证支付方式是随着国际贸易的发展，在银行与金融机构参与国际贸易结算的过程中逐步形成的。信用证支付方式把由进口人履行付款责任，转为由银行履行付款，保证出口人安全迅速地收到货款，买方按时收到货运单据。因此，在一定程度上解决了进出口人之间互不信任的矛盾；同时，也为进出口双方提供资金融通的便利，所以，自出现信用证以来，这种支付方式发展很快，并在国际贸易中被广泛应用。当今，信用证付款已成为国际贸易中普遍采用的一种主要的支付方式。

（1）信用证的含义。根据国际商会《跟单信用证统一惯例》的解释，信用证是指由银行依照客户的要求和指示或自己主动在符合信用证条款的条件下，凭规定单据：

1）向第三者或其指定的人进行付款或承兑和支付受益人开立的汇票。

2）授权另一银行进行该项付款，或承兑和支付汇票。

3）授权另一银行议付。

简而言之，信用证是进口商委托银行开立的一种有条件的承诺付款的书面文件。

（2）信用证的特点。信用证的特点主要表现如下：

1）信用证付款是一种银行信用。

2）信用证是独立于合同之外的一种自足的文件。

信用证虽然是根据买卖合同开立的，但信用证一经开立，就成为独立于买卖合同以外的约定。信用证的各当事人的权利和责任完全以信用证所列条款为依据，不受买卖合同的约束，出口人提交的单据即使符合买卖合同要求，但若与信用证条款不一致，仍会遭银行拒付。

3）信用证项下付款是一种单据的买卖。银行处理信用证业务时，只凭单据，不问货物，其只审查受益人所提的单据是否与信用证条款相符，以决定其是否履行

跟单信用证统一惯例

付款责任。在信用证业务中，只要受益人提交符合信用证条款的单据，开证行就应承担付款责任，进口人也应接受单据并向开证行付款赎单。如果进口人付款后发现货物有缺陷，则可凭单据向有关责任方提出损害赔偿要求，而与银行无关。银行对单据的审核用于确定单据表面上是否符合信用证条款，要求单据同信用证对单据的叙述完全相符（仅是对于单据的文字叙述，而并非指质量，正确性或有效性）。虽然银行只根据表面上符合信用证条款的单据承担付款责任，但这种符合的要求却十分严格，在表面上决不能有任何差异。必须"单单一致，单证一致"。

(3) 信用证方式的当事人。

1) 开证申请人是指向银行申请开立信用证的人，即进口人或实际买主，在信用证中又称开证人。如银行自己主动开立信用证，此种信用证所涉及的当事人，则没有开证申请人。

2) 开证银行是指接受开证申请人的委托，开立信用证的银行，其承担保证付款的责任。开证行一般是进口人所在地银行。

3) 通知行是指受开证行的委托，将信用证转交出口人的银行。其只证明信用证的真实性，并不承担其他义务。通知银行是出口人所在地的银行。

4) 受益人是指信用证上所指定的有权使用该证的人，即出口人或实际供货人。

5) 议付银行是指愿意买入受益人交来跟单汇票的银行。议付银行可以是指定的银行，也可以是非指定的银行，由信用证的条款来规定。

6) 付款银行是指信用证上指定的付款银行。其一般是开证行，也可以是其指定的另一家银行，根据信用证的规定来决定。

7) 保兑行受开证行委托对信用证以自己名义保证的银行。

8) 偿付行指受开证行在信用证上的委托，代开证行向议付行或付款行清偿垫款的银行（又称清算行）。

(4) 信用证的主要内容。

1) 对信用证本身的说明。包括信用证的种类、性质、号码、开证日期、有效期和到期地点、交单期限等。

2) 对汇票的说明。在信用证项下，如使用汇票，要明确汇票的出票人、受票人、收款人、汇票金额、汇票期限、主要条款等。

3) 对装运货物的要求。在信用证中，应列明货物的名称、规格、数量、单价等，且这些内容应与买卖合同规定一致。

4) 对运输事项的要求。在信用证中，应列明装运港（地）、目的港（地）、装运期限以及是否分批装运或转运等内容。

5) 对货运单据的要求。在信用证中，应列明所需的各种货运单据，如商业发票、运输单据、保险单及其他单据。

6) 其他事项。包括开证行对议付行的指示条款、开证行保证付款的责任文句、开证行的名称及地址等其他特殊要求。

(5) 信用证的业务程序。信用证付款业务流程如图 2.1 所示。

1) 买卖双方在贸易合同中规定使用信用证方式支付。

```
受益人 ──①L/C──→ 开证申请人
       ←─发货─
```

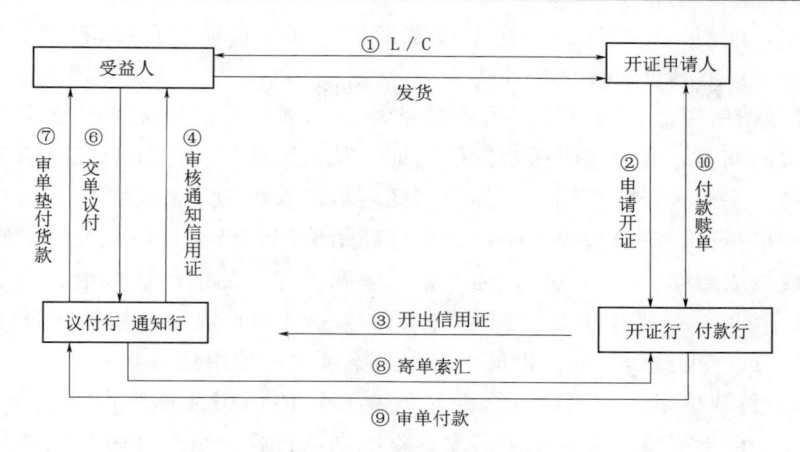

图 2.1 信用证付款业务流程图

2) 买方通知当地银行（开证行）开立以卖方为受益人的信用证。

3) 开证行开出信用证，并请求另一银行通知或保兑信用证。

4) 通知行核对信用证的真实性后通知卖方，告知信用证已开立。

5) 卖方收到信用证后，确保其能履行信用证规定的条件，然后装运货物。

6) 卖方将单据向指定银行提交，该银行可能是开证行，或是信用证内指定的付款、承兑或议付银行。

7) 银行按照信用证审核单据，如果单据符合信用证规定，银行将按信用证规定进行支付、承兑或议付。

8) 开证行以外的银行将单据寄送开证行。

9) 开证行审核单据无误后，以事先约定的形式，对已按照信用证付款、承兑或议付的银行偿付。

10) 开证行在买方付款后交单给买方，然后买方凭单取货。

在信用证的业务操作中，对于出口商来说，如果进口商迟迟没有开证，这时就需要出口商进行催证，以督促进口商尽快按照规定进行开证，以免影响备货、装货时间。如果进口商在合同规定的时间将证开好，出口商应该根据合同进行仔细的审核，在审证过程中，如发现所开立的信用证与合同内容不符，需要拟写改正函，尽快通知进口商进行改证，以免影响交易的进行。

(6) 信用证的种类。信用证根据其性质、期限、流通方式等特点，可以从不同的角度分为以下几种：

1) 跟单信用证。跟单信用证是指开证行凭跟单汇票或仅凭单据付款的信用证。国际贸易所使用的信用证，绝大部分是跟单信用证。

2) 光票信用证。光票信用证是指仅凭不附单据的汇票付款的信用证。在采用信用证方式预付货款时，通常是用光票信用证。

3) 不可撤销信用证。不可撤销信用证是指信用证一经开出，在有效期内，未经受益人及有关当事人同意，开证行不得单方面修改和撤销，只要受益人提供的单据符合信用证规定，开证行必须履行付款义务。这种信用证对受益人较有保障，在国际贸易中,使用最为广泛。凡是不可撤销信用证,在信用证中应注明"不可撤销"字样,并载有开证行保证付款的文句。

4）可撤销信用证。可撤销信用证是指开证行对所开信用证不必征得受益人或有关当事人的同意,有权随时撤销的信用证。凡是可撤销信用证,应在信用证上注明"可撤销"字样,以资识别。这种信用证对出口人极为不利。因此,出口人一般不接受这种信用证。需要指出的是,只要可撤销信用证已被受益人利用,则开证银行的撤销或修改通知,即不发生效力。鉴于国际上开立的信用证,绝大部分都是不可撤销的,因此,《UCP500》（跟单信用证统一惯例）规定,如信用证中无表明"不可撤销"或"可撤销"的信用证,应视为不可撤销信用证。

5）即期付款信用证。注明"即期付款兑现"的信用证称为即期付款信用证。此种信用证一般不需要汇票,也不需要领款收据,付款行或开证行只凭货运单据付款。证中一般列有"当受益人提交规定单据时,即行付款"的保证文句。即期付款信用证的付款行通常由指定通知行兼任。其到期日一般也是以受益人向付款行交单要求付款的日期。

6）可转让信用证。可转让信用证是指信用证的受益人可以要求授权付款、承担延期付款责任、承兑或议付的银行,或当信用证是自由议付时,可以要求信用证中特别授权的转让银行,将信用证全部或部分转让给一个或数个受益人合用的信用证。

7）不可转让信用证。不可转让信用证是指受益人不能将信用证的权利转让给他人的信用证。凡信用证中未注明"可转让"的,就是不可转让信用证。

2.2.3 贸易合同条款——装运条款

2.2.3.1 装运时间

装运时间又称装运期或交货时间、交货期,是指卖方履行交货的时间,它是合同中的一项重要条款。在合同签订后,卖方能否按规定的装运时间交货,直接关系到买方能否及时取得货物,以满足其生产、消费或转售的需要。因此,《联合国国际货物销售合同公约》第33条规定卖方必须按合同规定的时间交货。有些西方国家法律规定,如果卖方未按合同规定的时间交货,即构成卖方的违约行为,买方有权撤销合同,并要求卖方赔偿其损失。

1. 装运时间的规定方法

国际贸易合同中,对装运时间的规定方法一般有以下几种：

（1）明确规定具体装运时间。这种规定的方法可以是在合同中订明某年某月装、某年跨月装、某年某季度装或跨年跨月装等。但装运时间一般不确定在某一个日期上,而只是确定在某一段时间内,如"2008年5月交货（装运）""2011年11月15日前装运"。值得注意的是,按有关惯例的解释,凡是"以前"字样的规定,一般不包括那一个指定的日期。这种规定方法,期限具体,含义明确,双方不至于因在交货时间的理解和解释上产生分歧,因此,该规定方法在合同中采用较普遍。

（2）规定在收到信用证后若干天或若干月内装运。例如在合同中订明："收到信用证后45天内装运""收到信用证后3个月内装运"等。

(3) 规定近期装运术语。如规定"立即装运"(immediate shipment)、"即期装运"(prompt shipment)、"尽快装运"(shipment as soon as possible) 等。由于这些术语在各国、各行业中解释不一，不宜使用。国际商会制订的《跟单信用证统一惯例》也明确规定不宜使用此类用语，如果使用，银行将不予置理。

2. 规定装运时间应注意的问题

(1) 买卖合同中的装运时间的规定，要明确、具体，装运期限应当适度。海运装运期限的长短，应视不同商品和租船订舱的实际情况而定。装运期限过短，势必给船、货安排带来困难；装运期过长也不合适，特别是采用在收到信用证后若干天内装运的条件下，会造成买方积压资金，影响资金周转，从而反过来影响卖方的售价。

(2) 应注意货源情况、商品的性质和特点以及交货的季节性等。如雨季一般不宜装运烟叶，夏季一般不宜装运沥青、易腐性肉类及橡胶等。

(3) 应综合考虑交货港、目的港的特殊季节因素。如北欧、加拿大东海沿岸港口冬季易封冻结冰，故装运时间不宜订在冰冻时期。反之，热带某些地区，则不宜订在雨季装运等。

(4) 在规定装运期的同时，应考虑开证日期的规定是否明确合理。装运期与开证日期是互相关联的，为保证按期装运，装运期和开证日期应该互相衔接起来。

2.2.3.2 装运港和目的港

装运港 (Port of Shipment) 又称装货港 (Loading Port)，是指货物起始装运的港口。目的港 (Port of Destination)，又称卸货港 (Unloading Port)，是指货物最终卸下的港口。

1. 装运港和目的港的规定方法

(1) 在一般情况下，装运港和目的港分别规定各为一个。例如：装运港——大连，目的港——鹿特丹。

(2) 有时按实际业务的需要，也可分别规定两个或两个以上的装运港或目的港。例如，装运港—大连/天津/青岛，目的港—伦敦/利物浦/鹿特丹。

(3) 在磋商交易时，如明确规定装运港或目的港有困难，可以采用选择港办法。一种是在2个或2个以上港口中选择一个，如CIF伦敦，选择港汉堡或鹿特丹；另一种是笼统规定某一航区为装运港或目的港，如地中海主要港口、西欧主要港口等。

2. 确定国内外装运港（地）和目的港（地）的注意事项

(1) 规定国外装运港和目的港应注意的问题。

1) 要根据我国对外政策的需要来考虑，不应选择我国政府不允许往来的港口为装卸港。

2) 对国外装卸港的规定应力求具体明确。在磋商交易时，对外商笼统地提出以欧洲主要港口或非洲主要港口为装运或目的港时，不宜轻易接受。因为国际上对此无统一解释，且各港距离远近不一，条件各异，基本运费和附加运费相差很大。

3）不能接受内陆城市为装卸港。因为接受这一条件，我方要承担从港口运到内陆城市的运费和风险。

4）必须注意装卸港口的具体条件，如有无直达班轮，港口装卸条件及运费和附加费水平等。如租船运输时，还应进一步考虑码头泊位的深度，有无冰封期、冰封具体时间以及对船舶国籍有无限制等港口制度。

5）应注意国外港口有无重名。世界各国港口重名很多，例如，维多利亚港口世界上有12个之多，波特兰、波士顿、的黎波里等港口也有数个。为防止差错和引起纠纷，应在合同中订明港口所在的国家或地区。

(2) 确定国内装运港和目的港时应注意的问题。

1）在出口业务中，规定装运港时，一般以接近货源地的港口为宜，以方便运输和节省运费。对统一对外成交而分口岸交货的某些货物，由于在成交时还不能最后确定装运港，可以规定为中国口岸或两个以上具体港口为装运港，这样较灵活主动。按FOB术语成交的合同，应考虑对方来船大小与我港口水深，以免船进不了港，引起争议。

2）在进口业务中，规定目的港时，一般应选择接近用货单位或消费地区的港口为好。但根据我国目前港口条件，为避免港口到船集中造成卸货困难，目的港有时也可规定为"中国口岸"并规定"买方应在装运期前××天内将港口名称通知卖方"。

2.2.3.3 分批装运和转运

1. 分批装运

分批装运（Partial Shipment），又称分期装运（Shipment by Instalments），是指一个合同项下的货物分若干批或若干期装运。在大宗货物或成交数量较大的交易中，买卖双方根据交货数量、运输条件和市场销售等因素，可在合同中规定分批装运条款。

(1) 国际商会制定的《跟单信用证统一惯例》规定：除非信用证另有规定，允许分批装运。为了避免不必要的争议，争取早出口、早收汇，防止交货时发生困难，除非买方坚持不允许分批装运，原则上应明确在出口合同中订入"允许分批装运"。

(2)《跟单信用证统一惯例》规定：运输单据表面上注明货物是使用同一运输工具装运并经同一路线运输的，即使每套运输单据注明的装运日期不同及/或装运港、接受监管地不同，只要运输单据注明的目的地相同，也不视为分批装运。该惯例对定期、定量分批装运还规定：信用证规定在指定时期内分期支款及/或装运，其中任何一期未按期支款及/或装运，除非信用证另有规定，否则信用证对该期及以后各期均告失效。

2. 转运

转运一词在不同运输方式下有不同的含义：在海运情况下，是指在装货港和卸货港之间的海运过程中，货物从一艘船卸下再装上另一艘船的运输；在航空运输的情况下，是指从起运机场至目的地机场的运输过程中，货物从一架飞机上卸下再装上另一架飞机的运输；在公路、铁路或内河运输情况下，则是指在装运地到目的地之间用不同的运输方式的运输过程中，货物从一种运输工具上卸下，再装上另一种运输工具的行为。

《跟单信用证统一惯例》规定，除非信用证另有规定，可准许转运。为了明确责任和便于安排装运，买卖双方是否同意转运以及有关转运的办法和转运费的负担等问题，应在买卖合同中订明。

2.2.3.4 装运通知

买卖双方为了互相配合，共同搞好车、船、货的衔接和办理货运保险，不论采用何种贸易术语成交，交易双方都要承担互相通知的义务。因此，装运通知（Advice of Shipment）也是装运条款的一项重要内容。

如按 FOB、CFR 和 CIF 术语签订的合同，卖方应在货物装船后，按约定时间，将合同、货物的品名、件数、重量、发票金额、船名及装船日期等项内容电告买方；如按 FCA、CPT 和 CIP 术语签订的合同，卖方应在把货物交付承运人接管后，将交付货物的具体情况及交付日期电告买方，以便买方办理保险并做好接卸货物的准备，及时办理进口报关手续。

应当特别强调的是，买卖双方按 CFR 或 CPT 条件成交时，卖方交货后，及时向买方发出装运通知，具有更为重要的意义。

2.2.3.5 滞期、速遣条款

在国际贸易中，大宗商品大多使用程租船运输。由于装卸时间直接关系到船方的经营效益，如果装卸货物由租船人负责，船方对装卸货物的时间都要作出规定。如承租人未能在约定的装卸时间内将货物装卸完，而延长了船舶在港停泊时间，从而延长了航次时间，这对船舶所有人来说，既可能因在港停泊时间延长而增加了港口费用的开支，又因航次时间延长意味着相对降低了船舶的周转率，从而相对地减少了船舶所有人的营运收入。与此相反，如果承租人在约定的装卸时间以前，将全部货物装卸完，从而缩短了船舶在港停泊时间，使船舶所有人可以更早地将船投入下一航次的营运，取得了新的运费收入，这对船舶所有人来说是有利的。正由于装卸时间的长短和装卸效率的高低直接关系到船方的利害得失，故船方出租船舶时，往往要求在定程租船合同中规定装卸时间、装卸率，并规定延误装卸时间和提前完成装卸任务的罚款与奖励办法，以约束租船人。

2.2.4 国际贸易合同的履行

2.2.4.1 出口合同的履行

我国对外签订的出口合同，大多数按 CFR 或 CIF 成交，并按信用证方式收款，在履行这类合同时，一般包括备货、催证、审证、改证、租船订舱、报关、报检、保险、装船、制单结汇等环节。这些环节中，"货（备货）、证（催证、审证与改证）、船（租船订舱）、款（制单结汇）" 4 个环节的工作最为重要。只有做好每个环节的工作，使其环环紧扣，井然有序，才能提高出口合同的履行率。

1. 备货

备货是进出口企业根据合同或信用证规定，向有关企业或部门采购和准备货物的过程。目前在我国有两种企业：一种是生产型企业，另一种是贸易型企业，其备

53

货过程各不相同。

生产型企业备货是向生产加工或仓储部门下达联系单（在有些企业称其为加工通知单或信用证分析单等），要求该部门按联系单的要求，对应交的货物进行清点、加工整理、包装、刷制运输标志以及办理申报检验和领证等工作。联系单是进出口企业内部各个部门进行备货、出运、制单结汇的共同依据。对于贸易型企业，如果该企业没有固定的生产加工部门，那么就要向国内有关生产企业联系货源，订立国内采购合同。

凡属国家规定法检的商品，或合同规定必须经中国检验检疫机构检验出证的商品，在货物备齐后，应向检验检疫机构申请检验。只有取得出入境检验检疫机构发给的合格的检验证书，海关才准放行。经检验不合格的货物，一般不得出口。

2. 催证、审证与改证

针对信用证付款的合同，在履行过程中，对信用证的掌握、管理和使用，直接关系到进出口企业的收汇安全。信用证的掌握、管理和使用，主要包括催证、审证和改证等几项内容，这些都是与履行合同有关的重要工作。

（1）催证。在出口合同中，买卖双方如约定采用信用证方式付款，买方则应严格按照合同的规定按时开立信用证。如合同中对买方开证时间未作规定，买方应在合理时间内开出，因为买方按时开证是卖方正常履约的前提。但在实际业务中，有时经常遇到国外进口商拖延开证，或者在行市发生变化或资金发生短缺的情况时，故意不开证。对此，我们应催促对方迅速办理开证手续。特别是针对大宗商品交易或应买方要求而特制的商品交易，更应结合备货情况及时进行催证。必要时，也可请驻外机构或有关银行协助代为催证。

（2）审证。信用证是依据买卖合同开立的，信用证内容应该与买卖合同条款保持一致。但在实践中，由于种种原因，如工作的疏忽、电文传递的错误、贸易习惯的不同、市场行情的变化或进口商有意利用开证的主动权加列对其有利的条款，往往会出现开立的信用证条款与合同规定不符；或者在信用证中加列一些出口商看似无所谓但实际是无法满足的信用证付款条件（在业务中也被称为"软条款"）等，使得出口商根本就无法按该信用证收取货款。为确保收汇安全和合同顺利执行，防止给我方造成不应有的损失，我们应该在国家对外政策的指导下，对不同国家、不同地区以及不同银行的来证，依据合同进行认真的核对与审查。

（3）改证。对信用证进行了全面细致的审核以后，如果发现问题，应区别问题的性质，分别同银行、运输、保险、商检等有关部门研究，作出恰当妥善处理。凡是属于不符合我国对外贸易方针政策，影响合同执行和安全收汇的情况，我们必须要求国外客户通过开证行进行修改，并坚持在收到银行修改信用证通知书后才能对外发货，以免发生货物装运后而修改通知书未到的情况，造成我方工作上的被动和经济上的损失。

3. 租船订舱

出口企业在备货的同时，还必须及时办理运输、报关和投保等手续。

（1）租船订舱。在 CIF 和 CFR 术语条件下，租船订舱是出口方的合同责任，这项工作可以由出口方自己完成，也可以委托货运代理人代理。

根据《中华人民共和国国际货物运输代理业务管理规定》，国际货物运输代理业是指接受进出口货物收货人、发货人或承运人的委托，以委托人的名义或者以自己的名义，为委托人办理国际货物运输及相关业务并收取服务报酬的行业。货运代理人熟悉各种运输方式、运输工具、运输路线、运输手续和法律规定、习俗做法等，还精通国际货物运输中各个环节的业务，与海关、商检、银行、保险、仓储、包装、各种承运人及各种代理人有着密切的联系，并在世界各地建有客户网络和自己的分支机构，委托货运代理人进行租船订舱或完成与货物相关的其他运输业务，常常比出口方自己去办理效率更高。就当前我国国际货物运输的状况而言，货主与运输工具承运人（如船公司）直接打交道的情况越来越少，而是由专业化较强的货运服务机构（如货运代理公司）提供中介服务。

（2）报关。在进出口货物准备妥当、向运输公司办理了租船订舱手续之后，出口方必须向海关申请办理通关过境手续，方能将货物装运出口。

（3）装船。海关放行后，托运人或其代理人将盖有海关放行章的装货单交港口的理货部门，由理货人员负责装船。

（4）投保。如果进出口合同是以 CIF 术语成交，出口方在装船出运前还应及时向保险公司办理投保手续。投保人在投保时应填制投保单，将货物名称、保险金额、运输路线、运输工具、开航日期、投保险别等一一列明。保险公司接受投保后，即签发保险单或保险凭证。

4．制单结汇

出口货物装船出运之后，出口方即应按照信用证的规定，正确缮制各种单据，在信用证规定的有效期内向银行提交并办理议付结汇手续。

2.2.4.2 进口合同的履行

1．信用证的开立

进口合同签订后，进口商应按照合同规定填写开立信用证申请书（Application for Letter of Credit）向银行办理开证手续。该开证申请书是开证银行开立信用证的依据。进口商申请开立信用证，应向开证银行交付一定比率的押金（Margin）或抵押品，开证申请人还应按规定向开证银行支付开证手续费。信用证的内容，应与合同条款一致，例如品质、规格、数量、价格、交货期、装货期、装运条件及装运单据等，应以合同为依据，并在信用证中一一作出规定。

2．租船订舱，接运货物

在 FOB 术语条件下，租船订舱是进口方的合同责任。进口方在接到出口方的预计装运日期通知后，应及时向运输部门办理租船订舱手续。在办妥租舱手续后，进口方应按规定的期限通知出口方船名及船期，以便出口方备货装船。为防止船、货脱节及出现船等货的情况，进口方还应了解和掌握出口方备货和装船前的准备工作情况，及时检查督促，必要时还需电催对方按时履约。对于数量大或重要物资的进口，必要时进口方可请我国驻外机构就近了解情况，督促对方履约，或派人员前往出口地点监督装运。

3. 投保货运险

FOB 或 CFR 交货条件下的进口合同,保险由买方办理。由进口商(或收货人)在向保险公司办理进口运输货物保险时,有 2 种做法:一种是逐笔投保方式;另一种是预约保险方式。

逐笔投保方式是收货人在接到国外出口商发来的装船通知后,直接向保险公司填写投保单,办理投保手续。保险公司出具保险单,投保人缴付保险费后,保险单随即生效。

预约保险方式是进口商或收货人同保险公司签订预约保险合同,其中对各种货物应投保的险别作了具体规定,故投保手续比较简单。按照预约保险合同的规定,所有预约保险合同项下按 FOB 及 CFR 条件进口货物的保险,都由该保险公司承保。因此,每批进口货物,在收到国外装船通知后,即直接将装船通知寄到保险公司或填制国际运输预约保险启动通知书,将船名、提单号、开船日期、商品名称、数量、装运港、目的港等项内容通知保险公司,即作为已办妥保险手续,保险公司则对该批货物负自动承保责任,一旦发生承保范围内的损失,由保险公司负责赔偿。

4. 审单付款

信用证的开证银行在收到国外寄来的汇票及单据后,对照信用证的规定校对单据的份数和内容。如单单一致、单证一致,即由银行对外付款,同时进口方用人民币按国家规定的外汇牌价向银行购买外汇用以赎单。进口方凭银行出具的付款通知书向用货部门进行结算。

5. 报关、接货

(1) 报关。进口货物运抵我国口岸后,由进口方自行向海关办理货物进口手续,或委托货运代理公司代办进口报关手续。进口报关首先须填写进口货物报关单,并于运输工具入境之日起 14 天内持报关单和提货单、装货单、发票等相关单据向海关申报。海关经审核单据、查验货物、征缴税费后,在进口货物报关单上加盖放行章。进口方或其代理人持海关签印放行的货运单据提取进口货物。未经海关放行的货物,任何单位和个人都不得提取。

(2) 验收货物。进口货物运达目的港卸货时,港务局要进行缺货核对。如发现短缺,应及时填制短缺报告交由船方确认,并根据短缺情况向船方提出保留索赔权的书面声明。卸货时如发现残损,货物应存放于海关指定仓库,经保险公司会同商检机构检验后再作处理。属于法定检验的进口货物,必须向卸货地或到达地的商品检验检疫机构报验,否则不准投产、销售和使用。残损、短缺的货物、合同规定应在卸货港检验的货物、已发现有异状的货物都需要在港口进行检验。一旦发生索赔,有关的单证如出口方出具的发票、装箱单、重量单、品质证明书、使用说明书等资料及理货残损单、溢短单、进口地检验证书等都可以作为重要的参考依据。

(3) 拨交货物。以上手续办妥后,如订货或用货单位在卸货港所在地,可就近转交货物;否则可委托货运代理公司将货物转运并转交用货单位。一切费用均由货运代理与进口方结算,再由进口方与用货部门结算。

6. 进口索赔

进口方在收到货物之后,发现货物有短缺、损失或品质与合同规定不符时,应备齐相关单证向有关当事人索赔。

2.3 实训项目——国际贸易合同条款识别

2.3.1 实训目的

通过该项目的训练，让学生通过常用的贸易单证找出在国际贸易合同中对应的合同条款。

2.3.2 实训内容

1. 实训任务

（1）通过给定的外贸单证，分析出单证中对应的合同条款，以小组为单位制作汇报 PPT，并在课堂上分享。

（2）通过分析给定的外贸单证，分析在合同履行中物流操作应注意的事项，以小组为单位制作汇报 PPT，并在课堂上分享。

2. 实训教学建议

（1）教学方法：多媒体教学、实践操作。

（2）实践课时：2 学时。

（3）实践过程：学生们分组分析了外贸单证样本，深入理解了单证的基本构成和关键信息点。识别并提取了合同条款，详细分析了商品描述、价格、装运、支付、保险及检验等条款的具体内容和实际意义。在此基础上，学生们进一步探讨了合同履行中的物流操作事项，如货物包装、装运方式选择、运输路线规划以及风险应对等。最后，学生们制作并分享了 PPT，通过课堂展示，加深了对国际贸易合同条款和物流操作的理解。

3. 实训成果

（1）贸易合同条款 PPT 汇报。

（2）合同履行中物流操作的建议。

案例分析

CIF 合同下货物全损情况下的信用证支付纠纷案例分析

2018 年 10 月，法国某公司（卖方）与中国某公司（买方）在上海订立了买卖 200 台电子计算机的合同，每台 CIF 上海 1000 美元，以不可撤销的信用证支付，2018 年 12 月马赛港交货。

2018 年 11 月 15 日，中国银行上海分行（开证行）根据买方指示向卖方开出了金额为 20 万美元的不可撤销的信用证，委托马赛的一家法国银行通知并议付此信用证。2018 年 12 月 20 日，卖方将 200 台计算机装船并获得信用证要求的提单、保险单、发票等单证后,即到该法国议付行议付。经审查,单证相符,银行即将20万美元支付给卖方。与此同时,载货船离开马赛港10天后,由于在航行途中遇上特大暴雨和暗礁,货物与货船全部沉入大海。此时开证行已收到了议付行寄来的全套单据,买方也已知所购货物全部损失的消息。中国银行上海分行拟拒付议付行支付的20万美元的货款,理由是其客户不能得到所期待的货物。

请结合案例回答下列问题:
(1) 这批货物的风险自何时起由卖方转移给买方?
(2) 开证行能否由于这批货物全部灭失而免除其所承担的付款义务?依据是什么?

思 考 与 习 题

(1) 国际贸易的特点有哪些?
(2) 简述国际贸易与国际物流的关系。
(3) FOB、CFR、CIF 与 FCA、CPT、CIP 有何区别?
(4) 信用证的性质特点有哪些?

第3章　国际货物运输与保险

国际货物运输与保险

学习目标与要求

本章重点介绍了国际物流运输概述、国际物流运输方式、国际多式联运，通过对于国际货物运输的特点、作用等的介绍以加深对国际物流运输的理解，了解各种货物运输方式以及多式联运的优缺点。重点介绍了风险、损失等基本概念，介绍了各种运输方式下保险险别。通过对于国际物流风险的预判、识别，进行相应的管理，提供相应的对策。

1. 掌握国际货物运输的特点、作用、方式方法及适应对象等。
2. 掌握各种国际货物运输方式的基本要素、适用对象、特点等。
3. 了解国际多式联运的优越性、方式方法、适用对象等。
4. 掌握海上货物运输保险承保的范围。
5. 熟悉我国海、陆、空、邮运输货物保险的险别。
6. 掌握保险运费的计算方法。

导入案例

"钢铁驼队"让"一带一路"大放异彩

随着"一带一路"倡议的持续推进，我国与欧洲以及"一带一路"沿线国家之间的经贸往来得到快速发展，亚欧之间物流需求日益旺盛。

中欧班列是通过铁路，将货物以集装箱的形式往来于中国和欧洲及"一带一路"沿线国家的运输班列。铁路运输与海运、空运相比，既保证了时效性，又经济实惠。自2011年首列开行，中欧班列已成为机械、电子产品、水果、汽车零部件等货物的一般贸易进出口的主要通道之一。

2021年7月，编组50辆、满载电子元器件、机电产品、防疫物资等货物的X8015次列车，从中国铁路武汉局集团有限公司汉西车务段吴家山站开出，驶往德国杜伊斯堡。

2021年上半年，中欧班列累计开行7377列、发送70.7万标箱，同比分别增长

43%、52%，再创新高。

2021年是中欧班列开行的第十个年头，截至目前，中欧班列累计开行突破4万列，合计货值超过2000亿美元，打通73条运行线路，通达欧洲22个国家的160多个城市，为中外数万家企业带来了商机，为沿线数亿民众送去了实惠。

古有丝绸之路商贸驼队，今有中欧班列"钢铁驼队"。作为"一带一路"合作的重要标志，中欧班列承载着构建人类命运共同体的历史使命，也为全球经济复苏输送中国力量。

资料来源：人民网

思考：中欧班列在"一带一路"建设中的重要性及意义。

3.1 国际货物运输概述

3.1.1 国际货物运输特点

国际货物运输是指国家与国家、国家与地区之间的货物运输，既包括国际贸易物资运输，也包括国际非贸易物资运输。由于在国际货物运输中一般主要是以国际贸易物资运输为主，因此又称为国际贸易运输，对一个国家而言，就是对外贸易运输，简称外贸运输。其具有以下特点：

（1）运输距离长，环节多。国际货物运输大多远隔重洋，需要经过多个国家和地区，使用多种运输工具，变换不同的运输方式，经过多次装卸搬运才能完成运输任务，在众多的中间环节中，任何一个环节的延迟都会影响整个运输过程的实现。

（2）国际货物运输涉及面广泛，情况复杂。国际货物运输涉及众多方面，不仅包括国内外的托运人、收货人、中间商、代理人以及有关的运输部门，同时还涉及海关、商检、银行、保险等政府部门与机构，因此要对各国的政治、法律、运输、金融等制度有所了解，熟悉各国的港口习惯及经营规则，保证国际货物运输的顺畅进行。

（3）国际货物运输时效性强。由于国际市场行情复杂多变，如果国际贸易货物不能及时运抵目的地将会给货主造成巨大的经济损失，因此进出口商都会选择信誉良好的承运人。从这一意义上来说，无论主观上还是客观上，都要求国际货物运输能够争时间、抢速度、抓质量，安全、准确、迅速地完成运输业务。

（4）国际货物运输政策性强。国际货物运输既是一项经济活动，也是一项外事活动。因为国际货物运输涉及方方面面，尤其需要经常与国外有关方面联系。既包括纯业务活动，也涉及国际关系方面的工作。

（5）国际货物运输风险大。国际货物运输环节多、线路长、时间性强，同时由于在运输过程中会碰到各种自然灾害、意外事故及社会动乱，使国际货物运输存在大量不可预测的风险，影响运输质量。

与国内货物运输相比，国际货物运输具有以下几个方面的主要特点：

1）国际货物运输是一项政策性很强的涉外活动。国际货物运输作为国际贸易的一个组成部分,在组织货物运输过程中,需要经常同国外发生联系,这种联系不仅是经济上、业务上的联系,也会涉及国家间的政治问题。同时国际政治、经济形势的变化也会直接或间接地影响到国际货物运输。所以,国际货物运输既是一项经济工作,又是一项政策性很强的涉外活动。

2) 国际货物运输路线长、中间环节多。国际货物运输进行的是国家与国家、国家与地区之间的商品和货物的运输,其运输距离比国内货物运输要长得多。由于运输距离长,在运输过程中需要采用各种运输方式,使用不同的运输工具,经过多次装卸搬运,增加了商品交接、转运和换装等运输中间环节。

3) 国际货物运输涉及的部门多,运输过程复杂多变。货物在不同国家间的运输过程中,需要涉及国内外许多不同的部门,要与不同国家和地区的货主、中间代理人、交通运输部门、商检机构、保险公司、银行、海关等多方面打交道。同时由于各个国家和地区的政治、经济、法律、金融、货币制度不同,政策法令规定不一,贸易运输习惯和经营上的做法也有很大的差异,这些都增加了运输组织的难度和运输过程的不确定性。而国际政治风云的变幻,经济形势的变化和各种自然灾害都会对国际货物运输产生影响,所以国际货物运输又是一项复杂多变的运输组织工作。

4) 国际货物运输时间性强、风险较大。在国际市场上,出口商品的竞争十分激烈,商品价格瞬息万变,要在竞争中取胜,不仅要求商品本身的质量好,而且要求上市的速度快。就进口商品而言,也是国内建设和生产急需的商品,若运输迟缓、到货速度慢,就会影响生产的进度和重点建设的按期完成。所以,国际货物运输的时间性很强。在贸易合同中,货物的装运期和交货期都被列为合同的条件条款,如果违反了这些条款,即构成根本性的违约。因此,能否按时装运进出口商品也是关系到重合同、守信用的大问题。

由于国际货物运输距离长、中间环节多、涉及面广、情况复杂多变、时间性强,其风险也比较大,因此针对国际货物运输风险大的特点,为了转嫁运输过程的风险损失,各种进出口货物和运输工具,都需要办理运输保险。

3.1.2 国际货物运输作用

国际货物运输就是在国际货物销售合同签订后,按合同规定的时间、地点、条件,将货物通过合理的运输系统由卖方运交买方的过程。没有国际货物运输也就无法实现贸易货物在空间上的移动和跨国交付,国际贸易活动也就不能最终实现。一般来说,运输费用约占商品价格的10%~40%。

国际货物运输在各国的经济发展过程中都占据着重要的地位,并为各国经济的长远发展发挥着重大作用。

(1) 国际货物运输是国际贸易不可缺少的环节,并不断促进国际贸易的发展。在国际贸易中,进出口商品在空间上的流通范围极为广阔,其空间位移离不开国际运输。商品成交后,只有通过运输,按照国际贸易合同约定的时间、地点和条件把商品交给对方,贸易的全过程才算完成。因此,国际货物运输是国际贸易不可或缺的环节。随着国际货物运输工具的不断改进，如船舶现代化、智能化等，运输体系结构、经营管理工作日趋完善和现代化，使得各国开拓更大国际市场的可能性大大提高。而且，由于国际货物运输质量更高，费用更低，极大地提高了对外贸易的经济效益，使得不同国家间的经济联系日益加强，促进了国际贸易的发展。

（2）国际货物运输促进了交通运输的发展。交通运输可按运输的对象和运送的范围分为国内旅客运输、国际旅客运输、国内货物运输和国际货物运输，国际货物运输是交通运输的重要分支。从世界范围来看，海上运输的绝大部分货运量属于国际货物运输；航空运输中的国际货运量占了较大比重；此外，国际货运量在铁路和公路运输中也占有一定比例。国际贸易竞争日趋激烈，迫使各国的外贸运输部门不断根据新形势的要求，及时采用和引进国际先进的运输组织技术，开辟新的运输渠道，这就加速了先进技术在交通运输领域的推广和应用，促进了交通运输的发展。

（3）国际货物运输体系的形成和国际货物运输服务贸易的参与程度是决定一国在国际经济中生存和竞争能力的因素之一。随着国际货物运输服务贸易的开展，各国之间的经济贸易往来越来越频繁。没有国际货物运输，要进行国际间的商品交换是不可能的。因此，是否拥有相对先进的运输体系或享有便捷高效的国际运输服务在很大程度上决定了一国商品在国际上的成本、价格和可达性，进而决定了一个国家是否能够充分参与国际竞争，并取得国际竞争优势。

（4）国际货物运输的发展将有力推动建筑业、能源工业、冶金业等诸多行业的发展。在现代工业社会里，发展运输业就是发展工业。尤其是随着国际形势的日新月异，国际货物运输在应用和推广各种新技术上进步迅速，带动各国铁路、公路、港口和机场的大规模修建，促进了建筑业的大发展；运输业的巨大能源消耗，促进了能源工业的兴旺；运输工具和运输基础设施对金属的需求，是采矿业和冶金业迅猛发展的主要原因之一；各种运输工具和辅助运输机械的大量生产，有力地推动了机械加工工业的发展。总之，国际货物运输的发展带动了与之相关的行业有了较大发展。

（5）国际货物运输能够改变资源分布不平衡的状况。从全球来看，资源在各国的分布并不均衡，有些国家资源丰富，有些国家资源相对贫乏。国际货物运输网络可以改变传统的经济地理概念，扭转自然的资源分配状况，使缺少资源的国家和地区通过进出口贸易，实现对全球资源的使用。

（6）国际货物运输是平衡一国外汇收入的重要手段。国际货物运输是一种无形的国际贸易，用于交换的是一种特殊的商品——运力。因此，就一个国家来说，投入国际货物的运力越大，效益越高，相应地投入国际市场的商品就越多，也就能得到越多的外汇收入。

3.1.3 国际货物运输对象

国际货物运输对象就是国际货物运输部门承运的各种进出口货物如原材料、工业产品以及其他产品等，因货物的性质和形态不同，对运输工具、装卸条件、保管条件、运输期限等都有不同的要求。根据国际货物运输的需要,可以从货物的包装形态、性质、重量、运量等不同的角度进行简单分类。

1. 从货物形态的角度分类

(1) 包装货物。为了保证货物在装卸运输中的安全和便利,必须使用一些材料对其进行适当的包装,这种货物就叫做包装货物。按货物包装的形式和材料,通常可分为:箱装货物、桶装货物、袋装货物、捆装货物和其他坛装、罐装、瓶装、卷筒装等多种形态的包装货物。

(2) 裸装货物。不加包装而成件的货物称为裸装货物。如钢材、生铁、有色金属和车辆及一些设备等。其在运输过程中需要采取防止水湿锈损的安全措施。

(3) 散装货物。指某些大批量的低值货物,不加任何包装,采取散装方式,以利于使用机械装卸作业进行大规模运输,把运费降到最低的限度,这种货物称为散装货物,包括干质散装货物和液体散装货物。

2. 从货物性质的角度分类

(1) 普通货物。①清洁货物:指清洁、干燥货物,如茶叶、纺织品、粮食等;②液体货物:指盛装于桶、瓶、坛内的流质或半流质货物,如油类、酒类、普通饮料等;③粗劣货物:指具有油污、水湿、扬尘和散发异味等特性的货物。

(2) 特殊货物。①危险货物:指具有易燃、爆炸、毒害、腐蚀和放射性危害的货物;②易腐、冷藏货物;③贵重货物;④活的动植物。

3. 从货物重量的角度分类

按照货物的重量和体积比例的大小来划分,可分为重量货物和体积货物两种。如海运货物根据国际上统一的划分标准,凡1吨重量的货物,体积小于40立方英尺或1立方米,则称重量货物;凡1吨重量的货物,体积大于40立方英尺或1立方米,则称体积货物,也称为轻泡货物。

4. 从货物运量大小的角度分类

(1) 大宗货物:指该批(票)货物的运量很大,如化肥、粮食、煤炭等。

(2) 件杂货物:指大宗货物之外的货物。

(3) 长大笨重货物:指运输中凡单件重量超过限定数量的货物称为重件货物或超重货物,如火车头、钢轨、石油钻台等。

此外,还有从货物价值的角度来分,分为高值货物、低值货物和贵重货物。还有从货物运输工具与载量关系来分,分为整箱货物、拼箱货物和零担货物。

3.1.4 国际货物运输组织

世界上国际货物运输的组织机构五花八门、数不胜数,但基本上可以归纳为3个方面,即承运人、货主(也称托运人或收货人)和货运代理人。这三方面的业务组成国际货物运输工作的主体结构,它们之间在工作性质上有区别,在业务上则有着密不可分的关系。

1. 承运人(Carrier)

承运人是指专门经营水上、铁路、公路、航空等客货运输业务的交通运输部门，如轮船公司、铁路或公路运输公司、航空公司等。一般都拥有大量的运输工具，为社会提供运输服务。

2. 货主（Cargo Owner）

货主是指专门经营进出口商品业务的外贸部门或进出口商。为履行贸易合同，货主必须组织办理进出口商品的运输，是国际货物运输工作中的托运人（Shipper）或收货人（Consignee）。

3. 货运代理人（Freight Forwarder）

货运代理人是指根据委托人的要求，代办货物运输业务的机构。它们有的代理承运人向货主揽取货物，有的代理货主向承运人办理托运，有的兼营两方面的代理业务。其属于运输中间人性质，在承运人和托运人之间起着桥梁作用。

3.2 国际货物运输方式

3.2.1 国际海洋运输

国际海洋运输，简称海洋运输（Ocean Transport），是指使用船舶通过海洋航道在不同的国家和地区的港口之间运送货物的一种运输方式。海洋运输历史最为悠久，目前占国际贸易货物运输的比重最大。据有关统计，国际海洋运输占世界贸易货运总量的 2/3 以上。我国进出口货物运量中约 90% 是通过海洋运输的。

3.2.1.1 国际海洋运输基本要素

海洋运输基本要素包括船舶、航线和港口。

（1）船舶。船舶是海上运输的主要工具，其主要分为三大类：货船、客船和客货船。其中，国际海洋运输主要用到的是货船，货船主要的类别有杂货船、散货船、集装箱船、冷藏船、油轮、滚装船和载驳船等。

（2）航线。航线是指海上船舶航行的道路。按航行的时间和港口是否固定分为定期航线和不定期航线；按航行的水域范围分为沿海航线、近海航线和远洋航线。

（3）港口。港口是指具有水陆联运设备和条件，供船舶安全进出和停泊的运输枢纽，是工农业产品和外贸进出口物资的集散地，是供船舶停泊、装卸货物、上下旅客、补充给养的场所。由于港口是联系内陆腹地和海洋运输（国际航空运输）的一个天然界面，因此人们也把港口作为国际物流的一个特殊节点。

港口按照不同的标准可以分为不同的类别。比如按照港口的基本功用划分，可以把港口分为商港、军港和避风港；按照地理位置划分，可以把港口分为海港、河口港和内河港；按照国家政策划分，可以把港口分为国内港、国际港和自由港；按照建设难度划分，可以把港口分为天然港和人工港等。2019—2020 年全球集装箱吞吐量前 20 港口排名见表 3.1。

3.2.1.2 国际海洋运输特点

相比较其他的运输方式，海洋货物运输方式具有如下的优点：

表 3.1　　　　　　2019—2020 年全球集装箱吞吐量前 20 港口排名

排名	港口	国家或地区	2020 年/万 TEU	2019 年/万 TEU	同比增速
1	上海	中国	4350	4331	0.4%
2	新加坡	新加坡	3687	3720	−0.9%
3	舟山	中国	2872	2753	4.3%
4	深圳	中国	2655	2577	3.0%
5	广州	中国	2317	2283	1.5%
6	青岛	中国	2201	2101	4.7%
7	釜山	韩国	2181	2191	−0.8%
8	天津	中国	1835	1730	6.1%
9	香港	中国香港	1796	1836	−1.9%
10	鹿特丹	荷兰	1434	1481	−3.2%
11	迪拜	阿联酋	1349	1411	−4.4%
12	巴生	马来西亚	1324	1358	−2.5%
13	安特卫普	比利时	1202	1186	1.4%
14	厦门	中国	1141	1112	2.5%
15	丹戎帕拉帕斯	马来西亚	980	908	8.0%
16	高雄	中国台湾	962	1043	−7.7%
17	洛杉矶	美国	921	934	−1.3%
18	汉堡	德国	850	926	−7.9%
19	长滩	美国	811	763	6.3%
20	纽约/新泽西	美国	759	747	1.5%

注　TEU 即 Transmission Extension Unit，中文为标准箱。
数据来源：上海国际航运研究中心《2020 年全球前 20 大港口生产形势评述》。

（1）运力强。一般来说，火车、汽车等运输方式受到轨道以及道路的限制，而海运却可以利用天然的、四通八达的航道开展运输，如遇特殊情况还可改道航行。

（2）运量大。海洋运输的运载能力大大强于铁路、公路以及航空等运输方式。如海上货轮小的能载货几千吨，大的载货几万吨、几十万吨，一般杂货船都为 1 万～2 万吨，第 5 代集装箱船可载 6 万～7 万吨，巨型油轮载货量在 50 万吨以上。

（3）运费低。由于海洋运输运力强、运量大的特点，根据规模经济的观点其单位运输成本相对较低廉。

3.2.1.3　国际海洋运输缺点

（1）风险大。海洋运输受气候和自然条件的影响较大，航行中如遇上暴风、巨浪、雷击、冰冻等都容易出事故。因此，存在着较大的风险。

（2）速度慢。由于水的阻力较大以及运输船只的体积较大，因此船舶航行的速度很慢。

（3）航行时间难以确定。由于海运的风险性和低速率性，增加了其航行日期准确性的难度。

尽管海上运输具有航行速度慢和潜在风险较高的特点，但由于其运费相对较低且运量巨大，使得其在国际货物运输中依然占据着举足轻重的地位，远远超过了其他运输方式的重要性。

3.2.1.4 国际海洋运输分类

按照船舶的经营方式可以分为班轮运输和租船运输两大类。

1. 班轮运输

班轮运输（Liner Transport）也叫定期船运输，是指按照规定的时间，在一定航线上，以既定的港口顺序，从事客货运输业务并按事先公布的费率收取运费的运输方式。班轮运输的服务对象是非特定的分散客户，班轮公司具有公共承运人的性质。

班轮运输具有5方面的特点。

（1）班轮运输有固定的船期、航线、停靠港口和相对固定的运费率。

（2）班轮运费中包括装卸费，即货物由承运人负责配载装卸，承托双方不计滞期费和速遣费。

（3）班轮承运货物的数量比较灵活，货主按需订舱，特别适合一般杂货和集装箱货物的运输。

（4）承运人对货物负责的起讫是从货物装上船到货物卸下船，即"船舷至船舷"或"钩至钩"。

（5）承托双方的权利义务和豁免责任以签发的提单条款为依据并受统一的国际公约制约。

班轮运输在国际海洋运输中有以下作用。

（1）特别有利于一般杂货和小额贸易货物运输。在国际贸易中，除大宗商品利用租船运输外，零星成交、批次多、到港分散的货物，只要班轮有航班和舱位，不论数量多少，也不论直达或转船，班轮公司一般均愿意接受承运。

（2）有利于国际贸易的发展。班轮运输的"四固定"特点为买卖双方洽谈运输条件提供必要依据，使买卖双方有可能事先根据班轮船期表，商定交货期、装运期以及装运港口，并且根据班轮费率表事先核算运费和附加费用，从而能比较准确地进行比价和核算货物价格。

（3）提供较好的运输质量。参加班轮运输的船公司所追求的目标是保证船期，提高竞争能力，吸引货载。班轮公司派出的船舶一般技术性能好，设备较全，质量较好，船员技术水平也较高。此外，在班轮停靠的港口，一般都有自己专用的码头、仓库和装卸设备，有良好的管理制度，所以货运质量较有保证。

（4）手续简便，方便货方。班轮承运人一般采取码头仓库交接货物的做法，并负责办理货物的装卸作业和全部费用。通常班轮承运人还负责货物的转口工作，并定期公布船期表，为货方提供方便。班轮承运人根据运输契约完成货物运输后，从托运人那里取得的报酬，由基本运费和附加费两部分构成。基本运费是班轮公司为一般货物在航线上各基本港口进行运输所规定的运价。附加费是班轮公司承运一些需要特殊处理的货物，或者由于燃油、货币等原因收取的附加运费，如超重附加费、超长附加费、选卸附加费、直航附加费、转船附加费及燃油附加费等。

2. 租船运输

租船运输，又称租船，是海上运输的一种方式，是指承租人向船东租赁船舶用于货物运输的一种方式。租船运输适用于大宗货物运输，有关航线和港口、运输货物的种类以及航行的时间等，都按照承租人的要求，由船舶所有人确认。承租人与出租人之间的权力义务以双方签订的租船合同确定。

租船运输具有以下 6 个方面的特点。

（1）租船运输是根据租船合同组织运输的，租船合同条款由船东和租方双方共同商定。

（2）不定航线，不定船期，船东对于船舶的航线、航行时间和货载种类等按照租船人的要求来确定，提供相应的船舶，经租船人同意进行调度安排。

（3）运价不固定，租金率或运费率根据租船市场行情来决定。

（4）船舶营运中有关费用的支出，如港口使用费、装卸费及船期延误责任等费用，取决于不同的租船方式由船东和租方分担，并在合同条款中订明。

（5）租船运输适宜大宗货物运输，如粮食、矿砂、石油、木材等。

（6）各种租船合同均有相应的标准合同格式。

在国际租船业务中，广泛使用的租船方式主要有定程租船和定期租船两种。此外，还有光船租船、包运租船和航次期租等形式。

（1）定程租船。定程租船（Voyage Charter）是以航程为基础的租船方式，又称程租船或航次租船，是根据船舶完成一定航程（航次）来租赁的，是租船市场上最活跃，且对运费水平的波动最为敏感的一种租船方式。其特点如下：

1）船方必须按租船合同规定的航程完成货物运输任务，并负责船舶的运营管理及其在航行中的各项费用开支。

2）程租船合同需规定装卸率和滞期、速遣费条款。

3）运价受租船市场供需情况的影响较大，租船人和船东双方的其他权利、义务一并在程租船合同中规定。

4）定程租船以运输货值较低的粮食、煤炭、木材、矿石等大宗货物为主。在定程租船中，根据承租人对货物运输的需要，而采取不同的航次数来约定定程租船合同。据此，定程租船的具体方式又可分为单航次程租船（Single Voyage Charter）、连续航次程租船（Consecutive Voyage Charter）等形式。

（2）定期租船。定期租船（Time Charter）又称期租船或期租，是指由船舶所有人将特定的船舶，按照租船合同的约定，在约定的期限内租给承租人使用的一种租船方式。这种租船方式以约定的使用期限为船舶租期，而不以完成航次数多少来计算。租赁期限由船舶所有人和承租人根据实际需要约定，短则几个月，长则几年、十几年，甚至到船舶报废为止。在租期内，承租人利用租赁的船舶既可以进行不定期货物运输，也可以投入班轮运输，还可以在租期内将船舶转租，以取得运费收入或谋取租金差额。定期租船实质上是一种租赁船舶财产用于货物运输的租船形式，其特点如下：

1)船东负责配备船员,并负担其工资和伙食。

2)租船人负责船舶的调度和营运工作,并负担船舶营运中的可变费用,船舶营运的固定费用由船东负担。

3)船舶租赁以整船出租,租金按船舶的载重吨位来计算。

(3)光船租船。光船租船(Bareboat Charter)又称为船壳租船或净船期租船,是一种财产租赁形式。在这种租船方式中,船舶所有人将船舶出租给承租人使用一定期限,但仅提供空船,即不配备船员。承租人需要自己任命船长、配备船员,并负责船员的给养以及船舶经营管理和营运所需的一切费用。船舶所有人在租期内除了收取租金外,不再承担任何责任和费用。这种租船方式的特点是船舶的占有权和使用权转移给承租人,但船舶的所有权仍保留在船舶所有人手中。

(4)包运租船。包运租船(Contract of Affreightment)是一种特殊的租船方式,其中船舶所有人提供给租船人一定的运力(通常以吨位计算),并在确定的港口之间,按照事先约定的年数、航次周期和每航次较为均等的货运量,完成运输合同规定的全部货运量。包运租船合同不指定某一具体的船舶及其国籍,而是规定租用船舶的船级、船龄及其技术规范等。船舶所有人必须根据这些要求提供能够完成合同规定每个航次货运量的运力。运费通常按船舶实际装运货物的数量及商定的费率计算,并按航次结算。

(5)航次期租。航次期租(Time Charter Party on Voyage Basis)是一种较为特殊的租船形式,结合了期租和航次租船的特点。在这种租船方式中,承租人通常需要对货物在约定的航次中的全部费用负责。尽管航次期租的具体定义和运作方式可能因实际合同内容而有所不同,但通常涉及承租人支付租金以在特定航次中使用船舶,并承担与该航次相关的费用。这种方式适用于短途运输,并因其灵活性和简便性而受到青睐。

3.2.1.5 国际海洋运输计费

1. 班轮运费构成

班轮运费由基本运费和附加运费两部分组成。基本运费是对任何一种托运的货物必须计收的运费,是货物在预定航线的各基本港口之间进行运输所规定的运价,是构成全程运费中应收取运费的主要部分。附加运费是在收取基本运费的基础上,根据运输中发生的特殊情况和需求而额外收取的部分费用。附加费种类名目繁多,包括:

(1)超重附加费。超重附加费是当一件商品的毛重超过规定重量时所增收的附加运费。超重货物在装卸、配载等方面会增加额外的劳动和费用,所以船公司要加收超重附加费。

(2)超长附加费。超长附加费是当一件货物的长度超过规定标准时所增收的附加运费。与货物超重一样,超长货物在装卸、配载时也会增加额外的劳动和费用,所以船公司要加收超长附加费。

(3)转船附加费。转船附加费对于运往非基本港(指班轮公司原来不挂靠、需额外支付转船或直航附加费的非直达港口)的货物,需要在中途某个港口换装另一运输船舶转运至目的港，为此船方加收的附加费称为转船附加费。

（4）直航附加费。直航附加费对于运往非基本港口的货物，当运输的货量达到一定的标准时，船方可以安排直航卸货，为此而加收的附加费是直航附加费。直航附加费一般比转船附加费低。

（5）选卸附加费。选卸附加费又称选港附加费。由于买卖双方贸易上的原因，有些货物在办理托运时尚不能确定具体的卸货港，需要在预先选定的两个或两个以上的卸货港中进行选择，为此而加收的费用称为选卸附加费。

（6）变更卸货港附加费。变更卸货港附加费是由于收货人、交货地变更或清关问题等需要，货物在装船后需变更卸货港而增收的附加费。

（7）港口附加费。港口附加费指由于一些港口设备差、装卸效率低、费用高而增加了船舶运输成本，船方为了弥补损失所加收的费用。

（8）港口拥挤附加费。港口拥挤附加费是由于港口拥挤，船舶需要长时间等候泊位，为弥补船期损失而收取的附加费。该项附加费是一种临时性的附加费，变动性较大。

（9）绕航附加费。绕航附加费是由于某种原因，船舶不能按正常航线而必须绕道航行，从而增加了运输成本，为此而加收的费用称为绕航附加费。绕航附加费也是一项临时性的附加费。

（10）燃油附加费。燃油附加费是由于燃油价格上涨，使船舶的燃油费用支出超过了原核定的运输成本中的燃油费用，承运人在不调整原运价的前提下，为补偿燃油费用的增加而收取的附加费。燃油附加费是临时性附加费，当燃油价格回落后，此项附加费会随之调整或取消。

2．计费标准

在班轮运输中，主要使用的计费标准是按容积或重量计算运费。但对于贵重商品，则按照货物价格的某一百分比计算运费；而对于车辆等这类商品，通常会按照个数或件数来计费；对于大宗低价的货物，托运人和承运人会按照临时议定的费率来计收运费。承运人制定的运价表中具体规定了不同商品的计费标准，并使用航运界通用的符号来表示这些计费标准。

（1）按货物的毛重计收，在运价表中用字母"W"表示。

（2）按货物的体积（或尺码吨）计收，在运价表中用字母"M"表示。

（3）按商品的价格计收，在运价表中用"Ad. Val."表示。即按该种商品FOB价的一定百分比计收运费。由于运费是根据商品的价格确定的，所以又称为从价运费。

（4）按货物的毛重、体积或价格计收，由船方选择其中收费最高的一种计收运费，在运价表中用"W/M"或"W/M or Ad. Val."表示。

（5）在货物的重量和体积中选择计收较高运费外，还要加收从价运费，在运价表中用"W/M plus Ad. Val."表示。

（6）按货物的件数计收。

（7）对于大宗低价值货物，采取由船、货双方临时协商议定运价的办法计收。

3. 班轮运费的计算

(1) 根据班轮运费的构成，其计算公式为

$$F = F_b + \sum S_i \, (i = 1, 2, \cdots, n)$$

式中　F——班轮总运费；
　　　F_b——班轮基本运费；
　　　S_i——第 i 项运费附加费；
　　　n——运费附加费的项数。

(2) 运费计算主要有如下基本步骤：

1) 查明货物所属的航线。
2) 了解货物名称、特性。
3) 根据货物查货物分级表，确定计算标准。
4) 查所属航线等级费率表。
5) 查附加费率表。
6) 计算运费查明货物。

3.2.2　国际航空运输

航空运输是一种现代化的货物运输方式，与其他货物运输方式相比，航空运输具有运输速度快、运输环节少、运输质量高，空间跨度大，运输安全、准确，可节省包装、保险、银行利息等费用的突出优点。但航空运输也有一定的局限性，主要表现为运输费用高于其他的运输方式；运载工具的舱容有限，无法适应大件货物或大批量货物运输的需要；飞机的飞行安全容易受到恶劣气候的影响等。

航空运输的货运对象主要是一些小批量、高价值和对运输时间有特殊要求的商品。但随着高新技术的应用与发展，产品更趋向于薄、轻、小、短，价值含量更高，在国际贸易中交易双方对于运输的及时性、可靠性和运输速度尤为重视，从而使航空运输具有更为广阔的发展前景。

3.2.2.1　国际航空运输体系

1. 国际民用航空组织（International Civil Aviation Organization，ICAO）

国际民用航空组织是各国政府之间组成的国际航空运输机构，也是联合国所属专门机构之一。该组织成立于1947年5月13日，总部设在加拿大蒙特利尔，现有161个成员国，我国于1974年正式加入该组织，也是理事国之一。

国际民用航空组织的宗旨在于发展国际航行的原则和技术，并促进国际航空运输的规划和发展。作为负责国际航空运输技术、航行及法规方面的机构，国际民用航空组织通过的文件具有法律效力，各成员国必须严格遵守。

2. 国际航空运输协会（International Air Transport Association，IATA）

国际航空运输协会（简称国际航协）是由世界各国航空公司所组成的大型国际组织，其前身是1919年在海牙成立并在二战时解体的国际航空业务协会。总部设在加拿大的蒙特利尔。国际航空运输协会的宗旨是为了世界人民的利益，促进安全、正常和经济的航空运输，对于直接或间接从事国际航空运输工作的各空运企业

提供合作的途径，与国际民航组织以及其他国际组织通力合作。

3. 国际货运代理人协会（International Federation of Freight Forwarders Association，FIATA）

FIATA 的名称来自于法语，国际货运代理人协会是国际货运代理人的行业组织，于 1926 年 5 月 31 日在奥地利维也纳成立，总部设在瑞士苏黎世。该组织成立的主要目的是解决由于日益发展的国际货运代理业务所产生的问题，保障和提高国际货运代理在全球的利益，以及提高货运代理服务的质量。

国际货运代理协会的成员不仅局限于国际货运代理行业，而且包括报关行、船舶代理、仓储、包装、卡车集中托运等运输企业。目前，国际货运代理协会有来自 86 个国家和地区的 96 个一般会员和分布于 150 个国家和地区的 2700 多家联系会员。

3.2.2.2 国际航空运输特点

国际航空运输的特点主要包括以下几个方面：

（1）运送速度快。航空运输的速度快是其显著的特点。现代喷气运输机时速高，且航空线路不受地面条件限制，两点间可以直线飞行，航程短，因此运输效率高，能够大大缩短货物的运输时间。这对于时效性强的货物尤为重要，如生鲜、易坏物质、报刊、节令性商品以及抢险、救急品等。

（2）安全准确。国际航空货物运输具有高度的安全性和可靠性。航空运输管理制度完善，货物的破损率低，可保证运输质量。此外，飞机航行有一定的班期，能确保货物按时到达。

（3）覆盖范围广。航空运输网络覆盖全球，几乎可以到达任何一个国家和地区，这为国际贸易提供了广阔的市场和便捷的物流通道。

（4）手续简便。为了体现其快捷便利的特点，航空运输为托运人提供了简便的托运手续。托运人可以选择由货运代理人上门取货并为其办理一切运输手续。

（5）节省费用。航空运输速度快，商品在途时间短，可以减少存货量，从而节省仓储费用。同时，由于货损货差较少，也降低了保险费用。此外，相比其他运输方式，航空运输的包装成本也相对较低。

（6）实时跟踪。航空运输提供实时的货物跟踪和信息更新，客户可以随时了解货物的位置和状态，提高了物流的可见性和管理效率。

3.2.2.3 国际航空运输种类

1. 班机运输

班机是指在固定航线上定期航行的航班。班机运输一般有固定的航线、始发站、途经站和到达站。

班机运输可以分为客运航班和货运航班两种运输方式。在国际贸易中，由于经由航空运输的货运量有限，所以班机运输以客运航班为主，通常采用客货混合型飞机，在搭乘旅客的同时也承揽小批量货物的运输业务。

由于班机运输有固定的航线和航期，并在一定时间内有相对固定的收费标准，便于货主掌握货物的起运和到达时间，核算运输成本，使合同的履行较有保障，因此成为多数进出口商首选的航空运输方式。但由于班机运输大部分使用的是客货混合型飞机,受到飞机舱位的限制,不能满足大批量货物及时运输的要求。而且在不同季节同一航线客运量的变化,也会直接影响货物装载的数量。

2. 包机运输

当运输的货物批量较大时,包机运输就成为重要的航空货物运输方式。包机运输分为整架包机和部分包机。

整架包机是航空公司或包机代理公司按照合同中双方事先约定的条件和运价,将整架飞机租给租机人,从1个或几个航空港装运货物至指定目的地的运输方式。

部分包机则是指由几家航空货运代理公司或发货人联合包租1架飞机,或者是由包机代理公司把1架飞机的舱位分别卖给几家航空货运代理公司的货物运输方式。这种包机方式适合于运送1吨以上,但货运量不足整机的货物。虽然运费比班机运费低,但运输时间较长。

3. 集中托运

集中托运是指航空货运代理公司将若干批单独发运的货物组成一整批,向航空公司办理托运,使用一份航空总运单集中发运到同一目的站,由航空货运代理公司在目的地指定的代理收货,再根据航空货代公司签发的航空分运单分拨给各实际收货人的航空货物运输方式。集中托运是航空货物运输中采用最普遍的一种运输方式,也是航空货运代理的主要业务之一。

4. 陆空联运

陆空联运有3种方式,第一种是火车—飞机—汽车联运（Train-air-truck,TAT）,称为TAT运输;第二种是火车—飞机联运（Train-air,TA）,称为TA运输;第三种是汽车—飞机联运（Truck-air,TA）,也称为TA运输。陆空联运方式的优点是运输速度快,运输费用较低,因此从20世纪70年代开始,我国每年有几百吨货物采用此种方式经由香港陆空联运出口。

5. 航空快递

航空快递又称为航空快件、快运和航空速递,是由专门经营该项业务的航空货运公司与航空公司合作,派专人以最快的速度,在货主、机场、用户之间传递急件的运输服务业务,是目前国际航空运输中速度最快的运输方式。其运送对象多为急需的药品和医疗器械、贵重物品、图纸资料、货样、单证和书报杂志等小件物品。

航空快递的业务方式有3种。

(1) 门到门服务。门到门服务也称为门/桌到门/桌服务。在这种方式中,发件人只需打电话给快递公司,快递公司会派人到发件人处取件。随后,快递公司会根据不同的目的地进行分拣、整理、核对、制单、报关,并通过最近的航班将快件运往各地。当快件到达中转站或目的地机场后,当地快递公司会负责办理清关手续和提货手续,并将快件及时送到收件人手中。此外,客户还可以依赖快递公司的电脑网络随时查询快件的位置,并在送达后收到消息反馈。

(2) 门到机场服务。在门到机场服务这种方式中,快递服务只能到达收件人所在城市或附近的机场。当快件到达目的地机场后,当地快递公司会及时通知收件人，收件人可以选择自己办理有关手续，或者委托快递公司办理。这种方式通常适用于海关当局有特殊规定的货物或物品。

（3）专人派送。在这种特殊的服务方式中，发件地的快递公司会指派专人携带快件，采用最快捷的交通方式，将快件直接送到收件人手中。这种方式通常用于确保特殊情况下的安全和交货时间。

航空快递服务以其快速、安全和便捷的特点，满足了现代社会对于高效物流的需求。同时，不同的服务方式也为客户提供了更多的选择和灵活性。在选择航空快递服务时，建议根据具体的货物特性、交货时间和成本考虑，选择最适合的服务方式。

3.2.2.4 国际航空运输计费

计算航空运费时从计费重量、运价种类和货物的声明价值三个方面考虑。

1. 计费重量

由于航空运输受到仓容和载重量的限制，承运人为了保证自身的经济利益，在计算每一笔航空货物运费时，按实际重量和体积重量两者之中较高的一个计算，也就是在货物体积小、重量大的情况下，以实际毛重作为计费重量；在货物体积大、重量小的情况下，以货物的体积重量为计费重量。即采用从高计费原则。如果一批托运货物中有重量货也有轻泡货，则以整批货物进行计算，计费重量是按货物的毛重和总体积重量两者之中较高的一个计算。

2. 运价种类

运价主要指机场与机场之间的空中费用，其通常分为三种类型：

（1）特种货物运价。特种货物运价由参加国际航空运输协会的航空公司向协会提出申请，经批准后对特定的货物在特定的航线上予以一种特别优惠的运价。其目的在于促使发货人能充分利用航空公司的运输能力，提高航运效率。特种货物运价规定有起码重量（10千克），如达不到规定的起码重量则不能按此运价计算。

（2）等级货物运价。等级货物运价是在普通货物运价基础上附加或附减一定百分比的形式构成，附加或附减规则公布在定价规则（Tact Rules）中，运价的使用必须结合定价费率手册（Tact Rates Books）一同使用。通常，附减的等级货物用代号（R）表示减收等级货物（Reduced Class Rate），而其他均用代号（S）表示增收等级货物（Surcharged Class Rate）。等级货物运价通常在一般货物运价基础上加减一定的百分比计收，其起码重量为5千克。仅适用于少数货物：

1）活动物，装活动物的箱子和笼子。

2）贵重物品。

3）尸体。

4）报刊、书籍、商品目录、盲聋哑人专用设备。

（3）普通货物运价。普通货物运价是航空运输中应用最为广泛的一种运输价格。当一批货物不能适用特种货物运价，也不属于等级货物时，就应该适用普通货物运价。普通货物运价根据货物重量不同，分为若干个重量等级分界点运价，例如"N"表示标准普通货物运价（Normal General Cargo Rate），指的是45千克以下的普通货物运价，用货物的计费重量和其适用的普通货物运价计算而得的航空运费，不得低于运价资料上公布的航空运费的最低收费标准（M）。

3. 货物的声明价值

根据《国际航空货物运输公约》的规定，由于承运人的失职而造成的货损、货差或延期，承运人应承担责任，进行赔偿。其最高的赔偿限额为 20 美元/千克（毛重）或 7.675 英镑/千克，或等值的当地货币。如果发货人要求在发生货损货差时获得全额赔偿的，则应保价，即支付一笔声明价值附加费，按声明价值额的 0.4%～0.5%支付。

3.2.3 国际铁路运输

铁路运输是现代运输业的主要运输方式之一。与其他运输方式相比，铁路运输具有运输速度快、载运量大、安全可靠、运输成本低、运输准确性和连续性强等方面的特点。在我国的对外贸易中，无论是出口货物还是进口货物的运输，一般都要通过铁路运输这一环节，如果仅以进出口货运量来计算，铁路运输承担的货运量仅次于海上运输而居第二位，可见铁路运输在我国的对外贸易运输中起着重要的作用。

我国对外贸易铁路运输包括国际铁路联运和港澳地区的国内铁路运输两大部分。

3.2.3.1 国际铁路运输基本要素

1. 国际铁路货物联运的范围

国际铁路货物联运协定（以下简称为国际货协）是 1951 年 11 月由苏联等 8 个国家共同签订的一项铁路货运协定。随后，在 1954 年和 1956 年，中国、朝鲜、蒙古和越南等国家也相继加入该协定。这一协定旨在简化国际铁路运输手续，促进各参加国家之间的经济交流与合作。此外，协定也对铁路运输中的相关责任和程序进行了明确规定，为国际铁路货物联运提供了法律基础。

（1）参加国际货协和未参加国际货协但采用国际货协规定的铁路间的货物运送，发货人在发站用国际货协的运单办理，铁路从发站以一份运送票据负责将货物运至最终到站交付给收货人。

（2）参加国际货协铁路间的货物运送，发货人在发站使用国际货协运送票据将货物办理至参加国际货协的最后一个过境铁路的出口国境站，由该国境站的站长或发货人、收货人委托的收转人转运至最终到站。

（3）从参加国际货协铁路的国家通过参加国际货协的过境铁路港口向其他国家（不论这些国家的铁路是否参加国际货协）运送货物或相反方向运送货物时，用国际货协的运送票据只能办理至过境铁路港口站止，或者从这个站起开始办理，由港口站的收转人办理转发送。

2. 国际铁路运输业务种类

国际铁路运输办理的业务种类分为整车、零担和大吨位集装箱 3 种。

（1）整车。整车是指按一份运单托运的、按其种类或体积需要使用单独车辆装运的货物。

(2) 零担。零担是指按一份运单托运的、重量不超过 5000 千克、按其种类或体积不需要使用单独车辆运送的货物。但如果有关铁路间另有商定条件，也可不适用国际货协整车和零担运送货物的规定。

(3) 大吨位集装箱。大吨位集装箱是指按一份运单托运的、用大吨位集装箱运送的货物或空的大吨位集装箱。

3.2.3.2 国际铁路运输特点

铁路是国民经济的大动脉，铁路运输是现代化运输业的主要运输方式之一，与其他运输方式相比，铁路运输具有以下主要特点：

(1) 运输量大且安全可靠。铁路货物列车运送的货物量远高于航空运输和汽车运输。同时，铁路运输具有较高的安全性，风险相对较小。

(2) 运输速度快。铁路货运速度较快，每昼夜可达几百公里，一般货车速度也能达到每小时 100 公里左右，远高于海上运输。

(3) 运输成本较低。相较于其他运输方式，铁路运输费用更低，运输耗油也较少，这使得铁路运输在经济性上更具优势。

(4) 连续性和准确性高。铁路运输几乎不受气候影响，能进行定期的、有规律的、准确的运转，具有较高的连续性和准确性。

(5) 环境污染和噪声污染相对较小。相较于公路和航空运输，铁路运输在环境污染和噪声污染方面的影响较小。

(6) 占地面积相对较小。相较于公路运输，铁路运输在占地面积上相对较小。

这些特点使得国际铁路货物运输成为一种高效、经济且环保的运输方式，尤其在长距离、大宗货物的运输中具有显著优势。

需要注意的是，虽然铁路运输具有诸多优点，但其初期投资较大，因为需要铺设轨道、建造桥梁和隧道，建路工程艰巨复杂，且需要消耗大量钢材和木材。此外，铁路运输还需要各部门之间的协调与配合，以确保运输的顺畅进行。

3.2.3.3 国际铁路运输种类

国际铁路运输的范围既适用于原国际货协国家之间的货物运输，也适用于原国际货协与货约国家（货约即国际铁路货物运送公约，是由欧洲国家组成的关于国际铁路货物运输的重要公约，主要涉及欧洲国家的铁路联运）之间的双向货物运输。在我国，凡是可以办理铁路货运的车站都可以接受国际铁路联运的货物运输。

国际铁路运输托运类别如下：

1. 根据货物重量和体积划分

(1) 整车货：指用一份运单托运并需要单独车辆运送的货物。

(2) 零担货：指用一份运单托运但货量在 5000 千克以内，并且不需要单独车辆运送的货物。

(3) 集装箱：凡是货物容量超过 3 立方米，总重量达到 2.5～5 公吨和货容为 1～3 立方米，总重量没有超过 2.5 公吨的货物应该采用集装箱托运。

2. 根据运送速度划分

根据运送速度主要可以划分为快运和慢运两种。

（1）快运服务：通常提供更快速的货物运送速度，适合对时间要求较高的货物，如鲜活产品、紧急物资等。

（2）慢运服务：在运输速度上相对较慢，但成本通常较低，适合对时间要求不那么严格且对成本较为敏感的货物。

3.2.4 国际公路运输

公路运输的含义有广义和狭义之分。从广义来说，公路运输主要是指货物和旅客借助一定的运载工具，沿着公路的某个方向作有目的的移动过程。目前，世界各国一般以汽车作为运载工具，所以，从狭义来说，公路运输是指汽车运输。在现代化运输的发展过程中，世界上许多国家有一个共同的发展规律，即海运、铁路发展在先，公路运输则后来居上。20世纪60年代以后，公路运输发展速度大大超过铁路和其他运输方式。到了20世纪70年代，经济发达国家大多改变了一个多世纪以来以铁路运输为中心的局面，公路运输在交通运输中成为骨干运输方式之一。

3.2.4.1 国际公路运输基本要素

公路运输系统包括公路运输设施（公路及场站）、运输设备（车辆）、运输对象（旅客、货物）及劳动者（驾驶员）等。

1. 公路运输线路设施

公路是一种线型构造物，是汽车运输的基础设施，由路基、路面、桥梁、涵洞、隧道、防护工程、排水设施与设备以及山区特殊构造物等基本部分组成，此外还需设置交通标志、安全设施服务设置及绿化栽植等。由于受地形、地质等自然条件的限制，公路线形在水平面上由直线段或曲线段组成；在纵面上由上、下坡段和平坡段以及竖曲线段组成。公路线形的方位和几何特征代表着一条公路的走向和迂回起伏程度。公路的线形和质量对汽车的行车速度、行车安全、燃料消耗、机件和轮胎的磨损、车辆使用寿命以及运输经济效益等都有很大影响。

2. 公路运输场站设施

公路运输场站设施，主要指组织运输生产所需要的生产性和服务性的各类建筑设施，如客运站、货运站、停车场（库）、加油站及食宿站等。

3. 公路运输车辆与驾驶员

公路运输车辆是指具有独立原动力与载运装置、能自行驱动行驶专门用于运送旅客和货物的非轨道式车辆，又称汽车。

驾驶员是直接使用运输车辆完成客货空间位移的生产劳动者，由于汽车高速行驶，使汽车的驾驶工作是紧张而又责任重大的工作。因此，为了保证安全、迅速、准确、及时地运送客货，担任汽车驾驶员必须具备相应条件（如身体素质、政治思想和品质以及必要的专业知识和操作技能等）才能胜任。

4. 公路运输对象

所有接受汽车运输的人员和物资，从接受承运起至运达目的地止，分别称为旅客和货物,是公路运输服务对象。
3.2.4.2 国际公路运输特点
公路汽车运输在所有运输方式中是影响面最为广泛的一种运输方式,其特点如下:

1. 运程速度快

公路运输可实现门到门运输,故对于旅客可减少转换运输工具所需要的等待时间与步行时间,对于限时运送货物,或为适应市场临时急需货物,公路运输服务优于其他运输,尤其是短途运输,其整个运输过程的速度,较任何其他运输工具都为迅速、方便。

2. 运用灵活

公路运输因富于灵活性,可随时调拨,不受时间限制,且到处可停,富于弹性及适应性,运用灵活。

3. 受地形气候限制小

汽车的行驶可逢山过山,不受地形限制;遇恶劣气候,受影响亦较小。

4. 载运量小

小汽车载运量为三四人,大型巴士载运量通常为数十人,货运可载运数吨,使用拖车可载运数十吨,不能与铁路列车或轮船的庞大容量相比。

5. 安全性较差

公路运输,出于车种复杂、道路不良、驾驶人员疏忽等因素,交通事故较多,故安全性较差。

3.2.4.3 国际公路运输种类

1. 按货运营运方式分类

按照货运营运方式的不同可分为整车运输、零担运输、集装箱运输、联合运输和包车运输。

整车运输是指托运人托运的一批货物在 3 吨及以上;或虽不足 3 吨但其性质、体积、形状需要一辆 3 吨及以上汽车运输的货物运输,如需要大型汽车或挂车(核定载货吨为 4 吨及以上的)以及容罐车、冷藏车、保温车等车辆运输的货物运输。

零担运输是指托运人托运的一批货物不足整车的货物运输。

集装箱运输是将适箱货物集中装入标准化集装箱采用现代化手段进行的货物运输。在我国又把集装箱运输分为国内集装箱运输及国际集装箱运输。

联合运输是指一批托运的货物需要两程或两种及以上运输工具的运输。目前我国联合运输有公(路)铁(路)联运、公(路)水(路)联运、公(路)公(路)联运、公(路)铁(路)水(路)联运运输等。联合运输实行一次托运、一次收费、一票到底、全程负责。

包车运输是指应托运人的要求,经双方协议,把车辆包给托运人安排使用,并按时间或里程计算运费的运输。

2. 按托运的货物是否保险或保价分类

按托运的货物是否保险或保价分类可分为不保险(不保价)运输、保险运输和保价运输。保险和保价运输均采取托运人自愿的办法，凡保险或保价的，需按规定缴纳保险金或保价费。保险运输须由托运人向保险公司投保或委托承运人代办。保价运输时，托运人必须在货物运单的价格栏内向承运人声明货物的价格。不保险（不保价）运输是指托运人在托运货物时选择不进行保险或保价，在这种情况下，如果货物在运输过程中发生损失或损坏，托运人将自行承担风险，承运人不会为此承担赔偿责任。不保险（不保价）运输通常适用于货物价值较低或对风险容忍度较高的托运人。

3. 按货物种类分类

根据货物种类分为普通货物运输和特种货物运输。普通货物运输是指对普通货物的运输。普通货物分为一等、二等、三等3个等级；特种货物运输是指对特种货物的运输。特种货物包括超限货物、危险货物、贵重货物和鲜活货物等。

4. 按运送速度分类

按运送速度分为一般货物运输、快件货物运输和特快专运。一般货物运输即普通速度运输或称慢运；快件货物运送的速度从货物受理当日15点钟算起，运距在300公里内24小时运达，运距在1000公里内48小时运达，运距在2000公里内72小时运达；特快专运是指按托运人要求在约定时间内运达。

3.2.4.4　国际公路运输计费

公路货物运价是指利用公路将货物运送一定距离，每吨货物每公里的价格。

公路运费均以每吨公里为计算单位，一般有两种计算标准，一是按货物等级规定基本运费费率；二是以路面等级规定基本运价。凡是一条运输路线包含2种或2种以上的等级公路时，则以实际行驶里程分别计算运价。特殊道路，如山岭、河床、原野地段，则由承托双方另外商定。

运价也称为运价率，其本质上是递减的，但有时运价率随运距延长可以有不同的变化方式，或者随运距延长而不断降低，在近距离降低很快，远距离则降低较慢，超过一定距离可不再降低。或者是运价率在合理运距之内随运距增加而递减，而在合理运距之外随运距增加而递增、递减或不变等。运费与运距之间并不一定成比例关系。

按照不同的划分方法，运价可以分为不同的类型。如按照运价适用范围来分，运价可以分为国际运价、国内运价和地方运价；按运输适用的范围来分，运价可分为普通运价、特定运价和优待运价；按照货物托运数量来分，运价可以分为整车运价、零担运价和集装箱运价。

其中，普通运价是运价的基本形式；特定运价是根据运输成本和运价政策考虑制定的，是普通运价的一种补充形式，适用于一定货物、一定车型、一定地区和一定线路等的运输，比普通运价水平高一些或低一些，以限制或鼓励某种货物、某种条件下的运输。优待运价属于优待减价性质，货物优待运价适用于某些部门或有专门用途的货物，以及用于回程方向运输的货物和重去空回的容器等。旅客运输计费里程以公里为单位，尾数不足1公里，按1公里计费。下面简要介绍经常使用的几种货物运价类别。

(1) 基本运价。基本运价分为整批货物基本运价、零担货物基本运价和集装箱基本运价三种。整批货物基本运价指一整批普通货物在等级公路上运输的每吨公里运价。零担货物基本运价适用于零担普通货物在等级公路上的运输，按每千克公里计费。零担货物品种繁杂，车辆利用率低，中转次数多，因此其运价通常高于整车运价。适用于各类标准集装箱重箱在等级公路上的运输，按每箱公里计费。集装箱运输装卸方便，能降低作业费用，减少中转作业和商品损耗，从而提高运输效率，其运价一般低于零担运价而高于整车运价。

(2) 普通货物运价。普通货物分为一等货物、二等货物和三等货物3个等级，并实行分等计价。以一等货物为计价基础，二等货物加成15%，三等货物加成30%。

(3) 特种货物运价。包括长大笨重货物运价、危险货物运价和贵重、鲜活货物运价三种。长大笨重货物运价是根据货物的尺寸和重量，分为一级和二级。一级运价在整批货物基本运价的基础上加成40%~60%，二级运价加成60%~80%。危险货物运价同样分为一级和二级。一级运价在整批（或零担）货物基本运价的基础上加成60%~80%，二级运价加成40%~60%。贵重鲜活货物运价是在整批（或零担）货物基本运价的基础上加成40%~60%。这类货物由于其对时间和运输条件的高要求，通常会有更高的运价。

(4) 特种车辆运价。按车辆的不同用途，在基本运价的基础上加成计算。但如同时运用特种车辆运价和特种货物运价2个价目时，不得同时加成计算。

(5) 快运货物运价。快运货物通常指的是那些需要快速送达的货物，比如紧急补货、生鲜食品等。为了满足这种快速运输的需求，快运货物运价会根据计价类别在相应的基本运价基础上进行加成计算。快运货物运价的加成幅度通常取决于运输的速度要求、货物的性质以及市场的供需情况等因素。一般来说，速度要求越高，运价加成也会越大。

(6) 集装箱运价。标准集装箱重箱运价是根据不同规格的箱型所确定的基本运价来执行的。这种运价方式主要适用于标准尺寸的集装箱，其费率通常较为固定。标准集装箱空箱运价则是在标准集装箱重箱运价的基础上进行减成计算得出的。由于空箱运输不涉及货物的重量和体积，因此运价相对较低。非标准集装箱的运价计算则相对复杂。非标准集装箱重箱运价会根据不同规格的箱型，在标准集装箱基本运价的基础上进行加成计算。这是因为非标准集装箱的制造和运输成本通常较高。非标准集装箱空箱运价也是在非标准集装箱重箱运价的基础上进行减成计算。同样的，由于空箱运输的成本较低，因此运价也会相应减少。特种集装箱运价则更为特殊，它会在箱型基本运价的基础上，根据不同特种货物的加成幅度进行加成计算。这种运价方式主要用于运输那些需要特殊处理的货物，比如危险品、超大型货物等。

(7) 包车运价。包车运价按照不同的包用车辆分别制定。

(8) 非等级公路货物运价。非等级公路货物运价在整批（零担）货物基本运价的基础上加成10%~20%。

(9) 出入境汽车货物运价。出入境汽车货物运价按双边或多边出入境汽车运输协定，由两国或多国政府主管机关协商确定。

3.2.5　国际管道运输

管道运输（Pipeline Transport）是用管道作为运输工具的一种长距离输送液体和气体物资的运输方式，是一种专门由生产地向市场输送石油、煤和化学产品的运输方式，是统一运输网中干线运输的特殊组成部分。气动管（Pneumatic Tube）有时也可以做到类似工作，以压缩气体输送固体舱，而内里装着货物。管道运输石油产品比水运费用高，但仍然比铁路运输便宜。大部分管道都是被其所有者用来运输自有产品。

管道运输不仅运输量大、连续、迅速、经济、安全、可靠、平稳以及投资少、占地少、费用低，并可实现自动控制。除广泛用于石油、天然气的长距离运输外，还可运输矿石、煤炭、建材、化学品和粮食等。管道运输可省去水运或陆运的中转环节，缩短运输周期，降低运输成本，提高运输效率。当前管道运输的发展趋势为管道的口径不断增大，运输能力大幅度提高；管道的运距迅速增加；运输物资由石油、天然气、化工产品等流体逐渐扩展到煤炭、矿石等非流体。中国已建成大庆至秦皇岛、胜利油田至南京等多条原油管道运输线。

关于液体和气体的输送，那些化学性质稳定的物质均可通过管道进行运输。因此，不仅是废水、泥浆、水等常见的液体，甚至连啤酒这类饮品也可以利用管道进行传送。特别是在石油和天然气的运输中，管道的作用尤为关键。为确保管道的安全与顺畅运行，相关公司通常会定期对管道进行检查，并利用专门的管道检测仪进行必要的清洁工作。

在五大运输方式中，管道运输有着独特的优势。在建设上，与铁路、公路、航空相比，投资更少。中国交通运输协会的有关专家曾对石油的管道运输和铁路运输进行过对比计算，沿成品油主要流向建设一条长7000公里的管道，其所产生的社会综合经济效益，仅降低运输成本、节省动力消耗、减少运输中的损耗3项，每年就可以节约资金数10亿元左右；而且对于具有易燃特性的石油运输来说，管道运输更有着安全、密闭等特点。

在油气运输上，管道运输有其独特的优势，一是在于其平稳、不间断输送，对于现代化大生产来说，油田不停地生产，管道可以做到不停地运输，炼油化工工业可以不停地生产成品，满足国民经济需要；二是实现了安全运输，对于油气来说，汽车、火车运输均有很大的危险，国外称之为"活动炸弹"，而管道在地下密闭输送，具有极高的安全性；三是保质，管道在密闭状态下运输，油品不挥发，质量不受影响；四是经济，管道运输损耗少、运费低、占地少、污染低。

成品油作为易燃易爆的高危险性流体，最好的运输方式应该是管道输送。与其他运输方式相比，管道运输成品油有运输量大、劳动生产率高、建设周期短、投资少、占地少、运输损耗少、无"三废"排放、有利于环境生态保护、可全天候连续运输、安全性高、事故少，以及运输自动化、成本和能耗低等明显优势。

3.3 国际多式联运

3.3.1 集装箱运输

3.3.1.1 集装箱运输优越性

集装箱运输有以下优点:

(1) 装卸快速、方便,可减少码头上的搬运和船舱里的堆装等作业。同时,一台集装箱起重机的装卸速度,比一台普通起重机的装卸速度快 30 倍左右。

(2) 集装箱坚固,可减少运输过程中的包装破损率和装卸破损率,从而减少了保险费用。

(3) 包装简化,可省去用于一般货物运输的各种外包装材料,如木板,以及各种附属材料,如绳索、铁丝等,从而节省了包装费用。同时,包装的简化减少了货物的重量和体积,降低了运输费用。

(4) 由于集装箱运输装卸快速、方便,缩短了集装箱船停泊码头的时间。由于集装箱能堆垒装船,增大了货舱容量,从而提高了船舶的使用率。

3.3.1.2 集装箱种类与标准

集装箱的种类繁多,可以根据不同的标准进行分类。主要的分类方式及其对应的集装箱类型见表 3.2。

表 3.2 集 装 箱 分 类

分类方式	集 装 箱 类 型
按货种分类	杂货、散货、液体货、冷藏货集装箱等
按材料分类	木、钢、铝合金、玻璃钢、不锈钢集装箱等
按结构分类	折叠、固定式集装箱等。固定式集装箱还包括密闭、开顶、板架集装箱等
按重量分类	30 吨、20 吨、10 吨、5 吨、2.5 吨集装箱等

海上运输中常见的国际货运集装箱类型有以下几种:

1. 通用干货集装箱

通用干货集装箱也称为杂货集装箱,用来运输无须控制温度的件杂货。其使用范围极广。这种集装箱通常为封闭式,在一端或侧面设有箱门。这是平时最常用的集装箱,不受温度变化影响的各类固体散货、颗粒或粉末状的货物都可以用这种集装箱装运。

2. 保温集装箱

保温集装箱用于运输需要冷藏或保温的货物。所有箱壁都采用导热率低的隔热材料制成,可分为以下 3 种:

(1) 冷藏集装箱(Reefer Container)。以运输冷冻食品为主,能保持所定温度的保温集装箱。其专为运输鱼、肉、新鲜水果、蔬菜等食品而设计。

(2) 隔热集装箱。隔热集装箱是为载运水果、蔬菜等货物,防止温度上升过大，以保持货物鲜度而具有充分隔热结构的集装箱。通常用干冰做制冷剂，保温时间为 72 小时左右。

(3) 通风集装箱。通风集装箱为装运水果、蔬菜等不需要冷冻而具有呼吸作用的货物，在端壁和侧壁上设有通风孔的集装箱，若将通风口关闭，同样可以作为通用干货集装箱使用。

3. 罐式集装箱

罐式集装箱是专用以装运酒类、油类（如动植物油）、液体食品以及化学品等液体货物的集装箱。其还可以用于装运其他液体危险货物。这种集装箱有单罐和多罐数种，罐体四角由支柱、撑杆构成整体框架。

4. 散货集装箱

散货集装箱是一种密闭式集装箱，有玻璃钢制和钢制两种。前者由于侧壁强度较大，故一般装载麦芽和化学品等相对密度较大的散货，后者则用于装载相对密度较小的谷物。散货集装箱顶部的装货口应设水密性良好的盖，以防雨水浸入箱内。

5. 台架式集装箱

台架式集装箱是没有箱顶和侧壁，甚至连端壁也去掉而只有底板和 4 个角柱的集装箱。这种集装箱可以从前、后、左、右及上方进行装卸作业，适合装载长大件和重货件，如重型机械、钢材、钢管、木材、钢锭等。台架式集装箱没有水密性，怕水湿的货物不能装运或用帆布遮盖装运。

6. 平台集装箱

平台集装箱是在台架式集装箱上再简化而只保留底板的一种特殊结构集装箱。平台的长度与宽度与国际标准集装箱的箱底尺寸相同，可使用与其他集装箱相同的紧固件和起吊装置。这一集装箱的采用打破了过去一直认为集装箱必须具有一定容积的概念。

7. 敞顶集装箱

敞顶集装箱是一种没有刚性箱顶的集装箱，但有由可折叠式或可折式顶梁支撑的帆布、塑料布或涂塑布制成的顶篷，其他构件与通用干货集装箱类似。这种集装箱适于装载大型货物和重货，如钢铁、木材，特别是像玻璃板等易碎的重货，利用吊车从顶部吊入箱内不易损坏，而且也便于在箱内固定。

8. 汽车集装箱

汽车集装箱是一种运输小型轿车用的专用集装箱，其特点是在简易箱底上装一个钢制框架，通常没有箱壁（包括端壁和侧壁）。这种集装箱分为单层和双层两种。因为小轿车的高度为 1.35~1.45 米，若装在 8ft（ft 即英尺，1 英尺约等于 0.3048 米，8 英尺约为 2~4 米）的标准集装箱内，其容积要浪费 2/5 以上，因而出现了双层集装箱。这种双层集装箱的高度有 2 种，一种为 10.5 英尺（约 3.2 米）；另一种为 8.5 英尺高的 2 倍。因此，汽车集装箱一般不是国际标准集装箱。

9. 动物集装箱

动物集装箱是一种装运鸡、鸭、鹅等活家禽和牛、马、羊、猪等活家畜用的集装箱。为了遮蔽太阳，箱顶采用胶合板盖，侧面和端面都有用铝丝网制成的窗，以求有良好的通风。侧壁下方设有清扫口和排水口，并配有上下移动的拉门，可把垃圾清扫出去。另外，还应装有喂食口。动物集装箱在船上一般应装在甲板上，因为甲板处空气流通，便于清扫箱体和照顾动物。

10. 服装集装箱

服装集装箱的特点是在箱内上侧梁上装有许多根横杆，每根横杆上垂下若干条皮带扣、尼龙带扣或绳索，成衣利用衣架上的钩，直接挂在带扣的绳索上。这种服装装载法属于无包装运输，不仅节约了包装材料和包装费用，而且减少了人工劳动，提高了服装的运输质量。

3.3.1.3 适合集装箱运输的货物

适合集装箱运输的货物，是既方便于装箱，又能够经济运输的货物。这些货物按是否适合装箱具体包括以下分类情况：

（1）最适合装箱货。最适合装箱货指价值大、运价高、易损坏、易盗窃的商品。这些商品按其属性（指商品的尺寸、体积和质量）可有效地进行集装箱装箱。属于这一类商品的有针织品、酒、香烟及烟草、医药品、打字机、各种小型电器、光学仪器、各种家用电器等。

（2）适合装箱货。适合装箱货指价值较大、运价较高、不易损坏和被盗窃的商品，如纸浆、天花板、电线、电缆、面粉、生皮、碳晶、皮革、金属制品等。

（3）边际装箱货。边际装箱货又称临界装箱货或边缘装箱货，这种货物可用集装箱来装载，但其货价和运价都很低，用集装箱来运输，经济性差，而且该类货物的大小、质量、包装也难于集装箱化。属于这一类商品的有钢锭、生铁、原木、砖瓦等。

（4）不适合装箱货。不适合装箱货指那些从技术上看装箱有困难的货物，如原油和砂矿等不宜装箱运输，而采用专用运输工具运输可提高装卸效率，降低运输成本；又如桥梁、铁路、大型发电机等设备，由于其尺寸大大超过国际标准集装箱中最大尺寸的集装箱，故装箱有困难，但可以装在组合式的平台车上运载。

3.3.1.4 集装箱交接

集装箱交接是集装箱运输过程中的重要环节，其涉及到了发货人、承运人、收货人以及不同的运输节点之间的协调和配合。在集装箱运输中，整箱货和拼箱货在船货双方之间的交接方式有以下几种：

（1）门到门。托运人将集装箱在其货仓或工厂仓库装载完毕后，交给承运人验收。承运人负责全程运输，包括海运、陆运或联运等，直至将集装箱送达收货人的货仓或工厂仓库。这种交接方式减少了中间环节，提高了运输效率。

（2）门到场。托运人将集装箱在其货仓或工厂仓库装载完毕后交给承运人。承运人将集装箱运输至目的地或卸箱港的集装箱装卸区堆场，由收货人自行提取。

（3）门到站。托运人将集装箱在其货仓或工厂仓库装载完毕后交给承运人。承运人将集装箱运输至目的地或卸箱港的集装箱货运站，由货运站进行拆箱和分发。

（4）场到门。承运人在起运地或装箱港的集装箱装卸区堆场接收集装箱。承运人负责将集装箱运输至收货人的货仓或工厂仓库。

(5) 场到场。集装箱在起运地或装箱港的集装箱装卸区堆场进行交接。承运人将集装箱运输至目的地或卸箱港的集装箱装卸区堆场，由收货人或下一承运人提取。

(6) 场到站。承运人在起运地或装箱港的集装箱装卸区堆场接收集装箱。承运人将集装箱运输至目的地或卸箱港的集装箱货运站。

(7) 站到门。承运人在起运地或装箱港的集装箱货运站接收集装箱。承运人负责将集装箱运输至收货人的货仓或工厂仓库。

(8) 站到场。承运人在起运地或装箱港的集装箱货运站接收集装箱。承运人将集装箱运输至目的地或卸箱港的集装箱装卸区堆场。

(9) 站到站。集装箱在起运地或装箱港的集装箱货运站进行交接。承运人将集装箱运输至目的地或卸箱港的集装箱货运站，由收货人或下一承运人提取。

这些交接方式的选择取决于货物的性质、运输距离、成本效益以及各方的需求和偏好。在实际操作中，托运人、承运人和收货人需要根据具体情况协商确定最合适的交接方式，并确保交接过程的顺畅和安全。

3.3.1.5 集装箱运输检查与积载方式

装货前装箱人要对集装箱进行检查，这是货物安全运输的基本条件之一，发货人在领取空箱时，一定要确认集装箱的技术状态是否良好。

在装货前通过检查，发现集装箱内有无不良之处是比较容易的，但如装完货箱门铅封以后，再进行检查就比较困难，因为这时只能看到集装箱的外表情况。在运输过程中发货人、运输人和收货人之间集装箱的交接，一般是通过设备交接单这一书面文件来进行的，只要铅封未动，集装箱外表无异常现象，就可进行交接，在这种情况下，如箱内发生了货损事故，则由装箱人负责。因此，装货前装箱人一定要对集装箱进行周密细致的检查。在检查中如发现集装箱有损伤，或有不符合技术要求之处，则应与集装箱提供人协商调换集装箱，或对损伤处进行紧急修理，必须使集装箱完全符合技术要求以后才能装货。

检查集装箱时应注意如下问题：

1. 外部的检查

要仔细观察集装箱的外表面是否有损伤，比如弯曲、凹痕、摺痕或擦伤等。一旦发现这些痕迹，应在其周围区域进行更细致的检查，以确定是否有破口，并在受损部位的内侧也要进行仔细检查。

检查集装箱的连接部位。特别要注意外板连接处的铆钉，如果有松动或断裂的情况，可能会导致漏水问题。因此，这一环节的检查不容忽视。

箱顶也是需要重点关注的部分。要检查箱顶是否有气孔或其他损伤，因为箱顶积水时，如果存在破损，可能会导致货物受潮损坏。在检查过程中，往往容易忽略对箱顶的检查，因此需要特别留意。

对于已经进行过修理的部位，检查时要特别注意其现状。要仔细检查修理部位是否完好，是否存在漏水现象。

通过仔细检查集装箱的外部、连接部位、箱顶以及修理部位，可以确保集装箱的完好性和安全性，避免在运输过程中出现问题。

2. 内部的检查

人进入箱内，把箱门关闭起来，检查箱子有无漏光处，这样就能很容易地发现箱顶和箱壁四周有无气孔，箱门能否关闭严密，这是一种最简便的检查方法。

检查时要注意箱壁内衬板上有无水湿痕迹，如发现有水迹时，则在水迹四周要严加检查，必须追查产生水迹的原因。

箱壁或箱底板上如有钉或铆钉突出，或内衬板的压条有曲损时，应尽量设法除去或修补好，如无法除去或修补，应用衬垫物挡起来，以免损坏货物。

如箱底捻缝不良，则集装箱放在底盘车上在雨水中运行时，从路面上溅起来的泥水，会从底板的空隙中渗进箱内，污染货物，检查时也应注意。

3. 箱门的检查

要检查箱门能否顺利关闭，关闭后是否密封，门周围的密封垫是否紧密，能否保证水密，还要检查箱门把手的动作是否灵便，箱门能否完全锁上。

4. 附件的检查

要检查固定货物时用的系环、孔眼等附件安装状态是否良好，台架式集装箱上的立柱是否备齐，立柱插座有无变形，敞顶集装箱上的顶扩伸弓梁是否缺少，有否弯曲变形，还应把台架式集装箱和敞顶集装箱上使用的布篷打开，检查布篷有无孔洞和破损，安装用的索具是否完整无缺。

通风集装箱应检查其通风口能否顺利关闭，其储液柜和流液小孔是否畅通（指兽皮集装箱）。冷藏集装箱要检查通风管、通风口有否堵塞，箱底部通风轨是否通风畅通，通风口的关闭装置是否完善。

5. 清洁状态的检查

检查集装箱内有无垃圾、恶臭、生锈，是否有污脏，箱内是否潮湿。如果这些方面不符合要求，应向集装箱提供人提出调换集装箱，或进行清扫、除臭作业。如无法采取上述措施，则箱内要铺设衬垫或塑料薄膜等，以防止货物污损。

特别要注意的是，集装箱用水冲洗后，表面上看似已经干燥，但箱底板和内衬板里面却含有大量的水分，这是造成货物濡损的重要原因之一。另外，如箱内发现麦秆、草屑、昆虫等属于动植物检疫对象的残留物时，也必须把这些残留物彻底清除。

3.3.2 国际多式联运

3.3.2.1 国际多式联运概念与特征

1. 国际多式联运的概念

1980年发表的《联合国国际货物多式联运公约》规定，国际多式联运是指按照多式联运合同，以至少2种不同的运输方式，由多式联运经营人将货物从一国境内接管货物的地点运至另一国境内指定交付货物的地点。

2. 国际多式联运的特征

根据《联合国国际货物多式联运公约》的规定，并结合国际惯例，国际多式联运应具有以下特征：

（1）必须要有一个多式联运合同，明确规定多式联运经营人与托运人之间权利、义务、责任和豁免的合同关系和多式联运的性质。这一特征是区别于一般传统运输方式的重要依据。

（2）必须由一个多式联运经营人对货物运输全程负责。即在联运业务中，多式联运经营人对货主负有履行合同的责任，并承担自接管货物起至交付货物时止的全程运输责任，以及货物在运输途中因灭失、损坏或延迟交付所造成的损失负赔偿责任。

（3）必须使用一份全程多式联运单据，可以是多式联运提单或多式联运运单。它是用以证明多式联运合同以及证明多式联运经营人接管货物并负责按合同条款交付货物所签发的单据。

（4）实行全程单一的运费费率，并以包干形式一次性向货主收取。

（5）必须是至少两种运输方式的连贯运输。为履行单一方式运输合同而进行的该合同所规定的货物接送业务，不属于国际多式联运范畴，如海—海、陆—陆、空—空等同一种运输方式联合运输。

（6）必须是不同国家间的货物运输。这是区别于国内运输和是否适合国际法规的限制条件。

总之，国际多式联运具有一人、一票、一个费率、一次保险、两种及其以上运输方式和跨国运输等特点。

3.3.2.2 国际多式联运优越性

当前，集装箱多式联运已成为国际货物运输的主要发展方向，并且在全球范围得到迅速发展，是由于其与传统运输组织形式相比较具有突出的优越性，主要体现在以下几个方面：

（1）简化托运、结算及理赔等各项手续，明确责任，节省人力、物力资源。在国际多式联运中，不论运程多远，运输环节多少，沿途手续多么复杂，所有一切运输事项均由多式联运经营人负责办理，货主只需办理一次托运，订立一份运输合同，支付一笔运费，办理一次保险，就可将货物从起运地运到目的地，大大简化了运输与结算手续。此外，一旦货物在运输途中发生灭失、损坏或延迟交付等商务事故，由多式联运经营人对全程运输负责，货主只需与多式联运经营人交涉就可解决问题，而每一运输区段的实际承运人再分别在各自区段内对多式联运经营人负责。

（2）缩短货物运输时间，减少中间环节，既可提高运输质量又能降低库存。多式联运以集装箱为运输单元，可以实现门到门运输，即货物在托运人工厂或仓库装箱后，可直接运送至收货人的工厂或仓库。途中转运时使用专用机械设备装卸，且无需掏箱、装箱，减少了中间环节，因而货运发生货损、货差和被盗的可能性大为减少。此外，全程运输由专业人员组织，可做到各个运输环节和运输工具之间配合密切、衔接紧凑，货物中转及时，停留时间缩短，从而使货物运达速度大大加快，有效提高运输质量，从而从根本上保证了货物安全、迅速、准确、及时地运抵目的地，因而也相应地降低了货物的库存量和库存成本。

(3) 降低运输成本，节省各种费用支出。多式联运全程运输中各区段运输和各环节的衔接，是由多式联运经营人与各实际承运人订立分运合同和与各代理人订立委托合同来完成的。多式联运经营人通常与这些实际承运人和代理人订有长期协议，并可争取到优惠运价或较低的佣金。而且，多式联运经营人通过对运输路线的合理选择和运输方式的合理使用，都可以降低全程运输成本。在多式联运中，由于采用集装箱运输，可以简化甚至取消货物包装，节省货物包装费用。

(4) 提高运输组织管理水平，实现全过程运输合理化。传统运输组织形式下，各种运输方式的经营人各自为政、自成体系，缺乏统一性和协调性，因而其经营业务范围受到很大限制。而多式联运下，由于不同运输经营人共同参与，不仅可以改善不同运输方式之间的衔接工作和提高运输组织水平，而且各运输经营人以及其他与运输有关的行业及机构如仓储、港口、代理、保险、金融等通过参与多式联运，其经营的业务范围可大为拓展。在国际多式联运中，是由多式联运经营人组织全程运输的，作为专业人员，多式联运经营人能够选择最佳的运输路线，使用合理的运输方式，选择合适的承运人，实现最佳的运输衔接与配合，从而促进货物运输合理化的实现。

(5) 有利于政府加强行业监督，社会综合效益明显。多式联运有利于加强政府部门对整个货物运输链的监督与管理，保证本国在整个货物运输过程中获得较大的运费收入比例，有助于引进新的先进运输技术，减少外汇支出，改善本国基础设施的利用状况，通过国家的宏观调控与指导职能保证使用对环境破坏最小的运输方式达到保护本国生态环境的目的。

3.3.2.3 国际多式联运组织形式

国际多式联运是在集装箱运输的基础上产生和发展起来的，其组织形式多种多样，主要包括以下几种：

1. 海陆联运

海陆联运是国际多式联运的主要组织形式，也是远东、欧洲多式联运的主要组织形式之一。经营远东至欧洲的海陆联运业务的国际航运公司众多，其中包括三联国际货运有限公司、丹麦的马士基有限公司等班轮公会成员，以及非班轮公会的中国远洋运输公司、中国台湾长荣航运公司和德国那亚航运公司等。这些公司以航运为主体，签发联运提单，并与航线两端的内陆运输部门紧密合作，共同开展联运业务，与陆桥运输展开竞争。

2. 陆桥运输

陆桥运输是指利用横贯大陆的铁路（或公路）运输系统作为中间桥梁，把大陆两端的海洋运输连接起来的连贯运输方式。简而言之，就是用铁路或公路将两海岸边的港口连接起来，形成海陆联运的运输形式。陆桥运输在国际货物运输领域中是较为特殊的一种运输方式。其主要起到连接、补充、调剂海运的作用，可实现海运、陆运、空运等运输方式的结合和优势互补，从而达到简化手续、减少中间环节、缩短运输时间、降低运输成本、提高运输质量的目的。这种运输方式对于内陆地区与沿海地区的联系，以及国际间跨洋贸易运输的发展都起到了重要作用。目前，远东—欧洲的陆桥运输线路有以下几条：

（1）西伯利亚大陆桥。西伯利亚大陆桥是远东至欧洲陆桥运输的经典线路。货物从远东地区通过海运到达苏联远东沿海港口（如纳霍德卡和东方港等），然后经过西伯利亚大铁路等陆上交通系统，横跨亚欧大陆直达欧洲各国或沿海港口，再利用海运到达大西洋沿岸各地。

（2）北美大陆桥。北美大陆桥包括美国大陆桥运输和加拿大大陆桥运输。这条线路从远东出发，利用海路运输到北美西海岸，再经由横贯北美大陆的铁路线，陆运到北美东海岸，再经海路运输到欧洲。这是一种典型的"海—陆—海"运输结构。

（3）新亚欧大陆桥。新亚欧大陆桥也是一条重要的远东至欧洲陆桥运输线路。其连接了远东地区与欧洲的主要经济体，通过铁路和公路等陆上交通方式，为两地之间的贸易往来提供了便捷的通道。

这些陆桥运输线路不仅缩短了运输距离和时间，还降低了运输成本，促进了远东与欧洲之间的贸易往来。随着全球贸易的不断发展和物流技术的不断进步，这些陆桥运输线路将继续发挥重要作用，为国际贸易的繁荣做出更大贡献。

3. 海空联运

海空联运又被称为空桥运输。在运输组织方式上，海空联运与陆桥运输有所不同。海空联运在整个货运过程中使用的是同一个集装箱，不用换装，而空桥运输的货物通常要在航空港换入航空集装箱，但两者的目标是一致的，即以低费率提供快捷、可靠的运输服务。海空联运方式始于20世纪60年代，但到80年代才得到较大发展。采用这种运输方式的运输时间比全程海运少，运输费用比全程空运低。20世纪60年代，将货物在远东用船运至美国西海岸，再通过航空运至美国内陆地区或美国东海岸，从而出现了海空联运。这种联运组织形式以海运为主，只是最终交货运输区段由空运承担。苏联航空公司于1960年年底开辟了经南西伯利亚至欧洲的航空线，加拿大航空公司1968年参加了国际多式联运；20世纪80年代，出现了经由中国香港、新加坡、泰国等至欧洲的航空线。

3.4 国际货物运输保险

3.4.1 货物运输保险的意义与作用

3.4.1.1 货物运输保险的意义

国际贸易中，货物运输保险属于财产保险的范畴。因为路途遥远，一般情况下，国际货物都需要通过长途运输，货物在整个运输过程中，可能会遇到各种各样的意外事故或自然灾害，而使得货物遭受损失，货主为了转嫁货物在运输途中的风险，就需要办理各种各样的货物运输保险。

3.4.1.2 货物运输保险的作用

保险在对外贸易中的作用是巨大的，其大大地促进了国际贸易的发展。主要体

现在以下几个方面:

(1) 保险有助于受损货物或财产的迅速恢复。

(2) 保险有助于对外贸易企业经营活动的正常进行,由于保险可以把不定的损失转变为固定的费用,摊入经营成本之中,受损后又可以从保险公司得到补偿,因此不会因损失影响企业正常经营。

(3) 若保险在我国的保险公司进行,还可以为国家多挣外汇。

(4) 保险可以推动防灾防损工作。因为外贸企业受损后,保险公司要履行赔偿责任,保险公司为其自身利益,要监督外贸企业进行防灾防损。由此可见,保险公司对进出口货物提供保险,既推动了外贸事业的发展,又为国家挣得了外汇资金。

国际货物运输保险的种类很多,有海上货物运输保险、陆上货物运输保险、航空货物运输保险和邮包运输保险,其中以海上货物运输保险起源最早,历史最悠久。陆上、航空等货物运输保险都是在海上货物运输保险的基础上发展起来的,其基本原则、保险公司保障的范围等基本一致。因此,海上货物运输保险的业务知识较为重要。

3.4.2 国际货物运输保险实务

3.4.2.1 投保

保险人承担的保险责任,是以险别为依据的。在不同的险别下,保险人承担的责任范围不同,被保险货物在遭受损失时可能获得的补偿不同,保险费也不同。因此,投保时应选择适当的险别,既能使货物获得充分的保险保障,又能节省保险费的支出。在选择险别时,一般应考虑下列因素:

(1) 货物的性质和特点。不同性质和特点的货物,在运输途中可能遭到的损失不同,损失的程度也会有差别。因此,投保时应分析各种风险对货物的影响程度,以确定适当的险别。

(2) 货物的包装。货物的包装状况,特别是一些容易破损的货物,对商品致损的影响很大,选择险别时也要加以考虑。

(3) 运输路线及港口条件。海运中载货船舶的航行路线,对货物可能遭受的风险和损失有很大影响。如航线途经热带地区,则载货船舶通风不良就会增加货损;而在局势动荡不定,或在发生战争的海域航行,则货物遭受意外损失的可能性就自然增大。另外,由于不同港口在装卸设备、装卸能力及安全等方面有很大差异,装卸时发生货损货差的情况也就不同。

3.4.2.2 投保金额及保险费计算

1. 保险金额的确定

保险金额(Insured Amount)是指被保险人对保险标的的实际投保金额,是保险人承担赔偿责任的最高金额,也是保险人计算保险费的基础。

根据国际保险市场的习惯做法,保险金额一般都是按 CIF 价或 CIP 价发票金额再加一定的百分率,即投保加成。被保险人可以根据不同情况来确定投保加成的高低，但过高的加成率会造成保险人的误解而拒绝承保或大幅度增加保险费。

保险金额计算公式为

$$保险金额 = CIF（或CIP）价 \times 投保加成$$

我国的出口货物保险是逐笔投保的，保险金额按上述方法确定。进口货物保险则按与中国人民保险公司所签订的预约保险合同办理，保险金额以进口货物的CIF或CIP价为准，一般不计加成。如按FOB或CFR条件进口，则按特约保险费率和平均运费率直接计算保险金额。

按CFR进口时，得

$$保险金额 = FOB价 \times (1 + 平均运费率 + 特约保险费率)$$

按FOB进口时，得

$$保险金额 = FOB价 \times (1 + 平均运费率 + 特约保险费率)$$

2. 保险费计算

投保人承诺或实际支付保险费是保险合同生效的前提条件。保险人根据不同的货物、不同的险别和不同的目的地规定不同的费率。被保险人以保险标的的保险金额为基础，按所投保的所有险别的费率之和计算应付的保险费。其计算公式为

$$保险费 = 保险金额 \times 保险费率$$

在实际业务中，经常需要将CFR（CPT）价换算为CIF（CIP）价。其计算公式为

$$CIF（CIP） = \frac{CFR（CPT）}{1 - 投保加成 \times 保险费率}$$

由于此公式计算时既烦琐又费时，为了简化计算程序，中国人民保险公司制定了一份保险费率常用表，计算时只要将CFR（CPT）价格直接乘以表内所列常数，便可算出CIF（CIP）价格。

3.4.2.3 保险单据

保险单据是保险人与被保险人之间订立的保险合同的证明文件，既反映了保险人与被保险人之间的权利和义务关系，又是保险人的承保证明。在被保险货物遭受损失时，保险单据是被保险人索赔的法律依据。

1. 保险单

保险单俗称大保单，使用最为广泛。其内容除在正面载明当事人的名称和地址、保险标的、运输工具、保险险别、保险期限、保险币别和金额、开立保险单的日期和地点、赔款偿付地点等内容以外，在背面还列有保险公司的责任范围以及保险公司与被保险人双方各自的权利、义务等方面的详细条款。

2. 保险凭证

保险凭证俗称小保单，是保险单的简化格式。除其背面没有列入详细保险条款外，其余内容与保险单相同。保险凭证具有与保险单同样的法律效力。

3.4.2.4 保险索赔

被保险货物在保险期限内发生承保责任范围内的损失后，被保险人可向保险人提出索赔。索赔时被保险人应注意以下问题。

1. 索赔必备条件

索赔人必须拥有可保利益。虽然在货运保险中,不要求被保险人在订立合同时已经拥有可保利益,但在货物发生损失、被保险人提出索赔时必须拥有可保利益,否则就不能得到保险人的赔偿。

要求赔偿的损失,必须是承保责任范围内的风险所直接造成的。根据近因原则,保险人一般只对承保风险与货物损失之间有直接因果关系的损失负赔偿责任。

被保险人应采取一切必要措施防止损失扩大。按各国保险法或保险条款的规定,当被保险货物发生承保责任范围内的损失时,被保险人必须采取一切必要措施,防止损失进一步扩大。否则扩大部分的损失,保险人不负赔偿责任。

2. 索赔程序

(1) 发出货损通知,申请联合检验。被保险人收货时,如发现货物有短损情况,应尽可能保留现场,并及时通知保险人或其代理人申请联合检验。中国人民保险公司规定的通知期限为不超过保险责任终止之日起 10 天。逾期通知,保险公司有权拒绝受理。

(2) 向第三责任方提出索赔。如果被保险货物的损失是由于第三方原因所致,被保险人应首先向其索赔,只有在第三责任方拒绝赔偿、拖延理赔或赔偿不足时,才能向保险公司索赔。

(3) 备妥索赔文件。被保险人向保险人或其代理人提赔时,除以书面方式提出索赔申请、开列索赔清单外,还需提供下列文件:运输单据、保险单据、发票、装箱单、重量单、货损货差证明、检验证书、海事报告、施救费用和检验费用清单、向第三责任方索赔的来往函电及保险人要求的其他文件。

(4) 在规定的索赔时效内提出索赔要求。中国人民保险公司海洋运输货物保险条款规定的索赔时效为从被保险货物在目的港全部卸离海船后起算不超过两年,逾期则丧失索赔权利。

3.4.3 国际海洋货物运输保险保障范围

3.4.3.1 海上货运保险承保的风险

海运货物保险保障的风险是指保险人即保险公司承保的风险(Risks),主要包括海上风险和外来风险。

1. 海上风险

(1) 海上风险的概念。海上风险一般是指船舶或货物在海上航行中发生的或随附海上运输所发生的风险。在现代海上保险业务中保险人所承保的海上风险是有特定范围的,一方面它并不包括一切在海上发生的风险,另一方面它又不局限于航海中所发生的风险。按照国际海上保险的惯例,保险人承保的海上风险都在保险中明确地规定,保险人只负责由保单条款中列明的风险造成保险标的损失。由于保险人承保的每一项风险都是有特定含义的,因此正确理解各种海上风险的含义对判定损失原因、划分损失责任是非常重要的。

(2) 海上风险的分类。海洋货运保险承保的海上风险按性质的不同,可以分为自然灾害和意外事故两大类。从一般意义上讲，自然灾害是指不以人的意志为转移的自然界的力量所引起的灾害，是客观存在的、人力不可抗拒的灾害事故，是保险人承保的主要风险。但在海上货物运输保险业务中，保险人承保的自然灾害并不是泛指一切由于自然界力量引起的灾害事故。按照我国1981年1月1日修订的《海洋运输货物保险条款》的规定，保险人承保的自然灾害仅指恶劣气候、雷电、海啸、地震和洪水等人力不可抗拒的灾害。

1) 恶劣气候（Heavy Weather）。恶劣气候一般是指海上的飓风（8级以上的风）和大浪（3米以上的浪）引起的船体颠簸倾斜，并由此造成船体、船舶机器设备的损坏，或者由此而引起的船上所载货物的相互挤压、碰撞所导致的货物的破碎、渗漏、凹瘪等损失。

2) 雷电（Lightning）。海上货运保险承保的雷电风险是指货物在海上或陆上运输过程中由于雷电所直接造成的或者由于雷电引起的火灾所造成的货物的灭失和损害。

3) 海啸（Tsunami）。海啸是由地震或风暴所造成的海面的巨大涨落现象，按其成因可分为地震海啸和风暴海啸两种。地震海啸是伴随地震而形成的，即海底火山爆发或海岸附近地壳发生断裂，引起剧烈的震动而产生巨大波浪，致使被保险货物遭受损害或灭失。

4) 浪击落海（Washing Over Board）。浪击落海通常指存放在舱面上的货物在运输过程中受海浪的剧烈冲击而落海造成的损失。我国现行的《海运货物保险条款》的基本险条款不保此项风险，这项风险可以通过附加投保舱面险而获得保障。ICC（B）和ICC（A）均承保此项风险，但是投保人就甲板堆放的货物申请保险时，必须履行事先告知是甲板货的义务，并且缴纳加额保险费。

5) 洪水（Flood）。洪水是指因江河泛滥、山洪暴发、湖水上岸及倒灌或暴雨积水致使保险货物遭受泡损、淹没、冲散等损失。

6) 地震（Earthquake）。地震是指由于地壳发生急剧的自然变化，使地面发生震动、坍塌、地陷、地裂等造成的保险货物的损失。

7) 火山爆发（Volcanic Eruption）。火山爆发是指由火山爆发产生的地震以及喷发出的火山岩灰造成的保险货物的损失。这一风险是指由于海水、湖水和河水进入船舶等运输工具或储存处所造成的保险货物的损失。这一风险对储存处所的范围未加限定，可以理解为包括陆上一切永久性的或临时性的有顶棚的或露天的储存处所。

在以上解释的自然灾害中，洪水、地震、火山爆发以及海水、湖水或河水进入船舶、驳船等风险，实际上并非是真正发生在海上的风险，而是发生在内陆或陆海、海河以及海轮与驳船相连接之处的风险。但对海上货运保险来说，由于这些风险是随附海上航行而产生的，而且危害性往往很大，为了满足被保险人的实际需要，在海上货物运输保险的长期实践中，逐渐地把他们列入海上货运保险承保的风险范围之内。

意外事故（Accident）一般是指人或物体遭受到的外来的、突然的、非意料之中的事故。如船舶触礁、碰撞、飞机坠落、货物起火、爆炸等。但在海上保险中保险人承保的所谓意外事故并不是泛指海上发生的所有意外事故。按照我国1981年1月1日修订的《海洋运输货物保险条款》的规定，保险人承保的意外事故包括运输工具遭受搁浅、触礁、沉没、互撞与流冰或其他物体碰撞以及失火、爆炸等。在海上保险业务中，各种意外事故都有其特定的含义。

1) 火灾（Fire）。火灾是指由于意外、偶然发生的燃烧失去控制，蔓延扩大而造成的船舶和货物的损失。海上货物运输保险中不论是直接被火烧毁、烧焦、烧裂，或者间接被火熏黑、灼热或为救火而致损失，均属火灾风险。在海上货物运输中，火灾是最严重的风险之一。

货物在运输过程常因下列原因引起火灾：①由于闪电、雷击引起船、货火灾；②货物受海水浸湿温热而致起火；③船长、船员在航行中的过失引起火灾；④船舶遭遇海难后，在避难港修理，由于工作人员操作不当引起火灾，如电焊引起火灾。

凡因上述原因及其他不明原因所致的火灾损失，保险人均负责赔偿。但是，由于货物固有瑕疵或在不适当的情况下运送引起的货物自燃，则不属于保险人的承保责任范围。

2) 爆炸（Explosion）。爆炸一般是指物体内部发生急剧的分解或燃烧，迸发出大量气体和热量，致使物体本身及其周围的其他物体遭受猛烈破坏的现象。如船舶锅炉爆炸致使货物受损；货物自身因气候温度变化的影响产生化学作用引起爆炸而受损等。

3) 搁浅（Grounding）。搁浅指船舶在航行中，由于意外或异常的原因，船底与水下障碍物紧密接触，牢牢地被搁住，并且持续一定时间失去进退自由的状态。若船舶仅从障碍物上面或旁边擦过而并未被阻留，或船底与水下障碍物的接触不是偶然的或异常的原因造成的，如规律性的潮汐涨落而造成船舶搁浅在沙滩上，或为某种目的人为地将船舶搁浅在礁石或浅滩上造成的货物损失，则不能以搁浅的名义向保险人要求赔偿。

4) 触礁（Stranding）。触礁指船舶在航行中触及海中岩礁或其他障碍物如沉船、木桩和渔栅等，但仍能继续前进的一种意外事故。

5) 沉没（Sunk）。沉没指船舶因海水侵入，失去浮力，船体全部沉入水中，无法继续航行的状态，或虽未构成船体全部沉没，但已大大超过船舶规定的吃水标准，使应浮于水面的部分浸入水中无法继续航行，由此造成保险货物的损失，属沉没责任。如果船体只有部分浸入水中而仍能航行，则不能视为沉没。

6) 碰撞（Collision）。货物运输保险承保的碰撞风险是指载货船舶同水以外的外界物体，例如码头、船舶、灯塔、流冰等，发生猛力接触，因此造成船上货物的损失。若发生碰撞的是两艘船舶，则碰撞不仅会带来船体及货物的损失，还会产生碰撞的责任损失，碰撞是船舶在海上航行中的一项主要风险。但船只同海水的接触以及船只停泊在港口内与他船并排停靠码头旁边，因为波动相互挤擦，均不能作为碰撞。

7) 倾覆（Capsized）。倾覆指船舶在航行中遭受自然灾害或意外事故导致船体翻倒或倾斜，失去正常状态，非经施救不能继续航行，由此造成的保险货物的损失，属倾覆责任。

8）抛货（Jettison）。抛货指船舶在海中航行遭遇危难时，为了减轻船舶的载重，以避免全部受损，而将船上的货物或部分船上用具有意地抛入海中，这种行为即为抛货，因抛货带来的货物损失，属抛货责任。

9）吊索损害（Sling Loss）。吊索损害指被保险货物在起运港、卸货港或转运港进行装卸时，从吊钩上摔下而造成的货物损失。

10）陆上运输工具倾覆或出轨（Over Turning or Derailment of Land Conveyance）。陆上运输工具倾覆或出轨指海运保险货物在起运地从指定的发货人仓库到港口装船以及在目的港从卸离海轮到指定的收货人仓库之间陆上载货工具的倾覆或出轨。

11）海盗行为（Piracy）。《按照1981年海洋法公约》的规定，海盗行为是：①必须旨在扣留人或者掠夺财物的非法行为；②通过暴力或威胁手段达到目的；③并非出自某一官方或半官方的指令或默许而进行的对敌方的攻击；④须发生在沿海国家管辖范围以外的海域或上空。

12）船长、船员的不法行为（Barratry of Master and Mariner）。船长、船员的不法行为是指船长、船员背着船东或货主故意做出的有损于船东或货主利益的恶意行为。船长、船员的不法行为是海上货物运输过程中较为常见的一项风险。例如丢弃船舶、纵火焚烧或凿漏船体、违法走私造成船舶被扣押或没收，故意违反航行规则而遭受处罚等。但下列情况不包括在船长、船员的不法行为的概念之内：①船长、船员的不法行为事先为船主或货主所知悉并同意；②船长即系船东，不法行为所致损失由被保险人的故意行为造成。

在我国，此项风险属海运货物罢工险的承保范围。

2. 外来风险

外来风险是指海上风险以外的其他外来原因所造成的风险。货物运输保险中所指的外来风险必须是意外的、事先难以预料的风险，而不是必然发生的外来因素。例如，货物在运输过程中可能发生的玷污、串味而造成的损失；而货物的自然损耗和本质缺陷等属必然发生的损失，不包括在外来风险之内。在海上货运保险业务中，保险人对外来风险所造成的损失予以承保。外来风险可分为一般外来风险和特殊外来风险两类。

海上货运保险业务中，保险人承保的一般外来风险有以下几种：

（1）偷窃（Theft，Pilferage）。偷窃指整件货物或包装货物的一部分被人暗中窃取造成的损失。偷窃不包括公开的攻击性的劫夺。

（2）短少和提货不着（Short-Delivery & Non-Delivery）。短少和提货不着指货物在运输途中由于不明原因被遗失，造成货物未能运抵目的地，或运抵目的地时发现整件短少，没能交付给收货人的损失。

（3）渗漏（Leakage）。渗漏指流质或半流质的货物在运输途中因容器损坏而引起的损失。

（4）短量（Short Age in Weight）。短量指被保险货物在运输途中或货物到达目的地时发生的包装内货物数量短少或散装货物重量短缺的损失。

（5）碰损（Clashing）。碰损主要指金属和金属制品货物在运输途中因受震动、颠簸、碰撞和受压等而造成的凹瘪、变形的损失。

（6）破碎（Breakage）。破碎主要指易碎物品在运输途中因受震动、颠簸、碰撞、受压等而造成的破碎损失。

（7）钩损（Hook Damage）。钩损主要指袋装、捆装货物在装卸、搬运过程中因使用手钩、吊钩操作不当而致货物的损坏。

（8）淡水雨淋（Fresh and/or Rain Water Damage）。淡水雨淋指直接由于淡水、雨水以及冰雪融化造成货物的水渍损失。

（9）生锈（Rusting）。生锈是金属或金属制品的一种氧化过程。海运货物保险中承保的生锈，是指货物在装运时无生锈现象，在保险期内生锈造成的货物损失。

（10）玷污（Contamination）。玷污指货物同其他物质接触而受污染。例如，布匹、纸张、食物、服装等被油类或带色的物质污染造成的损失。

（11）受潮受热（Sweating and/or Heating）。受潮受热指由于气温变化或船上通风设备失灵而使船舱内水蒸气凝结，造成舱内货物发潮、发热的损失。

（12）串味（Taint of Odor）。串味指被保险货物受其他带异味货物的影响，引起串味造成的损失。

特殊外来风险是指由于军事、政治、国家政策法令以及行政措施等特殊外来原因所造成的风险。常见的特殊外来风险有战争、罢工、交货不到（例如货物在转船港口被有关当局扣留，不能运往目的地）和拒收（例如货物在进口国被有关当局拒绝进口或没收）等。

3.4.3.2 海上货运保险保障的海上损失

货物在海上运输过程中会面临着各种海上风险及外来风险。由于这些风险的客观存在，必然会给运输途中的货物造成各种损失，我们把货物在海上运输途中发生的损失称为海上损失。按照损失程度划分，海上损失可分为全部损失与部分损失。全部损失又分为实际全损和推定全损；部分损失又分为共同海损和单独海损。在海运货物保险中，保险人对由于海上风险和外来风险造成的损失予以承保。

1. 全部损失（Total Loss）

全部损失也称绝对全损，简称全损，指被保险货物由于承保风险造成的全部灭失或视同全部灭失的损害。

海运货物保险业务中，全损的概念不是以一艘船上载运的全部货物的完全灭失为划分标准，保险人对货运保险中全损范围的掌握，通常在条款中加以明确，国际上一般掌握的界限是：一张保单所保货物的完全损失；另一张保单上所保的分类货物的完全损失；装卸过程中一个整件货物的完全损失；在使用驳船装运货物时，一条驳船所载货物的完全损失；一张保险单下包括多张提单的货物，其中一张或几张提单货物的完全灭失。

（1）实际全损（Actual Total Loss, ATL）。

1) 实际全损的概念。实际全损就是保险标的在实际上完全灭失或损毁。我国《中华人民共和国海商法》（以下简称《海商法》）第二百四十五条对实际全损规定为：保险标的发生保险事故后灭失，或者受到严重损坏完全失去原有形体、效用，或者不能再归被保险人所拥有的。基于上述法律规定，实际全损可确定为 4 种情况：

a. 被保险货物的实体已经完全灭失。这项损失发生后，货物的实体已经不存在了，如货物遭遇火灾，被全部焚毁，船舶遇难，货物随同船舶沉入海底全部灭失，并且没有打捞的可能性。

b. 被保险货物遭到了严重损失，已丧失了原有的用途和价值。这项损失发生后，虽然货物的实体还存在，但已不具有其原有的商业用途，如水泥被海水浸泡变成水泥硬块，无法使用；茶叶被海水浸泡，丧失了茶叶的香味，不能再食用。

c. 被保险人对保险货物的所有权已无可挽回地被完全剥夺。这项损失发生后，虽然货物的实体还存在，并且没有丧失使用价值，这项损失发生后，对货主而言已丧失了对货物的所有权、使用权，而这种权利的丧失不可能再收回。如货物在航行中被海盗抢掠，虽然货物的实体没有受到任何损失，但货主却无法重新拥有货物。

d. 载货船舶失踪达到法定时间长度而无下落的。载货船舶出航后，不论任何原因同陆地失去了任何联系并达到规定的期限，例如我国《海商法》将这一期限规定为 2 个月，超过期限则可认为船舶发生了实际全损。

2) 实际全损的赔偿方法。被保险人在货物遭受了上述实际全损后，可按其保单的投保金额，获得保险人的全部损失的赔偿。

(2) 推定全损（Constructive Total Loss，CTL）。

1) 推定全损的概念。推定全损也称商业全损，是指被保险货物在海上运输途中遭遇承保风险之后，虽未达到完全灭失的状态，但是可以预见到它的全损将不可避免；或者为了避免全损，需要支付的抢救、修理费用加上继续将货物运抵目的地的费用之和将超过货物的保险价值或超过货物在目的地的价值。

在国际海上保险市场中，推定全损可确定为 4 种情况。

a. 保险标的损失严重，构成实际全损已无法避免。

b. 为了防止保险标的实际全损而需要支付的费用（如施救费用，救助费用等），将超过保险标的价值。

c. 被保险货物受损后，修复费用、整理费用以及续运到目的地的费用，将超过其到达目的地的价值。

d. 保险标的遭受保险事故，使被保险人丧失了对其享有的所有权，而收回该所有权所需费用，将超过保险标的价值。

2) 推定全损的损失赔偿方法。

a. 按全损赔偿。按照海上保险的国际惯例，如果被保险人想获得全损赔偿，他必须无条件地把受损的保险货物委付给保险人。所谓委付（Abandonment）是指被保险人在保险货物遭受到严重损失，处于推定全损状态时，向保险人声明愿意将保险货物的一切权利（包括财产权及一切由此而产生的权利与义务）转让给保险人，而要求保险人按货物全损给予赔偿的一种特殊的索赔方式。

委付的具体操作方法是：

①当保险货物遭受到严重损失后，被保险人应立即以书面或口头方式向保险人发出委付通知（Notice of Abandonment）。这样做一方面向保险人表示其希望转移货物所有权并获得全损赔偿的愿望；另一方面便于保险人在必要时能及时采取措施，避免全损或尽量减少被保险货物的损失。

②保险人一旦接到被保险人的委付通知，应立即通知被保险人采取必要的减少损失措施，并着手调查造成货物损失的原因及货物的损失程度。按照国际惯例，保险人原则上不接受被保险人的委付申请，因为委付申请一经接受便不能撤销，并须承担因接受委付申请而产生的一切法律责任。接受委付就意味着保险人同意接受保险货物的所有权及因所有权而产生的其他一切权利及义务。

③经过保险人对受损保险标的损失原因及损失程度的调查，确认损失系保单承保风险造成并且损失程度严重，可以构成推定全损后，保险人有两种选择，一是接受委付并对被保险人按全损进行赔偿。在这种情况下，保险人将取得受损保险标的的一切权利及义务，并有权获得因处置残余的保险货物而得到的全部处理收益，即使处理收益大于其赔付给被保险人的赔款也是可以的；二是不接受委付，但仍对被保险人按全损赔付，在这种情况下，受损保险货物的一切权益仍归被保险人。根据我国海商法的规定，对于被保险人所提出的委付要求，保险人无论是否接受，他都应在合理的时间内做出决定并通知被保险人。

b. 按实际损失赔偿。对于经保险调查确认损失程度不严重，不能构成推定全损的委付申请，保险人将按照保险标的实际损失情况，向被保险人履行赔偿责任。另外，对于可以推定全损的严重货损，若被保险人根本没有向保险人发出委付申请，保险人对这项损失只能按货物的实际损失赔偿。

2. 部分损失（Partial Loss）

部分损失指由保单承保风险直接造成的保险标的物的没有达到全部损失程度的一种损失。按照损失的性质来划分，部分损失可以分为共同海损和单独海损。

（1）共同海损（General Average）。

1）共同海损的概念。共同海损是指载货运输的船舶，在海上运输途中遭遇自然灾害、意外事故或其他特殊情况，使航行中的船东、货主及承运人的共同安全受到威胁，为了解除共同危险，维护各方的共同利益并使航程继续完成，由船方有意识地采取合理的抢救措施所直接造成的某些特殊的货物共同海损牺牲。共同海损的损失包括共同海损牺牲和共同海损费用。

共同海损牺牲是指共同海损措施所造成的船舶或货物本身的灭失或损坏，常见的共同海损牺牲项目有：

a. 抛弃：指抛弃船上载运的货物或船舶物料。

b. 救火：为扑灭船上的火灾，向货舱内灌浇海水、淡水、化学灭火剂造成舱内货物或船舶的损失。

c. 自动搁浅：为了共同安全，采取紧急的人为搁浅措施造成船舶或货物的损失。

d. 起浮脱浅：船舶因海上自然灾害或意外事故造成搁浅后，处于危险之中，为了共同安全，采取紧急措施起浮脱浅而造成船舶和货物的损失，牺牲或支出的额外费用。

e. 船舶在避难港卸货、重装或倒移货物、燃料或物料，这些操作造成船舶和货物的损失。

f. 将船上货物或船舶物料当作燃料，以保证船舶继续航行。

g. 割断锚链：为避免发生碰撞等紧急事故，停泊的船舶来不及进行正常起锚，有意识地砍断锚链、丢弃锚具，以便船舶启动，由此造成的断链弃锚损失。

共同海损费用是指由船方采取共同海损措施而支付的额外费用。常见的共同海损费用有：

a. 避难港费用：指船舶在航行途中发生了严重的危险不能继续航行，必须立即驶入避难港修理，由此导致的驶往及驶离避难港费用，驶往和停留避难港口期间合理的船员工资、给养和燃料物料费用，卸载、重装或倒移船上货物、燃料和物料的费用，为安全完成航程修理船舶的费用。

b. 杂项费用：指与处理共同海损有关的费用，包括共同海损损失检验费、船舶在避难港的代理费、电报费、船东检修人员的费用、船东或承运人垫付的共同海损费用的利息和手续费、共同海损理算费用等。

2) 构成共同海损的条件。按照国际航运的惯例，船舶在航行中一旦发生了共同海损，则这项损失由获救的所有利益方共同分摊。鉴于共同海损牺牲及共同海损费用是由大家共同分摊的，因此，人们要求分摊的共同海损应公平、公正、合理。按照世界各国关于共同海损理算规则的规定，构成共同海损牺牲和共同海损费用必须符合下列条件：

a. 导致共同海损的危险必须是真实存在的或不可避免出现的，并且危及船舶与货物的共同安全。

b. 共同海损的措施必须是为了解除船、货的共同危险，人为地、有意识地采取的合理措施。

c. 共同海损的牺牲是特殊性质的，费用损失必须是额外支付的。

d. 共同海损的损失必须是共同海损措施的直接的、合理的后果。

e. 造成共同海损损失的共同海损措施最终必须有效。

以上各项是构成共同海损所必须具备的全部条件，这些条件是一个统一整体，缺一不可。之所以严格地规定构成共同海损的条件，就是为了避免船方将由于自己的责任造成的货物损失，及在航行中船方应承担的正常的费用支出列为共同海损的分摊项目。

3) 共同海损的分摊。采取共同海损措施而产生的货物牺牲和额外费用，应当由获得利益的各关系方按比例分摊。共同海损分摊的基础是同一航程遇难船舶上的所有货方和船东的受益财产在目的港或航程终止港的价值总和。遭受共同海损牺牲的货方与支出共同海损费用的船东或承运人，一方面从分摊方获得损失补偿，另一方面也要与其他分摊方在同一基础上参与本身损失的分摊。

（2）单独海损（Particular Average）。单独海损是指在海上运输中，由于保单承保风险直接导致的船舶或货物本身的部分损失。例如，某公司出口核桃仁100公吨，在海运途中遭受暴风雨，海水浸入舱内，核桃仁受水泡变质，这种损失只是使该公司一家的利益遭受影响，跟同船所装的其他货物的货主和船东利益并没有什么关系，因而属于单独海损。

对于保单承保风险造成的保险标的的部分损失，保险公司怎样赔偿要视保单上的具体规定，按照海上保险惯例，保险人对部分损失的赔偿常采用以下几种方式：

1) 对于部分损失绝对不予赔偿，即部分损失免赔，这种规定常用于海上船舶保险。

2) 对于部分损失给予赔偿（相对免赔），但对未达到约定金额或百分比的部分损失不赔，而对已达到或超过约定金额或百分比的部分损失，全部给予赔偿，即按实际损失额赔偿，这种做法就是相对免赔额的规定。国际海洋货运保险关于部分损失赔偿的规定一般均采取此种做法。

3) 对于部分损失给予赔偿（绝对免赔），但对于没有超过约定的金额或百分比的部分损失不赔，保险人只赔偿超过约定金额或百分比的部分损失，这种做法就是绝对免赔额的规定。我国海洋货运保险对易损货物的部分损失一般采用绝对免赔额的做法。

4) 对部分损失的赔偿无任何限制，只要是保单承保风险造成的，保险公司就给予赔偿。对于货物损失规定免赔额或免赔率的做法只对部分损失适用，而对全损则没有免赔的规定，这是国际惯例。原因是一些易损货物往往由于货物固有的特性造成一定的损失，这种损失按保险条款的规定，属于责任范围之外。而货物由于保单承保风险造成了部分损失，保险公司又应予以赔偿，因此当易损货物发生了部分损失，而又很难划分保单承保风险与货物本身特性造成损失的责任比例时，保险人通常采用绝对免赔额或相对免赔额的做法来解决这个矛盾，免赔的部分可以理解为是由货物本身特性造成的损失。

3.4.3.3 海上货运保险承担的费用损失

海上货运保险承保的各项风险一旦发生，不仅会造成航行中的船舶及船上所载货物本身的损失，还会带来费用损失，这种费用损失称为海上费用。海上运输货物保险承担的费用损失主要有施救费用、救助费用等。

1. 施救费用

（1）施救费用的概念。施救费用是指保险标的在遭遇保险责任范围内的灾害事故时，被保险人或其代理人、雇用人及受让人根据保险合同中施救条款的规定，为了避免或减少保险标的的损失，采取各种抢救与防护措施而支出的合理费用。

（2）施救条款。为了鼓励被保险人对受损的保险标的采取积极的抢救措施，减少灾害事故对被保险货物的损坏和影响，防止损失的进一步扩大，减少保险赔款的支出，我国和世界其他各国的保险法规及保险条款一般都规定，保险人对被保险人所支出的施救费用承担赔偿责任，赔偿金额以不超过该批被救货物的保险金额为限。

（3）构成施救费用的条件。鉴于施救费用的特殊性，保险人在对施救费用进行赔偿时，对一项费用是否为施救费用有严格的限制，一般而言，保险赔偿的施救费用必须符合下列条件：

1) 对保险标的进行施救必须是被保险人或其代理人或受让人，其目的是减少保险标的遭受的损失，其他人采取此项措施必须是受被保险人委托，否则不视为施救费用。

2) 保险标的遭受的损失必须是保单承保风险造成的，否则，被保险人对保险标的进行抢救所支出的费用，保险人不予承担责任，支出的费用也不能视为施救费用。

3) 施救费用的支出必须是合理的，一般认为施救费用的支出不应超过保险金额，超过的部分则视为不合理。

被保险人采取施救措施所花费用必须是为减少保险人赔偿的损失，如果被保险人所采取的措施或支付的费用仅为了本身的方便或本身的利益，则不得视为施救费用。即使发生的费用是为了避免和减少保险标的的损失，只要这种损失可归属于共同海损损失分摊或为救助费用，则不能作为施救费用提出索赔。值得注意的是，当保险标的发生灭失或灾难时，被保险人及其雇用人或代理人按照保险人的指令，采取抢救措施而支出的费用，无论抢救措施是否成功，保险人都要承担该项费用损失。

2. 救助费用

（1）救助费用的概念。救助费用指船舶和货物在海上航行中遭遇保险承保责任范围内的灾害事故时，由保险人和被保险人以外的第三者自愿采取救助措施，并成功地使遇难船舶和货物脱离险情，由被救的船方和货主方支付给救助方的报酬。

（2）救助费用的特点。海上保险人负责赔偿的救助费用指载货船舶在航行中遭遇海难时，由独立于保险合同以外的第三者前来救助并获得成功后，遵循"无效果、无报酬"原则，由载货船舶的承运人支付给救助方的那一部分救助报酬。在多数情况下，救助报酬是为船、货各方的共同安全而支付的，属于船舶正常航行以外的费用，救助费用作为共同海损性质的费用，由受益的船、货各方共同分摊。根据船舶保险条款及海洋货运保险条款的规定，船方和货主方分摊的救助费用部分可以向保险人索赔。

3.4.4 中国海洋运输货物保险条款

为了适应我国对外经济贸易不断发展的需要，中国人民保险公司根据我国保险业务的实际情况，并参照国际保险市场的习惯做法，制定了各种保险业务条款，总称为中国保险条款（China Insurance Clauses，CIC）。货物运输保险条款是其重要组成部分，主要包括海洋、陆上、航空及邮包等不同运输方式的货物保险条款，以及各种附加险条款。我国现行的《海洋运输货物保险条款》（*Ocean Marine Cargo Clause*）是由中国人民保险公司于1981年1月1日修订实施的，险别可分为基本险、附加险及一切险三大类。基本险是指可以独立投保的险种；附加险不能单独投保，必须是在投保了基本险的情况下才可以投保；一切险可以单独承保，但只适用于特定的货物运输。每一险别一般都包括责任范围、除外责任、保险期限、被保险人义务和索赔期限等内容。

3.4.4.1 基本险

基本险亦称主险,所承保的主要是自然灾害、意外事故所造成的货物损失或费用。国海洋运输货物保险的基本险分平安险、水渍险和一切险3种。

1. 平安险（Free From Particular Average，FPA）责任范围

（1）被保险货物在运输途中由于恶劣气候、雷电、海啸、地震、洪水等自然灾害造成整批货物的全部损失或推定全损。

（2）由于运输工具遭受搁浅、触礁、沉没、互撞、流冰或与其他物体碰撞以及失火、爆炸意外事故造成货物的全部或部分损失。

（3）在运输工具已经发生搁浅、触礁、沉没和焚毁意外事故的情况下,货物在此前后又在海上遭受恶劣气候、雷电、海啸等自然灾害所造成的全部或部分损失。

（4）在装卸或转运时由于一件或数件整件货物落海造成的全部或部分损失。

（5）被保险人对遭受承保责任范围内危险的货物采取抢救、防止或减少货损措施而支付的合理费用,但以不超过该批被救货物的保险金额为限。

（6）运输工具遭遇海难后,在避难港由于卸货所引起的损失,以及在中途港、避难港,由于卸货、存仓以及运送货物所产生的特别费用。

（7）共同海损的牺牲、分摊和救助费用。

（8）运输契约订有船舶互撞责任条款,根据该条款的规定应由货方偿还船方的损失。由于平安险是海上货物运输保险中责任最小的一种险别,故在保险业务中的使用较少。一般多适用于大宗、低值、粗糙、无包装的货物,如废铁、木材、矿砂等的海上运输。

2. 水渍险（With Particular Average，WA 或 WPA）责任范围

（1）平安险所承保的全部责任。

（2）被保险货物在运输途中,由于恶劣气候、雷电、海啸、地震、洪水等自然灾害所造成的部分损失;水渍险一般适用于不易损坏或不因生锈而影响使用的货物,如五金材料、旧的汽车、机械、机床、散装金属原料等。

3. 一切险（All Risks）责任范围

一切险是海上货物运输保险中承保范围最大的一种基本险别。其责任范围包括平安险和水渍险的保险责任,还负责被保险货物在运输途中由于一般外来原因所造成的全部或部分损失。因此,一切险是平安险、水渍险和一般附加险的总和。一切险的承保责任也是有其特定范围的,它指保险单列明的一切风险,而并不是一般概念的一切风险损失均予负责。对于一些不可避免的、必然发生的风险所造成的损失,如货物的内在缺陷和自然损耗所致损失,以及运输延迟、战争和罢工等所致损失,保险人均不负赔偿的责任。由于一切险的承保责任范围是三种基本险中最广泛的一种,因而适宜于价值高、可遭受损失因素较多的货物投保。

4. 除外责任

我国现行的《海洋运输货物保险条款》对于除外责任的规定,主要是参考了英

国《1906年海上保险法》的有关除外责任的规定。基本险的除外责任有以下5项：

(1) 被保险人的故意行为或过失所造成的损失。

(2) 属于发货人责任引起的损失。

(3) 在保险责任开始前，被保险货物已经存在的品质不良或数量短差所造成的损失。

(4) 货物的自然损耗、本质缺陷、特性以及市价跌落、运输迟延所引起的损失或费用。

(5) 战争险和罢工险条款规定的责任范围和除外责任。

5. 责任起讫

责任起讫亦称保险期间或保险期限，是指保险人承担责任的起讫时限。根据中国人民保险公司《海洋运输货物保险条款》规定，基本险的承保责任起讫均采用仓至仓条款。仓至仓条款（Warehouse to Warehouse Clause）是指保险人对被保险货物所承担的保险责任，从货物运离保险单所载明的起运地发货人仓库或储存处所开始运输时生效，直至该项货物运到保险单所载明的目的港（地）收货人的最后仓库或储存处所时为止。当被保险货物进入收货人仓库时，保险责任即告终止；若发生以下3种情况，保险责任也终止。

(1) 如果货物从卸货港卸离海轮起满60天仍未运抵收货人仓库，保险责任亦告终止。

(2) 如果在上述60天内被保险货物需转运到非保险单所载明的目的地时，则该项货物开始转运时保险责任终止。

(3) 被保险货物在运抵保险单所载明的目的地以前的某一仓库或储存处所而进行分配、分派时，则该仓库或储存处所视为被保险人的最后仓库，保险责任在货物运抵该仓库或处所时终止。

在海上运输过程中，当出现由于被保险人无法控制的运输延迟、绕道、被迫卸货、重新装载、转载，或承运人运用运输契约赋予的权限作任何航海上的变更或终止运输合同，致使被保险货物运到非保险单所载明的目的地时，在被保险人及时通知保险人，并在必要时加保，缴纳一定保险费的情况下，保险人可继续承担责任。

6. 索赔期限

索赔期限亦称索赔时效，是被保险货物发生保险责任范围内的风险与损失时，被保险人向保险人提出索赔的有效期限。中国人民保险公司《海洋运输货物保险条款》规定索赔期限为两年，自被保险货物运抵目的港全部卸离海轮之日起计算。值得注意的是，如果货物属于保险责任范围，又涉及船方或其他第三者责任方的索赔，被保险人必须在有关责任方规定的有效期限内办理索赔。否则，因被保险人疏忽或其他原因逾期而丧失向有关责任方索赔权益时，应由被保险人自己承担责任，保险人不予赔偿。例如，按照国际运输的习惯做法，收货人向承运人索赔的期限一般规定为交货日起一年内有效。被保险人必须在这个期限到达之前向保险人提出索赔，或者要求承运人延长索赔时效，如果被保险人没有做到这一点，保险人便不负赔偿的责任。

3.4.4.2 附加险

随着国际贸易和世界海运业的发展，海上货物运输可能遇到的风险日益增加，于是，被保险人为了谋求更大范围的保险保障，便要求保险除了按基本险别条款承保一般风险外，还要承保一些特殊风险，附加于基本险，构成附加险。可见，附加险是基本险责任的扩展，被保险人对其不能单独投保，而必须加保。附加险表现为附属保险单，就是由保险人在保险单上加批注或另纸加贴附加险条款。我国《中国保险条款》将附加险分为一般附加险、特别附加险和特殊附加险3类。

1. 一般附加险（General Additional Risks）

目前中国人民保险公司承保的一般附加险主要有下列11种。

（1）偷窃、提货不着险（Theft Pilferage and Non-delivery，TPND）。主要承保在保险有效期内，被保险货物被偷走或窃取以及货物抵达目的地后整件未交的损失。但是，被保险人对于偷窃行为所致的货物损失，必须在提货后10天内申请检验；而对于整件提货不着，被保险人必须取得责任方的有关证明文件，保险人才予以赔偿。

（2）淡水雨淋险（Fresh Water and/or Rain Damage，FWRD）。承保货物在运输途中由于淡水或雨水造成的损失，包括船上淡水舱、水管漏水以及舱汗造成的货物损失。保险人承担赔偿责任，要求被保险人必须在发生损失后的10天内申请检验，并要用外包装痕迹或其他证明为依据。

（3）短量险（Risk of Shortage）。承保货物在运输过程中因外包装破裂、破口、扯缝造成货物数量短缺或重量短少的损失。对散装货物通常均以装船重量和卸船重量作为货物短少的依据（但不包括正常的途耗）。

（4）混杂、玷污险（Risk of Intermixture and Contamination）。混杂、玷污险是被保险货物在运输过程中因混进杂质或被污染所引起的损失，如矿砂、矿石混进泥土，或棉布、服装、纸张被油类或带色的物质污染等。在这一险别下，上述混杂、玷污损失均由保险人负赔偿责任。

（5）渗漏险（Risk of Leakage）。承保流质、半流质、油类等货物，由于容器损坏而引起的渗漏损失；或因液体外流而引起的用液体盛装的货物（如罐头食品、酱菜等）的变质、腐烂所致的损失。

（6）碰损、破碎险（Risk of Clash and Breakage）。该附加险对于被保险货物在运输过程中，因震动、碰撞、受压造成的碰损和破碎损失负责赔偿。其不同于平安险、水渍险中承保的自然灾害或运输工具遭受意外事故所引起的货物破碎或碰撞损失，而是指因在运输途中受到震动、颠簸、挤压等造成货物本身凹瘪、脱瓷、脱漆、划痕等损失，或者易碎性货物因装卸粗鲁、运输工具的震动导致货物破裂、断碎的损失。

（7）串味险（Risk of Odor）。承保货物在运输过程中，因受其他带异味货物的影响造成串味的损失，例如在运输过程中把茶叶、饼干与樟脑堆放在一起，樟脑串味导致上述货物造成损失。但这种串味损失如果同配载不当直接有关，则船方负有责任，应向其追偿。

(8) 钩损险（Hook Damage）。承保袋装、捆装货物在装卸或搬运过程中，由于装卸或搬运人员操作不当，使用钩子将包装钩坏而造成货物的损失。

(9) 受潮受热险（Damage Caused by Sweating and Heating）。承保货物在运输过程中，由于气温突然变化或船上通风设备失灵，使船舱内的水蒸气凝结而引起货物受潮或由于温度增高使货物发生变质的损失。

(10) 包装破损险（Breakage of Packing）。承保货物在运输过程中因包装破裂造成短少、玷污等损失，此外，对于在运输过程中，为了续运安全需要而产生的修补包装、调换包装所支付的费用，也予负责。由于包装破裂造成的损失从其他附加险的责任中可以得到保障，因此，这一险别主要是补偿由于修补或调换包装的损失。

(11) 锈损险（Risk of Rust）。承保金属或金属制品一类货物，在运输过程中因生锈造成的损失。由于裸装的金属板、块、条、管等货物在运输过程中难免都会发生锈损，因而保险公司对此类货物一般不愿承保。

以上 11 种一般附加险可供平安险或水渍险选择时作为加保选项。但在基本险为一切险时则不需要另外加保，因为一切险的责任范围已包括上述 11 种附加险所承保的风险。

2. 特别附加险（Special Additional Risks）

特别附加险是以导致货损的某些政治风险作为承保对象的，因而，这些特别附加险不包括在一切险范围内。不论被保险人投保平安险、水渍险、还是一切险，要想获取保险人对政治风险的保险保障，必须与保险人特别约定，经保险人特别同意，否则，保险人对此不承担保险责任。

特别附加险主要有以下 5 种。

(1) 交货不到险（Failure to Delivery）。交货不到险的承保责任是被保险货物从装上船时开始，如果在预定抵达日期起满 6 个月仍不能运到原定的目的地交货，则不论何种原因，保险公司均按全部损失赔付。交货不到同一般附加险中的提货不着不同，其往往不是承运人运输上的原因，而是某些政治因素引起的。例如，由于禁运，被保险货物被迫在中途卸货造成损失。

(2) 进口关税险（Import Duty Risk）。该附加险承保的是被保险货物受损后，仍需在目的港按完好货物交纳进口关税而造成相应货损部分的关税损失。但保险人对此承担赔偿责任的条件是货物遭受的损失必须是保险单承保责任范围内的原因造成的。进口关税险的保险金额应根据本国进口税率确定，并与货物的保险金额分开，在保险单上另行列出。而保险人在损失发生后，对关税损失部分的赔付以保险金额为限。投保进口关税险，往往是针对某些国家规定进口货物不论是否短少、残损，均须按完好价值纳税而适用的。

(3) 舱面货物险（On Deck Risk）。该附加险承保装载于舱面的货物被抛弃或因风浪冲击落水所致的损失。有些货物由于体积大、有毒性、有污染性或者易燃、易爆等，根据航运习惯必须装舱面上，舱面险就是为了对这类货物的损失进行经济补偿而设立的附加险别。

加保该附加险后，保险人除了按原保险单承保的责任范围承担保险责任外，还要对舱面货物被抛弃或用风浪冲击落水造成的损失予以赔偿。但由于舱面货物处于暴露状态,易受损害,所以,保险人通常只是在平安险的基础上加保舱面货物险,以免责任过大。

随着现代航运技术的发展,海运货物越来越多地使用集装箱和集装箱船装运。由于专用集装箱船舶一般都设备优良,抗击海浪袭击的能力强,集装箱货物装于舱面与舱内的区别不大,因而订有货物可能装于舱面的集装箱货物提单已在目前国际贸易中被普遍接受。银行在办理结汇时,已把这种提单视同清洁提单而予以接受。在目前保险业务中,保险人也已把集装箱舱面货物视同舱内货物承保。

(4) 拒收险 (Rejection Risk)。拒收险的保险责任是货物在进口时,由于各种原因,被进口国的有关当局拒绝进口或没收所造成的损失,保险人负赔偿责任。但投保拒收险的条件是被保险人在投保时必须持有进口所需的一切手续(特许证或许可证或进口限额)。如果被保险货物在起运后至抵达进口港之前的期间内,进口国宣布禁运或禁止进口的,保险人只负责赔偿将该货物运回出口国或转运到其他目的地所增加的运费,且以该货物的保险价值为限。

同时,拒收险条款还规定,被保险人所投保的货物在生产、质量、包装、商品检验等方面,必须符合产地国和进口国的有关规定。如果因被保险货物的记载错误、商标或生产标志错误、贸易合同或其他文件存在错误或遗漏、违反产地国政府或有关当局关于出品货物规定而引起的损失,保险人概不承担保险责任。

投保拒收险的货物主要是食品、饮料、药品等与人体健康有关的货物。

(5) 黄曲霉素险 (Aflatoxin Risk)。该附加险实质上是一种特定原因的拒收险,即承保被保险货物(主要是花生)在进口港或进口地经卫生当局检验证明,其所含黄曲霉毒素超过进口国限制标准,而被拒绝进口、没收或强制改变用途所造成的损失。按该险条款规定,经保险人要求,被保险人有责任处理被拒绝进口或强制改变用途的货物或者申请仲裁。

3. 特殊附加险 (Specific Additional Risks)

战争险和罢工险是当前国际海上保险中普遍适用的特殊附加险。

(1) 战争险 (Ocean Marine Cargo War Risk)。根据中国人民保险公司《海洋运输货物战争险条款》规定,海洋运输货物战争险的责任范围有:

1) 直接由于战争、类似战争行为和敌对行为、武装冲突或海盗劫掠等所造成运输货物的损失。

2) 由于上述原因引起的捕获、拘留、扣留、禁制、扣押等所造成的运输货物的损失。

3) 各种常规武器,包括水雷、炸弹等所造成的运输货物的损失。

4) 由本险责任范围所引起的共同海损牺牲、分摊和救助费用。

海运战争险对下列原因造成的损失不负赔偿责任:

1) 由于敌对行为使用原子或热核制造的武器导致被保险货物的损失和费用。

2) 由于执政者、当权者或其他武装集团的扣押、拘留引起的承保航程的丧失或挫折所致的损失。

海洋运输货物战争险的保险责任起讫和海洋运输货物的保险起讫不同，其承保责任的起讫不是仓至仓，而是以水上危险为限，亦即以货物装上保险单所载明的起运港的海轮或驳船开始，到卸离保险单所载明的目的港的海轮或驳船之时为止。如果被保险货物不卸离海轮或驳船，保险责任期限以海轮到达目的港的当日午夜起算15天为止；如果货物需在中途港转船，不论货物是否在当地卸货，保险责任以海轮到达该港或卸货地点的当日午夜起算满15天内，只有在此期限内装上续运海轮，保险责任才继续有效。

(2) 罢工险（Strikes Risk）。海上货物运输罢工险是保险人承保被保险货物因罢工等人为活动造成损失的附加险。我国适用的海洋运输货物罢工险的保险责任范围包括：由于罢工者、被迫停工工人或参加工潮暴动、民众斗争的人员的行动，或任何人的恶意行为所造成的直接损失以及因上述行动或行为所引起的共同海损牺牲、分摊和救助费用。

罢工险负责的损失都必须是直接损失，对于间接的损失是不负责的。因此，凡在罢工期间由于劳动力短缺，或无法使用劳动力所造成的被保险货物的损失，或由此所造成的费用损失，保险人均不予负责。例如由于罢工缺少劳动力搬运货物，致使货物堆积在码头，遭受雨水淋湿的损失，保险人不负赔偿责任。

罢工险的保险责任起讫采取仓至仓的原则，即保险人对货物从卖方仓库到买方仓库的整个运输期间负责。

按照国际保险市场的习惯做法，被保险货物如已投保战争险，在加保罢工险时，一般不再加收保险费。中国人民保险公司也照此办理。

以上各种特殊附加险，可供保险人在投保了3种基本险（平安险、水渍险和一切险）中的任一种的基础上选择加保。

3.4.5 其他运输方式下的货物保险条款

3.4.5.1 陆上运输货物保险

1. 陆运险和陆运一切险

陆运险的责任范围是被保险货物在运输途中遭受暴雨、雷电、地震、洪水等自然灾害，或由于陆上运输工具（主要指火车、汽车）遭受碰撞、倾覆或出轨，如有驳运工具搁浅、触礁、沉没或由于遭受隧道坍塌、崖崩或火灾、爆炸等意外事故所造成的全部损失或部分损失。保险人对陆运险的承保范围大致相当于海运险中的水渍险。

陆运一切险的责任范围是除包括上述陆运险的责任外，保险人对被保险货物在运输途中由于外来原因造成的短失、短量、偷窃、渗漏、碰损、破碎、钩损、雨淋、生锈、受潮、受热、发霉、串味、玷污等全部或部分损失。保险人对陆运一切险的承保范围大致相当于海运险中的一切险。

陆运险和陆运一切险的责任范围仅限于火车和汽车运输。

2. 陆上运输冷藏货物保险

陆上运输冷藏货物保险具有基本险性质，责任范围除包括陆运险的责任外，还负责赔偿由于冷藏设备在运输中途中损坏而导致货物变质的损失。

3. 陆上运输货物战争险

陆上运输货物战争险的承保责任范围与海运战争险相似,即对直接由于战争、类似战争行为以及武装冲突等所致的损失,如货物由于捕获、扣留、拘留、禁止和扣押等行为引起的损失,保险人承担赔偿责任。

3.4.5.2 航空运输货物保险

1. 航空险和航运一切险

航空险的承保责任范围是被保险货物在运输途中遭受雷电、火灾、爆炸或由于飞机遭受恶劣气候或其他危难事故所造成的全部损失或部分损失,或由于飞机遭受碰撞、倾覆、坠落或失踪等意外事故所造成的全部损失或部分损失。对保险责任范围内的事故所采取的抢救、防止或减少货损的措施而支付的合理费用也负责赔偿,但以不超过被救货物的保险金额为限。本险别的承保责任范围与海运险中的水渍险大致相同。

航运一切险的承保责任范围是除包括上述航空运输险的全部责任外,还对被保险货物在运输途中由于外来原因造成的,包括被偷窃、短少等全部或部分损失。

航空险和航运一切险的保险责任期限也采用仓至仓条款,但与海运险条款中的仓至仓条款有所不同。航空运输货物保险的责任是从被保险货物运离保险单所载明的起运地仓库或储存处所开始生效,在正常运输过程中继续有效,直至该项货物运抵保险单所载明的目的地,交到收货人仓库或储存处所,或被保险人用作分配、分派或非正常运输的其他储存处所为止。如保险货物未到达上述仓库或储存处所,则以被保险货物在最后卸货地卸离飞机后满30天为止。

2. 航空运输货物战争险

航空运输货物战争险是一种附加险,在投保航空运输险和航空运输一切险的基础上,经与保险人协商还可以加保本附加险别。航空运输货物战争险的承保责任范围,包括航空运输途中由于战争、类似战争行为、敌对行为或武装冲突以及各种常规武器和炸弹所造成的货物损失。原子武器或热核武器造成的损失除外。

航空运输货物战争险的起讫责任是自货物装上保险单所载明的起运地的飞机时开始,到卸离保险单所载明的目的地的飞机时为止,但最长以飞机到达目的地的当天午夜起满15天为止。

3.4.5.3 邮包保险

1. 邮包保险责任范围

邮包保险责任包括被保险邮包在运输途中由于恶劣气候、雷电、海啸、地震、洪水自然灾害,或由于运输工具遭受搁浅、触礁、沉没、碰撞、倾覆、出轨、坠落、失踪,或由于失火爆炸意外事故所造成的全部或部分损失。被保险人对遭受承保责任内危险的货物采取抢救,实施防止或减少货损的措施而支付合理费用,但以不超过该批被救货物的保险金额为限。

2. 邮包保险责任起讫

本保险责任自被保险邮包离开保险单所载起运地点寄件人的处所运往邮局时开始生效,直至该项邮包运达本保险单所载目的地邮局,自邮局签发到货通知书当日午夜起算满15天终止。但在此期限内邮包一经递交至收件人的处所时,保险责任

3. 被保险人义务

被保险人应按照以下规定的应尽义务办理有关事项，如未履行规定的义务，保险公司对有关损失有权拒绝赔偿。

（1）当被保险邮包运抵保险单所载明的目的地以后，被保险人应及时提取包裹，当发现被保险邮包遭受任何损失，应立即向保险单上所载明的检验、理赔代理人申请检验。如发现被保险邮包整件短少或有明显残损痕迹，应立即向邮局索取短、残证明，并应以书面方式向他们提出索赔，必要时还须取得延长时效的认证。

（2）对遭受承保责任内危险的邮包，应迅速采取合理的抢救措施，防止或减少邮包的损失。被保险人采取此项措施，不应视为放弃委付的表示，保险公司采取此项措施，也不得视为接受委付的表示。

（3）在向保险人索赔时，必须提供下列单证：保险单正本、邮包收据、发票、装箱单、磅码单、货损货差证明、检验报告及索赔清单。如涉及第三者责任还须提供向责任方追偿的有关函电及其他必要单证或文件。

4. 索赔期限

本保险索赔时效从被保险邮包递交收件人时算起，最多不超过 2 年。

3.5 实训项目——国际空运的报价

3.5.1 实训目的

通过该项目的训练，让学生熟悉国际空运的报价，以及能够制作简单的空运报价表。

3.5.2 实训内容

1. 实训任务

（1）通过网络查找国内主要机场国际空运的航空公司、航班、航线、价格等信息，以小组为单位制作汇报PPT，并在课堂分享。

（2）完成由教师布置指定国际物流公司的国际空运报价表制作。

2. 实训教学建议

（1）教学方法：多媒体教学、实践操作。

（2）实践课时：2学时。

（3）实践过程：首先，教师布置实训任务，学生在课外通过网络资源搜集国内主要机场的国际空运信息，包括航空公司、航班、航线及价格等关键数据。其次，学生将搜集到的信息整合制作成汇报PPT，并在课堂上以小组形式进行分享，通过口头表述展示对国际空运市场的了解。最后，学生根据教师指定的国际物流公司要求，制作详细的空运报价表，通过实践操作加深对空运报价流程和要素的理解。整个实践过程旨在帮助学生熟悉国际空运报价流程，提升实际操作能力。

3. 实训成果
(1) 国际空运报价表。
(2) 航空公司介绍PPT。

案例分析

苏伊士运河堵塞对国际集装箱航运市场的影响

2021年3月23日,长荣海运可装载20000TEU的超大型货轮EVER GIVEN在苏伊士运河搁浅,截至2021年3月29日上午,在运河堵塞的船只数量已经超过300艘。经多次努力及尝试,EVER GIVEN于北京时间29日10点40分成功浮起,苏伊士运河重新开放,但由于需要清理大量积压船舶,目前运河航道交通还未恢复正常。

苏伊士运河承载了全球约12%的贸易货量,每天大约有50艘船只通过,拥堵期间造成的各方损失每小时或达26亿元,国际供应链稳定性因此遭受巨大冲击,集运市场,尤其是欧地黑及美东航线影响最大。苏伊士运河是亚洲与欧洲货物来往的主要通道,故欧洲航线、地中海航线、黑海航线受运河堵塞影响严重。除此之外,由于巴拿马运河最大通行能力有限(苏伊士运河可通行目前全球24000TEU最大集装箱船),且苏伊士运河为争抢货源大幅减免通行费,目前亚洲至美东共有23条航线,其中14条途经巴拿马运河,9条途经苏伊士运河,亚洲至美东航线经苏伊士运河的运力比例高达32%,故美东航线也是受运河拥堵影响较大的航线之一。

船期严重延误,可用运力减少。受疫情影响,全球航运市场本就处于严重的船期延误状态,尤其是货运量庞大的欧洲、北美市场,已出现舱位紧张甚至爆舱的运力短缺情况。而截至EVER GIVEN恢复正常通行前,苏伊士运河的堵塞已使船舶最长被迫停摆5天,另已有多艘船舶临时转走非洲好望角,航行时间较原航程预计要增加15天以上。正式复航后,大量积压船舶的疏散需要至少4~5天的时间,而抵达目的港后,港口设备和工人也无法及时处理大量班轮的集中靠泊。由此来看,船舶延误周期势必将进一步拉长,运力周转效率将继续下降,在贸易需求旺盛的欧洲、北美航线上,运力需求缺口或将逐渐放大。

运价存在上涨可能。2021年3月26日,宁波航运交易所发布的宁波出口集装箱运价指数(NCFI)显示,欧洲航线、地中海航线、黑海航线、北美航线市场订舱价格均未出现大幅飙升情况。但一方面船舶排队等候或航程增加,提高了班轮公司的油耗、人员成本,班轮公司可能将这部分费用体现在海运费;另一方面,航线装载率已处于较高水平,班轮公司原计划就将推涨多条航线4月后航次的市场运价,运河堵塞引起的可用运力缩减,或将助推班轮公司原有涨价计划的实现,或还将引起其他航线的连锁反应。

物流风险增加,加重企业负担。2021年3月26日,宁波出口集装箱运价指数综合指数报收于2040.2点,较2021年1月8日峰值下跌18.3%,但仍处高位。外贸企业仍在承受高昂海运费带来的物流运输成本压力,而运河堵塞还将导致货物延迟交付、货物灭失或损坏,外贸企业可能面临在途货物违约赔偿风险;货物变现周期延长,外贸企业资金周转风险和目的地收款风险增加。若后期运力供给受到的影响严重、海运费涨幅明显,外贸企业还将承受更大的供应链稳定性风险和更高的物流运输成本压力。

  截至2020年,中国进出口贸易额占国际市场的份额已超10%,国际物流供应链的稳定性对于保障我国在国际贸易市场的地位至关重要,积极参与国际物流体系建设,推动发展多路径、多元化的运输渠道,或可减轻类似苏伊士运河堵塞这样的突发状况对供应链的冲击。

资料来源:中国水运网

请结合案例回答下列问题:
(1) 分析苏伊士运河堵塞对国际集装箱航运市场的影响。
(2) 分析国际物流运输对国际贸易发展的重要性。

思 考 与 习 题

(1) 国际货物运输有何特点?
(2) 国际货物运输的作用有哪些?
(3) 班轮运输的定义是什么?
(4) 班轮运费的计算步骤有哪些?
(5) 国际多式联运的概念是什么?
(6) 集装箱运输有何特点?
(7) 如何区别单独海损与共同海损?
(8) 简要说明中国人民保险公司海运货物保险的平安险、水渍险和一切险的承保范围有何区别?

第 4 章　国际货运代理

学习目标与要求

本章重点介绍了国际货运代理的概念、类型和作用，处理国际海运、陆运、空运和多式联运的业务流程以及国际货运事故的处理方法。
1. 了解国际货运代理的基本概念和性质。
2. 掌握班轮运输、租船运输业务的业务程序及运费计算等。
3. 掌握航空运输、陆上货物运输的方式及程序等。
4. 理解集装箱运输的装载方式及进出口程序。
5. 理解国际多式联运的组织形式、经营人责任和交接方式。

导入案例

江西首家本土国际货运航空公司首航飞往比利时

2021年1月23日，满载"江西制造"货物的波音747-400F全货机从南昌昌北国际机场飞往比利时列日，这标志着江西省首家本土国际货运航空公司——江西国际货运航空公司货运航班成功首航。此次首航的货运航班采取货运代理方式，租用波音747-400F全货机执飞江西南昌至比利时列日的国际货运航线，将江西生产的货物通过航空运输方式在南昌昌北国际机场直接报关出口，常态化每周执飞九班。

据介绍，此举增加了江西企业进出口运输方式，有利于完善江西内陆开放型经济试验区生产要素，进一步提升投资环境，吸引高附加值、高时效性的项目落户江西，助推江西高质量跨越式发展。江西国际货运航空公司的组建和运营，也结束了江西没有本土国际货运航空公司的历史。

同时，江西省铁航集团将以江西国际货运航空公司为依托，在南昌昌北国际机场投资建设南昌航空物流产业园，主要包括仓储、分拣、保税、检验、报关、配送、跨境电商等功能，努力把昌北国际机场打造成中部地区有影响力的航空物流枢纽。

资料来源：江西省人民政府网

思考：江西国际货运航空公司货运航班成功首航对该省经济发展的重要意义。

第4章 国际货运代理

4.1 国际货运代理

4.1.1 国际货运代理的概念和性质

4.1.1.1 国际货运代理的基本概念

国际货运代理行业是随着国际经济贸易的发展、国际运输方式的变革及信息科学技术的进步发展起来的一个相对年轻的行业,在社会产业结构中属于第三产业中的服务行业。

国际货运代理人的称谓译自于英文"the freight forwarder",本意就是为他人安排运输的人。目前,国际上对于货运代理人没有一个统一的称谓,有的国家称之为通关代理人或清关代理人。FIATA 的有关文件将其定义为:根据客户的指示并为客户的利益而揽取货物运输的人,其本身不是承运人。

根据我国 1995 年 6 月 29 日原中华人民共和国对外贸易经济合作部发布的《中华人民共和国国际货物运输代理业管理规定》(以下简称《货代管理规定》)可知,我国对国际货运代理的定义显然是后一类的。《货代管理规定》第 2 条规定:国际货物运输代理,是指接受进出口货物收货人、发货人的委托,以委托人的名义或者以自己的名义,为委托人办理国际货物运输及相关业务并收取服务报酬的行业。《货代管理规定》对货运代理所下的定义是比较符合我国货运代理业的发展状况的,指出了货运代理可能以委托人的名义,也可能以自己的名义开展相关业务。原对外贸易经济合作部又于 1998 年 1 月 26 日公布了《中华人民共和国国际货物运输代理业管理规定实施细则(试行)》,其中第 2 条第 1 款规定:国际货物运输代理企业(以下简称国际货运代理企业)可以作为进出口货物收货人、发货人的代理人,也可以作为独立经营人,从事国际货运代理业务。

4.1.1.2 国际货运代理的性质及类型

国际货运代理本质上属于货物运输关系人的代理,是联系发货人、收货人和承运人的货物运输中介人,既代表货方、保护货方的利益,又协调承运人进行承运工作。也就是说,国际货运代理在以发货人和收货人为一方、承运人为另一方的两者之间起着桥梁作用。

基于不同的角度,国际货运代理可划分为不同的类型,按法律特征的不同,国际货运代理可以分为以下 3 种类型。

1. 中间人型

这种类型的货运代理的特点是其经营收入来源为佣金,即作为中间人,根据委托人的指示和要求,向委托人提供订约的机会或进行订约的介绍活动,在成功促成双方达成交易后,有权收取相应的佣金。这种类型的货运代理企业一般规模较小,业务品种较单一,在信息日渐公开化的今天,生存能力和抗风险能力都较差。

2. 代理人型

这种类型的货运代理的特点是其经营收入来源为代理费。根据代理人开展业务活动中是否披露委托人身份，可再细分为以下两种类型。

（1）披露委托人身份的代理人，即代理人以委托人名义与第三方发生业务关系。传统意义上的代理人即属于此种类型，在英、美、法系国家，这类代理通常称为直接代理或显名代理。

（2）未披露委托人身份的代理人，即代理人以自己名义与第三方发生业务关系。在英、美、法系国家，这类代理通常称为间接代理或隐名代理；在德国、法国、日本等大陆法系国家，这类代理通常被称为经纪人。在我国《中华人民共和国合同法》委托合同一章中，吸收了英、美、法系有关这类代理的相关规定。

3. 当事人型

当事人型，也称委托人型或独立经营人型。这种类型的货运代理的特点是其经营收入的来源为运费或仓储费差价，即已突破传统代理人的界限，成为独立经营人，具有了承运人或场站经营人的功能。这种类型的货运代理既有仅局限于某一种运输方式领域，如海运中的无船承运人，也有从事多式运输方式和运输组织的多式联运经营人，以及提供包括货物的运输、保管、装卸、包装、流通所需要的加工、分拨、配送、包装物和废品回收等或提供与之相关的信息服务的物流经营人。

在实际业务中，根据需要与可能，国际货运代理，尤其是大型国际货运代理，总是力图同时兼有中间人、代理人和当事人等多种功能，以便能向委托人提供全方位的服务。因此，现代国际货运代理人大多具有多重角色。

4.1.2　国际货运代理的服务内容和作用

4.1.2.1　国际货运代理的服务内容

根据《货代管理规定》及其实施细则的规定，我国国际货运代理人的服务范围是相当广泛的，至于具体某个国际货运代理人的经营范围，应以其经营许可证上核准的业务范围为准。从各国国际货运代理人业务经营来看，国际货运代理业务范围主要包括以下几个方面：

（1）以中间人、代理人或当事人身份从事海陆空货物的租船、订舱代理及运输组织等业务。

（2）以代理人身份从事海陆空进出口货物的报关报检代理及保险等业务。

（3）以多式联运经营人或无船承运人身份与货主签订多式联运合同，作为当事人必须对全程运输负总的责任，有权签发自己的提单或其他运输单证，向托运人收取运费，通过国际船舶运输经营者来完成国际海上货物运输。

（4）以第三方物流经营人身份从事物流服务业务。

4.1.2.2　国际货运代理的作用

1. 组织协调作用

国际货运代理历来被称为运输的设计师、门到门运输的组织者和协调者。凭借其拥有的运输知识及其相关知识，组织运输活动，设计运输路线，选择运输方式和承运人（或货主），协调货主、承运人及其仓储保管人、保险人、银行、港口、机场、车站、堆场经营人和海关、进出口管制等有关部门的关系，可以节省委托人的时间，使其减少许多不必要的麻烦，从而专心致力于主营核心业务。

2. 专业服务作用

国际货运代理的本职工作是利用自身专业知识和经验，为委托人提供货物的承揽、交运、拼装、集运、接卸、交付服务，接受委托人的委托，办理货物的保险、海关报关报检、进出口管制等手续，甚至有时要代理委托人支付、收取运费，垫付税金和其他费用。国际货运代理人通过向委托人提供各种专业服务，可以使委托人不必在自己不够熟悉的业务领域花费更多的心思和精力，使不便或难以依靠自己力量办理的事情宜得到恰当、有效地处理，有助于提高委托人的工作效率。

3. 沟通控制作用

国际货运代理拥有广泛的业务关系、发达的服务网络、先进的信息技术手段，可以随时保持货物运输关系人之间以及货物运输关系人与其他有关企业、部门之间的有效沟通，对货物运输的全过程进行准确跟踪和控制，保证货物安全、及时运抵目的地，顺利办理相关手续，准确送达收货人，并应委托人的要求提供全过程的信息服务及其他相关服务。

4. 咨询顾问作用

国际货运代理知晓国际贸易环节，精通各种运输业务，熟悉有关法律、法规，了解世界各地有关情况，信息来源准确、及时，可以就货物相关问题向委托人提出明确、具体的咨询意见，协助委托人设计、选择适当的处理方案，避免减少不必要的风险、周折和浪费。

5. 降低成本作用

国际货运代理掌握货物的运输、仓储、装卸、保险市场行情，与货物的运输关系人、仓储保管人、港口、机场、车站、堆场经营人和保险人有着长期密切的友好合作关系，并拥有丰富的专业知识和业务经验、有利的谈判地位、娴熟的谈判技巧。通过国际货运代理的努力，可以选择货物的最佳运输路线与运输方式以及最佳仓储保管人、装卸作业人和保险人，争取公平、合理的费率，甚至可以通过集运效应使得相关各方受益。从而降低货物运输关系人的业务成本，提高其主营业务效益。

6. 资金融通作用

国际货运代理与货物的运输关系人、仓储保管人、装卸作业人及银行、海关当局相互了解，关系密切，长期合作，彼此信任，国际货运代理人可以代替收、发货人支付有关费用、税金，提前与承运人、仓储保管人、装卸作业人结算有关费用，凭借自己的实力和信誉向承运人、仓储保管人、装卸作业人及银行和海关当局提供费用、税金担保或风险担保，可以帮助委托人融通资金，减少资金占压，提高资金利用效率。

4.1.3 国际货运代理的行业组织及行业管理

4.1.3.1 国际货运代理相关的行业组织

1. 国际货运代理协会联合会

国际货运代理协会联合会，以FIATA为联合会的标识。该联合会于1926年5

月 31 日在奥地利的维也纳成立，是一个非政府和非营利性的国际货运代理行业组织，具有广泛的国际影响，总部设在瑞士的苏黎世，在各大洲设有办事处。目前，FIATA 在我国拥有中国国际货运代理协会和台湾地区、香港特别行政区的货运代理协会三个一般会员。

FIATA 的宗旨是保障和提高国际货运代理在全球的利益。主要任务包括：提供各国立法参考的《国际货运代理示范法》；推荐各国国际代理企业采用的《国际货运代理标准交易条件》；制定各种单证格式范本。此外，FIATA 与 IATA 合作，在 11 个国家中推行空运培训计划。中国国际航空公司、中国东方航空公司、中国南方航空公司及中国民航协会的培训中心已经取得 IATA 代理人培训资格。

2. 国际航空运输协会

国际航空运输协会，即 IATA，该协会的前身是由 6 家航空公司组成的国际航空交通协会，1945 年改名为国际航空运输协会，总部设在加拿大的蒙特利尔，协会在美国纽约、法国巴黎、英国伦敦和新加坡设有分支机构。协会的最高权力机构为每年召开的全体会议，大会的执行委员主持日常工作。协会成员必须是持有国际民用航空组织成员国政府颁发定期航班许可证的航空公司。协会的主要任务包括：协商议定运段；协商制定国际航空客货运价；协议规定承运人的责任和义务；统一结算各会员间及会员与非会员间联运业务账目；开展业务代理等。

目前，我国内地共有中国国际航空公司、中国东方航空公司、中国南方航空公司等 13 家航空公司成为国际航协会员公司。

3. 中国国际货运代理协会

中国国际货运代理协会（China International Freight Forwarders Association，CIFA）成立于 2000 年 9 月 6 日。该协会是我国境内注册的国际货运代理企业自愿组成的非营利性质的行业协会，接受商务部的业务指导和民政部的监督管理。其主要任务有：协助政府部门加强对我国国际货运代理行业的管理；维护国际货运代理业的经营秩序；推动会员企业间的横向交流与合作；依法维护本行业利益；保护会员企业的合法权益；开展行业市场调研，编制行业统计；组织行业培训及行业发展研究；为会员企业提供信息咨询服务；代表全行业加入 FIATA，开展不同国家间的行业交流；促进对外贸易和国际货运代理业的发展。

4.1.3.2 我国对货运代理的行业管理

根据 1995 年颁布的《货代管理规定》及其实施细则的有关规定，国务院商务主管部门（商务部）是我国国际货运代理业的主管部门，负责对全国国际货运代理业实施监督管理。省、自治区、直辖市、经济特区、计划单列市人民政府商务主管部门在商务部的授权下，负责对本行政区域内的国际货运代理业实施监督管理。

在商务部和地方商务主管部门的监督和指导下，中国国际货运代理协会根据协会章程开展活动，推动会员企业相互协作，监督会员依法经营，规范竞争，维护会员的合法权益，协助政府有关部门加强行业管理，促进行业的健康有序发展。因此，商务部、地方商务主管部门和中国国际货运代理协会都在不同程度上行使着对国际货运代理业管理的职能。

2004年7月1日,《中华人民共和国行政许可法》(以下简称《行政许可法》)正式实施,国务院在《关于第三批取消和调整行政审批项目的决定》(国发〔2004〕16号)文件中就我国国际货运代理行业的审批等问题做出规定,正式取消了国际货运代理行业原来的市场准入行政审批制度,即取消了政府主管部门对国际货运代理企业经营资格的前置审批。目前,我国国际货运代理行业的市场准入已改为工商注册登记制度。商务部作为国际货运代理行业的主管部门,在2004年7月1日以前负责货代行业市场准入审批,新制度实施后,货代企业在工商注册登记后,可以在商务部进行备案登记。

4.1.4 委托代理制

4.1.4.1 委托代理制概念及问题

1. 委托代理制的概念

委托代理是一方委托另一方代理某种行为的有效社会分工,是权利的重新配置。口头或成文的合约是对这种分工或权利配置的确认,也是相关义务的承诺,因而代理合约稳定地维系着这种分工。但是,合约是不完全的,其有效性也是不完全的。代理合约只能根据已知的有限事实,建立当事人行为与绩效补偿之间的对应关系,并且只能在既定的时限之内有效,这就是委托代理机制的显性激励。

信息的不对称指一方拥有另一方所没有的信息。合约的不完全是由信息的不对称和监督执行成本过大造成的。对于那些与当事人信息不对称和超越时限有关的隐性事实,委托代理机制就无能为力。引入竞争机制能够把那些人们无法确知的隐性事实还原给当事人,用另一种规则强制其自我控制,从而形成了委托代理机制的隐性激励。

2. 委托代理制的问题

在供应链合作伙伴关系中,委托代理双方面临着竞争与合作之间的妥协,群体协商机制成为解决问题的重要手段。主要有如下几个问题:

(1) 信任问题。相信双方的可靠性,强调合作伙伴的诚实可靠、遵守承诺,关注对方利益。在没有考虑彼此的影响之前,谁也不会单独行动,信任是维系合作的基础,合作对双方都有好处,不信任自然会增加彼此的成本甚至带来害处,博弈论中的囚徒困境模型很好地解释了这一点。

(2) 沟通问题。通过Internet/Intranet,供应链联盟成员获得了相互有用的信息资源,为信息交流提供了保证。由于信息的不对称性,为了个体利益而隐瞒私有信息,谁也难以保证不增加对方的代理成本。因此,信息的不对称性是协商机制中的难题。

(3) 交易成本问题。交易成本包括达成双方满意的协议成本、使协议适应预期不到的突发事件的成本、实施协议条件的成本、中止协议的成本等。供应链管理的最终目标是要降低客户成本。因而,如何在合作伙伴之间合理地分担交易费用,降低客户成本,成为供应链合作对策中需要解决的问题。

4.1.4.2 国际货运代理关系建立

代理关系的建立必须由一方提出委托申请，经另一方接受后才算正式成立。这种关系确定后，委托方与货运代理人之间的关系则成为委托与被委托的关系，有关双方的责任、义务，则根据双方订立的代理协议或合同的规定办理。在办理业务过程中，货运代理人作为委托方的代表对委托方负责，但是货运代理人所从事的业务活动仅限于授权范围内。为了防止越权行为，在代理协议或合同中除明确规定委托事项范围外，一般还规定：未经委托人授权，代理人不得以任何方式代表委托人与第三人签订合同，否则所签订合同对委托人无效。

代理关系的主体包括代理人、被代理人与第三人三方当事人。代理人是指代理行为实施者；被代理人（或称本人）是指法律行为后果的承担者；第三人（或称相对人）是指行为的相对者。代理关系是代理人与被代理人、代理人与第三人、被代理人与第三人的三种关系。其中，第一种为代理协议关系，因委托而发生，称为代理的内部关系；第二种为表意关系，称为代理的外部关系；第三种为目标权利义务关系，称为代理的结果关系或实质关系。

4.1.4.3 国际货运代理关系变更与终止

代理关系的变更主要是指代理人根据被代理人的授权或征得被代理人的同意，将原由代理人完成的代理事项全部或部分再委托给其他人，也称为转移委托。代理关系变更后，原代理人仍须对被代理人承担责任。

代理关系的终止是指作为经济法律关系主体的代理人与被代理人之间的经济权利和义务的终止。可以使代理关系终止的法律事项主要包括：因代理期届满或代理事项完成而终止；因被代理人撤回代理授权或代理人辞去代理而终止；因代理关系主体的变化而终止，如代理人或被代理人死亡、行为能力丧失、或法人权利发生变更等。

4.1.4.4 代理人责任和义务

(1) 根据代理协议（或合同）的规定或根据委托方指示办理委托事项，代理人应以通常应有的责任心履行代理职责，尤其是必须在授权范围内行事。如违反这些准则而造成的损失，代理人应向委托人负责。

(2) 如实汇报一切重要事项。在办理代理业务中向委托方提供情况、资料必须真实，如有任何隐瞒或提供的资料不实而造成的损失，委托人有权向代理人追索并撤销代理合同或协议。

(3) 负保密义务。代理人在代理协议或合同规定的有效期间，不得将代理过程中所得的保密情报和重要资料向第三方泄露。

(4) 如实向委托人报账。代理人有义务对因代理业务而产生的费用提供正确的账目，个别特殊费用的开支应事先征得委托人的同意。

(5) 委托人权利和义务。及时给予代理人明确具体的指示。除代理协议或合同规定以外，凡委托人要求代理人应做的事项，对于代理人征询某项工作的处理意见，委托人必须及时给予代理人明确具体的指示。委托人对于其指示不及时、不具体所造成的损失负责。

4.2 国际海上货运代理业务

4.2.1 班轮运输业务流程

4.2.1.1 班轮运输进口操作流程

海运进口指将货物从国外经海路运输到国内的过程。在进口环节，海运货运代理人的业务流程包括付款赎单、换提货单、报关报检、提货及空箱回运等环节。

1. 付款赎单

在信用证结算方式下，进口商向议付行付清货款或按规定从银行买入汇率付清货款、领取单据的过程俗称付款赎单，即收货人交纳货款及其他费用，获得相关单据，方能凭单据提取货物。

海运进口所需单据通常包括：经背书的正本提单或电放副本、装箱单、发票、合同（一般贸易）等。收货人需备齐后提供给货运代理人。

2. 换提货单

货运代理人接受客户委托并取得其提供的全套进口单据后，应及时查清货运信息，提前联系场站并确认好提箱费、掏箱费、装车费、回空费。向指定船代或船公司确认船舶到港时间、地点，如需转船，必须确认二程船名。船舶到港后，凭经背书的正本提单（如果电报放货，凭电报放货的传真件与保函）去船公司或船代换取提货单（Delivery Order，D/O）。提货单是收货人凭以从码头仓库或者堆场提取货物的凭证，即船公司指令码头仓库或者堆场向收货人交付货物的凭证。

3. 报关报检

目前，海关报关报检的流程包括申报、查验、征税、放行。

（1）申报。

1）申报资格。必须是经海关审核注册的专业报关公司、代理报关企业和自理报关企业及其报关员。

2）申报时间。

进口货物：自运输工具申报进境之日起 14 日内，逾期申报征收滞报金。滞报金日征收金额为进口货物到岸价格的万分之五。

出口货物：装货的 24 小时前向海关申报。

3）申报地点。进出境地、转关地、指定地点。

4）申报单证。

a. 基本单证：商业发票、装箱单、提单、运单、包裹单、出口收汇核销单、减免税证明书等。

b. 特殊单证：配额许可证，进出口货物许可证，机电产品进口证明，商检、动植检、药检等检验部门出具的报告书等。

c. 预备单证：贸易合同、原产地证、产地证（C/O）、普惠证（Form A）、授权书等。

（2）查验。海关查验指海关接受报关员的申报后，对进出口货物进行实际的核对和检查，以确定货物的性质、原产地、状况、数量和价格是否与报关单所列一致。通过"中国国际贸易单一窗口"（以下简称"单一窗口"）实现报关报检一次申报，对进出口货物实施一次查验，凭海关放行指令一次放行。

（3）征税。进口关税是进口国家的海关在外国商品输入时，对本国进口商所征收的一种税。进口环节海关代征税（简称进口环节代征税）主要有增值税、消费税两种。进口货物、物品在办理海关手续放行后进入国内流通领域，与国内货物同等对待，所以应缴纳应征的国内税。但为了简化进口货物、物品国内税的再次申报手续，这部分税依法由海关在进口环节代为征收，这就叫进口环节海关代征税。

（4）放行。放行是海关监管现场作业的最后环节，指海关在接受进出口货物申报、查验货物，并且纳税义务人缴纳关税后，在货运单据上签印放行。进出口商或其代理人必须凭海关签印的货运单据才能提取或发运进出口货物。未经海关放行的海关监管货物，任何单位和个人不得提取或发运。

4. 提货及空箱回运

货运代理公司去船公司或船代的箱管部办理设备交接单。设备交接单是集装箱进出港区、场站时，回箱人、运箱人与箱管人或其代理之间交换集装箱及其他机械设备的凭证，并有管箱人发放集装箱凭证的功能。它分进场和出场两种，交换手续均在码头堆场大门口办理。对于整箱货，若约定由收货人负责安排内陆运输，则将设备交接单转交给收货人，收货人自行提货。若约定货运代理公司送货上门，通常货运代理公司将设备交接单转交给集装箱运输车队，车队按照提箱计划提箱后送到收货人指定仓库。收货人拆空进口货物后，将空箱返回指定的回箱地点。对于拼箱货，货运代理公司将设备交接单转交给集装箱运输车队，车队按照提箱计划提箱后送到货运代理公司指定的集装箱货运站。在货运站查验、分拨、仓储货物，掏箱完毕后及时将空箱回运至集装箱码头堆场。再根据与收货人的约定，通知收货人提货或者送货上门。集装箱出口提箱流程和进口拆箱流程分别如图 4.1、图 4.2 所示。

4.2.1.2 班轮运输出口操作流程

海运班轮运输货运代理人的业务流程通常分为揽货、订舱、装箱、报关报检、配载装船、提单确认和签发、费用结算等步骤。

1. 揽货

揽货指货运代理公司向货主争取货源、揽集货载，达成货物运输服务合同。揽货员应根据客户对航线、船期、运输服务质量的要求综合考虑货物种类和运价，向客户报价。因此，要求揽货员熟悉发货港至各大洲、各大航线常用的及货主常需服务的港口和价格，熟悉主要船公司的船期信息和整个货运流程。揽货成功即与客户达成委托代理协议，为其办理有关的货运业务。揽货人员也称为海运销售，是一个国际货运代理公司中最重要的岗位，只有销售人员通过自己辛勤工作获得货源及佣金，才能维持公司的正常运转。

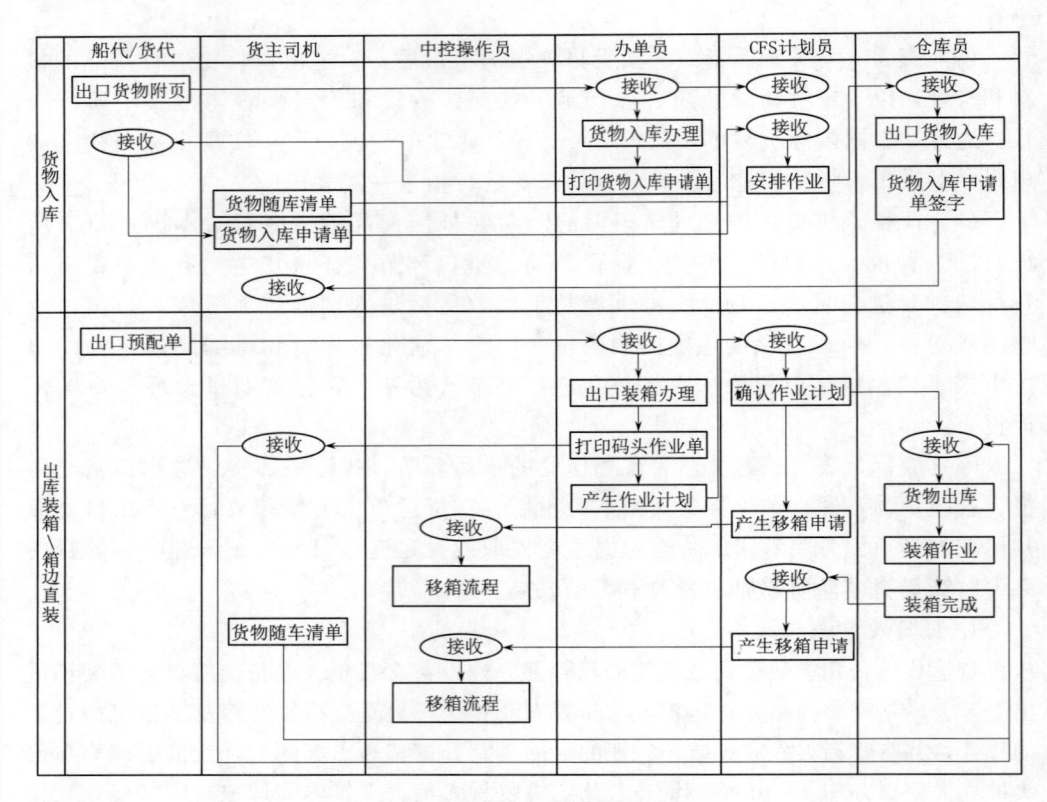

图 4.1　集装箱出口提箱流程图

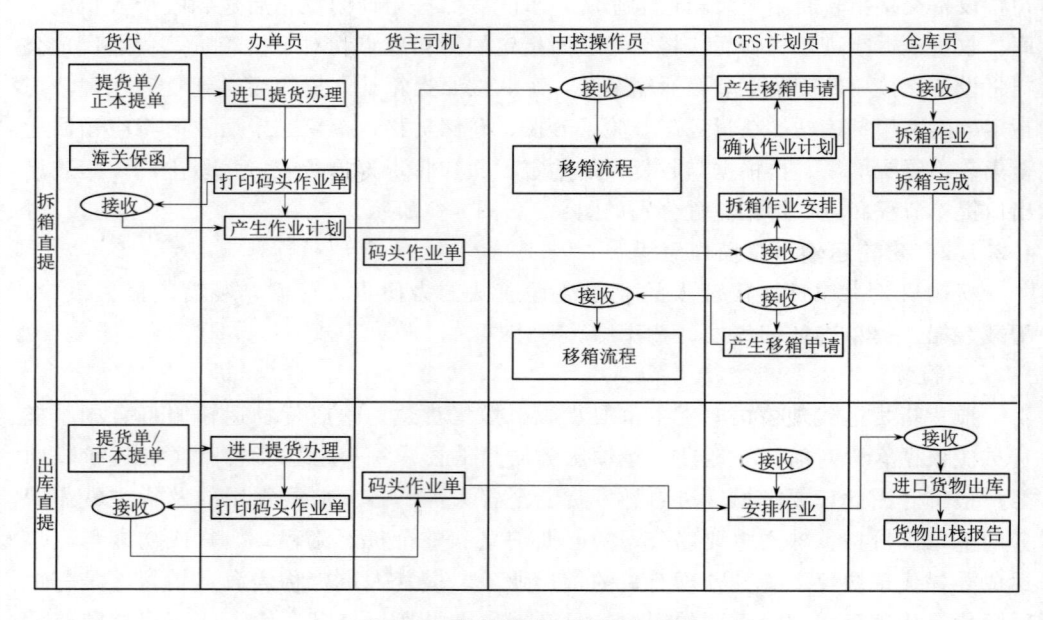

图 4.2　集装箱进口拆箱流程图

2. 订舱

根据我国《国际货运代理作业规范》(GB/T 22151—2008)的规定,订舱包含 11 个注意事项,货代必须提请或提示货主注意或事前约定清楚。

(1) 根据合同或信用证,填制订舱单申请订舱。

(2) 要满足航线/运输工具/港口/贸易上的要求和单证的要求(比如需要何种提单,出何种船证)。

(3) 根据货物情况(货名、数量、备妥时间)和是否指定承运人进行报运价。

(4) 选择合理的运输方式和运输路线(快速、安全、经济)按照客户的要求安排运输。

(5) 订舱联系单内容必须完整、正确。

(6) 危险品订舱必须注明危险品等级(性质)编号。

(7) 贵重物品加注货价,选配适当的运输工具,对按货价区分等级的五金类商品要列明 FOB 价格以便有依据审核运费。

(8) 超限货物、设备、车辆要注明详细尺码。

(9) 特殊货物如散油、冷藏/鲜活应在订舱单上注明。

(10) 超限的特殊箱应得到中转地、过境地的同意,有委托人书面确认的费用标准。

(11) 托运人提供货物总长/宽/高/重,特种箱超长/超宽/超高的具体数字。特殊商品还要注明特殊事项。如危险品要有危险品等级(Class)、联合国编号(UN number)、危规页码(Page)和危险品说明书;设备、车辆要标明每件货物的长、宽、高尺码和重量,散装油装卸温度、冷藏货/鲜活商品的运输温度等。要求提供特殊提单或证明的货主,货代宜要求委托人提前声明,以便事先征得承运人确认。

3. 装箱

若是门到门,由货代安排拖车到工厂或客户指定的地点去装货;若内装则由工厂或客户把货送到货代指定的仓库,由货代安排装箱。

收到配舱回单或进仓通知书后,根据开港日期和货物情况与客户协调安排货物的交接日期,做好装箱准备工作。

(1) 集装箱货物的交接地点与方式。

1) 集装箱货物的交接地点有集装箱堆场(CY)、集装箱货运站(CFS)、双方约定的地点(门,DOOR)。集装箱堆场(CY)是交接和保管空箱、重箱的场所,也是集装箱换装运输工具的场所;集装箱货运站(CFS)是拼箱货装箱和拆箱的场所;其他地点以整箱货交接。

2) 集装箱货物的交接方式包括:①门到门交接方式(DOOR to DOOR),整箱—整箱;②门到场交接方式(DOOR to CY),整箱—整箱;③门到站交接方式(DOOR to CFS),整箱—拼箱;④场到门交接方式(CY to DOOR),整箱—整箱;⑤场到场交接方式(CY to CY),整箱—整箱;⑥场到站交接方式(CY to CFS),整箱—拼箱;⑦站到门交接方式(CFS to DOOR),拼箱—整箱;⑧站到场交接方式(CFS to CY),拼箱—整箱;⑨站到站交接方式(CFS to CFS),拼箱—拼箱。

(2) 拼箱货。拼箱货(Less Than Container Load, LCL)指货主托运的货物不

足装满整个集装箱时,由集拼经营人根据货物流向、性质和重量等把不同货主的货物拼装成箱后运输的货物。拼箱货一般是将货物发至集装箱货运站,由集拼经营人负责装箱和计数,填写装箱单,并加封志,会涉及多个发货人和多个收货人。拼箱货一般不能接受指定某具体船公司,船公司只接受整箱货的订舱。因此,只有通过货运代理(个别实力雄厚的船公司通过其物流公司)将拼箱货拼整后才能向船公司订舱,几乎所有的拼箱货都是通过货代公司集中办托、集中分拨来实现运输的。货运代理公司需通知客户送货入仓,一般由客户自行安排送货到货运代理公司指定的仓库。具体操作如下:

1)制作和发送货物进仓通知书给客户,同时发送海运出口报关资料通知,注明货物/报关单证送交时间、仓库地址/进仓编号等,敦促客户在规定的最晚时间之前及时备齐。

2)一般要求客户比截关日提前3天送货。按货物进仓通知书要求的进仓日期跟踪客户。

3)货物进仓后,如仓库测量的重量/体积与客户委托书上的内容有出入,应及时与客户书面确认,得到确认后再继续操作。

4)在货物进仓通知书上同时要求客户将报关单证备齐。

5)货运代理将不同发货人去往同一目的港的货物装箱。

(3)整箱货。整箱货(Full Container Load,FCL)指货主自行将货物装满整个集装箱后以箱为单位交付承运人运输的货物。

整箱货的货主可以在海关的监管下,在自己的工厂或转运站内自行装箱,装妥并铅封后,经海关在装箱单上签署,即可发往码头堆场准备装船。

货代向船公司或船代领取集装箱设备交接单,派集装箱运输车队到指定堆场领取空箱,送到客户指定地点,客户负责装箱、计数、铅封。车队将集装箱货物连同集装箱装箱单、设备交接单送到港区。

4. 报关报检

该环节有时与做箱同时,有时先于做箱。报关报检要点如下:

(1)了解常出口货物报关报检所需资料。

(2)填妥船名航次、提单号,对应发票箱单所显示的毛重、净重、件数、包装种类、金额、体积,核报关单的正确性(单证一致)。

(3)根据货物的中文品名,对照海关编码大全,查阅商品编码,审核两者是否相符,按编确定计量单位,并根据海关监管条件确定所缺报关文件。

(4)备妥报关委托书、报关单、手册、发票、装箱单、核销单、配舱回单(十联单第五联以后)、更改单(需要的话)和其他所需资料,于截关前一天报关。

(5)口岸海关根据货物的情况视需要进行查验,查验通过后放行。

5. 配载装船

集装箱码头堆场在验收货物和集装箱后,凭装货单接载并签署场站收据交货运代理人,货运代理人据此到船公司或船代处换取提单。集装箱码头堆场或集装箱装卸区根据接受待装货箱情况、预配船图和预配清单配定载位，制订装船计划，等船靠泊后装船。

装船完毕后，根据实际情况绘制实装船图交船公司或船代。船公司或船代将实装船图、舱单、运费舱单、提单副本、集装箱装箱单副本等交船舶，带交卸货港。货运代理公司跟踪场站收据确保货箱配载上船。

6. 提单确认和签发

发货人凭经签署的场站收据到货运代理公司处交付运费（在预付运费的情况下），或提出一定的书面凭证（在到付运费的情况下）后，换取提单。

货代需要向发货人确认是签发船公司提单还是货代公司提单。若签发船公司提单，则在得到客户书面确认后由货代通知船公司签发。船公司或其代理收到提单确认书后，在开船后两个工作日内签发提单。货运代理公司要及时去船公司或其代理处领取提单或安排提单电放，再转交给客户。若签发货代公司提单，货运代理公司在收到客户分单的书面确认件后，直接签发分单。再根据客户分单确认的货物内容和货运代理公司订舱委托书同船公司或其代理确认船公司主单。

（1）提单的正常签发。

1）签发人（Issuer）。签发人一定要确保身份的可识别性。《UCP600》第20条规定，提单，无论名称如何，必须看似表明承运人名称，并由下列人员签署：承运人或其具名代理人、船长或其具名代理人，承运人、船长或代理人的任何签字必须标明其承运人、船长或代理人的身份。船代及承运人提单签发示例分别见表4.1、表4.2。

表4.1　船代提单签发示例

船代签发提单
ABC Co. Ltd.
（签署）
As agent for（或 on behalf of）XYZ Shipping Co. Ltd.

表4.2　承运人提单签发示例

承运人签发提单
XYZ Shipping Co. Ltd.
（签署）
As Carrier

2）签发日期（Date of Issue）。《UCP600》第20条规定，通过以下方式表明货物已在信用证规定的装货港装上具名船只：预先印就的文字，或已装船批注注明货物的装运日期。

3）签单地点（Place of Issue）。一般在装运港签发提单。

4）签发正本提单份数（Number of Original B/L）。常见的签发正本提单份数是一式三份，如L/C46 A 一般规定：Full Set of Clean on Board Ocean Bill of Lading，即全套清洁已装船提单"全套"一般为三份。

（2）提单的非正常签发。

1）凭保函签发清洁提单。保函（Letter of Indemnity）是由托运人出具的用以担保承运人签发清洁提单而产生一切法律后果的一种担保文件。

在国际贸易中，货物买卖合同和信用证一般都规定卖方要提供清洁提单。若承运人装船时发现托运的货物外表有瑕疵，即会在签发的提单上做不良批注。提单的不良批注是一种严肃的法律行为，将产生提单不能顺利地在银行进行结汇的法律后果，也会给提单流转带来障碍。托运人为了摆脱这些障碍，往往会提供保函而要求承运人签发清洁提单。

2) 凭保函倒签提单。倒签提单是指承运人应托运人的要求，在货物装船后签发的提单日期早于实际装船完毕日期的提单。

倒签提单的目的在于使发货人符合信用证的最迟装期，以便顺利结汇。发货人由于生产交期比较紧，或者船期延迟等原因导致货物的装毕日期晚于信用证规定的最迟装运期，将导致信用证不符点。为了避免这种情况，发货人可在船公司许可的情况下申请倒签提单。

3) 出口并单与拆单。出口并单与拆单包括并提单和分提单两种：并提单（Omnibus B/L）指承运人应货主要求将两个或以上的订舱合并，出具一份提单；分提单（Separate B/L）指承运人应货主要求将一个订舱拆分，出具两份或以上数量的提单。例如，客户从我公司订了一批家具，后来又订了一批电脑，要求我方分两批报关，但是提单只出一份，可以合并提单。客户向我方进口，该公司的客户又请其向我方进口同样的货物。要求货一起出，信用证由两个公司分别开出，可以拆分提单。

除此之外，非正常签发还包括凭保函异地签单及不显示中转港等。

7. 费用结算

货运代理公司通常在货物装船后制作账单与客户核对并结算海运出口费用，一般包括如下项目。

(1) 海运费。需明确是预付（Freight Prepaid）还是到付（Freight Collect）。

(2) 陆运费。包括订舱费、报关费、做箱费（内装/门到门）及其他应考虑的费用，包括报关报检费、提货费、快递费、电放费、更改提单费等。应在一个月内督促客户结清费用并及时返还客户出口货物报关单的收汇核销联和出口退税联。

4.2.1.3 技能训练

例1：以 CIF 价格从上海出口到伦敦的一批服装，毛重为 13 吨，体积为 16 立方米。运费计算标准为 W/M，航线为中国上海—中国香港—新加坡—伦敦，在新加坡转船。在运价表中查得该类货物的基本运费率为 250 元/吨，燃油附加费为 20%，转船附加费为 500 形吨，港口附加费为 15%，计算该批货物的总运费。

解析：毛重为 13 吨，体积为 16 立方米，体积＞毛重，取体积为计费吨。

总运费=16×250×（1+20%+15%）+16×500=13400（元）

例2：某丝织品，按规定依 M & Ad. Val 综合法计费，以 1 立方米体积或 1 吨重量为 1 运费吨，由甲地至乙地的运价为每运费吨 50 港元加 1%。现有货物一批，体积为 8.465 立方米，FOB 价为 50000 港元，求运费是多少？

解析：M：50×8.465=423.25（港元）

Ad. Val：50000×1%=500（港元）

M & Ad. Val：423.25＋500＝923.25（港元）

例3： 某货主委托承运人的货运站装载1000箱小五金，货运站在收到1000箱货物后出具仓库收据给货主。在装箱时，装箱单上记载980箱，货运抵进口国货运站，拆箱单上记载980箱，由于提单上记载1000箱，同时提单上又加注"由货主装载、计数"，收货人便向承运人提出索赔，但承运人拒赔。根据题意分析回答下列问题。

(1) 提单上类似"由货主装载、计数"的批注是否适用于拼箱货，为什么？
(2) 承运人是否要赔偿收货人的损失，为什么？
(3) 承运人如果承担赔偿责任，应当赔偿多少箱？

解析： (1) 提单上类似"由货主装载、计数"的批注不适用于拼箱货，因为是承运人的货运站代表承运人收货并装箱的，除非货运站代表货主装箱、计数。

(2) 承运人要赔偿收货人的损失。提单在承运人与收货人之间是绝对证据，收货人有权以承运人未按提单记载数量交货而提出赔偿要求。

(3) 短少20箱，承运人应当赔偿20箱。

例4： 甲货运代理公司接受乙外贸公司委托，全权负责一批时令货物的运输。乙外贸公司问询甲货运代理公司货物能否在规定时间内运抵目的港。甲货运代理公司查询丙班轮公司船期表后，认为没有问题，于是向乙外贸公司承诺货物可以按时运抵。货物装船后，因为船员驾驶船舶疏忽发生触礁搁浅，船舶比原船期表晚到目的港5天。请问：

(1) 甲货运代理公司是否应当承担货物延迟交付的责任？为什么？
(2) 丙班轮公司是否应当承担货物延迟交付的责任？为什么？

解析： (1) 甲公司应承担货物延迟交付的责任。因为甲全权负责货物运输，并对乙承诺货物可以按时运抵，现船舶发生触礁搁浅导致货物延迟交付，甲公司应承担责任。

(2) 丙班轮公司不承担货物延迟交付的责任。班轮公司船期表记载的抵/离港时间仅具有参考意义，不作为承运人对货方的交货时间承诺。

例5： 中国A贸易公司就出口某产品与国外B公司达成销售合同，合同规定货物数量为100吨，可增减10%，500美元/吨。国外B公司所在地C银行应B公司的申请开立信用证。信用证规定货物总金额为50000美元，数量约为100吨。A贸易公司在交货时恰逢市场价格呈下跌趋势，A贸易公司将110吨货物交船公司托运，并取得船公司签发的正本提单。A贸易公司凭商业发票（金额为55000美元）、提单等单证到银行结汇，但遭到银行拒付，理由是单、证不符。请问：

(1) 银行是否有权拒付，理由是什么？
(2) A贸易公司应交多少吨货物才能既符合信用证的规定，又避免经济损失？
(3) 假如银行有权拒付，作为卖方的A公司应当如何处理此事？

> **解析**：(1) 银行有权拒付，因在信用证上金额前无"约"字的规定。
> (2) A贸易公司最多只能交100吨才既能符合信用证的规定又避免经济损失。
> (3) 解决的办法有以下几种：
> 1) B公司向银行申请修改信用证。
> 2) 重新制作符合信用证规定的单据向银行议付。
> 3) 多交的货物，另作一套单据交银行托收，另找买主。

4.2.2 租船运输业务流程

租船是通过租船市场进行的。一项租船业务从发出询价到缔结租船合同的全过程称为租船程序（Chartering Procedure），大致经过7个阶段。

1. 询盘（Inquiry）

询盘是让对方知道发盘人的意向和需求的概况。船舶所有人发出询盘（船盘）是为了承揽货物运输业务。主要内容包括：出租船舶的类型、船名、船籍、吨位、航行范围、受载日期、船舶供租方式、供租期限、适载货物等，船盘实例见表4.3。

表4.3　　　　　　　　　　　船 盘 实 例

船盘详细信息			
船盘标题	MV-TBN：2023年4月初舟山放空/预计卸货港：南美太平洋沿岸		
船名	TBN	船舶类型	杂货船
出租形式	程租船	营运航线	外贸
船级	CCS	船旗	巴拿马
建造时间	1989年	建造地点	日本
船长	124.7米	船宽	17.8米
型深	9.9米	最大高度	
载重吨	6.526吨	满载吃水	7.325米
总吨	4970吨	净吨	3118吨
散装舱容	7684立方米	包装舱容	
舱口尺寸	5.2米×7.3米	舱口数	4
吊机负荷		适航区域	
甲板层数		航速	
空船港口	舟山	受载期	2023-4-5—2023-4-20
发布日期	2023-3-29　10：04：25		
附件或照片			
备注	意向货物：冷藏货物、袋装货、桶装货、冻鱼/吊杆：8×5吨联吊 3.5吨/舱口数		

承租人发出询盘（货盘）是为了寻求合适的船舶来运输货物。主要内容包括：承租人的名称和营业地点、货物种类、名称、数量、包装形式、装卸港口或地点、受载期及解约日、租船方式和期限、船舶类型、载重量、船龄、船级、交船和还船地点、航行范围、租船合同范本等，货盘实例见表 4.4。

表 4.4 货 盘 实 例

货盘详细信息				
货盘标题	印度到尼日利亚 25000 吨蒸谷米			
货物名称	蒸谷米	货盘		外贸
包装形式	吨袋	货物数量		25000 吨
受载期	2023 - 9 - 20	装港		
卸港	LAGOS	装率		3500～5000 吨
卸率	8000 吨	货主报价		
佣金		发布时间		2023 - 9 - 12
有效期	2023 - 10 - 20			
备注	装运港：印度；装运速度：5～7 天（或 7～10 天，雨天除外）装完；卸货港：尼日利亚拉格斯；卸货速度：3 天。若本次合作成功，每月进口 12500～250000MT。请报管装卸价格和不管装卸的价格			

2. 发盘（Offer）

承租人或船舶所有人围绕询盘中的内容，就租船涉及的主要条件答复询盘方即为发盘。按不同的约束力分为绝对发盘（Absolute Offer）—实盘（Firm Offer）和条件发盘（Conditional Firm Offer）—虚盘（Offer Without Engagement）两种。绝对发盘具有绝对成交的意图，主要条款明确肯定、完整而无保留，具有法律效力，规定了对方接受并答复的期限。发盘方不能撤回或更改发盘中的任何条件，接受方也不能试图让发盘方改变条件。条件发盘是指发盘方在发盘中对其内容附带某些保留条件，所列各项条件仅供双方进行磋商，不具约束力。

3. 还盘（Counter Offer）

又称还价，是指接受发盘的一方对发盘中的一些条件提出修改，或提出自己的新条件并向发盘人提出的过程。对还盘条件作出答复或再次作出新的报价称为反还盘（Recounter Offer）。

4. 报实盘（Firm Offer）

在经过多次还盘与再还盘之后，如果双方对租船合同条款的意见趋向一致，一方可以以报实盘的方式要求对方做出是否成交的决定。

5. 受盘（Acceptance）

又称接受订租，即一方对实盘所列条件在有效期内明确表示承诺的意见，至此租船合同即告成立。

6. 签订租确认书（Fixture Note）

订租确认书应详细列出船舶所有人和承租人在洽租过程中双方承诺的主要条

款,一般包括确认书日期、船名或可替代船舶、双方当事人的名称和地址、货名和数量、装卸货港和装卸船期、装卸费用负担责任、运费或租金及支付方法、有关费用的分担(港口使用费、税收等)、亏舱费计算、所采用标准租船合同、其他特殊约定、双方当事人签字等。

7. 编制、审核、签订正式租船合同(Charter Party)

订租确认书是一份供双方履行的简式合同,双方可按照已达成的协议编制、审核并签署正式的租船合同。

4.3 国际航空货运代理业务

4.3.1 国际航空货物出口运输代理业务流程

航空货物出口运输代理业务流程包括揽货,委托代理,审核单证,预配舱、预订舱、接单、制单、接受货物、标记和标签、配舱、订舱、出口报关、出仓单、提、装板箱、签货运单、交接发运、航班跟踪、信息反馈、费用结算。

1. 揽货

揽货,是指航空货运代理公司为争取更多的出口货源,而到各进出口公司和有出口经营权的企业进行推销的活动。揽货时一般需向出口单位介绍本公司的代理业务范围、服务项目以及各项收费标准。航空货运代理公司与出口单位(发货人)就出口货物运输事宜达成协议后,可以向发货人提供中国民航的国际货物托运书作为委托书。委托书由发货人填写并加盖公章,作为委托和接受委托的依据。对于长期出口货量大的单位,航空货运代理公司一般都与之签订长期的代理协议。

2. 委托代理

委托代理是指托运人委托航空代理人办理出口货物航空运输事宜的行为,委托代理时,托运人必须填写国际货物托运书。托运书是托运人用于委托承运人或其代理人填开航空货运单的一种表单,表单上列有填制货运单所需各项内容,并应印有授权于承运人或其代理人代其在货运单上签字的文字说明。国际货物托运书是托运人和航空代理人之间的委托合同,是代理人向航空公司办理货物托运的依据,也是填制航空货运单的依据,因此托运人必须正确填写,并由托运人签字盖章。

3. 审核单证

单证应包括:

(1) 发票、装箱单。发票要加盖公司公章(业务科室、部门章无效),写明价格术语和货价。

(2) 托运书。注明运费预付或运费到付,托运人签字处一定要有托运人签名。

(3) 报关单。注明经营单位注册号、贸易性质、收汇方式,并要求在申报处加盖公章。

(4) 外汇核销单。在出口单位备注栏内要加盖公司公章。

(5) 许可证。合同号、出口口岸、贸易国别、有效期等一定要符合要求,并与其他单据相符。

(6) 商检证。商检证、商检放行单、盖有商检放行章的报关单均可。商检证上应有"海关放行"字样。

(7) 进料/来料加工核销本。注意本上的合同号是否与发票相符。

(8) 索赔/返修协议。要求提供正本，要求外方在合同上方盖章，外方没章时，可以签字。

(9) 到付保函。凡到付运费的货物，发货人都应提供到付保函。

(10) 关封。

4. 预配舱、预订舱

代理人汇总所接受的委托和客户的预报，计算出各航线的件数、重量、体积，按照客户的要求和货物的情况，根据航空公司不同机型对板箱的要求，制定预配舱方案，并对每票货配上运单号。

代理人根据预配舱方案按照航班、日期打印出主运单号、件数、重量、体积，向航空公司预订舱。此时由于货物还未入库，预报的和实际的会有差别，这些须在配舱时进行调整。

5. 接单、制单

接受托运人或其代理人送交的已经审核确认的托运书及报关单证和收货凭证。将电脑中的收货记录与收货凭证核对。制作操作交接单，填上所收到的各种报关单证份数，给每份交接单配一份主运单或分运单。根据交接单、主运单或分运单、报关单证制单。如此时货未到或未全到，则可以按照托运书上的数据填入交接单并注明，等货物到齐后再进行修改。

依据发货人提供的国际货物托运书，填制航空货运单。航空货运单是航空运输中最重要的单据。货运单是否填写准确直接关系到货物能否及时、准确到达目的地。航空货运单是发货人收结汇主要的有效凭证，因此其填写必须准确，严格符合单证一致、单单一致的要求。

6. 接受货物

接受货物是指航空货运代理公司把即将发运的货物从发货人手里接过来运送到自己的仓库。接货一般与接单同时进行。接货时应对货物进行过磅和丈量，根据发票、装箱单或送货单清点货物，并核对货物的数量、品名、合同号或唛头等是否与货运单上所列一致。

7. 标记和标签

标记是在货物外包装上有托运人书写的有关事项和记号。标签按作用可以分为识别标签、特种货物标签和操作标签等；按类别可以分为航空公司标签和分标签两种。

航空公司标签是对其承运货物的标志，各航空公司的标签虽然在格式、颜色上有所不同，但内容基本相同。标签上前3位阿拉伯数字代表所承运航空公司的代号，后8位数字是主运单号。

分标签是代理公司出具分标签货物的标志。凡出具分运单的货物都制作分标签,填制分运单号码和货物到达城市或机场的三字代码。一件货物贴一张航空公司标签,有分运单的货物,每件再贴一张标签。

8. 配舱

配舱时,需运出的货物都已经入库,这时需要核对货物的实际件数、重量、体积与托运书上预报的数量是否一致;应注意对预订舱位、板箱的有效利用、合理搭配,按照各航班机型、板箱型号、高度、数量进行配载。同时对于晚到、未到情况以及未能顺利通关放行的货物做出调整,为制作配舱单作准备。实际上,这一过程一直延续到单、货交接给航空公司后才完毕。

9. 订舱

订舱,就是向航空公司申请运输并预订舱位的行为。货物订舱需要根据发货人的要求和货物本身的特点而定。一般来说,大宗货物、紧急物资、鲜活易腐物品、危险物品、贵重物品等,必须预订舱位。非紧急的零散货物,可以不预订舱位。

10. 出口报关

出口报关,是指发货人或其代理人在发运货物之前,向出境地海关提出办理出E1手续的过程。其基本程序是:首先,将发货人提供的出口货物报关单的各项内容输入计算机;其次,在通过电脑缮制出的报关单上加盖报关单位的报关专用章;再次,将报关单与有关的发票、装箱单和航空货运单合在一起,并根据需要随附有关的证明文件;最后,报关单证准备齐全后,由持有报关员证的报关员正式向海关申报,海关审核无误后,海关关员即在发运单正本上加盖放行章,同时在出口收汇核销单和出口报关单上加盖放行章,在发货人用于产品退税的单证上加盖验讫章,粘贴防伪标志。

11. 出仓单

配舱方案制订后就可着手编制出仓单。出仓单的主要内容有制单日期、承运航班的日期、装载板箱形式及数量、货物进仓顺序编号、主运单号、件数、重量、体积、目的地三字代码和备注等。

出口仓库方将出仓单用于出库计划,出库时点数并与装板箱环节交接。装板箱环节将出仓单用于向出口仓库提货。货物的交接环节将出仓单作为用于制作收货凭证和《国际货物交接清单》的依据。《国际货物交接清单》用于航空公司交接货物。出仓单还可用于外拼箱和报关环节。

12. 提、装板箱

除特殊情况外,目前航空货运大多以集装箱、集装板形式装运。订妥舱位后,航空公司吨控部门将根据货量发放航空集装箱、板凭证,用板箱人凭此向航空公司箱板管理部门领取与订舱货量相应的集装板、集装箱并办理相应的手续。提板、箱时,应领取相应的塑料薄膜和网。对所使用的板、箱要登记、销号。

通常航空货运代理公司将体积为两立方米以下的货物作为小货交与航空公司拼装,及大于两立方米的大宗货或集中托运拼装货,一般均由货运代理自己装板装箱。

13. 签货运单

货运单在盖好海关放行章后还需到航空公司签单,主要是审核运价使用是否正确以及货物的性质是否符合空运，危险品等是否已经办理相应的证明和手续。航空公司的地面代理规定，只有签单确认后才允许将单、货交给航空公司。

14. 交接发运

交接时向航空公司交单、交货，由航空公司安排航空运输，交单就是将随机单据和应由承运人留存的单据交给航空公司。随机单据包括第二联航空货运单正本、发票、装箱单、原产地证明、品质鉴定书等。交货是把与单据相符的货物交给航空公司。航空公司验收后，在交货签单上确认验收，并将货物存入出口仓库，单据交吨控部门，以备配舱。

15. 航班跟踪

单、货交给航空公司后，航空公司会因种种原因，如航班取消、延误、故障等，未能按预定时间运出，所以货运代理公司从单、货交给航空公司后就需要对航班及货物进行跟踪。

16. 信息反馈

货运代理公司在整个代理过程中需要将订舱信息、审单及报关信息、仓库收货信息、航班信息、集中托运及单证信息等及时反馈给客户。

17. 费用结算

费用结算主要涉及同发货人、承运人和国外代理人三方的结算。与发货人结算费用，即向发货人收取航空运费（在运费预付的情况下），同时收取地面运费以及各种服务费和手续费，或根据发货人提供的账号办理托收。与承运人结算费用，就是向承运人支付航空运费，同时向其收取代理佣金。与国外代理人结算主要涉及付运费和利润分成。到付运费实际上是发货人的航空货运代理公司为收货人垫付的，因此收货人的航空货运代理公司在将货物移交收货人时应收回到付运费，并退还给发货人的航空货运代理公司。同时发货人的航空货运代理公司应将代理佣金的一部分分给收货人的货运代理。这样就形成了代理公司之间的账单来往。

4.3.2 国际航空货物进口运输代理业务流程

国际航空货物进口运输代理业务流程是指货运代理公司对于货物从入境到提取或转运整个流程的各个环节所需办理的手续及准备相关单证的全过程。一般包括代理预报，交接单、货，理货与仓储，理单与到货通知，制单，进口报关，收费与发货，送货或转运等。

1. 代理预报

在航班到达之前，由国外发货人代理公司将运单、航班、品名、重量、件数、实际收货人及其地址、联系电话等内容通过传真或 E-mail 形式发给目的地代理公司，这一过程称为代理预报。

2. 交接单、货

航空货物入境时，与货物相关的单据（运单、发票和装箱单等）也随机到达。运输工具及货物处于海关监管之下。货物卸机后，将货物存入海关监管库内，同时根据运单上的收货人地址寄发取货通知。若运单上的第一收货人为航空货运代理公司,则把运输单据及与之相关的货物交给航空货运代理公司。交接时要做到单单核对、单货核对,出现问题及时处理。

3. 理货与仓储

代理公司从航空公司接货后,即将货物运进自己的仓库,组织理货及仓储。理货时,要注意核对每票件数,检查货物破损情况,如有异常,确属接货时未发现的问题,可向航空公司提出交涉。仓储时,要根据货物的属性和特殊要求进行存储,保证货物安全、不受损。

4. 理单与到货通知

(1) 航空货运代理公司在取得航空货运单后即进行分类整理。集中托运的货物要在主运单项下拆单。运单的分类标准和方法很多,一般有按航班理单、按进口代理理单、按货主理单等,究竟如何分类,各公司可根据自己的具体情况而定。但一般说来,集中托运货物和单票货物、运费预付货物和运费到付货物应区分开来。

(2) 到货通知。货物到达目的港后,提醒货主配备好有关单证,尽快报关、报金。货运代理人应及早通知货主到货情况,以减少货主仓储费,避免产生海关滞报金。

5. 制单

制单就是制作进口货物报关单。制单的依据是运单、发票及证明货物合法进口的有关批准文件。因此,制单一般在收到用户的回询并获得必备的批文和证明之后方可进行。不需批文和证明的,可直接制单。

完成制单后,将报关单的各项内容输入电脑,打印出报关单一式三份。在报关单右下角加盖报关单位的报关专用章。然后将报关单连同有关的运单、发票订成一式两份,并随附批准货物进口的证明和文件,由经海关认可的报关员正式报关。

6. 进口报关

进口报关就是向海关提出办理进口货物手续的过程。报关是进口程序最关键的环节,任何进口货物都必须向海关申报,接受海关监管。报关一般包括初审、审单、征税、验放 4 个阶段。

在进行报关时应注意报关期限的问题。报关期限是指货物运抵口岸后,收货人或其代理向海关报关的时间限制。海关法规定的进口货物报关期限为自运输工具进境之日起的 14 日内,超过这一期限报关的,由海关征收滞报金。

7. 收费与发货

办完报关、报检等进口手续后,货主须凭借有海关放行章、检验检疫章的进口提货单到所属监管仓库付费提货。代理公司在发放货物前一般先要收取费用,费用包括到付运费及垫付佣金(如果采用的是到付方式)、单证、报关费、仓储费、装卸费、航空公司到港仓储费等。

8. 送货或转运

出于便捷性的考虑,许多货主或国外发货人要求将进口到达货物由货运代理人报关、垫税、提货后运输到收货人手中。货物无论送到当地还是转运到入境地以外的地区,都得先将货物从海关监管仓库或场所提取出来。提取货物的凭证是海关加盖放行章的正本运单。未经海关放行的货物处于海关监管之下，不能擅自提出监管场所。

货主或其委托人在提取货物时还须结清各种费用，如国际段到付运费、报关费、仓储费、劳务费等。航空货运代理公司可以接受货主的委托送货上门或办理转运。航空货运代理公司在将货物移交货主时一并向其收取货物进口过程中所发生的一切费用。

4.4 国际陆上货运代理业务

4.4.1 国际铁路联运货物出口运输代理业务流程

1. 国际铁路联运货物出口运输组织工作

主要包括铁路联运货物出口运输计划的编制、货物托运和承运、货物装车发运、国境站的交接和出口货物的交付等。国际铁路货物联运货物出口运输计划一般指月度要车计划，它是对外贸易运输计划的组成部分，体现对外贸易国际铁路货物联运的具体任务，也是日常铁路联运工作的重要依据。国际铁路货物联运月度要车计划采用双轨（铁路、外贸）上报、双轨下达的方法，其编制程序如下：

（1）各省、自治区、直辖市发货单位应按当地铁路部门的规定，填制国际铁路联运月度要车计划表，向铁路局（分局、车站）提出下月的要车计划，并在规定的时间内，分别报送当地经贸厅（局）和各主管总公司。

（2）各铁路局汇总发货单位的要车计划后，上报中国铁路总公司；各省、自治区、直辖市经贸厅（局）和各进出口总公司在审核汇总所属单位的计划后，报送商务部。

（3）商务部汇总审核计划后，与中国铁路总公司平衡核定。

（4）月度要车计划经两部平衡核定，并经有关国家的铁道部门确认后，由商务部将核准的结果通知各地经贸厅（局）和各进出口总公司，各地经贸厅（局）和各进出口总公司再分别转告所属发货单位；各铁路局（分局、车站）将中国铁路总公司批准的月度要车计划分别通知发货单位。

凡发送整车货物，均需具备铁路部门批准的月度要车计划和旬度要车计划；零担货物则不必向铁路部门编制月度要车计划，但发货人必须事先向发站办理托运手续。

2. 托运与承运

托运与承运的过程实际就是铁路与发货人之间签订运输合同的过程。

发货人在托运货物时，应向车站提出货物运单，以此作为货物托运的书面申请。车站接到运单后，应进行认真审核。整车货物办理托运，车站应检查是否有批准的月度、旬度货物运输计划和要车计划，检查运单上的各项内容是否正确。如确认可以承运，应予签证。运单上的签证，写明货物应进入车站的日期或装车日期，即表示已受理托运。发货人应按签证指定的日期将货物搬入车站或指定的货位，铁路根据运单上的记载查对实货，认为符合《国际货协》和有关规章制度的规定，车站方可接受货物，并开始负保管责任。整车货物一般在装车完毕后，始发站应在运单上加盖承运日期戳，即为承运。

车站受理托运后，发货人应按签证指定的日期将货物搬进货场，送到指定的货位上，经查验、过磅后，即交由铁路保管。当车站将发货人托运的货物，连同货物运单一同接受完毕，在货物运单上加盖承运日期戳时，即表示货物已承运。铁路对承运后的零担货物负保管、装车和发运的责任。

托运、承运完毕，铁路运单作为运输合同即开始生效。铁路按《国际货协》的规定对货物负保管、装车并运送到指定目的地的一切责任。

3. 货物装车发运

货物办理完托运和承运手续后，接下来是装车发运。货物的装车，应在保证货物和人身安全的前提下，做到快速进行，以缩短装车作业时间，加速车辆周转和货物运送。

4. 出口货物在国境站的交接

联运货物在装车发运后，紧接着就要考虑在国境站的交接问题。

(1) 国境站有关机构。在相邻国家铁路的终点，从一国铁路向另一国铁路办理移交或接收货物和车辆的车站称为国境站。我国国境站除设有一般车站应设的机构外，还设有国际联运交接所、海关、国家出入境检验检疫所、边防检查站及中国对外贸易运输（集团）总公司所属的分支机构等单位。

1) 国际联运交接所。国际联运交接所简称交接所，是国境站的下属机构。交接所执行的任务有办理货物、车辆、运送用具的交接和换装；办理各种单据的交接，负责运送票据、商务记录的编制、翻译和交接工作；计算国际铁路联运进口货物运到期限、过境铁路运费和国内各项运杂费用；对货物和票据进行检查，处理和解决货物交接以及车、货、票、证等方面存在的问题。

2) 海关。海关代表国家贯彻执行进出口政策、法律、法令，是口岸行使监督管理职权的机关，海关对进出口货物履行报关报检手续。只有在按规定交验有关单据和证件后，海关才予以放行。

3) 边防检查站。边防检查站是公安部下属的国家公安部队，其职责是执行安全保卫，负责查验出入国境的列车、机车及列车服务人员和随乘人员的进出境证件。

(2) 国际联运出口货物交接的一般程序。国境站除办理一般车站的事务外，还办理国际铁路联运货物、车辆和列车与邻国铁路的交接，及货物的换装或更换轮对和运送票据、文件的翻译及货物运送费用的计算与复核等项工作。出口货物在国境站交接的一般程序如下：

1) 出口国境站货运调度根据国内前方站列车到达预报，通知交接所和海关做好接车准备。

2) 出口货物列车进站后，铁路会同海关接车，并将列车随带的运送票据送交接所处理，货物及列车接受海关的监管和检查。

3）交接所实行联合办公，由铁路、外运、海关等单位参加，并按照业务分工开展流水作业，协同工作。铁路主要负责整理、翻译运送票据，编制货物和车辆交接单，以此作为向邻国铁路办理货物和车辆交接的原始凭证。外运公司主要负责审核货运单证，纠正出口货物单证差错，处理错发错运事故。海关则根据申报，经查验单、证、货相符，符合国家法令及政策规定，即准予解除监督，验关放行。最后由双方铁路具体办理货物和车辆的交接手续，并签署交接证件。

以上仅是一般货物的交接过程。对于特殊货物的交接，如鲜活商品、易腐、超重、超限、危险品等货物，则按合同和有关协议的规定，由贸易双方商定具体的交接方法和手续。属贸易双方自行交接的货物，国境站外运公司则以货运代理人的身份参加双方交接。

（3）联运出口货物的交接方式。货物交接可分为凭铅封交接和按实物交接两种情况。

1）凭铅封交接的货物，根据铅封的站名、号码或发货人简称进行交接。交接时应检查封印是否有效或丢失，印文内容、字迹是否清晰可辨，同交接单记载是否相符，车辆左、右侧铅封是否一致等，然后由双方铁路凭完整铅封办理货物交接手续。

2）按实物交接可分为只按货物重量、只按货物件数和按货物现状交接 3 种方式。只按货物重量交接的，如中、朝两国铁路间使用敞车、平车和砂石车散装煤、石膏、焦炭、矿石、熟矾土等货物；只按货物件数交接的，如中、越两国铁路间用敞车类货车装载每批不超过 100 件的整车货物；按货物现状交接的，一般是难以查点件数的货物。在办理货物交接时，交付方必须编制货物交接单，没有编制交接单的货物，在国境站不得办理交接。

5. 出口货物的交付

国际联运出口货物抵达到站后，铁路应通知运单中所记载的收货人领取货物。在收货人付清运单中所记载的一切应付运送费用后，铁路必须将货物连同运单交付给收货人。

收货人必须支付运送费用并领取货物。收货人只有在货物因毁损或腐坏而使质量发生变化，以致部分货物或全部货物不能按原用途使用时，才可以拒绝领取货物。收货人领取货物时，应在运行报单上填记货物领取日期，并加盖收货戳记。

4.4.2 国际铁路联运进口货物运输流程

国际铁路联运进口货物的发运工作是由国外发货人根据合同规定向该国铁路车站办理的。根据《国际货协》规定，我国从参加《国际货协》的国家通过铁路联运进口货物，凡外发货人向其所在国铁路办理托运，一切手续和规定均按《国际货协》和各该国国内规章办理。我国国内有关订货及运输部门对联运进口货物的运输工作主要包括：联运进口货物在发运前编制联运进口货物的运输标志；审核联运进口货物的运输条件；向国境站寄送合同资料；国境站的交接、分拨以及运到逾期计算等。

1. 编制联运进口货物的运输标志

运输标志（Shipping Mark），即唛头，一般印制在货物外包装上，其作用是为承运人运送货物提供方便，便于识别货物、装卸以及收货人提货。唛头必须绘制清楚醒目，色泽鲜艳，大小适中，印制在货物外包装显著位置。我国规定，联运进口货物在订货工作开始前，由商务部统一编制向国外订货的代号，作为收货人的唛头，各进出口公司必须按照统一规定的收货人唛头对外签订合同。

国际联运进口货物使用标准的收货人唛头后，就可以在订货卡片、合同、运单的收货人栏内，用收货人唛头代替收货人实际名称，而不再用文字填写收货人全称及其通信地址，从而既加强了保密性，减少了订货合同和运输过程中的翻译工作，也在很大程度上方便了运输，可防止错运事故。使用收货人唛头时，须严格按照商务部统一规定，不得颠倒编排顺序，增加内容或任意编造代号唛头。

2. 审核联运进口货物的运输条件

联运进口货物的运输条件是合同不可缺少的重要内容，因此必须认真审核，使之符合国际联运和国内的有关规章。审核联运进口货物运输条件的内容主要包括收货人唛头是否正确，商品品名是否准确具体，货物的性质和数量是否符合到站的办理种别，包装是否符合有关规定等。

3. 向国境站寄送合同资料

合同资料是国境站核放货物的重要依据，各进出口公司在贸易合同签字以后，要及时将一份合同中文抄本寄给货物进口口岸的外运分公司。合同资料包括合同的中文抄本和其附件、补充书、协议书、变更申请书、更改书和有关确认函电等。

4. 国境站的交接、分拨

联运进口货物的交接程序与出口货物的交接程序基本相同。其做法是：进口国境站根据邻国国境站货物列车的预报和确报，通知交接所及海关做好到达列车的检查准备工作。进口货物列车到达后，铁路会同海关接车，由双方铁路进行票据交接，然后将车辆交接单及随车带交的货运票据呈交接所，交接所根据交接单办理货物和车辆的现场交接。海关则对货物列车执行实际监管。

我国进口国境站交接所通过内部联合办公，开展单据核放、货物报关和验关工作，然后由铁路负责将货物调往换装线，进行换装作业，并按流向编组向国内发运。

5. 运到逾期计算

（1）运到期限。铁路承运货物后，应在最短期限内将货物运至最终到站，货物从发站至到站所允许的最大限度的运送时间，即为货物运到期限。

货物的运到期限由发送时间、运送期间以及特殊作业时间三部分组成。

1）发送时间：不论慢运、快运，随旅客列车挂运的整车或大吨位集装箱、由货物列车挂运的整车或大吨位集装箱以及零担，一律为一天（昼夜），由发送路和到达站平分。

2）运送期间：按每一参加运送铁路分别计算。慢运：整车或大吨位集装箱每200运价公里为一天（昼夜），零担每150运价公里为一天（昼夜）；快运：整车或大吨位集装箱每 320 运价公里为一天（昼夜），零担每 200 运价公里为一天（昼夜）；随旅客列车挂运的整车或大吨位集装箱：每 420 运价公里为一天（昼夜）。

3）特殊作业时间：在国境站每次换装或更换轮对，或用轮渡运送车辆，不论慢运、快运、整车或大吨位集装箱、零担以及随旅客列车挂运的整车或大吨位集装箱，一律延长两天（昼夜）。运送超限货物时，运到期限按算出的整天数延长 100%。

以上货物运到期限，应从承运货物的次日零时起开始计算，不足一天按一天计算。如承运的货物在发送前需预先保管，运到期限则从货物指定装车的次日零时起开始计算。

在计算运到期限时，下列时间不计算在内：

1）为履行海关和其他规章所需要的滞留时间。
2）非因铁路过失而造成的暂时中断运输的时间。
3）因变更运送契约而发生的滞留时间。
4）因检查而发生的滞留时间（即检查货物同运单记载是否相符，或检查按特定条件运送的货物是否采取了预防措施，而在检查中确实发现不符时）。
5）因牲畜饮水、遛放或兽医检查而造成的站内滞留时间。
6）由于发货人的过失而造成多出重量的卸车、货物或其容器或包装的修整以及倒装或整理货物的装载所需的滞留时间。
7）由于发货人或收货人的过失而发生的其他滞留时间。

（2）运到逾期。货物实际运到天数超过规定的运到期限天数，则该批货物运到逾期。如果货物运到逾期，造成逾期的铁路应按该路收取的运费的一定比例，向收货人支付逾期罚款。

逾期罚款的规定及计算方法为

$$逾期罚款 = 运费 \times 罚款率逾期百分率 \times \frac{实际运送天数 - 按规定计算运到期限天数}{按规定计算运到期限天数} \times 100\%$$

罚款率按《国际货协》规定：逾期不超过总运到期限 1/10 时，为运费的 6%；逾期超过总运到期限 1/10，但不超过 2/10 时，为运费的 12%；逾期超过总运到期限 2/10，但不超过 3/10 时，为运费的 18%；逾期超过总运到期限 3/10，但不超过 4/10 时，为运费的 24%；逾期超过总运到期限 4/10 时，为运费的 30%。

4.4.3 国际公路联运代理业务

1. 合同签订

在国际公路货运业务中，运单即是运输合同，运单的签发则是运输合同成立的体现。《国际公路货物运输合同公约》中对运单所下的定义为：运单是运输合同，是承运人收到货物的初步证据和交货凭证。

（1）公路货物运输合同以签发运单来确认。无运单、运单不正规或运单丢失不影响运输合同的成立及有效性。其对发、收货人和承运人都具有法律效力，也是贸易进出口货物通关、交接的重要凭证。

（2）发货人根据货物运输的需要与承运人签订定期或一次性运输合同运单均视为运输合同成立的凭证。当待装货物在不同车内或装有不同种类货物或数票货物，发货人或承运人有权要求对使用的每辆车、每种货物或每票货物分别签发运单。

（3）公路货物运输合同自双方当事人签字或盖章时成立。当事人采用信件、数据电文等形式订立合同的，可以要求签订确认书，签订确认书后合同成立。

2. 国际公路联运货物运单的组成与内容

国际汽车联运货物运单为一式三份，都需要发货人和承运人签字或盖章。一份交给发货人；一份随货物同行，作为通关以及交接的凭证；一份由承运人留底。

国际公路联运货物运单共计22个栏目，填写时要求用钢笔或圆珠笔清楚填写，或者打印，或者盖戳记。1~12栏以及16栏由发货人填写，18栏和20栏由收货人填写，其他由承运人填写。运单应至少包括16项内容。

（1）运单的签发日期和地点。

（2）发货人的名称和地址。

（3）承运人的名称和地址。

（4）货物接管地点、日期以及指定的交货地点。

（5）收货人的名称和地址。

（6）货物品名和包装方法，如属危险货物，应说明其基本性质。

（7）货物件数、特征标志和号码。

（8）货物毛重或以其他方式表示的量化指标。

（9）与运输有关的费用（运费、附加费、关税和从签订合同到交货期间发生的费用）。

（10）办理海关手续和其他手续所必需的托运人的通知。

（11）是否允许转运的说明。

（12）发货人负责支付的费用。

（13）货物价值。

（14）发货人关于货物保险给予承运人的指示。

（15）交付承运人的单据清单。

（16）运输起止期限等。

3. 货物承运与交接

（1）承运。

1）承运人不得超限超载（重货不得超过车辆的额定载重吨位，轻货不得超过车辆额定的有关长、宽、高的装载规定）。

2）运输线路由承运人与发货人共同确定，一旦确认，不得随意更改。如果承运人不按约定路线运输，额外费用由承运人自己承担。

3）运输期限由承运和发货双方共同约定并在运单上注明，承运人必须在规定时限内运达。

(2) 货物的交接。

1) 承运人在运输约定货物之前要对货物核对，如果发现货物和运单不符或者可能会给运输带来危险的，不得办理交接手续。

2) 货物运达目的地前，承运人要及时通知收货人做好交接准备。如果是运输到国外，则由发货人通知；如果是零担货物，在货到 24 小时内通知。

3) 承运人与发货人之间的交接，如果货物是单件包装，则按件交接；如果是采用集装箱以及其他有封志的运输方式，则按封志交接；如果是散装货，则按磅交接或双方协商的方式交接。

4) 货物运达目的地以后，收货人应凭借有效单证接收货物，不得无故拒绝接收，否则承担一切损失。涉外运输如发生上述情况，应由发货人解决并赔偿承运人的损失。

5) 货物在交给收货人时，双方对货物的重量或者内容有疑义，均可以提出查验或者复核，费用由责任方承担。

(3) 货物保险与保价运输。

货物运输有货物保险和货物保价运输两种投保方式。采取自愿投保的原则，由发货人自行确定。货物保险由发货人向保险公司投保，也可委托承运人代办。货物保价运输指按保价货物办理承运手续，在发生货物赔偿时，按发货人声明价格及货物损坏程度予以赔偿的货物运输。发货人按一张运单发运的货物只能选择保价或不保价。发货人选择货物保价运输时，申报的货物价值不得超过货物本身的实际价值，保价运输为全程保价，按一定比例收取保价费。

4. 合同变更与解除

(1) 合同允许变更和解除的情况如下：

1) 不可抗力因素。

2) 因合同当事人一方原因，在合同约定的期限内无法履行运输合同的。

3) 合同当事人一方违约，导致合同不可能或者没有必要履行的。

4) 合同当事人协商同意解除或变更合同的，可以变更或解除；如果是承运人提出的，承运人要退还已经收取的费用。

(2) 发货人提出变更或解除合同。在货物没有交付收货人之前，发货人可以要求终止运输，返还货物，变更目的地或者要求把货物交给其他收货人，但应当赔偿承运人因此受到的损失。

(3) 不可抗力因素下的变更和解除。如果因不可抗力因素导致货物在运输过程中受阻，发生了装卸、接运、保管等费用，则：

1) 所有费用由发货人承担，承运人要退回未完成的运输费用。

2) 回运时，回程运费免收。

3) 发货人要求绕道运输，额外费用按实际收取。

4) 货物在受阻地需要存放，保管费用由发货人负担。

5. 逾期提货

货物到达目的地后，承运人在已知收货人的情况下，应及时通知收货人，收货人逾期提货的,应当支付承运人保管费用。收货人不明或收货人无正当理由拒绝受领货物的,依照我国《中华人民共和国合同法》规定,承运人可以提存货物。

4.5 集装箱运输与国际多式联运代理业务

4.5.1 集装箱运输代理业务

1. 集装箱运输代理出口流程

(1) 委托代理。在集装箱运输业务中,发货人一般都委托货运代理人为其办理有关的货运业务。通常由作为委托人的货主提出委托,货运代理人接受委托后双方代理关系建立。

(2) 订舱。发货人(或其代理人)应根据贸易合同或信用证条款规定,在货物托运前一定时间内向船公司或其代理人,或者多式联运经营人或其代理人申请订舱。

(3) 发放空箱。除货主使用自备箱外,通常整箱货使用的空箱由发货人或其代理人凭船方签署的提箱单到指定的码头(或内陆港站)的堆场领取空箱,并办理设备交接单手续。拼箱货使用的空箱由双方议定交接货物的集装箱货运站负责领取。

(4) 货物装箱。整箱货通常由发货人或发货人代理在发货人的仓库完成装箱、加封并制作箱单,然后将重箱运至码头堆场;拼箱货发货人将货物交至集装箱货运站,由货运站根据订舱清单、场站收据和船方的其他指示负责装箱、加封并制作箱单,然后将重箱运至码头堆场。

(5) 货物交接。整箱货运至码头(或内陆港站)堆场,堆场业务员根据订舱清单、场站收据及装箱单验收货物,在场站收据上签字后退还给发货人。

(6) 换取提单。发货人凭签署的场站收据向集装箱运输经营人或其代理人换取提单后,到银行结汇。

(7) 装船运出。码头装卸区根据装船计划,将出运的集装箱调整到前方堆场,待船舶到港后装运出口。如果发货人将货物委托给多式联运经营人运输,在发货人将货物交到多式联运经营人指定的地点后,则视为货物已经交接。多式联运经营人向发货人签发多式联运单据,有的签发运输代理行提单(House Bill of Lading,简称 HBL),其性质与多式联运单据等同。发货人可凭多式联运单据或运输行提单议付货款,或以贸易合同规定的其他方式收取货款。集装箱的后续运输事宜则由多式联运经营人安排。

2. 集装箱运输代理进口流程

(1) 委托代理。同出口代理流程操作一样,收货人与货运代理人通过订立代理协议明确双方的代理关系。

(2) 做好卸船准备。在船舶抵达目的港前,起运港船舶代理人要将有关单证、资料寄(传)给目的港船舶代理人。目的港船舶代理人应及时通知各有关方(港口装卸方、海关、检验检疫机构、堆场、收货人等）做好卸船准备，并应制作交货记录。

（3）卸船拆箱。一般集装箱从船上卸下后，要先放在码头（或由集装箱运输经营人办理保税手续后继续运至内陆港站）堆场。整箱货可在此交付给收货人或其代理人，拼箱货由堆场转到集装箱货运站，拆箱分拨后准备交付。船舶代理人将交货记录中的到货通知书寄送收货人或其代理人。

（4）收货人付费换单。收货人接到货运通知单后，在信用证贸易下应及时向银行付清所有应付款项，取得有关单证（正本提单等），然后凭提单和到货通知书向船舶代理人换取提货单等提货手续。

（5）交付货物。整箱货物交付在集装箱堆场进行，拼箱货交付在集装箱货运站进行。堆场和货运站应凭海关放行的提货单，与收货人或其代理结清有关费用（保管费、再次托运费、滞期费、拆箱费）后交付货物，并由双方签署交货记录。由于整箱货是连同集装箱一起提取的，故整箱货提货时应办理设备交接手续。

（6）还箱。收货人从堆场提取的重箱运到自己的仓库拆箱后，应将空箱尽快运回堆场，凭设备交接单办理还箱手续。

上述说明的货运手续，不一定按顺序进行，有时可以交替进行。在多式联运方式下，多式联运经营人在卸货港的代理人将以收货人的名义办理上述某些事宜，实际收货人凭多式联运单据或运输行提单到上述地点提取货物。

3. 拼箱货运代理流程

（1）A、B、C等不同货主将不足一个集装箱的货物交集拼经营人。

（2）集拼经营人将拼箱货拼装成整箱货后，向班轮公司办理整箱货物运输。

（3）整箱货装船后，班轮公司签发主提单（Master B/L）或其他单据给集拼经营人。

（4）集拼经营人在货物装船后也签发自己的子提单（House B/L）给每一个货主。

（5）集拼经营人将货物装船及船舶预计抵达卸货港等信息告知其卸货港代理，同时还将班轮公司的子提单及子提单的副本等单据交卸货港代理，以便向班轮公司提货和向收货人交付货物。

（6）货主之间办理包括子提单在内的有关单证的交接。

（7）集拼经营人在卸货港的代理凭班轮公司的提单等提取整箱货。

（8）D、E、F等不同的收货人凭正本的子提单等在货运站提取拼箱货。

目前，大部分拼箱货的业务是由国际货运代理人承办。货运代理须将船公司或其代理签发的海运提单正本连同自签的各子提单副本快递给其卸货港代理，卸货港代理在船到达后，向船方提供海运提单正本，提取该集装箱到自己的集装箱货运站拆箱，通知各收货人持正本子提单前来提货。

4. 整箱出口退关、漏装处理

（1）整箱出口退关。整箱出口退关是指托运人委托货代办妥整箱出口货运订舱手续后，因种种原因在货物配载装船前终止货物出口的事件。

整箱出口退关发生的时段有多种，有尚未提取集装箱空箱即退关的；有已提取空箱但货物尚未装箱即退关的；有已经装箱但尚未送进港区即退关的；有已送进港区但尚未报关完毕即退关的；有已送进港区且已报关完毕但因超配载或船舶吃水等原因退关的。货代要区别不同情况而采取相应的措施。

1) 退关货的单证处理。

a. 属于托运人主动提出退关的，货代在接到托运人通知后，须尽快通知船公司或其代理人，注销退关货物的订舱，并通知港区现场理货人员注销场站收据或装货单。在货物报关之前退关的，货代要及时持托运人的报关资料退还托运人；在货物报关之后退关的，货代要及时向海关办理退关手续，将注销的报关单及相关单证（外汇核销单、出口许可证、商检证明、来料或进料登记手册等）尽早取回，退还托运人。

b. 托运人提出退关时集装箱设备交接单尚未领取的，则由船公司或其代理人的现场工作人员予以注销；若已领取交接单但尚未提取空箱的，则货代要及时通知托运人或空箱提箱人及时返还设备交接单。

c. 如果不属于托运人主动提出退关而由于船方、港方或海关手续不完备等各种原因造成退关的，货代在办理以上单证手续前，要先通知托运人说明情况并听取处理意见。

2) 退关货的货物处理。

a. 通关后，如货物尚未进入港区，货代须分别通知发货人、卡车队、装箱点停止发货、派车及装箱。

b. 货物已经进入港区，如退关后不再出运，须向港区申请，结清货物在港区的堆存费用，把货物拉出港区，拆箱后送还发货人。

c. 退关后，如准备该船下一航次或原船公司的其他航班随后出运，则暂留港区，等待下一航次或其他航班的船。

d. 如换装另一家船公司的船只，则因各船公司一般只接受本公司的集装箱，这种情况下，须将货物拉出港区换装集装箱后再送作业港区。

(2) 整箱出口漏装。整箱出口漏装是指整箱货物重箱进港报关成功后，因船舶超载、吃水、码头作业等非托运人原因造成货物未装上预先订舱配载船舶的货运事件。在整箱漏装发生后，货代应及时与托运人、船公司或其代理人取得联系，积极沟通和协调各方利益，在取得托运人的书面处理意见后，迅速做出处理。

1) 漏装操作。托运人同意由原船公司或船代将漏装货物安排在同一港区，由下一班船装船出运的，货代负责将盖有海关放行章的场站收据副本联统一交船公司或船代，由其制作整船漏装清单，到海关办理相关货物放行手续。托运人不必重新报关，货物则留在港区等下一班船。一般船公司或船代负担漏装货物在港区的堆存费等相关费用。

2) 改配操作。托运人决定换装其他船公司的船，或原船公司在其他港区码头的另一班船出运的，则货代需及时向海关办理退关手续，将注销的报关单及相关单证尽早取回后退还托运人。在向港区办理申请手续并缴纳相关费用后，安排将重箱拉出。如果仍装原船公司船出运，则按照重新订舱的程序安排货运。在征得船公司同意的情况下，可以使用原集装箱，不必重新提取空箱进行货物倒箱作业，但集装箱装箱单仍需重新制作。若托运人准备另行安排货运委托事宜，则货代在安排拆箱后将货物交还托运人，并将空箱返还原船公司集装箱堆场。期间产生的费用结算等事宜，则依据船公司或船代和托运人之间的协商结果办理。

4.5.2 国际多式联运代理业务

多式联运经营人在从事多式联运业务时，首先要与托运人签订多式联运合同。然后，在合同约定的时间、地点内将货物置于多式联运经营人或其代理的处置之下，多式联运经营人或其代理签发相应的多式联运单据，托运人将该多式联运单据通过银行或以其他方式传递给收货人以便结汇。同时，多式联运经营人按运输路线安排运输过程，视情况需要，与不同区段的分承运人订立分运合同，并对全程运输进行监督和管理。最后货物运至目的地后，多式联运经营人或按照多式联运合同，或按照交货地点适用的法律和特定行业惯例，将货物置于收货人支配之下，或将货物交给根据交货地点适用的法律和规章必须向其交付的当局或其他第三方。

1. 国际多式联运经营人

（1）国际多式联运经营人的含义。根据《联合国国际货物多式联运公约》规定，多式联运经营人是指其本人或通过其代表订立多式联运合同的任何人，他是事主，而不是托运人的代理人或代表或参加多式联运的承运人的代理人或代表，并且负有履行合同的责任。可见，多式联运经营人是一个独立的法律实体，是本人，而非代理人。这样，货物在整个运输过程中任何区段发生的灭失、损害，多式联运经营人都要以本人的身份负责赔偿。

（2）国际多式联运经营人的性质。办理国际多式联运离不开多式联运经营人，多式联运经营人不是发货人的代理人或代表，也不是参加联运的承运人的代理人或代表，而是多式联运的当事人，是一个独立的法律实体。对于货主来说，它是货物的承运人，但对于分承运人来说，它又是货物的托运人。它一方面同货主签订多式联运合同，另一方面它又与分承运人以托运人身份签订各段运输合同，所以其具有双重身份。在多式联运方式下，根据合同规定，多式联运经营人始终是货物运输的总承运人，对货物负有全程运输的责任。

（3）多式联运经营人应具备的条件。由于多式联运经营人同时具有承运人和托运人的双重身份，因此多式联运经营人应具备以下基本条件：

1) 多式联运经营人本人或其代理人就多式联运的货物必须与发货人本人或其代理人订立多式联运合同。

2) 从发货人本人或其代理人那里接管货物时起即签发多式联运单证，并对接管的货物开始承担责任。

3) 承担多式联运合同规定的运输和其他服务有关的责任，并保证将货物交给多式联运单证的持有人或单证指定的收货人。

4) 对运输全过程所发生的货物灭失或损害，多式联运经营人应首先对货物受

联合国国际
货物多式
联运公约

损人负责,并应具有足够的赔偿能力,当然,这种规定并不影响多式联运经营人向造成实际货损的承运人行使追偿的权利。

5) 多式联运经营人应具备多式联运所需要的、相适应的技术能力,以确保自己签发的多式联运单证的流通性。

(4) 国际多式联运经营人的责任范围。国际多式联运经营人的责任期间是从接管货物时起到交付货物时为止。在此期间内,对货物负全程运输责任,但在责任范围和赔偿限额方面,根据目前国际上的做法,可以分为以下3种类型。

1) 统一责任制。在统一责任制下,多式联运经营人对货主负不分区段运输的统一原则责任,即货物的灭失或损失,包括隐蔽损失(即损失发生的区段不明),不论发生在哪个区段,多式联运经营人按一个统一原则负责并一律按一个约定的限额赔偿。

2) 分段责任制。分段责任制又称网状责任制,多式联运经营人的责任范围以各区段运输原有责任为限,如海上区段按《海牙规则》,航空区段按《统一国际航空运输某些规则的公约》简称《华沙公约》办理。在不适用国际法时,则按相应的国内法办理。赔偿也是分别按各区段的国际法或国内法规定的限额执行,对不明区段货物隐蔽损失,或作为海上区段按《海牙规则》办理,或按双方约定的原则办理。

3) 修正统一责任制。修正统一责任制,是介于上述2种责任制之间的责任制,故又称混合责任制。其在责任范围方面与统一责任制相同,而在赔偿限额方面又与分段责任制相同。

2. 国际多式联运程序

(1) 接受委托。根据货主提出的托运申请,多式联运经营人如果认为自己的运力、运输路线的情况能够满足货主要求的运输服务,则接受货主的委托,在场站收据(副本)上签章,证明接受委托,并确定托运人和多式联运经营人的合同关系。多式联运经营人如果认为自己的运力、运输路线的情况无法满足货主要求的运输服务,则可拒绝货主提出的托运申请。

(2) 集运。采用多式联运的货物通常以一定的运输单元的形式进行运送,尤以集装箱运输最为普遍。多式联运使用的集装箱一般由多式联运经营人提供。这些集装箱来源可能有3个:一是经营人自己购置使用的集装箱;二是向租箱公司租用的集装箱,这类箱一般在货物的起运地附近提箱而在交付货物地点附近还箱;三是由全程运输中的某一分运人提供,这类箱一般需要多式联运经营人为完成合同运输与该分运人订立分运合同获得使用权。当货主自行装箱时,铅封必须在完成报关手续后进行。

(3) 报关。进口时,如果在口岸交货,则在口岸报关;如果在内地交货,则在口岸办理海关监管运输(保税运输)手续,加封后运往内地,然后正式办理报关放行手续。出口时,如果从口岸开始联运,则在口岸报关;如果从内地开始联运,则需要有海关官员在装箱地点监装并办理报关手续。报关时应提供装箱单、场站收据、出口许可证等有关单据和文件。

(4) 保险与索赔。对货方来说，可办理货物运输险；对多式联运经营人来说，应就多式联运单据规定的责任范围投保货物责任险，以及视集装箱为货物投保集装箱保险。一旦发生货物损坏、灭失的损失，货主应在规定的期限内向多式联运经营人索赔，并备妥索赔通知书、多式联运单据副本、权益转让书、检验证书等单证，有时还要提供商业发票和装箱单等其他单据。多式联运经营人赔偿后，如果损失发生在明确的运输区段，则直接向分承运人索赔；如在保险责任范围内，可向保险公司索赔。实际操作中，货主通常凭其办理的保险先向保险公司索赔，保险公司赔付后，凭权益转让书取得代位追偿权，向多式联运经营人追偿；如果多式联运经营人已投保货物责任险，则在赔付后可向自己投保的保险公司索赔，其中如涉及第三者责任，该保险公司可再向有关责任人追偿。

(5) 订舱。这里的订舱泛指多式联运经营人要按照运输计划安排洽定各区段的运输工具，与选定的各分承运人订立各区段的分运合同。这是多式联运经营人与各分承运人之间的业务活动，与托运人无关。

(6) 多式联运单据的签发。多式联运经营人或其代理人或代表接管货物时，凭收到货物的收据向托运人签发多式联运单据，托运人收到后，即可到银行结汇。

(7) 单证寄送。货物发运后，多式联运经营人填制发运通知或指示（shipping notification or instruction）给国外的代理，内容包括发运货物的品名、数量、集装箱号、运载工具名称、装卸港、中转地、交货地、收货人名称、还箱地等，连同多式联运单据副本、有关的分承运单据、装箱单等有关发运单据寄给国外代理，国外代理可凭单据办理接货、交货和转运手续。

(8) 交付货物。货物运抵目的地后，由目的地的多式联运经营人的代理通知收货人凭多式联运单据提货，经营人或其代理人需按合同规定，收取收货人应付的全部费用，并且在货物交出后收回多式联运单据。

3. 国际多式联运合同

国际多式联运合同，是指用两种以上不同的运输方式将旅客或货物运抵目的地，旅客和托运人支付运输费用的合同。多式联运合同与一般运输合同相比具有以下特点：

(1) 多式联运合同的承运人一般为两人以上。虽然多式联运合同涉及多个承运人，但托运人或旅客只需与多式联运经营人签订运输合同。其他分承运人根据多式联运经营人代理自己与托运人或旅客订立的联运合同在自己的运输区段内完成运输任务。

(2) 多式联运合同的运输方式为两种以上。

(3) 旅客或托运人一次性交费并使用同一凭证。旅客或货物由一承运人转至另一承运人时，不需另行交费或办理有关手续。

国际多式联运合同与单一方式下的运输合同有较大区别，不论是从合同涉及的运输方式还是从合同的具体体现形式来看。尽管运输全程被分为多个运输区段，各区段又由不同的分承运人来完成，多式联运合同也不能被看作几个单一的运输合同，必须与单一方式下的运输合同区别对待。

4.6 国际货运事故处理

4.6.1 海运事故处理

海上风险存在于货物运输过程中涉及的很多环节,因此这些海上货物运输货损事故的发生在所难免。虽然可根据有关合同条款、法律、公约等规定,对所发生的货损事故进行处理。但是在实际处理过程中,受损方与责任方之间往往会发生争议,故处理货损事故首先要明确以下两个关系。

(1) 国际贸易与国际货物运输的关系。国际运输索赔程序与贸易索赔程序是分开的。货运代理在处理索赔时经常会收到托运人以收货人在收到货后,发现货损,货物延误故拒付托运部分或全部的货款,或取消今后的订单等为由,向货运代理提出部分或全部的贸易损失,这实质上是一种贸易风险的转嫁,货运代理应该要求托运人运用国际贸易法的法律来保护其自身的利益。即使托运人或收货人合法享有向对方提起贸易索赔的权利,也不应该将运输索赔的解决作为解决贸易问题的前提,并以此向货运代理提出非索赔范围内的要求。两者本不适用同一法律范畴,托运人在货物运输中的权利并不影响有关贸易法规定中的权利的行使,两者可以同时进行,或先行处理贸易索赔。

(2) 运费的收取与索赔的关系。运费是托运人托运货物时应当支付给承运人或承运代理人的费用,这是事前的行为与责任;而索赔是在货物运输过程中,或货物到达目的地后的事后的行为与权利的要求,托运人将受到国际货物运输中有关规定的合理保护,若托运人以索赔未成或未解决为由,拒付货运代理运费是没有依据的。只有对上述关系加以明确,才能够对国际物流中的货损事故进行公正的处理。

1. 常见货损事故成因及认定

海运货损事故主要是指海上货物运输过程中发生货物的灭失或损坏。可能的货损事故成因归纳起来有以下 9 种:

(1) 未装船前已受损或已存在潜伏的致损因素。
(2) 装卸作业中受损。
(3) 受载场所条件不符合要求。
(4) 船上积载不当。
(5) 装船后与航途中及卸船前期间保管不当。
(6) 自然灾害。
(7) 其他事故殃及。
(8) 盗窃。
(9) 其他。

当收货人提货时,如发现所提取的货物数量不足、外表状况或货物的品质与提单上记载的情况不符,则应根据提单条款的规定,将货物短缺或损坏的事实进行有效取证,以此表明提出索赔的要求,如果货物的短缺或残损不明显,也必须是在提取货物后的规定时间（一般规定为 3 天）内，向承运人或其代理人提出索赔通知。

凡船舶在海上遭遇恶劣气候的情况下，为明确货损原因和程度，应该核实航海日志、航方的海事声明或海事报告等有关资料和单证。货运事故发生后，收货人与承运人之间未能通过协商对事故的性质和程度取得一致意见时，则应在共同同意的基础上，指定检验人对所有应检验的项目进行检验，检验人签发的检验报告是确定货损责任的依据。

2. 海上货运事故索赔

海上货运事故索赔主要是指就海运货损事故发生后，货物利益方对承运人提出索赔的行为。海上货运事故发生的原因是复杂的，所以货运事故发生后，首先需要找出事故发生的原因，存在多个原因时，则根据近因原则，确定事故责任人。对由承运人原因造成的事故，还需要考虑哪些责任是其必须承担的，哪些责任是其可以免责的。对发生的货物灭失或损坏，还需要确定损坏程度，对有争议的事故还需要委托公证人进行公正检验。因此，索赔时，受损害方应当根据有关法律规定，按照一定的程序，提供证据，证明事故原因、事故责任和损失的数额。

（1）索赔人。索赔人应当是遭受损害的货物所有人。由于国际贸易中货物流转程序的复杂性，索赔人可能包括下列几种不同身份。

1）收货人。国际海上货物事故索赔人主要是收货人。托运人在将货物装船后，取得了承运人签发的已装船提单，然后将该提单转让给买方，即收货人，使收货人成为货物的所有人，包括可转让提单的最终买受人。根据有关法律规定，提单在转让给收货人后，即构成承运人与提单持有人之间的运输合同。所以在发生由承运人责任造成的货运事故时，收货人就有权依据提单合同向承运人提出索赔。实际上，货运事故索赔最多的是由收货人提出的。

2）托运人。托运人向承运人的索赔事项包括在货物交给承运人接管后到货物装船时发生的货物灭失或损坏，以及在运输途中发生的承运人责任货运事故。托运人的索赔权利来自 2 个方面：

a. 托运人作为承租人与承运人签订租船合同。在发生货物灭失或损坏时，托运人可以依照租船合同索赔损失。

b. 提单合同。当托运人没有转让提单，例如对寄售的货物，托运人欲控制货物并自己控制提单，或者当买方拒收货物，或银行议付时出现不符点，提单被退回托运人，托运人再次成为提单持有人时，即托运人既是合同缔约方又是提单所有人时，通常托运人应当根据运输合同的规定进行索赔，因为此时提单等于没有转让。

3）其他提单持有人。除上述托运人和收货人外，其他提单持有人也可以成为货运事故的索赔人。例如，银行或因议付和提单，或因融资成为提单质押权人，作为提单持有人向承运人主张提货时，如果提单货物发生灭失或损坏，银行就有权作为提单项下货物的占有权人或质押权人依据提单合同向承运人索赔损失。

（2）无船承运人。在国际多式联运形式下，无船承运人以承运人身份接受托运人托运后，再以托运人身份与实际承运人签订运输合同。当发生实际承运人责任的货运事故时,无船承运人即可依据运输合同向实际承运人索赔,作为其向实际托运人或收货人赔偿后的追偿。

(3) 货物保险人。在发生海上货物事故后,货物被保险人常常直接向保险人提出索赔,然后将货物的索赔权,即代位追偿权,让渡给保险人。保险人在取得代位追偿权后,即有权向承运人索赔。

3. 索赔程序

货运事故索赔应按照一定的程序进行,具体来说主要包括以下几个环节:

(1) 及时发出损坏通知。根据有关国际公约和各国法律或合同的规定,在发生海上货物运输事故时,收货人或其他货物索赔人应在规定的时间内向承运人发出货运事故通知书,声明保留货运事故索赔权。如货物索赔人未向承运人发出货物事故通知,货运事故的举证责任就由承运人转到收货人。如收货人不能举证证明承运人过失,则会在索赔中败诉。

货物索赔人发出货运事故通知是有时间限制的。根据我国《海商法》第 81 条第 2 款规定:货物灭失或损坏情况并非显而易见的,在货物交付的次日起连续七日内,集装箱货物交付的次日起连续十五日内,收货人未提交书面通知的适用前款规定。

(2) 准备索赔文件。通常,收货人在提出索赔时应出具以下文件。

1) 索赔函。索赔函是货物索赔人向承运人提出货物索赔的正式文件,该文件无固定格式,但应包括以下主要内容:①索赔人的名称、地址;②船名;③装卸港口名称和船舶抵达货港的日期;④提单号码及提单中的货物描述;⑤货物灭失或损坏的情况;⑥索赔日期、索赔金额及索赔理由。

应当注意的是,索赔人按照法律规定向承运人提出的货运事故通知并不表示已经向承运人提出索赔,只有索赔人向承运人提出索赔申请书时,才表明索赔的正式开始。

2) 提单。提单是海上货物索赔中的重要依据。提单作为货物证据,表明承运人收到货物的数量和外表情况;提单作为运输合同,表明了承运人应当承担的责任义务,是处理索赔的重要法律依据。

3) 卸货报告、理货报告、货物溢卸、短卸报告、货物残损单等卸货单证。上述各种单证是对船舶卸下货物的原始记录,由船方和理货人或装卸公司共同作出并会签。如果卸下的货物与提单或船舶载货清单(Export Cargo Manifest)不符,会在此类报告中做出记录,此类单证是货物灭失或损坏的原始记录,所以是货物索赔时的重要依据。

4) 货物残损公证检验报告、重理单。当收货人和船方对货物的损坏程度、数量、损坏原因无法做出正确判断或存在争议时,往往需要双方共同指定公正检验机构对残损货物进行检验,确定损坏程度、数量、价值,以及导致货物残损的原因等,并出具货物残损检验证书(Inspection Certificate for Damage and Shortage)。当船货双方对卸货数量发生争议时,可以对所卸货物重新理货,并出具重理单。这两种报告也是货物索赔最直接的原始依据。

5）商业发票、装箱单、重量单等。商业发票是由贸易合同中的卖方开给买方的商业票据。商业发票记载了货物的单价和货物总值，是索赔时计算索赔金额的直接原始依据。如果发票中记载的是货物 CIF 价值，索赔金额应当按此价值计算；如果发票是以 FOB 价或 CFR 价开具的，计算时还应加上运费或保险费，但索赔人应提供运费或保险费收据，以资证明。装箱单或重量单通常是商业发票的随附单证，用以证明提单项下货物品种和数量的详细情况，因此是提单中货物记载的附加证明。

除上述单证外，凡是能够确定货运事故的原因、损失程度、损失金额、货运事故责任的任何文件都应当准备齐全，与上述单证一起提供。

4. 索赔权利的保全

（1）海事请求保全的概念及目的。海事请求保全是指对海事请求具有管辖权的法院根据海事请求人的申请，为使其海事权利得以保障，对被申请人的财产或行为所采取的民事强制措施。这些强制性措施通常包括强迫被申请人提供可信赖的担保，如书面担保、财产担保，扣押义务人的船舶，要求义务人实施某种作为或不作为等。

采取保全措施的目的是保证海事请求人民事权利的顺利实现。海事请求保全是海事请求人实现其索赔权利的重要且行之有效的措施，是货物索赔人保全自己的权利，顺利实现索赔的一种手段。保全措施本身不是索赔行为，它只是日后成功取得赔偿的一种保障措施。

（2）海上货物运输索赔权利保全的形式。海上货物运输索赔权利保全是海事请求保全的重要内容之一。根据相关法律和业内惯常做法，对海上运输货物索赔的权利保全可采取货物赔偿担保书和扣押船舶两种形式。

1）货物赔偿担保书（Letter of Guarantee，Letter of Undertaking），或称赔偿担保函（Letter of Indemnity，LOI），是指承运人就其承运货物的灭失或损坏，向收货人提供保证，将按照仲裁机构的裁决或法院的判决做出赔偿的书面文件，担保人一般为银行、船东互保协会、船舶保险人等。当然，具有足够经济力的大公司出具的保函也是可以接受的。担保书应当具有以下主要内容：受益人、担保责任范围、担保金额、赔偿支付条件、时间和地点及有效期等。

2）扣押船舶是海事请求保全的最主要、最典型的形式。船舶不同于一般财产，作为海上运输工具，船舶具有名称、国籍等拟人化的特征。因此，扣押船舶是民事诉讼中的特别海事诉讼制度。国际海事委员会制定的《52 年扣船公约》及《中华人民共和国海事诉讼特别程序法》（以下简称《海事诉讼特别程序法》）都对扣船的有关问题做出了特别规定。

5. 索赔权利的转让

如果货物已由保险人承保，并且保险人根据保险合同已对出险货物向货物所有人做出了赔偿，则根据保险的法律原则，货物所有人应当将其对承运人的索赔权利转让给保险人。保险人在取得代位追偿权后，可以直接向承运人进行索赔。

货物所有人在收到保险人赔偿后，应当向保险人签署收款及权益转让书（receipt and subrogation form),供保险人凭此转让书向承运人索赔。

被保险人在向保险人索赔前不得损害保险人的利益,并应积极协助保险人向责任方索赔。如果因被保险人的不当作为或不作为导致了保险人索赔权利的丧失或损害,保险人有权向被保险人追偿损失。所以,被保险人有义务维护保险人对第三人的索赔权。

保险人在取得代位追偿权后,即可以被保险人的名义向承运人主张赔偿。如果获得的赔偿额大于其向被保险人支付的赔偿额,超出部分应当退还给被保险人。

6. 索赔受理与审核

索赔的受理与审核系承运人的一项理赔工作。一般来说,国内提赔人往往是通过国外代理提出索赔,由运输货物的承运人受理,承运人在国外的代理无权处理,除非经承运人委托或授权。

(1) 分清责任。承运人在处理索赔时,首先应分清发生货损的原因和应承担的责任范围。当受损方承运人提出某项具体索赔时,承运人可根据提单中有关承运人的免责条款解除责任。因此,在索赔和理赔过程中,往往会发生举证和反举证。原则上,受损方要想获得赔偿,必须予以举证,而责任方企图免除责任或减少责任,则必须予以反举证和举证。反举证是分清货损责任的重要手段,有时在一个案件中会多次进行,直到最终确定责任。

(2) 审核。审核是处理货损事故仔细且重要的工作,在从事理赔工作时主要审核的内容有:

1) 索赔的提出是否在规定的期限内,如果期限已过,提赔人是否已要求展期。
2) 提出索赔所出具的单证是否齐全。
3) 单证之间有关内容是否相符,如船名、航次、提单号、货名、品种、检验日期等。
4) 货损是否发生在承运人的责任期限内。
5) 船方有无海事声明或海事报告。
6) 船方是否已在有关单证上签字确认。
7) 装卸港的理货计数量是否准确。

(3) 承运人免责或减少责任应出具的主要单证。承运人对所发生的货损欲解除责任,或意图证明自己并无过失行为,则应出具有关单证以证明对所发生的货损不承担或少承担责任。除前述的收货单、理货计数单、货物溢短单、货物残损单、过驳清单、卸货报告等货运单证外,承运人还应提供:

1) 积载检验报告。
2) 舱口检验报告。
3) 海事声明或海事报告。
4) 卸货事故报告。

(4) 索赔金的支付。通过举证与反举证,虽然已明确了责任,但在赔偿金额上未取得一致意见时,则应根据法院判决或协议支付一定的索赔金。关于确定损失金额的标准,《海牙规则》并没有做出规定,但在实际业务中大多以货物的CIF价作为确定赔偿金额的标准。

4.6.2 空运事故处理

1. 不正常运输

货物的不正常运输,是指货物在收运及运输过程中由于各方面工作的差错及不规范的操作而造成的货物不正常状况,如多装、少装、多收、少收货物,货物变质、货物损坏等。

2. 货损、货差及处理方式

在国际航空货物运输中,航空货物运输所承运的货物,承运人应该承担当货物由托运人交承运人起,直至承运人将货物交收货人为止的责任,这一段时间也称为承运责任期间。在这期间货物因装卸、运送、保管、交付过程不妥善等,而发生货物损坏或丢失事故,称之为货损、货差。

(1) 货损。

1) 货损的形式。

a. 破损。货物的外部或内部已经变形,具有明显的变形特点,因而使货物的价值可能或已经遭受了损失,如破裂、损坏。

b. 内损。货物外部包装完好,但是内装货物受损,这种在未拆开外部包装时不容易发现,只有在收货人提取货物后或交海关时才能发现。

2) 承运人对货损的处理方法。

承运人根据发现货物破损的时间分别对破损货物进行不同的处理,具体处理办法有以下几方面。

a. 若在收运货物时发现,拒绝收运。

b. 若在出堆操作时发现,如果轻微破损(内物未损坏),则加固包装,继续运输;如果严重破损(内物破坏),则停止运输,通知发货人或始发站征求处理意见。

c. 若在交接中转货物时发现,如果轻微破损,在 TRM 的备注栏内说明破损情况;如果严重破损,拒绝转运。

d. 若在进落操作时发现,则填开不正常运输记录,并通知货物装运站和始发站。

(2) 货差。

1) 造成货差的原因。

在国际货运中,货差主要是指航空货物在运输过程中发生了货物短少等情况。造成货差的主要原因是在运输过程中,由于承运人的疏忽发生了遗漏或在运输过程中遭遇了盗窃及发货人自身原因造成的货物差额。

2) 空运货损、货差的处理。

a. 航空货物运输中,如果发生货损、货差,首先追查责任方,确定是代理责任还是承运人责任,不论是哪方责任,一般均按《华沙公约》中国际空运的相关条款进行处理和赔偿,也就是按航空主运单、分运单背面条款进行赔偿,一般根据货物计费重量,最高赔偿额为 20 美元/kg,其余部分由货主向保险公司提赔(即货物在出运前办理了保险）的方法进行处理。

b. 在运输交接货物时，发现货物外包装有破损或件数短少时，应在接货的同时取得民航货运的商务记录，届时凭此向航空公司提出索赔。

c. 空运货物在目的地卸离飞机后，如有残损或短少，收货人或其代理人必须在 48 小时内向飞机承运人提出异议，否则承运人则视为已经按照合同履行完交货义务。

d. 索赔及诉讼都必须在其相应的时效以内，如果超过索赔及诉讼时效后才提出，则相关部门不予受理。

3. 无人提取的货物处理方式

（1）无人提取货物的定义。

当货物到达目的地 14 天后，由于下列原因造成的无人提取时，称为无人提取的货物。

1）收货人对货物通知不予答复。

2）货运单所列地址无此收货人或收货人地址不详。

3）收货人拒绝支付有关款项。

4）收货人拒绝提货。

5）出现一些其他影响正常提货的问题。

（2）无人提取货物的处理。

1）无人提取货物的通知。

对于无人提取的货物，目的站通常发出无法交付货物通知单（Notice of Non-delivery）。无法交付货物通知单应交给始发站的出票航空公司或当地的代理人，由其通知货物托运人，出票承运人的财务部门应保留无法交货通知单的副本。

2）到付运费的收取。

a. 由货物运输的目的站填开货物运费变更通知单（Charges Correction Advice，CCA），并向始发站结算此次运输产生的所有费用。

b. 始发站收到目的站填开的航空货物运费变更通知单后，由始发站负责向货物托运人收取到付运费和目的站产生的其他所有费用。

c. 目的站根据托运人的要求对货物进行变更运输的处理或其他交货处理，由此产生的费用由托运人承担。

4. 变更运输的处理方式

变更运输是指托运人在货物发运后，除了对货运单上所注明的申明价值和保险金额不能做相应的变更以外，可以对货运单的其他各项内容，如货物运费支付方式、收货人、目的站及退运等内容做出修改。在托运人要求进行变更时，应出示货运单正本并保证支付由此而产生的费用，对于托运人的要求，航空公司即承运人在收货人还未提货或还未要求索取货运单和货物，或者拒绝提货和无法交付货物的前提下应予以满足，但托运人的更改要求不应损害承运人及其他托运人的利益，当承运人难以达到托运人的要求时，承运人应及时通知托运人作其他处理。

(1) 变更运输的范围。

1) 运输方面。①对收货人的更改；②对目的站的更改；③要求在运输途中的任何经停站停止货物运输；④在货物起运前，在运输的始发站将货物撤回；⑤对于已经起运的货物，要求承运人继续将货物运回始发机场；⑥对于已经起运的货物，要求从中途或目的站退运。

2) 费用方面。①托运人对于垫付款金额的更改；②更改运费的支付方式，将运费预付改为运费到付，或者是将运费到付改为运费预付。

(2) 变更运输的时间。

1) 货物发运前。在货物发运前，如果货物托运人要求始发站退货时，承运人应向托运人收回货运单正本，收取已发生的费用（如地面运输费、托运手续费等）后，将货物及已付款项退还托运人。如果托运人要求更改垫付款金额或付款方式时，应收回原货运单，并根据对于垫付款金额和付款方式的更改情况向托运人补收或返回运费差额，在此项更改中，托运人必须按照有关航空公司的收费标准向承运人支付变更运输手续费和货运单费。

2) 货物发运后和提取前。在货物发运后、提取前，如果托运人要求变更垫付款金额或付款方式时，则应填写货物运费更改通知单（Cargo Charges Correction Advice，CCA），并根据托运人要求变更内容的不同情况对托运人进行补收或退回运费差额，托运人必须按照航空公司有关计费标准向承运人支付变更运输手续费。如果托运人要求变更运输（如中途停运、改变收货人等）时，由于改变运输意味运费发生变化，所以除应根据以上有关规定外，航空公司还应及时与有关承运人联系进行办理。进行此种变更时，托运人必须承担由于对货运变更所引起的货物运费的变化，对已支付的运费进行多退少补，同时还必须承担由于变更运输所产生的变更运输手续费。

(3) 更改货运单。

1) 对现有货运单的修改。由货物运输变更引起的货运由单内容更改，确实需要在全部货运单中同步进行，以确保信息的准确性和一致性。在修改货运单内容时，应尽可能保持与原内容相近，以减少混淆和误解。同时，注明修改企业的IATA代号及修改地机场或城市代号也是非常重要的，这有助于追踪和确认修改的来源和地点，增加透明度，并确保责任明确。

2) 填开新货运单。当一票货物由于无人提取而发生退运，根据托运人要求进行转运时，承运人应填开新货运单，并且原货运单号在新货运单的"Accounting Information"一栏中注明，而所有本该向收货人收取而没有收取的费用，按运费到付处理，填在新开的货运单的"Other Charges"一栏。

(4) 运费更改通知书。当货物运费发生变化时，无论是由何种原因造成，都应通知相关部门和有关承运人，并填制货物运费更改通知书。

1) 当货物已经起运，并远离始发站后，如果需要更改运费的付款方式或具体数额时，由货物运输有关的承运人填开运费更改通知单，任何与货物运输有关的承运人都可填开运费更改通知单。

2) 在填开运费更改通知单之前，有关的承运人必须确认货物尚未交付给收货人，才能进行运费更改通知单的填制。

3) 对于运费更改通知单的填制，要求所要更改的运费必须超过 5 美元时才能填开，如果所更改的运费低于 5 美元，则没有必要填开运费更改通知单。

4) 运费更改通知单由相关承运人填开以后，必须及时将副本传送给始发站和目的站及相关财务结算部门。同时，填开承运人还必须进行留存，所以填开运费更改通知单至少要一式四份。

5) 运费更改通知单由填制运费更改通知单的企业交第一承运人，再由第一承运人转交第二承运人，并以此类推。

5. 货物索赔

在国际货物运输中，各种运输方式都有相对应的国际运输公约或各国共同认可和执行的法律法规，国际上空运货物索赔主要的法律依据有华沙体制中的《华沙公约》和《海牙规则》以及各国国内所执行的法律法规，空运货物的索赔必须遵守《华沙公约》或《海牙规则》的有关规定。

(1) 索赔人。索赔人是指在国际货物索赔中，具有索赔权利的合法索赔人。在空运货运索赔中，合法索赔人包括：

1) 在航空货运单上列明的收货人或托运人。

2) 持主货运单上托运人或收货人签署的权益转让书的人员。例如，托运货物的主托运人和主收货人、受索赔人委托的律师、承保货物的保险公司和其他有关的单位。

3) 具有向航空公司索赔权利的托运人、收货人必须是航空货运主运单上填写的托运人或收货人，而对于分运单上的托运人、收货人或其他客户则没有向航空公司索赔的权利，其索赔对象应该是主运单上的托运人或收货人。

4) 对于已经到达目的站的货物，如果货物未被收货人提取，则托运人还具有索赔的权利，一旦货物被收货人提取，则托运人不能进行索赔，除非托运人具有收货人的权益转让书。

在国际航空货物运输实际操作中，如果接到索赔要求的承运人不属于实际受理索赔的承运人时，应当及时将索赔要求转交有关的实际受理索赔承运人，并及时通知索赔人。

(2) 索赔的时间和地点。

1) 索赔的时间。

a. 如果货物损坏或短缺是属于明显可见的，则索赔人应从发现货损、货差时起立即提出，最晚延迟到收到货物起 14 天内提出。

b. 如果由于承运人的原因导致货物运输延误而造成货物损失，则索赔人应在货物由收货人提取和支配货物起 21 天内提出。

c. 如果是由于承运人原因而造成的货物毁灭或遗失，则索赔人提出索赔要求的时限为自填开货运单之日起 120 天内。

d. 如果托运人和收货人对于运输货物有任何异议，均按上述规定期限，由索赔人向承运人以书面形式提出，除承运人有欺诈行为外，有权提取货物的人如果在规定时限内没有提出异议，将会丧失获得赔偿的权利。

e. 对于提出索赔的货物，货运单的法律有效期为两年，超过法定索赔期限收货人或托运人未提出赔偿要求，则视为自动放弃索赔权利。

2) 索赔的地点。在国际航空货运的索赔中，索赔人索赔的地点根据索赔人所在的位置或货差、货损实际发生的地点，可以由索赔人在货物的始发站、目的站或发生货差、货损的中间站，以书面形式向承运人（可以是承运人中的第一承运人、当事承运人或最后承运人）或其代理人进行索赔。而承运人对于索赔人的索赔要求，应当在两个月内进行处理，处理地点一般为货运到达站。

(3) 索赔需要的文件。

在货损的索赔中，索赔人必须提供一系列相关的索赔单据，其中主要包括的单据有：

1) 索赔人的正式索赔函两份。
2) 货物舱单（由航空公司提供的复印件）。
3) 货物托运时的货物商业发票、装箱清单和其他必要资料。
4) 商检证明（货物损害后由海关检验部门等中介机构所做的鉴定报告）。
5) 由航空承运人签发的货运单正本或副本。
6) 货损发生后，由相关的机构填制的货物运输事故鉴定，详细客观地反映货损情况。
7) 在整个运输过程中，发生运输事故的记录。
8) 来往电传等文件。

6. 赔偿规定及理赔程序

(1) 赔偿规定。在国际航空货物运输中，对于货运损失的赔偿主要根据《华沙公约》和《海牙规则》来确定其赔偿额度和限额，其主要规定如下：

1) 如果货物在托运时没有办理声明价值的，则在发生货损后，由承运人按照实际损失的价值进行赔偿，但赔偿最高限额为毛重人民币 20 元/千克。

2) 如果货物在托运时，已向承运人办理货物声明价值的货物，则发生货损后，承运人按托运时声明的价值进行赔偿；如承运人能够证明托运人的声明价值高于《民用航空规章货物》中对货物价值的规定时，则发生了货损后，承运人仍按照实际损失进行赔偿。如果承运人在运输货物时，超过了货物运输合同中双方所约定的到达期限而造成的损失，承运人应当按照运输合同的约定进行赔偿。

3) 如货物的一部分或者货物中任何物件发生遗失、损坏或者延误，用以决定承运人责任限额的重量，仅为该件或者数件的总重量。如货物的一部分或者货物中任何物件发生遗失、损失或者延误，以致影响同一份货运单所列的另一包装件或者其他包装件的价值时，在确定责任限额时，另一包装件的总重量也应当考虑在内。

4) 对于内损货物，如无确实的证据证明货损是由于承运人的过错造成的，则承运人不承担责任。但对于外包装破损或有盗窃痕迹的货物损失，则承运人应负责赔偿。

（2）理赔程序。托运人或收货人发现货物有丢失、短缺、变质、污染、损坏或延误到达情况，收货人应当场向承运人提出，承运人应当按规定填写运输事故记录并由双方签字或盖章。如有索赔要求，收货人或托运人应当按签发事故记录的法定时限，向承运人或其代理人提出索赔要求。向承运人提出赔偿要求时应当填写货物索赔单，并随附货运单、运输事故记录和能证明货物内容、价格的凭证或其他有效证明。现将理赔程序归纳为以下几个方面。

1）出具货物运输事故签证。当航空地面代理人在卸货时发现货物破损，即由航空公司或航空公司地面代理人填写货物运输事故签证，这份签证由航空公司的货运部门签完后，再由收货人签字，其中一份由航空公司留存，另一份由收货人留存，这份签证主要是在目的站货物出现问题的一个证明。

对于货物运输事故签证的填写，必须做到对内装货物损失程度的准确、客观描述，所以不能出现"短少""大概"等模糊的字眼。为了确定货物的具体受损程度，在填开货物运输事故签证时，航空公司地面代理人和收货人可以共同开箱进行检查。在开箱检查时，货损又可能会出现两种情况：第一种是外包装破损，内装物完好；第二种是外包装破损，内装物破损。在第二种情况下，又会出现由于货主没有按照航空货物包装的要求来进行包装而导致的货物受损，这种情况就需要货主和承运人共同承担责任。

2）索赔人出具索赔申请书。在当收货人发现货物由于运输不当或不正常造成了货物的损失而向承运人提出索赔时，必须按照国际航空货物运输公约所规定的时限提出索赔要求，并首先向航空公司提出索赔申请书。在索赔申请书中列明货物起运地与目的地、货运单号、承运人名称、发生货损的内容以及索赔金额等。

3）由航空公司审核所有的资料和文件。当航空公司接到索赔人提出的索赔申请书后，由航空公司审核所有的资料和文件，并进一步进行以下调查和审核工作：

a. 航空公司调查该批损失货物是否已办理保险，如货物办理保险，在保险公司进行全额赔偿后，由保险公司再向承运人提出，进行追索赔偿，则承运人只做限额赔偿。

b. 如果货物发生了遗失，航空公司则查看来往电传以确定丢失的货物及其数量；如果货物损坏，则查看记录，确定货物损坏是全部损坏还是部分损坏。

c. 在目的站进行理赔时，航空公司及时了解始发站是否有收到索赔函，避免在始发站和目的站的双重索赔。

d. 在对事故的调查和审核完成以后，由航空公司填写国际货物索赔报告。

4）填写国际航空货物索赔单。航空公司在对货物损失和相关资料文件的审核和调查完成以后填写国际货物索赔报告，并由航空公司填写国际航空货物索赔单，由索赔人签字盖章，表明航空公司正式认可索赔的有关事项。

5）货物索赔审批单。在航空公司进行货物的理赔时，由于各航空货物的不同和索赔的金额不同,需要各级领导审批。

6) 责任解除协议书。在航空公司对货物损失进行赔偿以后,在索赔人收到相关的赔偿时,由双方共同签署责任解除协议书,证明索赔人在收到赔偿后放弃诉讼权及进一步的索赔权。

4.6.3 陆运事故处理

1. 国际公路运输事故处理

(1) 货损事故责任的确定。公路承运人对自货物承运时起至交付货物期间内所发生的货物灭失、损害系由于装卸、运输、保管及交接过程中发生运输延误、灭失、损坏、错运等负赔偿责任。货损事故的责任范围包括:

1) 货损:货物磨损、破裂、湿损、变形、污损、腐烂等。
2) 货差:货物发生短少、错装、错卸、交接差错等。
3) 有货无票:货物存在而运单及其他票据未能随货同行,或已遗失。
4) 运输过失:因误装、误卸及办理承运手续过程中的过失或漏装等。
5) 运输延误:已接受承运的货物由于始发站未及时运出,或中途发生变故等原因,致使货物未能如期到达。

造成货损、货差的其他原因还有破包、散捆、票据编制过失等。

对下列原因造成的货损事故,公路承运人不承担赔偿责任。

1) 由于自然灾害发生的货物遗失或损坏。
2) 包装完整,但内容短少。
3) 由于货物的自然特性所致。
4) 根据卫生机关、公安、税务机关有关规定处理的货物。
5) 由托运人自行保管、照料所引起货物损害。
6) 货物未过磅发生数量短少。
7) 承托双方订有协议,并对货损有特别规定者。

(2) 货损事故记录的编制。

1) 事故发生后,由发现事故的运送站或就近前往现场编制商务记录,如系重大事故,在有条件时还应通知货主一起前往现场调查,分析责任原因。
2) 如发现货物被盗,应尽可能保持现场,并由负责记录的业务人员或司机根据发现的情况会同有关人员做好现场记录。
3) 对于在运输途中发生的货运事故,司机或押运人应将事故发生的实际情况如实报告车站,并会同当地有关人员提供足够的证明,由车站编制一式三份的商务事故记录。
4) 如货损事故发生于货物到达站,则应根据当时情况,会同司机、业务人员、装卸人员编制商务记录。

(3) 货损事故的赔偿。受损方在提出赔偿要求时,首先应办妥赔偿处理手续,具体做法如下:

1) 向货物的发站或到站提出赔偿申请书。

2) 提出赔偿的申请人必须持有有关票据,如行李票、运单、货票、提货联等。

3) 在得到责任方给予赔偿的签章后,赔偿申请人还应填写赔偿要求书,连同有关货物的价格票证如发票、保单、货物清单等送交责任方。

在计算货损事故的赔偿金额时,主要有3种情况。

1) 发货前的损失,应按到达地当天同一品类货物的计划价或出厂价计算赔偿,已收取的运费也应予以退还。

2) 到达后的损失,应按货物运到当天同一品类货物的调拨价计算赔偿。

3) 对价值较高的货物,则应按一般商品调拨价计算赔偿。

2. 国际铁路运输事故处理

在铁路货物运输中,凡涉及铁路与发货人、收货人之间,或参加运送铁路间、铁路内部各单位间发生货损、货差时,应在事故发生当日编制记录,作为分析事故原因和确定责任的原始证明及处理赔偿的依据。

(1) 货损事故记录的编制。货运事故记录分为商务记录、普通记录与技术记录3种。

1) 商务记录。商务记录是指在货物运送过程中对发生的货损、货差或其他不正常情况的如实记载,是具体分析事故原因、责任和请求赔偿的基本文件。在商务记录中,应确切地记载货物的状态、发现运送状态不良的情况及发生货物损坏的原因。记录中应列举事实,不应包括关于责任问题和发生损失原因的任何判断。同时,对商务记录各栏应逐项填写,不准划销。

遇有下列情况之一,应编制商务记录:①发现货物的名称、重量、件数等同运单和运行报单中所记载的事项不符;②货物发生全部或部分灭失,或包装破损;③有货无票或有票无货;④由国境站开启装有危险货物的车辆。

商务记录必须在发现事故的当日编制,并按每票货物分别编制。如果是运送同一发货人的同一种类的货物时,准许在到达站对数批货物编制一份商务记录。

接受商务记录的铁路部门,如对记录有异议,则应从收到记录之日起45天内,将异议通知编制商务记录的人。超过这一期限则被认为已接受。

2) 普通记录与技术记录。货物运送过程中,发现除编制商务记录情况以外的情况时,如有必要,车站应编制普通记录,普通记录不作为赔偿的依据。当查明货损原因系车辆状况不良所致时,除编制商务记录外,还应按货损情况编制有关车辆状态的技术记录,并随附于商务记录内。

(2) 货运事故的处理与赔偿。

1) 赔偿请求的提出与受理。发货人、收货人均有权根据运输合同提出赔偿要求。赔偿请求应附有相应依据并注明款额,按每批货物以书面形式由发货人向发送站、收货人向到达站提出。由全权代理代表发货人或收货人提出赔偿请求时,应有发货人或收货人的委托书证明这种赔偿请求权,委托书应符合受理赔偿请求铁路所属国的法令和规章。自赔偿请求提出之日起,铁路必须在180天内审查此项请求,并对赔偿请求人给予答复。

2) 索赔的依据及随附文件。

a. 货物全部灭失，由发货人提出赔偿时，发货人应出具运单副本；由收货人提出时，应同时出具运单副本或运单正本和货物到达通知单及铁路方在到站交给收货人的商务记录。

b. 货物部分灭失或质变、毁损时，收货人、发货人均可提出索赔，同时应出具运单正本和货物到达通知单及铁路到达站交给收货人的商务记录。

c. 货物发生运输延误时，应由收货人提出赔偿，并提交运单正本和货物到达通知单。

d. 承运人多收运送费用，发货人可按其已付的款额向承运人追回多收部分的费用，但同时应出具运单副本或发送路所经国内规定的其他文件；如由收货人提出追回多收费用的要求，则应以其支付的运费为基础，同时出具运单正本和货物到达通知单。

在提出索赔的赔偿请求书上，除应附有运单或运单副本外，在适当情况下还需附商务记录，以及能证明货物灭失、损坏和货物价值的文件。

3) 索赔请求时效。凡根据运输合同向铁路部门提出索赔，以及铁路对发货人、收货人关于支付运费、罚款的赔偿要求应在9个月内提出，有关货物运输延误的赔偿，则应在2个月内提出。上述时效的计算方法如下：

a. 关于货物损坏或部分灭失及运输延误的赔偿，自货物交付之日或应付之日起计算。

b. 关于货物全部灭失的赔偿，自货物按期运到后60天内提出。

c. 关于补充支付运费、杂费、罚款的要求，或关于退还此项款额的赔偿要求，则应自付款之日起计算；如未付款，自货物交付之日起计算。

d. 关于支付变卖货物的货款要求，则自变卖货物之日起计算。

4.6.4 国际多式联运事故处理

在国际多式联运全程过程中，不仅要使用两种或两种以上的运输工具来完成各区段的运输，而且要完成各区段不同运输方式之间的衔接、换装工作。因此，发生货损、货差等货运事故的可能性要比单一运输方式下大得多。

1. 事故类型

国际多式联运中的主要事故类型有货物破、擦损，水渍损，汗渍损，污损，盗损，气温变化引起的腐烂变质，冻结或解冻损及其他原因引起的货物全损和灭失。

2. 多式联运货损事故处理特点

由于多式联运在运输组织、实际运输过程等方面与传统的分段运输有较大区别，多式联运的事故处理与传统的分段运输相比有一些新的特点。

（1）索赔与理赔的多重性。根据多式联运合同，多式联运经营人承担货物全程运输任务，对全程运输过程中发生的货物损害负责；而多式联运经营人为了完成全程运输任务，就需要与各区段的实际承运人建立分运合同，并与各区段衔接点的代理订立代理合同，以实现各区段的运输。在货方投保全程运输险和多式联运经营人投保运输责任险的情况下，货损事故处理中索赔和理赔的次数还会增加，如货方已投保全程货物运输险，则多式联运经营人根据合同向受损人承担责任，向保险人索赔，保险人理赔后，再根据分运合同向责任人索赔。

（2）多式联运经营人采用的责任形式对货损事故的影响。在统一责任制下，多式联运经营人对运输全程负责，各区段的实际承运人对自己承担的区段负责，无论事故发生在哪一个区段，都按统一规定的限额进行赔偿。在网状责任制下，多式联运经营人对全程运输负责，各区段的实际承运人都按事故发生区段适用的国际公约或地区法律规定和限额进行赔偿。这样，多式联运经营人对货物的赔偿与实际承运人向多式联运经营人的赔偿都可以按相同的责任基础和责任限额进行。

（3）多式联运中对隐藏损害的处理。集装箱货物多式联运是由多种运输方式、多个实际承运人共同完成一票货物的全程运输，该运输过程中发生的货物灭失、损害有两种情况：一种能够确定货损发生的运输区段及责任人；另一种则不能确定，即为隐藏损害。无论发生哪一种损害，根据合同，联运经营人均应承担责任，但在隐藏损害发生且多式联运经营人对货方赔偿后，由于不能确定货损事故发生区段和实际责任人，可能会造成多式联运经营人独自承担赔偿责任的局面。因此，对隐藏损害的处理也成为多式联运事故处理的一个特点。

为了避免隐藏损害造成的多式联运经营人独自承担赔偿责任的情况，可采取的处理方式有以下 2 种。

1）多式联运经营人按统一责任制规定的限额对货方赔偿后，不再追究责任人，而由参加多式联运的所有实际承运人共同承担这些赔偿数额。这种做法很难被各实际承运人接受，所以很少在实际中使用。

2）假定该事故发生在海运阶段，这种做法一般要与多式联运经营人投保运输责任险相结合。多式联运经营人按统一责任标准或网状责任标准向货方赔偿后，可从保险人处得到进一步的赔偿。而能否从保险人处得到进一步的赔偿，则是另外的事情。这种做法目前已得到各方面的认可，并应用于实际隐藏损害赔偿的处理。

3．国际多式联运事故索赔

（1）根据货损原因确定索赔对象。受损人在索赔时应首先根据货损造成的原因及有关合同情况确定实际责任人，并向其提出索赔。如果货物在目的地交货后，收货人发现箱内所装货物与贸易合同规定有差距，如数量不足，货物的品种、质量、规格与合同规定不符，由于货物外包装不牢或装箱不当使货物受损，或未在合同规定的装运期内交货等情况，则收货人可以凭有关部门、机构出具的鉴定书向发货人提出索赔。如果在目的地交货时，货物数量少于提单或装箱单上记载的数量；或货物的灭失或损害是由于多式联运经营人免责范围以外的责任造成的，收货人或其他人有权提出索赔，可以凭有关部门、机构出具的证明，向多式联运经营人或向实际承运人索赔。对于投保的货物在保险人责任期间内发生并属于承保责任范围的，保险人应予赔偿货物的一切灭失、损害，受损方均可凭有关证明、文件和保险合同向保险公司提出索赔。

（2）索赔时应具备的单证。索赔时，索赔方必须具备索赔申请书、运输合同及合同证明（运单或提单）、货物残损单及货物溢短单（理货单、重理单等）、货物残损检验证明书、索赔清单等单证和文件。另外,还应出具商业发票、损害修复用单、装箱单、拆箱单、卸货报告等其他可作为破损事故处理和明确责任方、责任程度的一切商务、运输单证,受损方为保护自己的利益,应妥善保管、处理和使用这些单证、文件。在发生保险索赔时,应出具保险合同等有关单据。

(3) 索赔金额必须合理。

1) 索赔金额应以货损的实际程度、数量及货物价格等因素为基础计算。

2) 必须考虑责任方在合同及相关法规中规定的责任限额,该限额是多式联运经营人和实际承运人对货损赔偿的最高限额。

3) 必须考虑责任方在双方合同及有关法规中的免责规定,符合免责规定的损害一般不能得到赔偿。

(4) 索赔与诉讼必须在规定的时限内提出。根据《国际多式联运公约》,有关多式联运的任何诉讼,如果在两年期间没有提出,则失去时效。时效时间自多式联运经营人交付货物之日起次日开始计算。在货物交付之日后 6 个月内,或货物应交付之日后 6 个月内仍未交付的情况下,如果没有提出书面索赔通知,则诉讼在此期限届满后即失去时效。接到索赔要求的人可于以上的时效期内随时向索赔人提出书面声明以延长时效期间,这种期限可用一次声明或多次声明再度延长。

(5) 诉讼与仲裁应在规定的地点提出。各种方式运输公约对提出诉讼和仲裁的货方地点都有明确规定。如果某法院根据所在国家法律规定有权处理多式联运诉讼,且下列地点之一是在其管辖范围,则原告可选择这些地点的任一法院提起诉讼,包括被告的重要营业所或经常居住所所在地,或订立多式联运合同的地点,或按合同规定接管多式联运货物的地点或交付货物的地点,或多式联运合同中为此目的所指定并在多式联运单据中载明的任何其他地点。

4. 国际多式联运事故理赔

当国际多式联运发生货损事故后,非实际责任人无权受理受损人的索赔。责任人进行理赔的一般程序如下:

(1) 确定货损发生的原因及造成的损失,并确定需要承担责任的范围。

(2) 进行审核,审核内容包括:货损是否发生在承运人应负责任的责任期间;索赔是否在合同与有关法律法规规定的期限内提出;提出索赔所出具的单证是否齐全,举证是否合理;单证间的关系是否一致;各区段责任方是否在各单证上签字确认;各区段、各中转地点衔接过程中理货计数是否准确;各实际承运人、仓储人、代理人、装卸机构等是否有事故报告、海事声明等。

(3) 根据多式联运合同或分运合同和相应的法律法规及国际惯例等中的免责条款提出证明,进行免责和减少责任。

(4) 根据调查计算货损金额,并结合索赔人提出的索赔要求确定赔偿金额,确定后由责任方与索赔方确认一致并进行赔偿支付。

(5) 赔偿后根据具体造成货损的原因,对直接造成货损的相关部门和承运人进行追索,如果进行了货物保险和多式联运责任保险的投保,还可向保险公司要求赔偿。

5. 国际多式联运经营人赔偿责任限制

多式联运经营人的赔偿责任限制是指在多式联运经营人和实际承运人在掌管货物期间对货物灭失、损害及延误而造成的货方损失进行赔偿的最高限额规定。该限额由多式联运合同中双方达成一致所采用的责任形式和责任基础来决定。在现行的不同方式的法规中，限额规定的形式一般分为两种：一是单一赔偿标准形式，就是只规定单位重量（毛重每千克）货物赔偿限额；二是双重赔偿标准，不但规定单位重量货物的赔偿限额，也规定每一货损单位（每件或每一基本运输单元）的赔偿限额。《国际多式联运公约》是以双重标准与单一赔偿标准相结合的方式来规定多式联运经营人的赔偿限额，其适用的情况和赔偿标准如下：

（1）在国际多式联运中，如果是采用了海（水）—陆联运，即包括海运或内河运输与陆运组成的多式联运，多式联运经营人对每一货损单位的赔偿限额是毛重2.75特别提款权（SDR）/千克；对每一件货物的赔偿限额为920SDR，两者较高者为准。

（2）在国际多式联运中，联运方式只要不包括海运或内河运输，即采用的是公—铁联运、铁—公联运或公—空联运，则多式联运经营人的赔偿限额按发生的货物损坏或灭失不超过8.33SDR/千克来计算。

（3）对于由于延迟交货所造成的损失，多式联运经营人的责任限额为延迟交付货物运费的2.5倍，但不超过多式联运合同所规定的全部应付运费的总额。

（4）对于多式联运经营人而言，当货物的灭失、损坏和延迟交付等同时发生时，其赔偿限额以货物全部灭失时应负的责任为限。

4.7　实训项目——缮制出口货运单证

4.7.1　实训目的

通过出口货运单证的缮制和流转，了解国际货运代理业务的基本内容、工作职责以及出口货运所需单证和流转程序等。

4.7.2　实训内容

1. 实训任务

（1）通过设置海运出口业务案例情景，要求学生分组进行案例分析，并完成相关单证的制作和流转。

（2）每个小组做一份单证制作经验分享PPT，并选出代表进行汇报。

2. 实训教学建议

（1）教学方法：多媒体教学、实践操作。

（2）实践课时：2学时。

（3）实践过程：学生首先分组深入剖析海运出口业务案例，以了解货运流程及单证作用。随后，借助物流平台或网络工具，按照国际货运代理的规范缮制出口货运单证，确保信息准确无误并符合法规。完成单证制作后，学生模拟单证流转，理解其在出口货运中的关键作用。最后,各小组整理经验,通过 PPT 分享并课堂汇报,从而加深对单证缮制与流转的理解,为日后从事国际货运代理工作奠定坚实基础。

3. 实训成果

(1) 出口货运单证。

(2) 单证制作介绍 PPT。

案例分析

中欧班列让中国"小商品"走向"大世界"

2021 年 2 月 27 日 2 时 30 分,一辆满载产自浙江义乌的机械设备、家用电器、服装鞋帽和日用百货的中欧班列,从甘肃(兰州)国际陆港缓缓驶出,班列将从二连浩特口岸出境,最终运抵莫斯科。"兰州-二连浩特-莫斯科"中欧班列的成功发运将进一步促进兰州打造中欧班列集结中心。

提到浙江义乌,相信很多人脑海里第一印象就是小商品市场。近年来,产自这里的商品享誉世界的程度不断飙升。义乌是中国大陆六大强县(市)之一,人均收入水平位居中国大陆榜首。作为全球最大的小商品集散中心,义乌更是被联合国、世界银行等国际权威机构确定为世界第一大市场。"小商品的海洋""购物者的天堂"已成为繁荣、文明的义乌市的代名词。

对于中国老百姓而言,家家户户使用的日用品里大到家用电器,小到纽扣鞋带,凡是与生活息息相关的,都离不开"义乌造"。正因为品种齐全、物美价廉,如今在新的物流通道和贸易途径推动下,义乌的小商品已经走出国门,受到世界多国消费者的青睐,企业经营也在逐渐向现代化、国际化发展,通过每年举办的国际小商品博览会实现了市场贸易与国际接轨。

此次中欧班列所载浙江义乌生产的货物货值约 2020 万元,货重约 676 吨。它的发运将兰州的通道优势、区位优势与义乌的集散优势、产业优势有效结合,是兰州陆港型国家物流枢纽与义乌商贸服务型国家物流枢纽的深度合作,有力促进了国际班列从"点对点"发运向"枢纽对枢纽"发运的转变。

自新冠肺炎疫情爆发以来,全球经济均受到极大冲击,在国际客运航线停飞、公路受阻、水运停滞等诸多情况下,中欧班列凭借其运量大、成本低、快速便捷、检疫环节接触感染风险低等优势,在多种物流方式中脱颖而出,成为中外企业进出口的主要运输通道。通过中欧班列的运载,国内琳琅满目的商品也能顺利走出国门,开拓海外市场,为中国制造走向世界搭起了桥梁,为产自中国的优质"小商品"走向"大世界"打通了通道。

资料来源:中国经济网

请结合案例回答下列问题:

(1) 分析中欧班列对中国制造走向世界的重要意义。

(2) 分析疫情下中欧班列在国际运输中的主要优势。

思 考 与 习 题

(1) 简述国际货运代理行业的产生和发展。
(2) 什么是国际货运代理人？
(3) 简述国际海运船舶的营运方式。
(4) 简述国际海上货运责任。
(5) 简述国际航空货运责任及事故的处理。

第 5 章　国际物流中的报关和报检

学习目标与要求

本章重点介绍的内容有：海关的性质、任务和管理机构，国际物流报关和报检的概念、范围、类别等，出入境报关和报检的手续要求，以及国际物流报关、报检的程序和业务流程等。

1. 掌握海关的性质、任务和管理机构。
2. 了解国际物流报关和报检的概念、范围、类别等基础知识。
3. 掌握出入境报关和报检的手续要求。
4. 掌握国际物流报关报检的程序和业务流程。

导入案例

多批婴童服装检出安全项目不合格

深圳海关所属深圳邮局、福田和梅沙海关在对进口婴童服装实施检验监管过程中，发现多批婴童服装存在不合格情况，不合格项目包括pH值、甲醛、色牢度、附件抗拉强力和绳带等，不符合《婴幼儿及儿童纺织产品安全技术规范》（GB 31701—2015）的要求。主管海关判定上述货物不合格，均已作退运或销毁处置。

风险分析：童装水萃取液pH值高于技术规范要求，可能破坏儿童身体表面的酸碱平衡，滋生细菌；色牢度差的服装染料易脱落，不仅影响美观，且脱落的染料可能通过皮肤被人体吸收而危害儿童、婴幼儿健康；甲醛能通过饮食、呼吸、皮肤接触等途径进入人体，童装甲醛超标可能导致孩子长期低浓度摄入甲醛，危害很大；服装小附件抗拉强力未达到规定要求，在使用过程中可能被儿童扯脱或被咬脱落，造成儿童误吞或吸入，对儿童的生命健康造成直接伤害；绳带过长，可能在穿着时被其他物体的突出物、缝隙缠住或夹住，或者被外力拉扯，从而引发安全事故。

资料来源：中国经济网

思考：海关在服装进口管控中的重要作用。

5.1 海关基本知识

5.1.1 海关的起源与概述

1. 海关的起源

海关作为一个有着悠久历史的行政管理机关,是一国在沿海、边境或内陆口岸设立的执行进出口监督管理的国家行政机构。

据史书记载,我国从古代西周就开始设关,但是海关这个词正式使用是在清朝康熙二十四年(公元1685年),当时设有江、浙、闽、粤4个海关,中华人民共和国成立后,设立在沿海口岸的海关机构称为海关,设立在陆路边境以及内陆的海关机构称为关。1985年2月18日海关总署下达了《关于统一海关机构名称和调整隶属关系的通知》,这才正式地统一称为"海关"。

2. 海关形成的条件

海关是在一定的历史条件下所产生和发展的,包括地理条件、政治条件和经济条件。海关的产生和国家的地理交通环境有着密切的关系,海关是国家建立并且发展到一定时期的产物,海关又必须是随商品生产的发展和对外商品交换的需要而逐步形成和发展起来的。

3. 海关的概念

海关是依法执行进出关境监督管理的国家行政机关,是对进出关境货物运输工具、行李物品、货币、金银等执行监督管理和稽征关税的国家行政机构,《中华人民共和国海关法》以下简称《海关法》以立法的形式明确表述了中国海关的概念和基本任务,《海关法》第二条规定:"中华人民共和国海关是国家的进出关境监督管理机关,海关依照本法和其他有关法律、行政法规,监管进出境的运输工具、货物、行李物品、邮递物品和其他物品,征收关税和其他税、费,查缉走私,并编制海关统计和办理其他海关业务。"

5.1.2 海关的性质与基本任务

1. 海关的性质

海关是国家的行政机关之一,从属于国家行政管理体制,是我国最高国家行政机关——国务院的直属机构。海关对内对外代表国家依法独立行使行政管理权,海关是国家主权的象征。因此,海关的性质体现在:

(1)海关是国家的监督管理机关,体现的是国家的权力意志,对外维护国家的主权和利益;对内体现国家、全社会的整体利益,海关依照有关法律,行政法规并通过法律赋予的权力,制定具体的行政规章和行政措施,对特定领域的活动开展监督管理,以保证其按国家的法律规范进行。

(2)海关监管的范围是进出关境活动,海关监管的对象包括进出关境的货物、货币、金银、证券、行李物品、邮递物品,以及与上述货物和物品有关的仓库场所和国内运输工具等。海关的监督管理是保证国家有关法律、法规实施的行政执法活动。

2. 海关的权力

海关权力是指国家为保证海关依法履行职责通过《海关法》及有关法律、行政法规赋予海关对进出境运输工具、货物、物品的监督管理权能。

(1) 海关权力的特点。海关权力作为一种行政权力，除了具有一般行政权力的单方性、强制性、无偿性等基本特征外，还具有以下特点：

1) 特定性。《海关法》规定，中华人民共和国海关是国家的进出关境（以下简称进出境）监督管理机关，从法律上明确了海关享有对进出关境活动进行监督管理的行政主体资格，具有进出关境监督管理权。其他任何机关团体、个人都不具备行使海关权力的资格，不拥有这种权力。海关权力的特定性也体现在对海关权力的限制上，即这种权力只适用于进出关境监督管理领域，而不能作用于其他场合。

2) 独立性。海关权力是国家权力的一种，为了确保海关实现国家权能的作用，必须保证海关拥有自身组织系统上的独立性和海关依法行使其职权的独立性。因此，《海关法》第三条规定，海关依法独立行使职权，向海关总署负责。这不仅明确了我国海关的垂直领导管理体制，也表明海关行使职权只对法律和上级海关负责，不受地方政府、其他机关、企事业单位或个人的干预。

3) 效力先定性。海关权力的效力先定性表现在海关行政行为一经作出，就应推定其符合法律规定，对海关本身和海关管理相对人都具有约束力。在没有被国家有权机关宣布为违法和无效之前，即使管理相对人认为海关行政行为侵犯其合法权益，也必须遵守和服从。

4) 优益性。海关职权具有优益性的特点，即海关在行使行政职权时，依法享有一定的行政优先权和行政受益权。行政优先权是国家为保障海关有效地行使职权而赋予海关的职务上的优先条件，如海关执行职务受到暴力抗拒时，执行有关任务的公安机关和人民武装警察部门应当予以协助。行政受益权是指海关享受国家所提供的各种物质优益条件，如中央财政经费等。

(2) 海关权力的内容。

1) 行政许可权。行政许可权包括报关企业注册登记许可、从事海关监管货物的仓储、转关运输货物的境内运输、加工贸易备案、变更和核销业务的许可、报关员的报关从业资格许可等权力。

2) 税费征收权。海关依法代表国家对进出口货物、物品征收关税及其他税费；根据法律、行政法规及有关规定，对特定的进出口货物、物品减征或免征关税，以及对经海关放行后的有关进出口货物、物品发现少征或者漏征税款的，依法补征、追征税款。

3) 行政监督检查权。行政监督检查权是海关保证其行政管理职能得到履行的基本权力，主要包括：

a. 检查权。检查权即有权检查进出境运输工具、有走私嫌疑的运输工具和有藏匿走私货物、物品嫌疑的场所和检查走私嫌疑人的身体。其中进出境运输工具的检查不受海关监管区域的限制；但对走私嫌疑人身体的检查，应在海关监管区和海关附近沿海沿边规定地区内进行；对于有走私嫌疑的运输工具和有藏匿走私货物、物品嫌疑的场所，在海关监管区和海关附近沿海沿边规定地区内，海关人员可直接检查，超出这个范围，在调查走私案件时，须经直属海关关长或者其授权的隶属海关关长批准，才能进行检查，但不能检查公民住处。

b. 查验权。查验权即有权查验进出境货物、物品。

c. 查阅、复制权。查阅、复制权即在海关监管的范围内，海关有查阅进出境人员的证件，查阅、复制与进出境运输工具、货物、物品有关的合同、发票、账册、单据、记录、文件、业务函电、录音录像制品和其他有关资料的权力。

d. 查问权。查问权即有权对违反《海关法》或者其他有关法律、行政法规的嫌疑人进行查问，调查其违法行为。

e. 查询权。查询权即在调查走私案件时，经直属海关关长或者其授权的隶属海关关长批准，可以查询案件涉嫌单位和涉嫌人员在金融机构、邮政企业的存款、汇款。

f. 稽查权。稽查权即自进出口货物放行之日起 3 年内或者在保税货物、减免税进口货物的海关监管期限内及其后的 3 年内，海关可以对与进出口货物直接有关的企业单位的会计账簿、会计凭证、报关单证以及其他有关资料和有关进出口货物实施稽查。

4）行政强制权。行政强制权具体包括：

a. 扣留权。扣留权即有权对违反《海关法》或者其他有关法律、行政法规的进出境运输工具、货物和物品以及与之有关的合同、发票、账册、单据、记录、文件、业务函电、录音录像制品和其他资料进行扣留；有权在海关监管区和海关附近沿海沿边规定地区，对有走私嫌疑的运输工具、货物、物品和走私犯罪嫌疑人，经直属海关关长或者其授权的隶属海关关长批准，进行扣留，对走私犯罪嫌疑人，扣留时间不得超过 24 小时，在特殊情况下可以延长至 48 小时；可以在海关监管区和海关附近沿海沿边规定地区以外，对其中有证据证明有走私嫌疑的运输工具、货物、物品进行扣留。

b. 滞报金、滞纳金征收权。滞报金、滞纳金征收权即对超期申报货物征收滞报金，对于逾期缴纳进出口税费的征收滞纳金的权力。

c. 提取货样、施加封志权。根据《海关法》的规定，海关查验货物认为必要时，可以径行提取货样；海关对有违反《海关法》或其他法律、行政法规嫌疑的进出境货物、物品、运输工具，对所有未办结海关手续、处于海关监管状态的进出境货物、物品、运输工具，有权施加封志，任何单位或个人不得损毁封志或擅自提取转移动用在封的货物、物品、运输工具。

d. 提取货物变卖、先行变卖权。进口货物超过 3 个月未向海关申报，海关可以提取依法变卖处理；进口货物收货人或其所有人声明放弃的货物，海关有权提取依法变卖处理；海关依法扣留的货物、物品，不宜长期保留的，经直属海关关长或其授权的隶属海关关长批准，可以先行依法变卖处理；在规定期限内未向海关申报的以及误卸或溢卸的不宜长期保留的货物，海关可以按照实际情况提前变卖处理。

e. 强制扣缴和变价抵缴关税权。进出口货物的纳税义务人、担保人超过规定期限未缴纳税款的，经直属海关关长或者其授权的隶属海关关长批准，海关可以书面通知其开户银行或者其他金融机构从其存款内扣缴税款，或将应税货物依法变卖，以变卖所得抵缴税款，或扣留并依法变卖其价值相当于应纳税款的货物或者其他财产，以变卖所得抵缴税款。

f. 税收保全。进出口货物纳税义务人在海关依法责令其提供纳税担保，而纳税义务人不能提供纳税担保的，经直属海关关长或者其授权的隶属海关关长批准，海关可以书面通知纳税义务人开户银行或者其他金融机构暂停支付纳税义务人相当于应纳税款的存款，或扣留纳税义务人价值相当于应纳税款的货物或者其他财产。

g. 抵缴、变价抵缴罚款权。根据《海关法》的规定，当事人逾期不履行海关处罚决定又不申请复议或者向人民法院提起诉讼的，海关可以将其保证金抵缴罚款，或者将其被扣留的货物、物品、运输工具依法变价抵缴罚款。

h. 连续追缉权。进出境运输工具或者个人违抗海关监管逃逸的，海关可以连续追至海关监管区和海关附近沿海沿边规定地区以外将其带回处理，海关追缉时需保持连续状态。

i. 其他特殊行政强制。其他特殊行政强制主要包括：

第一，处罚担保。根据《海关法》及有关行政法规的规定，海关依法扣留有走私嫌疑的货物、物品、运输工具，如果无法或不便扣留的，或者有违法嫌疑但依法不应予以没收的货物、物品、运输工具，当事人申请先予放行或解除扣留的，海关可要求当事人或者运输工具负责人提供等值担保。

第二，税收担保。根据《海关法》的规定，进出口货物的纳税义务人在规定的缴纳期限内有明显转移、藏匿其应税货物以及其他财产迹象的，海关可以责令纳税义务人提供担保。经海关批准的暂准进出境货物、保税货物，收发货人须缴纳相当于税款的保证金或者提供其他形式的担保后，才可准予暂时免纳关税。

第三，其他海关事务担保。在确定货物的商品归类、估价和提供有效的报关单证或者办结其他海关手续之前，收发货人要求放行货物的，须提供与其依法应履行的法律义务相适应的担保。

5）佩带和使用武器权。海关为履行职责，可以配备武器。海关工作人员佩带和使用武器的规定，由海关总署会同公安部制定，报国务院批准。

根据海关总署、公安部联合发布的《海关工作人员使用武器和警械的规定》，海关使用的武器包括轻型枪支、电警棍、手铐以及其他经批准可使用的武器和警械。武器和警械使用范围为执行缉私任务时，使用对象为走私分子和走私嫌疑人；使用条件必须是在不能制服被追缉逃逸的走私团体或遭遇武装掩护走私，不能制止以暴力劫夺查扣的走私货物物品和其他物品，以及以暴力抗拒检查、抢夺武器和警械、威胁海关工作人员生命安全非开枪不能自卫时。

6) 行政处罚权。海关有权对尚未构成走私罪的违法当事人处以行政处罚，包括对走私货物、物品及违法所得处以没收，对有走私行为和违反海关监管规定行为的当事人处以罚款，对有违法情事的报关单位和报关员处以警告以及处以暂停或取消报关资格的处罚等。

7) 其他行政处理权。其他行政处理权主要有：

a. 行政裁定权。行政裁定权包括应对外贸易经营者的申请对进出口商品的归类、进出口货物原产地的确定、禁止进出口措施和许可证件的适用等海关事务的行政裁定的权力。

b. 行政奖励权。行政奖励权包括对举报或者协助海关查获违反《海关法》的案件的有功单位和个人给予精神或者物质奖励的权力。

c. 对与进出境货物有关的知识产权实施保护权。根据《海关法》规定，海关依照法律、行政法规的规定，有对与进出境货物有关的知识产权实施保护的权力。

(3) 行使海关权力应遵循的基本原则。

1) 合法原则。权力的行使要合法，这是行政法基本原则—依法行政原则的基本要求。按照行政法理论，行政权力行使的合法性至少包括：行使行政权力的主体资格合法，即行使权力的主体必须有法律授权；行使权力必须有法律规范为依据，行使权力的方法手段、步骤、时限等程序应合法；一切行政违法主体（包括海关及管理相对人）都应承担相应的法律责任。

2) 适当原则。行政权力的适当原则是指权力的行使应该以公平性、合理性为基础，以正义性为目标。因国家管理的需要，海关在验、放、征、减、免、罚的管理活动中拥有很大的自由裁量权，即法律仅规定一定原则和幅度，海关关员可以根据具体情况和自己的意志，自行判断和选择，采取最合适的行为方式及其内容来行使职权。因此，适当原则是海关行使行政权力的重要原则之一。为了防止自由裁量权的滥用，目前我国对海关自由裁量权进行监督的法律途径主要有行政监督（行政复议）和司法监督（行政诉讼）程序。

3) 依法独立行使原则。海关实行高度集中统一的管理体制和垂直领导方式，地方各级海关只对海关总署负责。海关无论级别高低，都是代表国家行使管理权的国家机关，海关依法独立行使权力，各地方、各部门应当支持海关依法行使职权，不得非法干预海关的活动。

4) 依法受到保障原则。海关权力是国家权力的一种，只有受到保障，才能发挥国家权能的作用。《海关法》第十二条规定，"海关依法执行职务，有关单位和个人应当如实回答询问，并予以配合，任何单位和个人不得阻挠，海关执行职务受到暴力抗拒时，执行有关任务的公安机关和人民武装警察部队应当予以协助。"

3. 海关的基本任务

海关的四项基本任务，即监管进出境的运输工具、货物、行李物品、邮递物品和其他物品（以下简称监管），征收关税和其他税、费（以下简称征税），查缉走私（以下简称缉私）和编制海关统计（以下简称统计）。除此之外，国家通过有关法律、行政法规还赋予了海关一些其他任务。

（1）监管。海关监督管理是海关全部行政执法活动的统称，海关监管是由海关运用国家赋予的权力，通过一系列管理制度与管理程序，如《中华人民共和国海关对专业报关企业的管理规定》《中华人民共和国海关对企业实施分类管理办法》《中华人民共和国海关稽查条例》等，以备案、审单、查验、放行、后续管理等方式对进出境运输工具、货物物品的进出境活动实施监管。海关监管是一项国家职能，其目的在于保证一切进出境活动符合国家政策和法律的规范，维护国家主权和利益。除此以外，海关监管还要执行或监督执行国家其他对外贸易管理制度的实施，如进出口许可制度、外汇管理制度、进出口商品检验检疫制度、文物管理制度等，从而在政治经济、文化道德、公众健康等方面维护国家利益。

（2）征税。依据《海关法》《中华人民共和国进出口关税条例》（以下简称《进出口关税条例》）和《中华人民共和国进出口税则》（以下简称《进出口税则》），海关代表国家征收关税和其他税、费。这是海关的另一项重要任务。

关税是指由海关代表国家，按照《海关法》和《进出口税则》，对准许进出口的货物、进出境物品征收的一种税。其他税、费是指海关在货物进出口环节，按照关税征收程序征收的有关国内税、费，目前主要有增值税、消费税等，关税是国家中央财政收入的重要来源，是国家宏观经济调控的重要工具，也是世界贸易组织允许各缔约方保护其境内经济的一种手段。

（3）缉私。查缉走私是世界各国海关普遍履行的一项职责，也是海关的四项基本任务之一。《海关法》第五条规定："国家实行联合缉私、统一处理、综合治理的缉私体制，海关负责组织、协调、管理查缉走私工作。"缉私是海关为保证顺利完成监管和征税等任务而采取的保障措施。因此，查缉走私是指海关依照法律赋予的权力，在海关监管场所和海关附近的沿海沿边规定地区，为发现、制止打击、综合治理走私活动而进行的一种调查和惩处活动，是保证顺利完成监管和征税等任务而采取的保障措施。

（4）统计。编制海关统计是国家统计的一个重要组成部分，海关统计以实际进出口货物作为统计和分析的对象，通过搜集整理、加工处理进出口货物报关单或经海关核准的其他申报单证，对进出口货物的品种、数（重）量、价格、国别（地区）、经营单位、境内目的地、境内货源地、贸易方式、运输方式、关别等项目分别进行统计和综合分析，全面、准确地反映对外贸易的运行态势，及时提供统计信息和咨询，实施有效的统计监督，开展国际贸易统计的交流与合作，促进对外贸易的发展。

（5）其他任务。近几年，来国家通过有关法律、行政法规赋予了海关一些其他的职责，如知识产权海关保护、海关对反倾销及反补贴的调查等，这些新的职责也是海关的任务。

5.1.3 海关的领导体制与设关原则

1. 领导体制

依《海关法》规定："国务院设立海关总署，统一管理全国海关"；"海关的隶属关系，不受行政区划的限制"；"海关依法独立行使职权，向海关总署负责"。海关总署的基本任务是在国务院领导下，领导和组织全国海关正确贯彻实施《海关法》和国家的有关政策、法规积极发挥依法行政、为国把关的职能，促进和保护社会主义现代化建设，海关集中统一垂直领导体制既适应了国家改革开放、社会主义现代化建设的需要，也适应了海关自身建设与发展的需要，有力地保证了海关各项监督管理职能的实施。

2. 设关原则

《海关法》规定了我国设立海关的基本原则是国家在对外开放的口岸和海关监管业务集中的地点设立海关。海关的隶属关系，不受行政区划的限制。

对外开放的口岸是指由国务院批准，允许运输工具及所载人员、货物、物品直接出入国（关）境的港口、机场、车站以及允许运输工具、人员、货物、物品出入国（关）境的边境通道。国家规定，在对外开放的口岸必须设置海关、出入境检验检疫机构。

海关监管业务集中的地点是指虽非国务院批准对外开放的口岸，但是海关某类或者某几类监管业务比较集中的地方，如转关运输监管、保税加工监管等。这一设关原则为海关管理从口岸向内地进而向全关境的转化奠定了基础，同时这一设关原则也为海关业务制度的发展预留了空间。

海关的隶属关系，不受行政区划的限制表明了海关管理体制与一般性的行政管理体制的区域划分无必然联系，如果海关监督管理需要，国家可以在现有的行政区划之外考虑和安排海关的上下级关系和海关的相互关系。

依据《海关法》，我国在下列地方设立海关机构：

（1）对外开放口岸和进出口业务集中的地点。
（2）边境火车站、汽车站及主要国际联运火车站。
（3）边境地区陆路和江河上准许货物、人员进出的地点。
（4）国际航空港。
（5）国际邮件互换局（交换站）。
（6）其他需要设立海关的地点。

海关机构的设立、撤销，由国务院或者国务院授权海关总署决定。

3. 组织机构

为了完成国家赋予海关的任务和职能，海关实行集中统一的垂直领导体制，海关机构设置为海关总署、直属海关和隶属海关三级，隶属海关由直属海关领导，向直属海关负责，直属海关由海关总署领导，向海关总署负责。

目前，海关总署设有派出机构3个，即海关总署广东分署、天津特派员办事处、上海特派员办事处，这3个派出机构均为局级机构。直属海关41个，其中局级30个，副局级11个，包括北京海关、太原海关、天津海关、石家庄海关、满洲里海关、呼和浩特海关、大连海关、沈阳海关、长春海关、哈尔滨海关、上海海关、南京海关、杭州海关、宁波海关、合肥海关、福州海关、厦门海关、南昌海关、青岛海关、武汉海关、郑州海关、长沙海关、广州海关、黄埔海关、深圳海关、拱北海关、汕头海关、江门海关、湛江海关、海口海关、南宁海关、重庆海关、成都海关、昆明海关、贵阳海关、拉萨海关、兰州海关、西安海关、乌鲁木齐海关、西宁海关、银川海关。

5.2 通关一体化改革

5.2.1 通关一体化概述

为了让市场发挥决定性作用和更好发挥政府作用，有效降低制度性交易成本，解决企业遇到的实际问题，如通关环节货物放行前审价归类耗时过长等问题，此外，海关也急需转变海关职能实现方式，构建集约高效、协调统一的一体化管理格局，2016年4月28日，海关总署印发《全国通关一体化改革框架方案》，正式启动全国通关一体化改革。

全国通关一体化是指在全国范围内，对海关监管流程进行一体化设计，主要是通过构建"两中心三制度"，即建设税收征管中心、风险防控中心，实施"一次申报、分步处置"通关管理模式，改革税收征管方式，优化协同监管。

（1）"一次申报、分步处置"的含义是基于舱单提前传输，通过风险防控中心、税收征管中心对舱单和报关单的风险甄别和业务现场处置作业环节的前推后移，在企业完成报关和税款自报自缴手续后，安全准入风险主要在口岸通关现场处置，税收风险主要在货物放行后处置。

（2）税收征管方式改革将强化企业如实申报、依法纳税的责任，推动税收征管申报要素的审查由集中在进出口通关环节向全过程转变，由逐票审查确定向抽查审核转变。

（3）协同监管制度主要针对隶属海关功能定位和机构设置的差别化，口岸海关将侧重运输工具、货物物品、监管场所等监管，而主管海关（即进口人/出口人注册地海关）则侧重企业稽查、信用管理等后续监管和合规管理。同时将强化通关监管（即风控中心和税管中心）、稽查、缉私三支执行力量的协同监管，并分别有所侧重。

5.2.2 通关一体化作业流程

1. 货物申报前

（1）舱单传输前的作业。风险防控中心收集、整合能够获取的海关内、外部信息资源，重点收集运输工具舱单等物流信息和运输企业及供应链等其他相关信息，结合运输企业信用等级认定，构建风险分析模型，下达布控查验指令，加工加载安全准入风险参数。

税收征管中心收集商品和行业相关信息情报，结合企业纳税资信状况，分析研判商品信息、历史申报、关联信息等数据，加工提炼形成税收风险参数和实货验估指令。

按照"一次申报、分步处置"模式要求，两中心按照上述分工，加工提炼风险参数和指令后，由风险防控中心统一加载风险参数、下达布控指令。

(2) 舱单传输后至报关单申报前的作业。

1) 舱单传输。收发货人或其代理人（即舱单传输义务人）按照海关规定时限和填制规范向海关传输舱单及相关电子数据。舱单管理系统对传输的舱单数据实施逻辑检控和审核，对于不符合舱单填制规范的，系统退回至舱单传输义务人予以修改。对于通过逻辑检控和审核的舱单数据，进入物流（舱单、运输工具）风险待甄别环节。

2) 物流风险甄别与处置。风险防控中心根据已加载的安全准入风险参数和风险判别规则（即风险模型）及已下达布控查验指令，甄别高风险舱单和运输工具并实施分流处置。在必要情况下，风险防控中心舱单分析岗可要求口岸海关运输工具检查岗、货物查验岗在舱单确报后分别依职责实施运输工具登临检查和货物查验，处置排查安全准入风险。

3) 税款担保备案。对于需要缴纳税款的货物，企业可自主选择缴税放行或税款担保放行两种方式。对于采用税款担保放行的，企业应在通关前根据相关规定向海关提供担保并备案。其中，对符合规定免除担保条件的企业可向海关申请免除担保，并按照海关规定办理相关手续。

2. 货物现场通关时

(1) 企业报关报税。企业向海关申报报关单及随附单证电子数据和自行核算的应缴税款，经海关通关作业管理系统进行规范性、逻辑性检查后，对舱单许可证件、电子备案信息等进行核注。对于符合条件的，海关接受申报，向企业发送"接受申报"回执；对于不符合条件的，系统自动退单，发送退单回执。

企业收到接受申报回执的，如选择缴纳税款则可自行向银行缴纳税款，如选择担保则向海关办理担保核扣手续；收到退单回执的，企业需重新办理相关申报手续。

(2) 海关报关单风险甄别与处置。海关对已接受申报的报关单进行安全准入和税收风险综合甄别，同时结合安全准入风险参数和布控查验指令，确定业务现场如何处置。

1) 未被任何参数或指令捕中且不涉及许可证件的报关单，通关管理系统自动放行；涉及许可证件且已实现联网监管的，通关管理系统直接核扣电子数据后自动放行；涉及许可证件但未实现联网监管的，由现场海关综合业务岗人工核扣。

2) 被安全准入风险参数命中的报关单，优先流转至现场综合业务岗。现场综合业务岗根据处置参数要求进行处置，发现涉及安全准入风险的，将相关信息推送至风险防控中心的风险处置岗。风险处置岗做出具体处置决定并将相关信息推送至现场综合业务岗，由现场综合业务岗执行。根据处置需要，风险处置岗可对需查验的报关单下达布控查验指令。

3) 对被重大税收风险参数捕中的，由税管中心进行放行前的税收征管要素风险排查处置，并根据审核结果或审核需要下达报关单修撤、退补税或单证验核、实货估估等指令，现场综合业务岗、验估岗、查验岗根据指令要求进行相关处置，按规定向税管中心反馈处置结果。

4）对被单证验核风险参数捕中的，由现场验估岗在货物放行前进行单证验核，留存有关单证、图像等资料后放行报关单数据。税收征管中心或现场验估岗处置过程中决定调整商品归类的，通关管理系统自动判断是否涉证。涉及许可证件验核且涉及安全准入风险的，相关报关单转风险处置岗进行处置。涉嫌违法的移交缉私部门处置。对于已实现联网监管的，系统直接核扣电子数据；未实现联网监管的，转现场海关综合业务岗人工核扣。

5）被一般税收风险参数命中的报关单，通关管理系统设置放行后批量审核标志，放行后分流至税收征管中心专家岗研判处置。

6）被风险防控中心布控查验指令或（和）税收征管中心实货估估指令命中的报关单，由口岸海关现场查验人员实施准入查验或（和）验估查验操作。两中心通过远程视频网上答疑等形式向查验人员提供技术支持或操作指导。查验人员实施准入查验或（和）验估查验，完成操作（含取样、留像等存证操作）后，按指令来源分别向两中心反馈查验结果。两中心依据反馈的结果进行相关后续处置。查验异常的，按查验异常处置流程处置。

(3) 货物放行。经风险处置后的报关单，由系统自动研判放行条件。对符合放行条件的，海关放行信息自动发送至卡口，企业根据海关的放行信息，办理实货提离手续；对不符合放行条件的，企业根据海关要求办理相关手续。

3. 货物放行后

(1) 税收风险数据筛选与研判。税收征管中心专家岗运用风险模型对放行后的所有报关单数据进行智能筛选，形成不同风险参数的报关单，按商品分类由系统分派至税收征管中心专家岗实施研判。

(2) 税收风险处置。税收征管中心专家岗根据系统风险提示和甄别结果，结合企业信用情况，对系统分派的报关单数据实施放行后批量审核。

1）对确定存在涉税要素申报差错的，下达报关单修撤、退补税指令，现场综合业务岗办理有关手续。

2）对需要通过收集并验核有关单证资料、样品，开展质疑、磋商等方式确定税收征管要素的，下达验估指令，现场验估岗按照指令要求进行处置，并反馈结果。

3）对风险存疑，需要对与进出口货物直接有关的企业（单位）的账簿单证等有关资质和有关进出口货物进行核查的，下达稽（核）查指令，稽查部门按照指令要求开展稽（核）查作业，并反馈处置结果。

4）对发现涉嫌违法违规风险线索的移交缉私部门处置；对发现可能存在安全准入风险的，将有关情况告知风险防控中心。现场海关综合业务岗、验估岗、稽查部门、缉私部门根据税收征管中心指令和线索完成作业及处置后，向税收征管中心反馈处置结果。

(3) 放行后综合风险评估与处置。两中心各自对本部门加工的风险参数和下达的指令实施运行状况及绩效评估，优化完善风险分析模型和规则。

5.2.3 关检融合新海关

关检融合是指将出入境检验检疫管理职责和队伍划入海关总署。结合全国通关一体化的实际情况，遵循全面融合与平稳过渡相结合、强化监管与简化手续相结合、维护安全与促进便利相结合、防范风险与提升获得感相结合的原则，推进关检业务全面融合。

1. 关检机构整合

按照全国海关通关一体化、关检业务全面融合的总体思路，在业务架构、作业流程不变的前提下，保持口岸型、属地型、综合型海关的基本功能配置，将出入境检验检疫管理纳入隶属海关功能化建设，在现场作业各岗位、各环节整合检验检疫工作职责与内容，深入推进隶属海关智能化、集约化、专业化、规范化管理，不断完善创新运行机制，差别化设置机构、岗位和配置人员，形成现场一线关检业务协同监管合力。

（1）重新划分隶属海关类型。整合优化隶属海关布局，按照口岸型、属地型和综合型等3种类型重新核定隶属海关、办事处等派出机构的功能类型。严控综合型海关的数量，确需定为综合型海关的，要细化为偏口岸综合型海关或偏属地综合型海关。

在功能类型划分基础上，相应增加隶属海关的出入境检验检疫等工作职责。其中，口岸型海关承担进出境运输工具、货物、物品及人员的口岸检验检疫等功能和职责；属地型海关承担进口目的地检验、出口产地/组货地检验检疫及后续监管等功能与职责。综合型海关根据实际需要相应增加上述功能与职责。

落实加工贸易及保税监管通关作业全面实施全国海关通关一体化要求，将加工贸易及保税监管业务纳入隶属海关属地业务进行管理。

（2）实施业务资源整合。各直属海关充分发挥信息、智能、技术等要素资源的集聚效应，在前期推进业务集约化的基础上，进一步统筹资源配置，优化管理流程，推进统一执法，强化整体功能。结合检验检疫作业场所和海关监管作业场所的清理核查，立足关检原作业场所（场地）建立统一作业、功能优化、智慧安全的管理体制，推进海关通关监管领域关检业务融合，实施货物、跨境电商快件、运输工具、进出境人员行李物品、进出境邮递物品、辐射探测等各通关监管业务领域"查检合一"。探索出入境检验检疫业务模块的整合，由指定的隶属海关单位承担某一区域的全部或一部分业务，建立各具特色、优势集成的功能型海关。

扩展业务环节整合的范围，加快推进检验检疫单证电子化，将出入境检验检疫的无纸化、电子化执法操作业务纳入整合的内容，进行集约和专业管理。

（3）完善创新运行机制。继续推行业务统一受理，在隶属海关综合业务机构统一设置综合服务窗口，服务范围扩大到检验检疫业务。

加大"单一窗口"推广力度，加快"单一窗口"功能在基层海关各个业务领域的应用；积极推进"互联网＋海关"建设，按要求将出入境检验检疫政务服务事项纳入海关政务服务事项，进一步推动海关业务网上平台办理，提高"一网通办"水平。

（4）整合优化机构和人力。科学设置业务岗位，建立以岗位为基本单元的管理机制，将原检验检疫岗位职责融入现场作业流程各业务环节，合理设置口岸、属地型隶属海关单位的业务岗位，差别化设置机构，按照全国海关通关一体化作业流程，将现场业务一线原检验检疫科级机构整合到相应的口岸通关管理、属地管理及综合业务科室。企业管理、加工贸易和报税业务较大或有特殊检验检疫业务功能的隶属海关可单独设置相应的科级机构，通过业务资源整合承担一定区域多个隶属海关的相关业务。

（5）实现关检队伍的深度融合。各直属海关要结合机构改革和隶属海关功能化建设，挖掘人力资源存量，合理调整优化人员配置，按照人随事走的原则，原业务现场检验检疫业务队伍融入全国海关通关一体化改革业务流程相应的事中监管、后续监管和综合业务机构中。

2. 通关现场关检业务融合

按照全国通关一体化改革，一次申报、分步处置通关流程的要求，将原检验检疫现场检务部门并入现场海关综合业务部门，实现统一现场执法、优化通关流程、提高通关效率的目标。

海关与检验检疫部门整合后的现场综合业务部门工作职责共3类14项。

（1）关检共有并予以保留的业务包括：

1）报关单修撤，即更改及撤销报检业务的审核及受理工作。

2）办理许可证人工核扣等必要手续的无纸或有纸报关单审核，即进出口货物受理报检或审单工作。

3）业务统计，即统计分析和管理、统计核查工作。

4）理单和档案管理，即检务档案归档及档案管理工作。

（2）海关原有业务包括：

1）退补税。

2）联系企业补充提交税款担保等事务性辅助操作。

3）滞报金、滞纳金征收、减免。

4）暂时进出境、直接退运等内部核批。

5）现场验估。

（3）关检融合后新增业务包括：

1）检验检疫单证的复审、缮制、审校、签发。

2）空白单证使用。

3）对已审核通过的原产地证书制证、签字、盖章、发放并归档。

4）签证印章使用。

5）实施单证审核和开展未抽中货物的合格评定。

3. 关检申报融合

按照关检业务全面融合的要求，以便利企业为目的，进一步精简申报项目，参照国际标准，尊重惯例，实现单证统一、代码规范、申报系统整合，整合申报项目主要是对海关原报关单申报项目和检验检疫原报检单申报项目进行梳理，报关报检面向企业端整合形成"四个一"，即"一张报关单、一套随附单证、一组参数代码、一个申报系统"同步编写并对外发布《中华人民共和国海关进出口货物报关单填制规范》（海关总署公告2018年第60号），《海关总署关于修订〈中华人民共和国海关进出口货物报关单填制规范〉的公告》（海关总署公告2018年第61号），《关于进出口货物报关单申报电子报文格式的公告》（海关总署公告2018年第67号）等。

（1）整合申报数据项。按照依法依规、去繁就简原则，将原报关、报检单共计229个货物申报数据项精简到105个。

（2）整合形成新报关单。整合后的新版报关单以原报关单48个项目为基础，增加部分原报检内容，形成了具有56个项目的新报关单打印格式，此次整合对进口、出口货物报关单和进境、出境货物备案清单布局结构进行优化，版式由竖版改为横版，纸质单证全部采用普通打印方式，取消套打，不再印制空白格式单证。

（3）随附单证整合。整合简化申报随附单证，形成统一的随附单证申报规范。

（4）参数整合。参照国际标准，实现现有参数代码的标准化，统一8个原报关、报检共有项的代码，包括国别（地区）代码、港口代码、币制代码、运输方式代码、监管方式代码、计量单位代码、包装种类代码、集装箱规格代码。

具体参数代码详见海关总署门户网站→在线服务→通关参数→关检融合部分通关参数查询及下载。

（5）申报系统整合。形成一个统一的申报系统，用户从"互联网＋海关""国际贸易""单一窗口"进入申报系统。

4. 关检业务"多查合一"

"多查合一"指整合关检后续监管职责，统筹外勤后续执法，调整机构设置，优化资源配置，稽（核）查任务归口实施，构建集约化、专业化的后续管理模式，建立与全国海关通关一体化相适应的高效运作机制，为提高通关效率和海关整体监管效能提供保障。

"多查合一"全面融合将通过后续监管集约化来实现深度融合和运行机制的优化。后续监管集约指将后续涉企稽查、核查，对进入国内市场商品的抽查、对进出口商品安全问题的追测调查、对企业遵守检验检疫法规状况的检查等各方面的执法，交由稽查部门实施；后续监管关检业务融合指在全国海关通关一体化整体框架内，将原海关后续监管中的各类稽查、核查、贸易调查等与原检验检疫的卫生检疫、动植物检验检疫、商品检验和食品安全等业务条线下的后续监管作业项目进行全面融合；运行机制优化指稽查部门对海关后续监管中的涉企执法检查，做到统一指令接收、统一组织实施、统一结果反馈、统一作业标准。

5. 企业管理融合

全面贯彻"以企为本、由企及物"管理理念，以业务整合优化为主线，以统筹企业管理为重点，以信息系统一体化为支撑，理顺职责关系，优化职能配置，将原检验检疫企业注册登记备案和信用管理全面融入海关企业管理一体化整体框架和统一平台中，实现统筹开展企业资质管理和归口实施企业信用管理，做到3个统一：①统一通用企业资质、企业报关报检资质合并。实现企业通用资质的合二为一，降低企业制度性交易成本；②统一信用管理制度。海关实施统一的企业信用管理制度，实现对企业信用的统一认定和信用管理措施统一落实；③统一系统管理平台。建立海关统一的行政相对人管理功能模块，在一个平台上办理企业注册登记或备案手续，实现信息共享共用，完善海关企业进出口信用管理系统。

（1）合并企业资质注册登记备案管理。对通用资质的企业注册登记或备案进行整合，统一由企业管理职能部门负责；对特定资质的企业注册登记或备案，由相关业务职能管理部门依职能分别负责。由企业管理职能部门牵头建设统一的行政相对人管理功能模块，各相关业务职能管理部门通过该功能模块对行政相对人注册登记或备案实施管理，相关信息共用共享、统一发布。

将自理报检企业合并成为进出口货物收发货人，将代理报检企业合并成为报关企业，将报检从业人员合并成为报关从业人员。

（2）统一企业信用管理。以海关现行企业信用管理制度为主线，整合检验检疫业务的企业信用管理要求，形成统一的制度，由海关企业管理职能部门对海关注册登记或备案企业实施统一的信用管理。

以海关现有企业进出口信用管理系统为基础，整合原检验检疫进出口企业信用管理系统有关功能。修订《海关认证企业标准》，整合原检验检疫企业信用管理规章制度的相关规定，针对不同类型的企业制定差异化认证标准，采用"1＋N"的形式，"1"为通用标准，"N"为单项标准。

（3）简化和优化报关单位注册登记。自2018年10月29日起，企业在互联网上申请办理报关单位注册登记有关业务（含许可备案、变更、注销）的，可以通过"单一窗口"标准版系统下的企业资质子系统或"互联网＋海关"系统下的企业管理子系统填写相关信息，并向海关提交申请，申请提交成功后，企业需到所在地海关企业管理窗口提交申请材料。

新上线的注册登记系统对报关单位情况登记表有关填报事项进行了精简，自2018年10月29日起，对完成注册登记的报关单位，海关向其核发的海关报关单位注册登记证书自动体现企业报关、报检两项资质，原出入境检验检疫报检企业备案表、出入境检验检疫报检人员备案表不再核发。2018年10月29日前海关或原检验检疫部门核发的出入境检验检疫报检企业备案表、出入境检验检疫报检人员备案表继续有效（备案表的有效期内）。

企业可以通过"单一窗口"标准版系统或"互联网＋海关"系统查询本企业在海关的注册登记信息。

5.3 进出口货物报关程序

5.3.1 进出口货物申报

进出口货物申报是指进口货物的收货人、出口货物的发货人应当向海关如实申报,在规定的期限、地点,采用电子数据报关单或纸质报关单形式,交验进出口许可证件等有关单证,向海关报告实际进出口货物的情况,并接受海关审核的行为。国家限制进出口的货物,没有进出口许可证件的,不予放行,为进出口货物收发货人、受委托的报关企业办理申报手续的人员,应当是在海关备案的报关人员。

1. 申报前检验检疫监管

海关总署于 2018 年 7 月 11 日发布《关于优化出口货物检验检疫监管的公告》,公告内容包括实施出口检验检疫的货物,企业应在报关前向产地/组货地海关提出申请;海关实施检验检疫监管后建立电子底账,向企业反馈电子底账数据号,符合要求的按规定签发检验检疫证书;企业报关时应填写电子底账数据号,办理出口通关手续。

2. 申报地

全国通关作业一体化全面启动后,进出口企业可在任一海关进行申报,即企业可根据实际需要,自主选择在货物进出口岸报关、企业属地报关或其他海关报关,除必须进行转关操作的进出口货物以外,均可实现一体化作业模式申报。

按照申报地点分类,报关方式可以分为 4 种。

(1) 口岸海关报关。口岸海关报关指的是报关企业直接向货物实际进出境的口岸海关提交报关手续。如果货物需要查验,查验工作将由该口岸海关负责执行。这种方式适用于大部分常规进出口货物。

(2) 属地海关报关。在此方式下,报关企业需向其所在地的主管海关办理报关手续,而货物则在口岸海关进行实际的进出境操作。若货物涉及查验,查验工作会由货物实际进出境的口岸海关承担。这种方式常见于一些需要先在属地海关进行备案或审批的特定货物。

(3) 其他非口岸及非属地海关报关。这种报关方式相对比较少见,主要适用于某些具有特殊需求的进出口企业。具体操作流程和查验规定可能因具体情况而异,但一般来说,如果货物需要查验,还是由货物实际进出境的口岸海关负责执行。

(4) 货物所在地主管海关报关。这种方式主要应用于保税货物、特定减免税货物和暂准进境货物等。当这些货物因某些原因需要改变使用目的或性质,从而转为一般进口时,进口货物的收货人或其代理人需要在货物所在地的主管海关进行申报和办理相关手续。这种方式确保了货物在改变性质或用途时能够按照相关规定进行合法、规范的申报和监管。

3. 申报期限

进口货物的收货人、受委托的报关企业应当自运输工具申报进境之日起 14 日内，向海关申报。

进口转关运输货物的收货人、受委托的报关企业应当自运输工具申报进境之日起 14 日内，向进境地海关办理转关运输手续，有关货物应当自运抵指运地之日起 14 日内向指运地海关申报。

进口货物的收货人超过规定期限向海关申报的，由海关征收滞报金。

进口货物自装载货物的运输工具申报进境之日起超过三个月仍未向海关申报的，货物由海关提取并依法变卖。对属于不宜长期保存的货物海关可以根据实际情况提前处理。

出口货物发货人、受委托的报关企业应当在货物运抵海关监管场所后、装货的 24 小时前向海关申报。

经电缆、管道或其他特殊方式进出境的货物，进出口货物收发货人或其代理人按照海关规定定期申报。

4．申报日期

进出口货物收发货人或其代理人的申报数据自被海关接受之日起，其申报的数据就产生法律效力，即进出口货物收发货人或其代理人应当承担如实申报、如期申报的法律责任。因此，海关接受申报数据的日期非常重要。

申报日期是指申报数据被海关接受的日期。不论以电子数据报关单方式申报，还是以纸质报关单方式申报，海关以接受申报数据的日期为接受申报的日期。

采用先电子数据报关单申报，后提交纸质报关单，或者仅以电子数据报关单方式申报的，申报日期为海关计算机系统接受申报数据时记录的日期，该日期将反馈给原数据发送单位，或公布于海关业务现场，或通过公共信息系统发布。

电子数据报关单经过海关计算机检查被退回的，视为海关不接受申报，进出口货物收发货人或其代理人应当按照要求修改后重新申报，申报日期为海关接受重新申报的日期。

海关已接受申报的报关单电子数据，人工审核确认需要退回修改的，进出口货物收发货人、受委托的报关企业应当在十日内完成修改并且重新发送报关单电子数据，申报日期仍为海关接受原报关单电子数据的日期；超过十日的，原报关单失效，进出口货物收发货人、受委托的报关企业应当另行向海关申报，申报日期为海关再次接受申报的日期。

5．申报方式

申报方式是指申报采用电子数据报关单证申报形式或纸质报关单证申报形式。电子数据报关单证和纸质报关单证均具有法律效力。

电子数据报关单证申报形式是指进出口货物的收发货人、受委托的报关企业通过计算机系统按照《中华人民共和国海关进出口货物报关单填制规范》（以下简称《报关单填制规范》）的要求向海关传送报关单电子数据及随附单证电子数据的申报方式。

纸质报关单证申报形式是指进出口货物的收发货人、受委托的报关企业，按照海关的规定填制纸质报关单，备齐随附单证，向海关当面递交的申报方式。

目前，全国海关的全部通关业务现场已全面施行通关作业无纸化申报。所谓通关作业无纸化，是指海关以企业分类管理和风险分析为基础，按照风险等级对进出口货物实施分类，运用信息化技术改变海关验核进出口企业递交纸质报关单及随附单证办理通关手续的做法，直接对企业通过中国电子口岸录入申报的报关单及随附单证的电子数据进行无纸审核、验放处理的通关作业方式。

6. 申报单证

申报的单证可以分为报关单和随附单证两大类，其中随附单证包括基本单证和特殊单证。

报关单是由报关人员按照海关规定格式填制的申报单，是指进（出）口货物报关单或者带有进（出）口货物报关单性质的单证，比如特殊监管区域进出境备案清单、进出口货物集中申报清单、ATA单证册（ATA Carnet，是世界海关组织为暂准进口货物而专门创设的一份国际通用的海关文件）、过境货物报关单快件报关单等，一般来说，任何货物的申报，都必须有报关单。

基本单证是指进出口货物的货运单据和商业单据，主要有进口提货单据、出口装货单据、商业发票、装箱单、进出口合同等。一般来说，任何货物的申报，都必须有基本单证。

特殊单证主要有进出口许可证件、加工贸易电子化手册和电子账册、征免税证明、原进（出）口货物报关单、原产地证明书等。某些货物的申报，必须有特殊单证，比如进口许可证管理货物进口申报，必须有进口许可证。

货物实际进出口前，海关已对该货物的商品归类、原产地、完税价格作出预裁定决定书的，进出口货物的收发货人，受委托的报关企业在货物实际进出口申报时应当向海关提交预裁定决定书。

进出口货物收发货人或其代理人应向报关人员提供基本单证、特殊单证，报关人员审核这些单证后据以填制进（出）口货物报关单。

目前，按照海关通关作业无纸化改革推进要求，除必须以有纸形式申报的报关单以外，其以无纸形式申报的报关单随附单证均需要以电子数据形式发送。进出口报关单位需要在申报环节将纸质的随附单证进行电子扫描存为电子数据格式的文件。

无纸化申报模式下，进出口报关企业以电子文件方式保存或向海关上传的报关单随附单证种类包括合同、发票、装箱清单、载货清单（舱单）、提（运）单、代理报关授权委托协议、进出口许可证件、海关要求的加工贸易手册及其他进出口有关单证。

在申报环节需要上传单据种类的具体规定如下：

（1）进口货物。加工贸易及保税类报关单必备单证为发票、进口许可证件、海关要求的加工贸易手册化报关授权委托协议等。对于合同、装箱清单、提（运）单等随附单证，企业在申报时可不向海关提交，海关审核时如需要再提交。

非加工贸易及保税类报关单必备单证为合同、发票、进口许可证件代理报关授权委托协议等。对于装箱清单、提（运）单等随附单证，企业在申报时可不向海关提交，海关审核时如需要再提交。

（2）出口货物。企业向海关申报出口货物报关单时，需提交出口许可证件、代理报关授权委托协议等。对合同、发票、装箱清单、载货清单（舱单）等随附单证，企业在申报时可不提交，海关审核时如需要再提交。

7. 数据审核

报关人员在报关单数据录入后应认真核查所申报的内容是否规范、准确，随附的单据资料是否与所申报的内容相符，交验的各种单据是否正确、齐全有效，报关单电子数据发送后，除接到海关不接受申报的信息外，申报单位原则上不能再对已发送的电子数据作出修改，在报关电子数据发送前，须特别注意因电子数据申报不实而可能引起的有关法律责任。

审核步骤为：

（1）进入报关单申报系统后，按照报关单号码查找拟审核的报关单，打印报关单校对稿（报关单复核联），进行审核。

（2）报关单校对稿审核完成后，按照上述步骤进入报关单申报系统，查找拟审核报关单，并对审核出的错误点进行修改，确认无误后保存数据。

（3）报关单数据修改并保存后，点击审核申报按钮（或申报确认按钮），完成报关单审核申报（或确认填报）操作。

在现场申报环节，极偶然情况下可能会出现H2018减免税管理系统及相关信息化系统异常，网络发生故障和突发事件导致正常通关业务中断的情况，进出口货物报关单位遇到无法通过电子系统进行申报的情况时，应及时咨询并按照各地海关启动的通关应急预案操作，避免耽误进出口货物通关。

8. 不接受申报

电子数据报关单申报后，H2018系统对电子数据报关单及随附单证电子数据进行规范性、逻辑性审核。审核结果分为：

（1）未通过规范性、逻辑性审核。未通过规范性、逻辑性审核的，H2018系统自动退单，通过申报录系统向企业发送退单回执，进出口企业按照回执提示信息，在系统中修改原申报电子数据后重新办理申报手续。进出口货物报关单在电子系统申报过程中，可能会出现如下情形被电子退单：

1）系统提示进出口商品要验核监管证件且根据相关规定免于验核的情况，除暂时进出口货物另有规定外，免于提交许可证证件，在申报此类货物时，系统逻辑检控可能会因缺少相关证件而退单。

2）涉及法检商品的报关单结关后撤销，重新申报的。

3）报关单撤销后重新申报，原联网监管证件已超期或被使用且无法恢复的，如报关单撤销后，原随附的进口许可证件已结案，导致系统自动退单的情况。

4）在指运地海关办结放行手续之前获准直接退运，以"其他（监管代码为990）"监管方式申报后系统提示验证的。

出现上述情况时，报关单位则需要通过特殊通道进行报关单的申报，在报关单数据录入暂存后向现场海关申请适用特殊通道完成申报作业，由海关代替进出口货物申报人，对不符合 H2018 系统报关单逻辑检控要求但因情况特殊而允许接受申报的非常规报关单数据执行电子申报作业。

经海关审核属于特殊通道申报范围的，通关现场海关工作人员将使用 H2018 系统特殊申报功能，完成特殊通道申报作业，进行特殊通道申报时，海关操作人员会在 H2018 系统中准确、详细填写通过特殊通道申报原因用以备查。

（2）通过规范性、逻辑性审核。通过规范性、逻辑性审核的，海关接受申报，通过申报录入系统向企业发送报关单已受理/通关无纸化审结回执，电子数据报关单被接受申报后，涉及税费的，申报企业即可进入缴费环节，进行相应操作，不涉及税费、未被风险参数及指令捕中的，报关单将自动进入放行程序。

9. 申报修撤

海关接受进出口货物申报后，报关单证及其内容不得修改或者撤销，符合规定情形的，可以修改或者撤销。进（出）口货物报关单的修改或者撤销，应当遵循修改优先原则，确实不能修改的，予以撤销。

（1）有以下情形之一的，进出口收发货人或其代理人可以通过中国国际贸易"单一窗口"向原接受申报的海关办理进（出）口货物报关单修改或者撤销手续：

1）出口货物放行后，由于装运、配载等原因造成原申报货物部分或者全部退关，变更运输工具的。

2）进出口货物在装载、运输、存储过程中发生溢短装，或者由于不可抗力因素造成灭失，短损等，导致原申报数据与实际货物不符的。

3）由于办理退补税、海关事务担保等其他海关手续而需要修改或者撤销报关单数据的。

4）根据贸易惯例先行采用暂时价格成交，实际结算时按商检品质认定或者国际市场实际价格付款方式需要修改申报内容的。

5）已申报进口货物办理直接退运手续，需要修改或者撤销原进口货物报关单的。

6）由于计算机、网络系统等技术原因导致电子数据申报错误的。

发生上述情形及由于报关人员操作或者书写失误造成申报内容需要修改或者撤销的，进出口收发货人或其代理人应当向海关提交进（出）口货物报关单修改/撤销表及相应的证明材料。

（2）海关发现进（出）口货物报关单需要修改或者撤销，可以采取以下方式主动要求进出口收发货人或其代理人修改或者撤销：

1）将电子数据报关单退回，并详细说明修改的原因和要求，进出口收发货人或其代理人应当按照海关要求进行修改后重新提交，不得对报关单其他内容进行变更。

2）向进出口收发货人或其代理人制发进（出）口货物报关单修改/撤销确认书，通知其要求修改或者撤销的内容，进出口收发货人或其代理人应当在 5 日内对进（出）口货物报关单修改或者撤销的内容进行确认，确认后海关完成对报关单的修改或者撤销。

（3）除不可抗力因素外，进出口收发货人或其代理人有以下情形之一的，海关可以直接撤销相应的电子数据报关单：

1）海关将电子数据报关单退回修改，进出口收发货人或其代理人未在 10 日规定期限内重新发送的。

2）海关审结电子数据报关单后，进出口收发货人或其代理人未在 10 日规定期限内递交纸质报关单的。

3）出口货物申报后未在规定期限内运抵海关监管场所的。

4）海关总署规定的其他情形。

需要注意的是，海关已经决定布控、查验涉嫌走私或者违反海关监管规定的进出口货物，在办结相关手续前不得修改或者撤销报关单及其电子数据；已签发报关单证明联的进出口货物，当事人办理报关单修改或者撤销手续时，应当向海关交回报关单证明联；由于修改或者撤销进（出）口货物报关单导致需要变更，补办进出口许可证件的，进出口收发货人或其代理人应当向海关提交相应的进出口许可证件。必须以纸质形式提交的进（出）口货物报关单修改/撤销表和进（出）口货物报关单修改/撤销确认书与无纸化形式提交的信息效力一致。

10. 转关手续

目前，仅有邮件、快件、暂时进出口货物（含 ATA 单证册项下货物）、过境货物、中欧班列载运货物、市场采购方式出口货物、跨境电子商务零售进出口商品、免税品，以及外交常驻机构和人员公自用物品，收发货人可按照海关要求正常申请办理转关手续，开展转关运输，通过转关形式申报进出口的货物，应在办妥转关手续后，再办理货物进出口申报手续。

除上述可以正常进行转关作业的货物以外，自 2018 年起仅以下范围内的货物可办理转关手续：

（1）多式联运及具有全程提（运）单货物。多式联运货物以及具有全程提（运）单需要在境内换装运输工具的进出口货物，其收发货人可以向海关申请办理多式联运手续，有关手续按照联程转关模式办理。

（2）符合要求条件的进口固体废物。进口固体废物满足以下条件的，经海关批准后，其收发货人方可申请办理转关手续，开展转关运输：

1）按照水—水联运模式进境的废纸、废金属。

2）货物进境地为指定进口固体废物口岸。

3）转关运输指运地已安装大型集装箱检查设备。

4）进口废金属的联运指运地为经国家环保部门批准设立，通过国家环保等部门验收合格，已实现海关驻点监管的进口固体废物圈区管理园区。

5）联运至进口固体废物圈区管理园区的进口废金属仅限园区内企业加工利用。

（3）不宜在口岸海关查验的货物。易受温度静电、粉尘等自然因素影响或者因其他特殊原因，不宜在口岸海关监管区实施查验的进出口货物，满足以下条件的，经主管地海关（进口为指运地海关，出口为启运地海关）批准后，其收发货人可按照提前报关方式办理转关手续：

1）收发货人为高级认证企业。
2）转关运输企业最近一年内没有因走私违法行为被海关处罚。
3）转关启运地或指运地与货物实际进出境地不在同一直属关区内。
4）货物实际进境地已安装非侵入式查验设备。

进口转关货物应当直接运输至收货人所在地，出口转关货物应当直接在发货人所在地启运，按照规定办妥转关手续后，进出口货物收发货人再按照报关单填制规范及申报管理，向海关申报进出口。

5.3.2 进出口货物查检

1. 海关查验概念

海关查验即验关，是指海关接受报关员的申报后，对进口或出口的货物进行实际的核对和检查，以确定货物的性质、原产地、货物状况、数量和价格是否与报关单所列一致。

2. 海关查验目的

海关查验一方面是要检查申报环节中申报的单证及查证单货是否一致，通过实际的查验发现审单环节不能发现的无证进出问题及走私、违规、逃漏关税等问题。另一方面，通过查验货物才能保证关税的依率计征。因为对于进口货物税则分类、适用税率的确定，以及申报的货价，海关是否予以接受，都取决于查验的结果。如查验不适，税则分类及估价不当，不仅适用的税率可能发生差错，且估价也会过高或过低，从而使税负不公，国家或进口厂商将蒙受损失。

3. 查验地点

海关查验货物一般在海关监管区内的进出口口岸码头、车站、机场、邮局或海关的其他监管所进行。为了加速验放，方便外贸运输，根据货物性质，海关对海运进出口的散装货物（如矿砂、粮食、原油、原木等）、大宗货物（如化肥、水泥、食糖、钢材等）、危险品和鲜活商品等，结合装卸环节，在作业现场予以验放。对于成套设备、精密仪器、贵重物资、急需急用的物资和"门对门"运输的集装箱货物等，在海关规定地点进行查验有困难的，由进出口货物收发货人提出申请，海关核准后，可以派员到监管区域以外的地点进行查验，就地查验放行货物。但申请单位应按规定缴纳规费，并提供往返交通工具、住宿等方便条件。

4. 查验方法

海关对进出口货物的查验主要采取彻底检查、抽查、外形查验等方法，以强化海关对进出口货物的实际监管。彻底查验是对货物逐件开箱（包）查验，对货物品种、规格、数量、重量、原产地、货物状况逐一与申报的报关单详细核对。抽查是按一定比例对货物有选择地开箱（包）查验，并对开箱（包）查验的货物品种、规格、数量、原产地及货物状况等逐一与申报的报关单详细核对。外形查验主要是核对货名、规格、生产国别和收发货单位等标志是否与报关单相符，检查外包装是否有开拆、破裂痕迹以及有无反动字样、黄色文字图像等。

海关查验进出口货物后，均要填写一份《海关进/出口货物查验记录》，货物查验记录由执行查验任务的海关官员填写。验货记录一般包括查验时间、地点、进出口货物的收发货人或其代理人名称、申报的货物情况、查验货物的运输包装情况（如运输工具名称、集装箱号、尺码和封志号）、货物的名称、规格型号、原产国别、自然属性（品质）、新旧程度、数（重）量、进出口时状态（原材料、半成品、整件、全套组装件、全套散件或关键件等），查验过程中存在的货物残损情况及造成残损的原因，提取货样的情况以及查验结论等内容。查验官员和陪同查验的报关员应在货物查验记录上签具全名。

5. 查验时报关人员职责

（1）代表货主到场。海关货主到场时，进出口货物的收发货人或他们的代理人应到达货物查验现场，并按照海关的查验要求，负责搬移、开拆和重封货物的包装等。为了较好地完成这一任务，报关人在代理报关以前，对被代理报关的货物应有一定的了解，对各种单证应进行初步的审查，有不清楚或不符合规定的地方应向被代理人了解或指出。在海关查验现场回答海关人员提出的有关问题，并配合海关做好反走私调查工作。

（2）缴付规费。海关根据所在地港口、车站、国际航空港、国界通道和国际邮件交换站进出境货物、旅客行李、邮件以及运输工具的实际情况，规定其监管区域。在海关监管区域执行任务不收规费。但若进出境货物的收发货人及其代理人要海关派员到海关监管区域以外的地方（如：货主的仓库、工厂、施工工地或铁路专用线、专用码头、专用机场等）办理海关手续，执行监管任务时，应事先向海关提出申请，经海关同意，并按海关的规定缴付规费。因此，规费是海关超过监管区域向货主提供服务而收取的服务费。这既是对海关服务的报偿，也具有一定的限制功能，因为海关人员紧缺，工作紧张，不可经常大量地派出人员执行分散的监管任务。

5.3.3 进出口货物征税

1. 税则归类

按征收商品的流向分类，关税可分为进口税、出口税和过境税。

（1）进口税。进口税是海关对进口货物和物品所征收的关税。进口税是在货物和物品直接进入关境时征收，或在国外货物和物品由自由港、自由贸易区、海关保税仓库中提出运往进口国的国内市场销售、办理海关手续时征收。进口税是关税中最重要的一种。

1）从我国进出口税则目录的税率栏目看，有以下几类：

a. 最惠国税。适用于与我国签有最惠国待遇条款的贸易协定的国家和地区（包括世界贸易组织成员国和地区）进口的货物。

b. 协定关税。适用于与我国参加的含有关税优惠条款的区域性贸易协定的有关缔约方进口的货物。

c. 特惠税。适用于与我国签有特殊优惠关税协定的国家或地区进口的货物。

d. 普通税率。适用于从上述国家或地区之外的国家或地区进口的货物。

2）按照差别待遇分类，进口税又分为正税、进口附加税、差价税、特惠税、普惠制下的优惠关税。

　　a. 正税。正税即一般进口税，是按照税则法定的进口税率征收的关税。

　　b. 进口附加税。进口附加税是在特定情况下在对进口货物征收正税之外另行征收的一种进口税，是一种临时性措施。其目的主要是应付国际收支危机、维持进出口平衡，防止国外产品在国内的倾销、针对他国对我国出口产品实施的歧视性关税或待遇而实施报复等，包括反补贴税、反倾销税、紧急关税、惩罚性关税或报复性关税等。

　　c. 差价税。进口国按照国内价格和进口货物价格之间的差额征收的关税，目的是削弱进口商品的竞争力，保护国内市场。比较典型的是欧盟的共同农业政策所实施的差价税。

　　d. 特惠税。特惠税指对从某个国家或地区进口的商品，给予特别优惠的低税或免税待遇。

　　e. 普惠制（GSP）。普惠制指发达国家根据联合国贸易与发展会议的普惠制决议，而给予发展中国家或地区出口的制成品和半成品以普遍的、非歧视和非互惠的关税优惠待遇。

（2）出口税。出口税是海关对出口货物和物品所征收的关税。目前，世界上大多数国家一般都不征收出口税，因为出口税的征收会提高本国出口商品的成本，削弱本国出口商品的竞争能力，不利于扩大出口。但对本国的战略性物资或产品一般会征收出口税，目的在于限制某些产品或自然资源的输出，保证本国市场的供应，或者是作为贯彻本国政治、外交政策的一种手段。2003年我国海关对鳗鱼苗、铅矿砂、锌矿砂等37个税目的出口商品按照法定税率征收出口税，对37个税目中的23个税目的出口商品实行暂定出口税率。

（3）过境税。过境税又叫通过税，是对通过其关境的外国货物所征收的一种关税。目前，大多数国家对外国商品通过其领土时只征收少量的准许费、印花费、登记费和统计费，而不征收关税。

　　2. 税费缴纳

　　海关根据进出口货物的税则号列、完税价格、原产地、适用的税率和汇率计算纳税义务人应征的税款，并在完成海关现场接单审核工作之后及时填发税款缴款书给予纳税义务人。纳税义务人收到税款缴款书后应当办理签收手续，并在自海关填发税款缴款书之日起15日内，到指定银行缴纳税款或向签有协议的银行办理电子交付税费的手续。纳税义务人向银行缴纳税款后，应当及时将盖有证明银行已收讫税款的业务印章的税款缴款书送交填发海关验核，海关据此办理核注手续。

5.3.4　进出口货物放行

　　1. 征税放行

　　根据《海关法》第二十九条规定，除海关特准的外，进出口货物在收发货人缴清税款或提供担保后,由海关签印放行。进出口货物在进出口环节应缴纳的税费包括:关税、增值税、消费税、船舶吨位税等。

对一般进出口货物,进出口收发货人或代理人向海关办理完从申报到关税缴纳各环节手续,海关在进口货物提货凭证或出口货物装货凭证上签盖"海关放行章"后放行,海关放行也即结关。

在试行"无纸通关"申报方式的海关,海关通过计算机将"海关放行"的报文发送给进出口收发货人或代理人和海关监管货物的保管人,进出口收发货人或代理人从计算机上自行打印海关通知放行凭证,凭以办理提货或装运货物。

2. 担保放行

(1) 适用条件。根据《海关法》的有关规定,在确定货物的商品归类、估价和提供有效报关单证或办结其他海关手续前,进出口收发货人要求放行货物的,海关应当在其提供与其依法应当履行的法律义务相适应的担保后放行。

实际业务中,海关批准的暂时进口或暂时出口货物和特准进口的保税货物,收、发货人需缴纳相当于税款的保证金或提供其他担保后,才可准予暂时免纳关税。

但国家对进出境货物和物品有限制性规定的,应当提供许可证件而不能提供的,以及根据法律法规不得担保的其他情形,海关不得办理担保放行。

(2) 担保期限。各种情况下的担保期限不一。在一般情况下,担保期不得超过20天,否则,由海关对有关进出口货物按规定进行处理。在特殊情况下,在担保期限内申请延长担保期限的,由海关审核确定适当予以延期。

(3) 担保形式。担保的形式可以是提交保证金或保函。保证金是指由担保人向海关缴纳现金的一种担保形式;保证函是指由担保人按照海关的要求向海关提交的、定有明确权利义务的一种担保文件。

3. 信任放行

实行海关稽查制度后,海关对部分资信好的企业的货物在口岸进出口时直接放行,事后一定时间内定期集中纳税。

5.3.5 进(出)口货物报关单改革

1. 报关单概述

进(出)口货物报关单是指进出口货物的收发货人或其代理人,按照海关规定的格式对进(出)口货物的实际情况作出的书面申请,以此要求海关对其货物按适用的海关制度办理报关手续的法律文书。

按货物的进(出)口状态、表现形式、使用性质的不同,进(出)口货物报关单可进行如下分类:

(1) 按进(出)口流向分为进口货物报关单、出口货物报关单。

(2) 按表现形式分为纸质报关单、电子数据报关单。

(3) 按使用性质分为进料加工进(出)口货物报关单、来料加工及补偿贸易进(出)口货物报关单、一般贸易及其他贸易进(出)口货物报关单。

目前，进（出）口货物报关单通过中国电子口岸向海关申报，实现了进（出）口货物报关单在各行政管理部门间的数据联网核查，进出口收发货人或其代理人使用电子口岸平台，在网上直接向海关、国检、外贸、外汇、工商、税务、银行等申办各种进出口手续。因此，进（出）口货物报关单具有海关作业、加工贸易核销、进口货物付汇、出口货物收汇、出口退税、海关留存、企业留存的用途，进出口收发货人可凭电子数据进行相关作业。纸质报关单证明联在流通中已经减少，可以在需要时向海关申请。

《海关法》规定："进口货物的收货人、出口货物发货人应当向海关如实申报、交验进出口许可证件和有关单证。"

进（出）口货物报关单及其他进出境报关单证在对外经济贸易活动中具有十分重要的法律效力，是货物的收发货人向海关报告其进出口货物实际情况及适用海关业务制度、申请海关审查并放行货物的必备法律文书，它既是海关对进出口货物进行监管、征税、统计及开展稽查、调查的重要依据，又是出口退税和外汇管理的重要凭证，也是海关处理进出口货物走私、违规案件及税务、外汇管理部门查处骗税、逃套汇犯罪活动的重要书证。因此，申报人对所填报的进（出）口货物报关单的真实性和准确性应承担法律责任。

同时，《海关法》规定："办理进出口货物的海关申报手续，应当采用纸质报关单和电子数据报关单的形式。"这从法律上确定了纸质报关单和电子数据报关单都是办理进出口货物海关报关手续的法定形式，这两种报关单具有相同的法律效力。

2. 关检合并报关单改革

为了认真贯彻执行党中央国务院下发的《深化党和国家机构改革方案》，海关总署制定了《全国通关一体化关检业务全面融合框架方案》，明确了关检业务融合的目标、原则和思路。

2018年4月16日，海关总署2018年第28号公告（关于企业报关报检资质合并有关事项的公告），发布了企业报关报检资质合并有关事项；2018年6月1日，海关总署2018年第50号公告（海关总署关于全面取消《入/出境货物通关单》有关事项的公告）开始实施，全面取消了《入/出境货物通关单》。

2018年6月21日，海关总署发布2018年第60号、61号公告，对《中华人民共和国海关进出口货物报关单填制规范》以及进（出）口货物报关单和进（出）境货物备案清单格式进行了修订，修订后的《中华人民共和国海关进出口货物报关单填制规范》自2018年8月1日起执行。

为规范进出口货物收发货人的申报行为，统一进（出）口货物报关单填制要求，2019年1月2日，海关总署2019年第18号公告再次对《中华人民共和国海关进出口货物报关单填制规范》进行了修订，自2019年2月1日起实施。海关总署2018年第60号公告同时废止。

报关单栏目变化具体如下：

（1）新增栏目包括：①境外收发货人；②货物存放地点；③启运港；④自报自

缴；⑤入境口岸/离境口岸；⑥修改栏目；⑦"收发货人"改为"境内收发货人"；⑧"进口口岸/出口口岸"改为"进境关别/出境关别"；⑨"装货港/指运港"改为"经停港/指运港"；⑩"随附单证"改为"随附单证及编号"。

（2）修改填报要求的栏目包括：①预录入编号；②海关编号；③备案号；④境内收发货人；⑤运输方式；⑥运输工具名称及航次号；⑦征免性质；⑧消费使用单位/生产销售单位；⑨监管方式；⑩包装种类；⑪项号；⑫申报单位；⑬标记喷码及备注；⑭商品名称及规格型号；⑮境内目的地/境内货源地。

（3）删除栏目包括：①版本号；②货号；③录入员；④录入单位。

（4）检验检疫主动触发申报项目。如果进口货物属于法定检验检疫范畴，系统会自动触发检验检疫申报项目，检验检疫栏目分为基本信息内容和货物信息内容。

1）基本信息内容的必填栏目有 6 项：①检验检疫受理机关；②领证机关；③口岸检验检疫机关；④目的地检验检疫机关；⑤启运日期；⑥B/L 号。

2）基本信息内容的选填栏目有 6 项：①企业资质（企业资质代码、企业资质编号）；②关联号码及理由（关联号码、关联理由）；③使用人（使用单位联系人、使用单位联系电话）；④原箱运输；⑤特殊业务标识；⑥检验检疫签证申报要素（所需单证、境内收发货人名称外文、境外收发货人名称中文、境外发货人地址、卸货日期、商品英文名称）。

3）货物信息内容的必填栏目有 3 项：①检验检疫名称；②货物属性；③用途。

4）货物信息内容的选填栏目有 3 项：①检验检疫货物规格（成分原料组分、产品有效期、保质期、境外生产企业、货物规格、货物型号、货物品牌、生产日期、生产批次）；②产品资质（许可证类别、许可证编号、核销货物序号、核销数量、许可证 VIN 信息）；③危险货物信息（非危险化学品、IIN 编码货物名称、危包规格）。

5.3.6　中国国际贸易"单一窗口"

1. "单一窗口"发展概况

"单一窗口"最早是 2005 年由联合国发起的一种旨在促进贸易便利化的口岸管理措施。通过对国际贸易信息的集约化和自动化处理，达到国际贸易数据共享和提高国际贸易效率和效益的目的。世界海关组织认为，"单一窗口"是通过实现单一电子信息递交来满足口岸执法所有要求，以简化对贸易商和其他经济活动经营者的跨境手续。

联合国贸易便利化和电子商务中心（UNCEACT）的 33 号建议书将"单一窗口"解释为：参与国际贸易和运输的各方，通过单一的切入点提交标准化的信息和单证，以满足相关法律、法规及管理要求的平台。如所提交的信息为电子数据则单个的数据元素应只提交一次。"单一窗口"要求参与贸易管理的政府部门通过一个平台协调各自的管理职责并为办理相关手续提供便利。

世界贸易组织《贸易便利化协定》第十条第四款要求各成员应努力建立或设立"单一窗口"，使贸易商能够通过一个单一接入点向参与的主管机关或机构提交货物进口、出口或过境的单证和（或）数据要求。待主管机关或机构审查单证和（或）数据后，审查结果应通过该"单一窗口"及时通知申请人。目前国际上"单一窗口"的运行模式主要有3种，一是"单一机构"式，即通过一个机构来协调并执行所有与进出境相关的监管职能，典型国家为瑞典；二是"单一系统"式，即通过一个系统整合收集、使用并分发与进出境相关的国际贸易电子数据，典型国家为美国。美国的"单一窗口"系统称为国际贸易信息系统（International Trade Data System，ITDS），是美国海关和边境保护局的进出口管理系统自动商务环境（Automated Commercial Environment，ACE）的基础组成部分；三是公共平台式，即贸易商通过一个公共平台向不同监管机构一次性申报。上述机构使用各自系统分头处理，并通过该平台，将处理结果传输给贸易商，典型国家为新加坡，中国香港也是采用这一模式。新加坡于1989年启用贸易网公共平台，将涉及贸易界管理的35个政府机构和企业联结到一个单一的处理平台，为贸易商提供一站式服务。

我国采用第3种模式，已经于2017年年底前建成我国的国际贸易"单一窗口"。下一阶段，我国国际贸易"单一窗口"建设将继续按照政府主导、协同治理、便利企业、规范安全、创新驱动的原则，推进电子口岸公共平台的公共化、平等化和单一化，依托中央和地方两级平台，打造全国一体化的"单一窗口"环境。

2. "单一窗口"功能简介

国家标准版"单一窗口"依托中国电子口岸平台，以总对总的方式与各口岸管理和国际贸易相关部门系统对接，实现信息数据互换共享，开展国际合作对接，各地原则上以省（区、市）为单位，依托本地电子口岸建设一个省域"单一窗口"，并实现省域"单一窗口"间互联互通，探索建设符合国家区域发展战略要求的区域"单一窗口"。

（1）国家标准版"单一窗口"功能简介。

1）口岸执法与基本服务功能。主要包括货物申报、运输工具申报、税费支付、贸易许可和原产地证书申领、企业资质办理、出口退税申报、查询统计等全流程服务功能。

2）跨部门信息共享和联网应用功能。加强口岸管理相关部门数据的联网共享与综合利用，进一步提高口岸管理相关部门的联合执法和科学决策能力。

3）与境外信息交换功能。服务国家"一带一路"倡议，支持跨境联网合作，开展与共建"一带一路"国家和地区及世界主要贸易伙伴国之间的信息互换与服务共享，实现与国际上"单一窗口"的互联互通。

（2）地方版"单一窗口"功能。

1）口岸政务服务功能。推广应用"单一窗口"标准版，同时结合本地口岸通关业务特色需求，进一步提升和扩展项目的应用功能，建设本地口岸政务服务项目，如物流监管特殊区域、港澳台贸易等。

2）口岸物流服务功能。结合本地口岸业务特点与需求，打通港口、机场铁路、公路等物流信息节点，促进运输、仓储、场站、代理等各类物流企业与外贸企业的信息共享和业务协同,支持水、陆、空、铁及多式联运等多种物流服务方式,积极开展与地方各类物流信息平台的互联合作,推动外贸与物流联动发展。

3)口岸数据服务功能。以口岸管理相关部门的通关物流状态信息为基础,整合运输工具动态信息、集装箱信息、货物进出港和装卸等作业信息,形成完整的通关物流状态综合信息库,为企业提供全程数据服务,方便企业及时掌握通关申报各个环节的状态。

4)口岸特色应用功能。发挥"单一窗口"信息资源、用户资源集聚优势,与金融、保险、电商、通信、信息技术等相关行业对接,为国际贸易供应链各参与方提供特色服务,有效支持地方口岸新型贸易业态发展。

关检融合,将出入境检验检疫管理职责和队伍划入海关总署,整合检验检疫工作职责与内容,深入推进隶属海关智能化、集约化、专业化、规范化管理,不断完善创新运行机制,形成现场一线关检业务协同监管合力。全国海关的通关一体化改革、国际贸易"单一窗口"以及报关程序的改革都为国际贸易和物流企业带来了更多便利。

5.4 实训项目——报关报检操作

5.4.1 实训目的

通过报关单的填制和模拟申报等操作,熟悉和掌握报关单的填制与申报、报关报检所需单证和手续以及通关作业流程等。

5.4.2 实训内容

1. 实训任务

(1)通过网络查询"单一窗口"等网页,了解关检合一的相关信息。通过国际物流系统软件或其他平台软件等填制报关所需单证,并进行报关单的填制和申报。

(2)按照分组进行分工完成单证的制作,每个小组做一份单证制作PPT,并选出代表进行汇报。

2. 实训教学建议

(1)教学方法:多媒体教学、实践操作。

(2)实践课时:2学时。

(3)实践过程:教师布置任务后,由学生借助实验室物流平台软件或其他网络软件等完成,让学生以小组为单位,在课堂进行单证制作经验分享。

3. 实训成果

(1)出口报关所需单证。

(2)单证制作介绍PPT。

案例分析

关检融合"整合申报项目"正式实施,对外贸企业影响几何?

按照国家海关总署统一部署,从2018年8月1日起,海关进出口货物将实行整合申报,报关单与报检单合并为一张报关单。此次整合申报项目是关检业务融合标志性的改革举措,将改变企业原有报关流程和作业模式,实现报关报检"一张大表"货物申报,整合申报项目主要是对海关原报关单申报项目和检验检疫原报检单申报项目进行梳理,报关报检面向企业端整合形成"四个一",即"一张报关单、一套随附单证、一组参数代码、一个申报系统"。

1. 整合原报关报检申报数据项

在前期征求各部委、报关协会、部分报关企业意见的基础上,按照"依法依规、去繁就简"原则,对海关原报关单和检验检疫原报检单申报项目进行梳理整合,通过合并共有项、删除极少使用项,将原报关、报检单合计220个货物申报数据项精简到105个,大幅减少企业申报项目。

2. 原报关报检单整合形成一张报关单

整合后的新版报关单以原报关单48个项目为基础,增加部分原报检内容形成了具有56个项目的新报关单打印格式。此次整合对进出口货物报关单和进出境货物备案清单布局结构进行优化,版式由竖版改为横版,与国际推荐的报关单样式更加接近,纸质单证全部采用普通打印方式,取消套打,不再印制空白格式单证。

修改后的进出口货物报关单和进出境货物备案清单格式自2018年8月1日起启用,原报关单、备案清单同时废止,原入境、出境货物报检单同时停止使用。

3. 原报关报检单据单证整合为一套随附单证

整合简化申报随附单证,对企业原报关报检所需随附单证进行梳理,整理随附单证类别代码及申报要求,整合原报关报检重复提交的随附单据和相关单证,形成统一的随附单证申报规范。

4. 原报关报检参数整合为一组参数代码

对原报关报检项目涉及的参数代码进行梳理,参照国际标准,实现现有参数代码的标准化。梳理整合统一了8个原报关报检共有项的代码,包括国别(地区)代码、港口代码、币制代码、运输方式代码、监管方式代码、计量单位代码、包装种类代码、集装箱规格代码等。具体参数代码详见:海关总署门户网站→在线服务→通关参数→关检融合部分通关参数查询及下载。

5. 原报关报检申报系统整合为一个申报系统

在申报项目整合的基础上,将原报关报检的申报系统进行整合,形成一个统一的申报系统。用户由"互联网+海关"、国际贸易"单一窗口"接入。新系统按照整合申报内容对原有报关、报检的申报数据项、参数、随附单据等都进行了调整。

资料来源:搜狐新闻网

请结合案例回答下列问题：
(1) 分析关检融合后报关报检环节与之前有什么不同？
(2) 分析关检融合对外贸企业的影响。

思 考 与 习 题

(1) 海关的性质和权力是什么？
(2) 通关现场关检业务融合主要是指哪些内容？
(3) 通关一体化主要包括哪些举措？
(4) 国际贸易"单一窗口"带来的便利有哪些？
(5) 进出口货物报关程序在哪些地方进行了改革？

第6章 保税物流与自由贸易区

学习目标与要求

本章重点介绍了国际货物仓储的概念、类别等,介绍了保税仓库和保税区,以及自由贸易区的概况以及相关政策规定。

1. 了解国际货物仓储的基本概念和类别。
2. 掌握保税仓库的概念、类型和设立程序等。
3. 掌握国际物流货物仓储业务运作程序。
4. 理解自由贸易园区的内涵、特征以及相关政策。

导入案例

曼恩供应链管理(上海)有限公司的船用发动机保税维修创新

曼恩供应链管理(上海)有限公司成立于2013年,是德国MAN集团在自贸试验区设立的独资子公司,主要从事船用发动机保税维修业务,并租赁了洋山保税港区的仓库。

曼恩供应链在得知2013年10月上海印发的《关于印发在中国(上海)自由贸易试验区开展全球维修业务实施意见的通知》以及自由贸易试验区出台的一系列贸易便利化制度后,率先提出了船用柴油机4S保税维修业务服务——Pit Stop。其类似于一级方程式赛车赛道式服务,是现今大型商用船队使用的模块集成式柴油机设备提供的专业服务模式,是一项针对船舶发动机组的维修保养翻新服务。采用这一模式,船舶发动机组的部件可以在自贸试验区以保税状态由船上取下、存储、维修、并再次运回船上,可以大大减少船舶停工期,提高了发动机组的性能、燃料利用率和可靠性,减少了船舶发动机组的大修频率。每天停靠在上海港的船舶,再不必只为了做一次简单的发动机保养而绕道新加坡、迪拜等港口,完全可以在上海港得到"一站式服务",有效降低了船舶运营的成本。

自从进驻洋山自贸区以来,曼恩供应链一直得到了自贸区管委会、海关、公安等政府部门的大力支持，公司也充分享受了在洋山自贸区业务落地和快速发展的政策支撑。最终，曼恩供应链成功在洋山保税港区率先开展了船用发动机保税维修业务的创新试点，实现了地区服务贸易功能的创新，并在创新和发展的道路上大步前进，越走越快。

在洋山港上下船保税维修业务持续稳定开展的基础上，政府和园区又进一步开放政策，帮助曼恩供应链将该业务模式扩展到洋山港以外的其他港口和码头。不久之后，曼恩供应链这一创新模式就在外高桥口岸、吴淞邮轮码头和张华浜散货码头等地进行了"复制推广"。借助各方的帮助和政策红利，曼恩供应链也积极探索拓展维修业务范围，使维修产品更多样化，从之前单一的柴油发动机气缸单元的维修拓展了空冷器、FIVA 阀等其他产品的维修业务，之后还计划开展 HPS Pump 和增压器等的维修业务。

资料来源：临港集团官网

思考：曼恩供应链的成功运作为洋山保税港区带来了什么？

6.1　国际物流货物仓储概述

6.1.1　国际物流货物仓储的意义

国际物流货物仓储同国际物流货物运输一样，都是对外贸易及国际物流不可缺少的环节。

1. 调整商品在生产和消费之间的时间错位

由于许多商品在生产和消费之间都存在着时间间隔与地域差异，因此，为了更好地促进国际商品的流通，必须设置仓库将这些商品储存其中，使其发挥时间效应的作用。

2. 保证进入国际市场的商品质量

商品从生产领域进入流通领域的过程中，通过仓储环节，对即将进入市场的商品在仓库进行检验，可以防止质量不合格的伪劣商品进入市场。通过仓储来保证商品的质量主要有 2 个关键环节：一是商品入库保管期间的质量检查；二是商品出库前的检验检查。对于前者，待入库商品应满足仓储要求，在仓库保管期间，商品处于相对静止状态使其不发生物理、化学变化，保证储存商品的质量。对于后者，保证出口商品符合国家出口标准和国际贸易合同对出口商品质量的约定，维护外贸企业的国际商业信誉。

3. 延伸生产特性的加工业务

随着仓储业的发展，仓储本身已不仅具有储存货物的功能，而且越来越多地承担着具有生产特性的加工业务，例如分拣、挑选整理、加工、简单的装配、包装、加标签、备货等活动，使仓储过程与生产过程更有机地结合在一起，从而增加了商品的价值。随着物流业的发展，仓储业在货物储存过程中，为物流活动提供更多的服务项目，为商品进入市场缩短后续环节的作业过程和时间以及加快商品的销售发挥更多的功能和作用。

4. 调节国际市场上商品的价格

国际商品的仓储业务可以克服国与国之间巨大的供求矛盾，并以储存调节供求关系，调整由于供求矛盾而造成的价格差异。所以，仓储还具有调节商品价格的作用。

5. 调节内外运输工具载运能力的不平衡

在各种运输工具中，由于其运载能力差别很大，容易出现极其不平衡的状态，外贸货物无论在出口或进口仓储皆可以减少压船、压港的情况，弥补内陆运输工具运载量的不足，在船舶运输与内陆运输之间起着缓冲调节作用，保证国际货物运输顺利畅通。

6. 减少国际物流中的货损货差

在货物进出口过程中，无论是港口还是机场的库场，在接收承运、保管时，需要检查货物及其包装，并根据货物性质、包装进行配载、成组装盘（板），有的货物还需在库场灌包、捆绑。进口货物入库后还需进行分票、点数、分拨。一旦发生因海关检验检疫手续的延误，或因气象原因延误装船、交付、疏运等，货物可暂存在库场，避免货损发生。在货物装卸过程中，若发现货物标志不清、混装等则可入库整理，这时库场又可提供暂时堆存、分票、包装等方面的业务。

6.1.2 国际物流仓库的分类

1. 按仓库在国际物流中的用途分类

按仓库在国际物流中的用途分类，国际物流仓库可分为口岸仓库、中转仓库、加工仓库和储存仓库。

（1）口岸仓库。口岸仓库的特点是商品储存期短，商品周转快。仓库大都设在商品集中的发运出口货物的沿海港口城市，仓库规模大。主要储存口岸和内地对外贸易业务部门收购的出口待运商品和进口待分拨的商品。因此，这类仓库又称为周转仓库。

（2）中转仓库。中转仓库也称转运仓库。其特点是大都设在商品生产集中的地区和出运港口之间，如铁路、公路车站，江河水运港口码头附近，商品生产集中的大、中城市和商品集中分运的交通枢纽地带。其主要职能是按照商品的合理流向，收储、转运经过口岸出口的商品，大型中转仓库一般都设有铁路专用线，将商品的储存、转运业务紧密结合起来。

（3）加工仓库。加工仓库的特点是将出口商品的储存和加工结合在一起，除商品储存外，还兼营对某些商品的挑选、整理、分级、包装、改装等简单的加工业务，以适应国际市场的需要。

（4）储存仓库。储存仓库的商品储存期较长，主要用于储存待销的出口商品、援外的储备物资、进口待分拨，出口业务需要的储备商品等，这类仓库所储存的商品要定期检查，加强商品养护。

2. 按仓库管理体制分类

按仓库管理体制分类，国际物流仓库可分为自有仓库、租赁公共仓库和合同仓库。

(1) 自有仓库。相对于公共仓储来说，企业利用自有仓库进行仓储活动具有以下优势：

1) 可以更大程度地控制仓储。由于企业对自有仓库拥有所有权，所以企业作为货主能够对仓储实施更大程度的控制。在产成品移交给客户之前，企业对产成品负有直接责任并可直接控制。这种控制使企业易于将仓储的功能与企业的整个分销系统进行协调。

2) 管理更具灵活性。这里的灵活性并不是指能迅速增加或减少仓储空间，而是指由于企业是仓库的所有者，所以可以按照企业要求和产品的特点对仓库进行合理的设计与布局。高度专业化的产品往往需要专业的保管和搬运技术，公共仓储难以满足这种要求。因此，这样的企业必须拥有自有仓库或直接将货物送至客户。

3) 长期仓储时，自有仓储的成本低于公共仓储。如果自有仓库得到长期的充分利用，自有仓储的成本将低于公共仓储的成本。这是由于长期使用自有仓库保管大量货物会降低单位货物的仓储成本，在某种程度上说这也是一种规模经济，如果企业自有仓库的利用率较低，说明自有仓储产品的规模经济不足以补偿自有仓储的成本，则应转向公共仓储。当然，降低自有仓储成本的前提是有效的管理与控制，否则将影响整个物流系统的运转。

4) 可为外贸企业树立良好形象。当企业将产品储存在自有仓库时，会给客户一种企业长期持续经营的良好印象，客户会认为企业经营十分稳定、可靠，是产品的持续供应者，这将有助于提高企业的竞争优势。

并不是任何企业都适合拥有自己的仓库，因为自有仓储也存在以下缺点：

1) 自有仓库固定的容量和成本使得企业的一部分资金被长期占用，不管企业对仓储空间的需求如何，自有仓库的容量是固定的，不能随着需求的增加或减少而扩大或减小。

2) 由于自有仓库的成本高，所以许多企业因资金问题而难以修建自有仓库，自有仓库是一项长期、有风险的投资，并且因其专业性强而难以出售，而企业将资金投资于其他项目可能会得到更高的回报。因此，投资建造自有仓库的决策要非常慎重。

(2) 租赁公共仓库。利用公共仓库进行仓储活动具有以下优点：

1) 从财务角度上看，最重要的原因是企业不需要资本投资。任何一项资本投资都要在详细的可行性研究基础上才能实施，但利用公共仓储，企业可以避免资本投资和财务风险。公共仓储不要求企业对其设施和设备作任何投资，企业只需支付相对较少的租金即可得到仓储服务。

2) 可以满足企业在库存高峰时大量额外的库存需求。如果企业销售具有季节性，那么公共仓储将满足企业在销售旺季所需要的仓储空间。而自有仓储则会受到仓库容量的限制，并且在某些时期仓库可能闲置。大多数企业由于产品的季节性、促销活动或其他原因而导致存货水平变化，利用公共仓储，则没有仓库容量的限制,从而能满足企业在不同时期对仓储空间的需求,尤其是库存高峰时大量额外的库存需求。同时,使用公共仓储的成本将直接随着储存货物数量的变化而变动,从而便于管理者掌握成本。

3) 使用公共仓储可以避免管理上的困难。工人的培训和管理是任何一类仓库所面临的一个重要问题,尤其是对于产品需要特殊搬运或具有季节性的企业来说,很难维持一个有经验的仓库员工队伍,而使用公共仓储则可以避免这一困难。

4) 公共仓储的规模经济可以降低货主的仓储成本。公共仓储会产生自有仓储难以达到的规模经济。由于公共仓储为众多企业保管大量库存,与自有仓储相比,大大提高了仓库的利用率,降低了存货的单位储存成本;另外,规模经济还使公共仓储能够采用更加有效的物料搬运设备,从而提供更好的服务;最后,公共仓储的规模经济还有利于拼箱作业和大批量运输,降低货主的运输成本。

5) 使用公共仓储时企业的经营活动更加灵活。如果自己拥有或长期租赁仓库,那么当需要设立仓库的位置发生变化时,原来的仓库就变成了企业的负担。由于公共仓储的合同是短期的,当市场运输方式、产品销售或企业财务发生变化时,企业能灵活地改变仓库的位置;另外,企业不必因仓库业务量的变化而增减员工;再有,企业还可以根据仓库对整个分销系统的贡献以及成本和服务质量等因素,临时签订或终止租赁合同。

6) 便于企业掌握保管和搬运成本。当企业使用公共仓储时,由于每月可以得到仓储费用单据,可以清楚掌握保管和搬运的成本,有助于企业预测和控制不同仓储水平的成本。而企业自己拥有仓库时,很难确定其可变成本和固定成本的变化情况。

使用公共仓库进行仓储活动存在以下缺点:

1) 增加了企业的包装成本。公共仓库中储存了各种不同种类的货物,而各种不同性质的货物有可能互相影响。因此,企业使用公共仓储时必须对货物进行保护性包装,从而增加了包装成本。

2) 增加了企业控制库存的难度。企业与仓库经营者都有履行合同的义务,但盗窃等对货物的损坏给货主造成的损失将远大于得到的赔偿。因此在控制库存方面,使用公共仓库将比使用自有仓库承担更大的风险,另外,企业还有可能由此泄露有关的商业机密。

(3) 合同仓库。在物流发达的国家,越来越多的企业转向利用合同仓库或称第三方仓储。所谓合同仓库是指企业将物流活动转包给外部公司,由外部公司为企业提供综合物流服务。

合同仓库具有以下优势:

1) 有利于企业有效利用资源,合同仓库比自有仓储更能有效处理季节性产业普遍存在的产品的淡、旺季存储问题,例如合同仓储企业能够同时为销售旺季分别在冬季和夏季的企业提供合同仓库,如羽绒服与空调器,这种高峰需求交替出现的模式使得合同仓库比只处理一季产品的自有仓库能更有效地利用设备与空间,另外，由于合同仓库的管理具有专业性，管理专家更具创新性的分销理念和降低成本的方法有利于物流系统发挥功能，从而提高效率。

2）有利于企业扩大市场，合同仓库能通过设施齐全的网络系统扩大企业的市场覆盖范围。由于合同仓储企业具有战略性选址的设施与服务，因此货主在不同位置的仓库得到的仓储管理和一系列物流服务都是相同的。

3）有利于企业进行新市场的测试，合同仓库的灵活性能加强客户服务，企业在促销现有产品或推出新产品时，可以利用短期合同仓库来考察产品的市场需求，当企业试图进入一个新的市场区域时，要花很长时间建立一套分销设施，然而通过合同仓库网络，企业可利用这一地区的现有设施为客户服务。

4）有利于企业降低运输成本，由于合同仓库处理不同货主的大量产品，因此经过拼箱作业后可大规模运输，这样大大降低了运输成本。

合同仓库的缺点有：

1）企业对物流的控制能力降低。由于第三方的介入，使得企业自身对物流的控制能力下降，在双方协调出现问题的情况下，可能会出现物流失控的风险，从而使企业的客服水平降低。另外，由于外部服务商的存在，企业内部更容易出现相互推诿的局面，影响效率。

2）客户关系管理的风险。由于企业是通过第三方来完成产品的配送与售后服务，同客户的直接接触减少，这对建立稳定密切的客户管理非常不利。第三方物流公司并不只面对一个客户，在为企业竞争对手提供服务的时候，企业的商业机密被泄露的可能性将增大。

3）连带经营风险。第三方物流是一种长期的合作关系，如果服务商自身经营不善，则可能影响企业的经营，解除合作关系又会产生较高的成本，因为稳定的合作关系是建立在较长时间的磨合期上的。

3. 按存储商品的性能及技术设备分类

按储存商品的性能及技术设备分类，国际物流仓库可分为通用仓库、专用仓库和特种仓库。

（1）通用仓库。通用仓库是用以储存一般没有特殊要求的工业品或农用品的仓库，在各类对外贸易仓库中占比最大。

（2）专用仓库。专用仓库是专门用于储存某一类商品的仓库，在保养技术设备方面相应地增加了密封、防虫、防霉、防火以及监测等设施，以确保特殊商品的质量安全。

（3）特种仓库。特种仓库是用于存储具有特殊性质，要求使用特别保管设备的商品，一般指化学危险品，易腐蚀品，石油及部分医药商品等，这类仓库配备有专门的设备，如冷藏库、保温库、危险品仓库等。

除了以上类别，还有保税仓库，保税仓库是根据有关法律和进出口贸易的规定，专门保管国外进口而暂未缴纳进口税的商品的仓库，由海关统一进行监督和管理，保税仓库有关内容将在下一节专门介绍。

6.2 保税仓库与保税区

保税仓库是保税制度中应用最为广泛的一种形式，具有较强的服务功能和较大的灵活性，对于促进国际贸易和加工贸易的开展起到了重要作用，因此保税仓库是国际物流货物仓储中一个非常重要的部分，我国海关对保税仓库管理的基本依据是海关总署颁布的《中华人民共和国海关对保税仓库及所存货物的管理办法》。

6.2.1 保税仓库的概念

保税仓库（bonded warehouse）是经海关批准设立的专门存放保税货物及其他未办结海关手续货物的仓库。随着国际贸易的不断发展，贸易方式日益多样化，如进口原材料、配件进行加工装配后复出口、补偿贸易、转口贸易、期货贸易等。如果进口时要征收关税，复出时再申请退税，手续过于烦琐，必然会加大货物的成本，增加国际贸易的风险，不利于发展对外贸易。建立保税仓库后，可大大降低进口货物的风险，有利于鼓励进口，鼓励外国企业在本国投资，是非常重要的投资环节之一。

保税仓库的设立需要专门批准，外国货物的保税期一般最长为两年，在这个时期中可存放在保税仓库中。存放期间，经营者可以找到最适当的销售时机，一旦实现销售，再办理关税等通关手续。如果两年之内未能销售完毕，则可再运往其他国家，保税仓库所在国不收取关税。

6.2.2 保税仓库允许存放的货物范围

保税仓库是由海关批准并由海关监管的。我国规定保税仓库允许存放的货物范围如下：

1. 缓办纳税手续的进口货物

这主要包括因进口国工程、生产等需要而造成的预进口货物，储存在保税仓库内，随需随提并办理通关手续，剩余的货物免税退运。也包括因进口国情况变化、市场变化，而暂时无法决定去向的货物，或是无法做出最后处理的进口货物，这些都需要将货物存放一段时间，如果条件变化，需要实际进口，再缴纳关税和其他税费，这就使进口商将纳税时间推迟到货物实际内销的时间。

2. 需做进口技术处置的货物

有些货物到库后，由于不适于在进口国销售，需换包装装潢，改包装尺寸或做其他加工处理，则可入保税仓库进行技术处置，待到符合进口国的要求再内销完税，不符合的则免税退返。

3. 来料加工后复出的货物

为鼓励"两头在外"的国际贸易战略的实施，对有些来料加工，又是在保税区或保税仓库完成的，加工后，该货物复出口，则可存放于保税仓库。

4. 不内销而过境转口的货物

有些货物因内销无望而转口,或在该区域存放有利于转口,或无法向第三国直接进口而需转口,货物则可存放于保税仓库中。保税仓库在国际物流中,不仅适于进口货物,也可用于出口货物。

6.2.3 保税仓库的类型

保税仓库的类型有专业性保税仓库、公共保税仓库、保税工厂和海关监管仓库。

1. 专业性保税仓库

这是由有外贸经营权的企业,经海关批准而建立的自管自用的保税仓库。

2. 公共保税仓库

这是具有法人资格的经济实体,是经海关批准建立的综合性保税仓库。这类保税仓库一般不经营进出口商品,只为国内外保税货物持有者服务。

3. 保税工厂

这是整个工厂或专用车间在海关监督管理下,专门生产进料加工、进件装配复出口产品的工厂。

4. 海关监管仓库

主要存放已进境而货物所有人未来提取的货物或行李物品,或者无证到货、单证不齐、手续不完备以及违反海关规程,海关不予放行,需要暂存海关监管仓库等海关处理的货物。海关监管仓库的另一种类型是出口监管仓库,专门存储已对外成交,并已结汇,但海关批准暂不出境的货物。

6.2.4 保税仓库的设立

1. 设立保税仓库的条件

在我国,设立保税仓库应具备以下条件:

(1) 保税仓库应设有与非保税区域之间的安全隔离设施,并且配备保证货物存储和保管安全的设施。

(2) 保税仓库应配备经海关培训认可的专职人员。

(3) 保税仓库的经营人须具有向海关缴纳有关税款的能力。

2. 设立保税仓库的申请文件

仓库经营人申请设立保税仓库,应向主管海关提供下列文件:

(1) 经营单位的工商营业执照,如果是租赁仓库的,还应提供仓储人的营业执照。

(2) 经营单位填写的"保税仓库申请书",应填明仓库名称、地址、负责人、管理人员、储存面积及存放何类保税货物等内容。

(3) 对外贸易主管部门批准开展有关业务的批件,如仓储、寄售、维修等。

(4) 其他有关资料如租赁仓库的租赁协议、仓库管理制度等。

3. 海关对设立保税仓库的审批

主管海关在审核上述申请文件后,派员到仓库实地验库,检查仓储设施,核定仓储面积，将初审意见和相关材料报直属海关，直属海关应自收到仓库所在地主管海关报送的审查意见之日起 20 个工作日内作出决定。申请人应当自海关出具批准文件之日起 1 年内向仓库所在地主管海关书面申请对保税仓库的验收，仓库主管海关自接到企业书面申请及随附相关材料之日起 10 日内进行实地验收，填写《海关保税仓库/出口监管仓库勘验记录表》，并将相关材料报直属海关审核。直属海关应按照行政许可要求出具批准文件，由仓库主管海关将批准文件转交到企业。

经批准设立的保税仓库，由海关颁发"保税仓库注册登记证书"。

4. 我国申请设立保税仓库的程序

(1) 项目立项。保税仓库项目立项时，要申报：保税仓库申请书、投资企业营业执照、投资企业章程、开户银行资信证明、法人代表身份证明、可行性报告、工商名称等级核准通知书等，并办理申领土地使用证、建设用地规划许可证、工程规划许可证等。

(2) 工商注册。保税仓库投资企业在收到项目建议书批复后，可到工商行政管理部门办理名称登记、开业登记，在企业提供材料齐全的情况下，工商行政管理部门在规定的期限内核发营业执照。

(3) 海关登记。保税仓库投资企业持上述有关部门的批文和工商行政管理部门颁发的营业执照，向海关办理登记注册和报关登记备案手续。

(4) 商品检验检疫登记。如果保税仓储的货物属于商检机构实施检验的进出口商品种类表内所列范围，或其他法律、法规规定须经商检部门检验的进口商品，应向商品检验检疫部门注册登记。

(5) 税务登记。经工商行政管理部门批准开业的投资企业，应在领取营业执照后的期限内向税务机构申报办理税务登记。税务机构审核有关文件后予以登记，并在限期内核发税务登记证。

(6) 外汇登记和银行开户。保税仓储企业在领取工商营业执照之日起的一定期限内，应向当地国家外汇管理部门办理登记手续，并持有关文件到银行办理开户手续，分别设立人民币账户和外汇账户。

6.2.5 保税区

保税区（bonded area）是在境内的港口或邻近港口、国际机场等地区建立的在区内进行加工、贸易、仓储和展览的由海关监管的特殊区域。

1990 年 6 月，经中央批准，在上海创办了中国第一个保税区——上海外高桥保税区。1992 年以来，国务院又陆续批准设立了 14 个保税区和一个享有保税区优惠政策的经济开发区，即天津港、大连、张家港、深圳沙头角、深圳福田、福州、海口、厦门象屿、广州、青岛、宁波、汕头、深圳盐田港、珠海保税区以及海南洋浦经济开发区。

兴建保税区是我国 20 世纪 90 年代实行全方位开放战略的新产物，其设立的目的是改善投资环境和吸引外资。保税区是我国目前开放度最大的地区，对所在地区和全国经济发展都起着重要的作用。它是我国发展外向型经济和对外开放纵深发展的必然产物,是对我国20世纪80年代建立的经济特区和经济技术开发区等开放形式的补充和发展,保税区在发挥招商引资、出口加工、国际贸易、转口贸易和仓储等功能和带动区域经济发展等方面显示出独特的优势。

我国保税区从其性质、功能以及运作方式上看,基本上类似于国外的自由贸易区这一自由经济区形式。我国现有的保税区英文名都译为"Free Trade Zone"。这表明我国保税区与国际上通行的促进对外贸易发展的自由贸易区具有本质上的共性,是借鉴于国际通行惯例,利用特殊关税政策促进外贸发展的自由经济区形式之一。

20世纪80年代以来,自由经济区发展由原来的单一功能向着多功能综合型方向发展,其不仅重视对外贸易,也重视出口加工,并把金融、保险、旅游等第三产业引入自由经济区。在这一点上,我国保税区和世界自由经济区的发展趋势是一致的。在大力发展对外贸易的同时,各保税区纷纷开展出口加工、仓储、金融、保险等业务,努力走出一条有中国特色的工贸结合的综合型自由之路。

6.3 国际物流货物仓储业务运作基本程序

国际物流货物仓储业务运作基本程序包括4个环节:保税仓库货物进口、入库、储存保管和出库。

6.3.1 保税仓库货物进口

保税仓库货物进口主要有本地进货与异地进货两种情况。

1. 本地进货

当进口货物由保税仓库所在地进境时,应由货物所有人或其代理人向入境所在地海关申报,填写进口货物报关单,在报关单上加盖保税仓库货物戳记并注明存入××保税仓库,经入境地海关审查验放后,货物所有人或其代理人应将有关货物存入保税仓库,并将两份进口货物报关单随货交保税仓库,保税仓库经营人应在核对报关单上申报进口货物与实际入库货物无误后,在有关报关单上签收,其中一份报关单交回海关存查(连同保税仓库货物入库单据),另一份由保税仓库留存。

2. 异地进货

进口货物由保税仓库所在地以外其他口岸入境时,货主或其代理人应按海关进口货物转关运输管理规定办理转关运输手续。货主或其代理人应先向保税仓库所在地主管海关提出将进口货物转运至保税仓库的申请,主管海关核实后签发进口货物转关运输联系单,并注明货物转运存入××保税仓库。货主或其代理人凭此联系单到入境地海关办理转关运输手续,入境地海关核准后,将进口货物监管运至保税仓库所在地,货物抵达目的地后,货主或其代理人应按上述本地进货手续向主管海关办理进口申报及入库手续。

6.3.2 入库

入库分为卸货、入库检验、办理入库手续、贴储位标签或条形码和上架5个步骤。

1. 卸货

卸货有散货卸货和拆箱卸货两类。散货卸货是指一般货物与空运货物（未曾事先堆栈在托盘上并固定者）从仓库的收货码头卸下到堆栈在托盘上，拆箱卸货是指海运集装箱装载的货物，在仓库收货区拆封，卸至托盘上。拆箱卸货又有两种，即机械拆箱和人工拆箱。机械拆箱是指货物已打托盘或木箱，可以用堆高机直接开进集装箱内卸装；人工拆箱是指货物呈松散堆栈，须以人力逐件搬出后堆放于托盘。

2. 入库检验

为了防止商品在储存期间发生各种不应有的变化，在商品入库时首先要严格验收，弄清商品及其包装的质量状况。入库验收的内容主要包括：

（1）数量检验。在进行数量检验时，必须把握好点数（过磅）、记码单和码操3个环节，以保证数量准确。

（2）质量检验。即对入库商品进行质量检验，亦即对商品的物理、化学性能的检验和通过耳、鼻、手等感觉器官，并利用简单工具检验商品是否受潮、玷污、腐蚀、霉烂、缺件、变形、破损、损坏等。

（3）包装验收。包装与商品安全运输和储存关系甚大，是仓库验收中必须重点检查的一项工作，尤其是对商品包装有具体规定的，如对木箱板的厚度、打包铁皮的箍数等有要求的，仓库都要按规定进行验收。

3. 办理入库手续

货物入库时，应由仓库保管员填写入库通知单，完整的入库单据必须具备以下4联：选货回单、储存凭证、仓储账页和货卡，并附上检验记录单、产品合格证、装箱单等有关资料凭证，以证实该批货物已经检验合格，可以正式上架保管。

4. 贴储位标签或条形码

为便于仓库保管员查找货物及理货，对办理完入库手续的货物通常贴上储位标签或条形码后，再入库上架。

5. 上架

入库的最后一步工作就是把堆栈好的托盘放上货架。货品检验完毕后，依性质的不同由仓储管理系统分配储位，上架人员将依照终端打印机印出的卷标（有些用条形码）黏附在货物外侧（至少2张分贴在对侧）后，缠上透明收缩膜，通过堆高机放置入货架或大货区上。大货区主要适合大量出货而且进、出频繁的品类，它是零库存作业中不可或缺的场地，但必须有良好的进、出码头，以及妥善的整仓变动规划，否则会适得其反。

6.3.3 储存保管

货物入库以后，便进入了储存保管阶段，它是仓储业务的重要环节。其主要内容包括货物的存放、保管、检查与盘点等。

1. 存放

在储存区内，全托盘装载的物品被分配到预定的托盘位置上。对此，有2种常用的货位分配方法，即可变货位安排系统和固定货位安排系统。

可变货位安排系统也称作动态定位系统，是在每次有新的装运到达时允许产品改变位置以便有效地利用仓库空间。而固定货位安排系统则是在选择区内为每种产品分配1个永久性的位置。只要产品的移动流量保持相同水平，储存物品就始终保持这种位置。如果物品的流量一旦发生增减，就有可能对储存物品重新分配位置。一般说来，固定货位安排优越于可变货位安排，因为其可以对某种物品提供及时定位。

2. 保管

仓库一般首先考虑出入库的时间和效率，因而较多地着眼于拣选和搬运的方便，但保管方式必须与之协调。通常，仓库中货物保管的方式主要有：

（1）地面平放式。将保管物品直接堆放在地面上。

（2）直接堆放式。将货物在地面上直接码放堆积。

（3）托盘平放式。将保管物品直接放在托盘上，再将托盘平放在地面上。

（4）托盘堆码式。将货物直接堆码在托盘上再将托盘堆放在地面上。

（5）货架存放式。将货物直接码放在货架上。

3. 检查与盘点

（1）保管期间货物的检查。在对货物保管的过程中，保管人员应对货物进行经常和定期的检查，以确保在库货物的质量完好、数量准确。检查的内容主要有：

1）数量检查。货物在存储期间，仓库保管人员要检查货物的数量是否准确，查账上的记载是否正确，核对账、卡、物是否一致，保持仓库的账账相符、账卡相符、账物相符、钱物相符。

2）质量检查。检查存储货物质量有无变化，包括有无受潮、玷污、锈蚀、发霉、干裂、虫蛀、鼠咬，甚至货物变质等现象；检查技术证件是否齐全，证物是否相符；必要时，还要对货物进行技术检查。

3）保管条件检查。检查各类货物堆码是否合理稳固，货垛是否苫垫严密，库房是否有漏雨，货场是否有积水，门窗通风洞是否良好，库内温度、湿度是否符合要求，保管条件是否符合各种货物的保管要求等。

4）安全检查。检查仓库各种安全措施和消防设备、器材是否齐备，是否符合安全要求，检查库房建筑物是否影响货物正常储存等。

检查的方式主要有：

1）日常检查。日常检查是指每日上下班前后，保管员对所保管的货物的安全情况、保管情况、库房和货场的整洁情况所进行的检查。

2）定期检查。定期检查是指根据季节变化和业务需要，由仓库组织有关专业人员对在库货物所进行的检查。

3）临时性检查。临时性检查是指有灾害性气候预报时所组织的临时性检查，例如在暴风雨、台风到来之前，要检查建筑物是否承受得住风雨袭击，水道是否畅通，露天货场苫盖是否严密牢固，灾害性风雨过后检查有无损失等。

在检查的过程中，如果保管人员发现货物发生变质或有变质迹象、数量有出入、货物出现破损等情况,应及时查明原因,通知存货人或仓单持有者及时采取措施进行处理,并对检查结果和问题做出详细的检查记录。

(2) 保管期间货物的盘点。货物的盘点是指定期或临时核对库存商品实际数量与保管账上的数量是否相符;查明超过保管期限、长期积压货物的实际品种、规格和数量,以便提请处理;检查商品有无质量变化、残损等情况;检查库存货物数量的溢余或缺少的原因,以利于改进货物的仓储管理。

1) 盘点的方法。一般情况下,对仓储货物的盘点方法主要有动态盘点法、循环盘点法、重点盘点法。

a. 动态盘点法。动态盘点法是指在发生出库动态时,就随之清点货物的余额,并同保管卡片的记录数额相互对照核对。

b. 循环盘点法。循环盘点法是指按照相关货物入库的先后次序,有计划对库存保管货物循环不断地进行盘点的一种方法,即保管员按计划每天都盘点一定量的在库货物,直至库存货物全部盘点完毕,再继续下一循环。

c. 重点盘点法。重点盘点法是指对货物进出动态频率高的,或者易损耗的,或者昂贵的货物进行盘点的一种方法。

2) 盘点内容。

a. 数量盘点。即对计件商品进行全部清点,对货垛层次不清的商品,应进行必要的翻垛整理,同时,检查商品质量变化、残损等情况。

b. 重量盘点。对数量较少或贵重的商品应全部过磅;对数量大且价值低廉的商品,由于全部过磅工作量太大,可会同货主逐批抽查过磅核对。

c. 货与账核对。根据盘点商品的实际数量,逐笔核对商品保管账上所列结存数字。

d. 账与账核对。即定期或随时将仓库保管账与货主的商品账以及仓库间保管账核对。

e. 做好记录及时联系。即在盘点对账中发现问题时,要做好记录,及时与存货人联系,协商对策。

f. 分析问题,找出原因,及时处理。即对盘点中发现的问题,逐一进行分析,必要时与货主协商,找出原因,纠正账目中的错误,并采取积极的挽救措施,尽量减少因霉烂、变质、残损等原因所造成的损失。

通过这些日常盘点,可保证定期的全面盘点。对库存货物盘点中出现的盈亏,必须及时做出处理。如果盘盈盘亏的数额不超出国家主管部门规定或合同约定的保管损耗标准,可由仓储保管企业核销;如果超出了损耗标准,则必须查明原因,做出分析,写出报告,承担责任;凡同类货物在规格上发生的数量此多彼少、总量相符的,可与存货人根据仓储合同约定直接协商处理。依据处理结果调整账、卡数额,使账、卡、物数额保持一致。

6.3.4 出库

对于存入保税仓库的货物,其出库的流向较为复杂,一般可分为储存后原物复出口、加工贸易提取使用、转入国内销售等3种情况。

1. 储存后原物复出口

存入保税仓库的货物在规定期限内复运出境时,货物所有人或其代理人应向保税仓库所在地主管海关申报,填写出口货物报关单,并提交货物进口时的经海关签章确认的进口报关单,经主管海关核实后予以验放有关货物或按转关运输管理办法,将有关货物监管运至出境地海关验放出境。复出境手续办理后,海关在一份出口报关单上加盖印章退还货物所有人或其代理人,作为保税仓库货物核销依据。

2. 加工贸易提取使用

从保税仓库提取货物用于进料加工、来料加工项目加工生产为成品复出口时,经营加工贸易单位首先按进料加工或来料加工的程序办理合同备案等手续后,由主管海关核发《加工装配和中小型补偿贸易进出口货物登记手册》(简称《登记手册》)。

3. 转入国内销售

存入保税仓库的货物需转为国内市场销售时,货物所有人或其代理人应事先报主管海关核准并办理正式进口手续,填写进口货物报关单,其贸易性质由保税仓库货物转变为一般贸易进口。货物属于国家进口配额、进口许可证、机电产品进口管理,以及特定登记进口商品和其他进口管理商品的,需向海关提交有关进口许可证或其他有关证件,并缴纳进口关税、消费税和进口环节增值税。上述进口手续办理后,海关在进口货物报关单上加盖放行章,其中一份用以向保税仓库提取货物;另一份由保税仓库留存,作为保税仓库货物的核销依据。

(1) 审核仓单。仓库接到存货人或仓单持有人出库通知后,必须对仓单进行核对。因为存货人取得仓单后,可以通过背书的方式将仓单转让给第三人,也可以分割原仓单的货物,填发两份以上新的仓单,将其中一部分转让给第三人。存货人与仓储人原来所签订的合同关系被转让部分规定适用于第三人,第三人在取得仓单后,还可以在仓单有效期内,再次转让或分割仓单。但是合同法规定,存货人转让仓储物提取权的,应当经保管人签字或盖章。

(2) 核对登账。仓单审核以后,仓库财务人员要检查货物的品名、型号、规格、单价、数量等有无错误,收货单位、到站、银行账号等是否齐全和准确,单证上书写的字迹是否清楚,有无涂改痕迹,是否超过了规定的提货有效期等。如果核对无误后,可根据凭证所列各项内容,登入商品保管账,核销储存量,并在出库凭证上批注发货商品存放的货区、库房、货位编号以及发货后应有的储存数量。同时,收回仓单,签发仓库货物出库单,写清各项内容,连同提货单或调拨单,一起交仓库保管员查对配货。

(3) 配货备货。财务人员转来的货物出库凭证经复核无误后,仓库保管员按出库凭证上所列项目内容和上面的批注,到编号的货位对货,核实后进行配货,配货中要执行"先进先出""易坏先出""不利保管先出"的发货原则,货物从货垛上搬下后,应整齐堆放在备货区位上,以便刷唛、复核、交付等备货作业的进行。

备货工作主要有:

1）包装整理、标志重刷。仓库应清理原货包装，清除积尘污物，对包装已残损的，要更换包装。提货人要求重新包装或者灌包的，要及时安排包装作业，对原包装标志脱落、标志不清的进行补刷补贴；提货人要求标注新标志，应在提货日之前进行。

2）零星货物组合。为了作业方便，对零星货物进行配装，使用大型容器收集或者堆装在托盘上，以免提货时遗漏。

3）根据要求装托盘或成组。若提货人要求装托盘或者成组，应及时进行相应作业，保证作业质量。

4）转到备货区备运，将要出库的货物预先搬运到备货区，以便能及时装运。出库货物应附有质量证明书抄件、磅码单、装箱单等。机电设备等配件产品，其说明书及合格证应随货同行。

（4）复核查对。备货后仓管人员应立即进行复核，以确保出库货物不出差错。复核的形式有保管员自行复查、保管员互核、专职人员复核、负责人复查等。复核的内容主要包括以下几方面：

1）认真审查正式出库凭证填写的项目是否齐全，出库凭证的抬头、印鉴、日期是否符合要求，复核商品名称规格、等级、产地、重量、数量、标志、合同号等是否正确。

2）根据正式出库凭证所列项目，与备好的货物相对照，逐项复核、检查其是否与出库凭证所列完全相符，如经反复核对确实不符时，应立即调换，并将原错备商品标志除掉，退回原库房。

3）检查包装是否破损、污染，标志、箱（包）号是否清楚，标签是否完好，配套是否齐全，技术证件是否齐备。

4）需要计重、计尺的货物，要与提货人一起过磅，或根据货物的具体情况抽磅，或理论换算重量，一起检尺。要填写磅码单或尺码单，并会同提货人签字。

5）复核结余商品数量或重量是否与保管账目、货物保管卡片结余数相符，发现不符应立即查明原因。

复核的目的就是要求出库货物手续完备、交接清楚、不错发、不错运。出库货物经过复核无误后，方可发运。

（5）出库交接。备齐货物经复核无误后，仓库保管员必须当面与提货人或运输承运人按单逐件点交清楚、分清责任、办好交接手续。自提货物的待货物交清后，提货人应在出库凭证上签章，待发运货物保管员应向发运人员点交，发运人员在出库凭证上签字。发货结束后应在出库凭证发货联上加盖发讫或商品付讫戳记，并留据存查。同时，应由仓库填写出库商品清单或出门证，写明承运单位名称、商品名称数量、运输工具和编号，并会同承运人或司机签字。出库商品清单或出门证一式三联，一联由仓库发货人员留查；二联由承运人交仓库，以便门卫查验放行；三联给承运人作为交货凭据。

（6）填单销账。货物交点以后，保管员应在出库单上填写实发数、发货日期等项内容并签名，然后将出库单及相关联证件资料及时交送货主以便货主办理货款结算。保管员根据留存联出库凭证清点货垛余数，并与账、卡核对，登记、核销实物保管明细账，账面余额应与实际库存量和货卡登记相符；出库凭证应在当日清理，定期装订成册，妥善保管；在规定时间内，转交账务人员登账复核。

6.4 自由贸易园区

6.4.1 国际自由贸易园区内涵及特征

自由贸易园区（free trade zone，FTZ）是指一国或地区对外经济活动中在货物监管、外汇管理、税收政策、企业设立等领域实行特殊经济管理体制和特殊政策的特定区域，包括自由港、自由经济区、对外贸易区等多种类型。在不同的国家或地区，自由贸易园区还有自由区、工商业自由贸易、出口自由区、自由关税区、免税贸易区、自由贸易港、自由工业区等名称。

自由贸易园区集中体现三大自由的核心特征：一是货物进出自由，不存在关税壁垒和非关税壁垒，凡合乎国际管理的货物进出均畅通无阻，免于海关惯常监管；二是投资自由，投资没有因国别差异带来的行业限制与经营方式限制，包括投资自由、雇工自由、经营自由、经营人员出入境自由等；三是金融自由，外汇自由兑换，资金出入与转移自由，资金经营自由，没有国民待遇与非国民待遇之分。

自由贸易园区还具有5方面特点：一是隔离封闭，自由贸易园区整体或园区内部特定区域是在设区国领土上用围网与该国其他区域隔离且封闭起来的特定区域，其面积一般在十几平方公里以内；二是境内关外，围网区域虽然位于设区国边境之内，但却处于该国关境之外，海关对货物进出国境不征收关税，而进出关境则视同进口或出口，要征收相应的关税，除特殊情况外，海关不实施官场的监管制度，对区内企业和货物实行"一线放开，二线管住，区内自由"和"管住卡口，管出不管进"制度；三是管理高效，中央政府多数会设立专门的机构对自由贸易区进行宏观管理，有权对所设区域内的一切机构与事务进行监管、有权自行制定法规与条例、有权独立行政而不受其他职能部门干预等，如美国的对外贸易区委员会、欧盟的欧盟理事会、巴拿马的自由贸易区管理委员会等；四是政策优惠，设区国政府通常给予自由贸易园区内的企业一些政策上的优惠，例如减免所得税、放宽信贷政策、提供投资匹配、加速资本折旧、保障投资安全、以优惠价提供土地及水电等；五是港区结合，自由贸易园区大多设在吞吐量较大的海港等具有地理优势的地方，例如德国的汉堡港、美国的纽约港、荷兰的鹿特丹港等。特殊情况下也可设在内河港、航空港等地方。

6.4.2 国际自由贸易园区类型模式

顺应经济全球化和国际贸易投资自由化新趋势，国际自由贸易园区呈现多样化和综合化发展趋势。人们对自由贸易园区类型模式的看法不尽相同，并未形成统一公认的分类，根据其功能，主要有以下5个典型模式：

(1) 保税仓储型。以保税仓储和物流功能为主的自由贸易园区类似保税仓库，用以免除外国货物进出口手续。如荷兰的阿姆斯特丹港，商品进入该区可免交进口税，储存在仓库的商品可以进行简单包装、样品展示，也可以做零件装配，具备减免关税和提供转口的各种优惠条件，是大型商户对欧亚、非洲各国出口的分销中心，区外设有若干海关监管库，进一步延伸区内的功能和服务。阿姆斯特丹港自由贸易园区与机场空港业务联系紧密，推动了海空两港物流的联动发展，此外，荷兰的鹿特丹港、德国的汉堡港、比利时的安特卫普港等也属于这一类型。

(2) 转口集散型。利用优越的自然地理区位从事货物转口及分拨、货物储存、商业性加工等的自由贸易园区。如巴拿马的科隆自由贸易园区，依托巴拿马运河成为世界航运中转枢纽，其货物流转量巨大，转口贸易成为主要业务，自由贸易园区货物进口无配额限制，不必交进口税。园区内货物自由流动，所得税为 8.6%，自 20 世纪 60 年代中期以来已经成为拉美地区的贸易中心和贸易集散地。

(3) 工贸结合型。兼具加工、贸易、仓储物流等功能的自由贸易园区。如美国的对外贸易区（foreign trade zones），除法律禁止的商品外，任何国外和国内的商品都可以进区，不受美国海关法的约束，国际贸易的各项活动均可在区内开展，包括存储、展示和销售、重新包装、组装、分类、清洁以及搭配国内货物加工。再如阿联酋迪拜杰贝阿里自由区，目前进驻的 6700 家企业中有 1500 家为工业制造厂商，其余大部分为物流企业，涉及石化、机动车、电气等领域。此外，土耳其爱琴海自由贸易免税区、中国台湾高雄自由贸易区等也属于这一类型。

(4) 自由港都市。整个城市即为一个自由贸易园区。港口及所在城市全部地区均自由开放，外商可自由居留并从事有关业务。如中国香港和新加坡，具有贸易自由、投资经营自由、融资汇兑自由、人员出入境自由、航运自由等特色，整个城市区域在金融开放、市场准入、外资国民待遇、业务经营、投资服务等方面高度宽松。

(5) 经济自由区。选取城市特定区域实施更为开放自由的投资政策和打造更加良好的营商环境。如韩国的仁川自由经济区和釜山自由经济区，通过提供多样的税务优惠、自由而完善的规章制度、便利的生活环境和简便的行政服务，支持外商投资和尖端产业的发展。通过放宽各种限制，自由经济区内允许设立、运营外国教育机构与医院，提供外语服务，允许使用外国货币及收看外国电视媒体等，此外还可享受税收减免、资金支持等多样的优惠，自由区内部大多拥有境内关外特殊围网区域（自由贸易区，FTZ）。

6.4.3 自由贸易区主要政策

作为一个国家或地区扩大开放的前沿，自由贸易园区普遍实行多元化的优惠政策扶持（特别是发展中国家的自由贸易园区实行更多的优惠政策），随着近年来自由贸易园区功能内涵不断深化，业务内容不断丰富，自由贸易园区的扶持政策也随之不断深化，相关的支持政策开始由贸易自由化政策逐步向投资自由化、金融自由化政策拓展渗透。归纳下来主要包括税收优惠、投资鼓励、外资准入、金融自动化、海关管理、人员出入境等方面的优惠政策。

(1) 税收优惠政策。普遍采取具有较强竞争力的税收优惠政策，主要包括关税、企业所得税、消费税、增值税等方面的优惠政策。一是关税豁免政策。自由贸易园区对于进入区内的商品都不征收关税，商品从区内进入国内销售时再补缴关税。二是较低的企业所得税。自由贸易园区都实行较低的企业所得税，如新加坡为17%，香港为17.5%，汉堡为15%，特别是对鼓励类企业或行业实行更低税率（如新加坡对航运企业、地区总部实行10%的企业所得税）。三是其他方面的税收优惠。比如区内商品消费减免消费税，实行较低的增值税率等。

(2) 投资鼓励政策。自由贸易园区普遍采取各类减少进入前投资成本和降低进入后运行成本的鼓励政策，如信贷支持、补贴资助、加速资本折旧、提供税收信用等。一是信贷支持政策。如毛里求斯自由区法规定，对区内的企业，商业银行可按优惠利率给予贷款。二是各类补贴资助政策。该类政策包含的项目较多，各国家的自由贸易园区根据鼓励或支持项目、环节不同，设立了名目繁多的补贴奖励或资助政策。三是保障资金安全政策。许多国家在有关政策法规中明确规定，对在自由贸易港区投资的外国企业不实行国有化和没收资产的政策，以保证投资者免受因战争动乱等带来的影响和损失。

(3) 外资准入政策。自由贸易园区普遍采取开放宽松的外资准入政策。一是允许投资的领域范围广。自由贸易园区允许投资的领域范围更广，特别是很多国家或地区率先在区内放开一些服务业领域的投资准入，如中国香港除需要受到政府监督的行业以外，海外资本可以在各个行业进行投资。二是投资相关限制少。在投资程序上，不需要政府审批和核准，只要在相关部门登记备案即可，不仅区内投资自由，区内企业向外投资也相对自由便捷，如中国香港本地的资本可以通过各种方式向海外发展，不需要获得政府批准。对外资股权限制较少，如迪拜杰贝阿里自由区外资可100%独资，不受阿联酋公司法中规定的外资49%、内资51%股权条款的限制；三是外资实行国民待遇。如荷兰鹿特丹保税港区允许外国公司投资当地任何部门，并且在法律上与当地公司享有同等权利。

(4) 金融自由化政策。自由贸易园区普遍采取宽松、自由、开放的外汇管理和金融政策。一是宽松的外汇管理政策。中国香港、新加坡、德国汉堡、美国纽约自由港体现所在国家或地区的金融自由化政策，均无任何形式的外汇管制，外汇可自由兑换。二是资金自由进出政策。中国香港、新加坡资金进出没有任何限制，外汇、各种形式的合法收入都可自由进出。发展中国家的自由贸易园区也都逐渐放开资金的自由进出。三是离岸金融业务广泛开展，亚洲、拉美、中东的一些综合型自由贸易园区转变成为离岸金融中心，中国香港、新加坡逐渐发展成为全球离岸金融中心。

(5) 海关管理政策。自由贸易园区普遍采取高效、便捷、规范完善的海关管理政策。一是境内关外政策，自由贸易园区视同关外，货物在区内发生的活动不受海关的限制。二是进出关便利化政策。如24小时通关、以公司账册管理及存货数据取代海关查验、国内出口商品进入区内视作出口，即可享受退税政策等。三是宽松的管理政策。对区内保税货物有一定的免税存放期,延长存放缴纳一定费用、货物在保税仓库之间进出无须通关、对区内货物采取较为宽松的抽查方式等。

(6)人员出入境政策。自由贸易园区普遍采取宽松、自由的人员出入境政策。包括免签证、落地签证等弹性入境签证办法,如新加坡采取落地签证政策;中国香港实行免签制度,符合一定条件的人可以免签证,迪拜实行96小时的过境签证,仅需阿联酋航空公司或迪拜本地酒店进行担保。

2013年8月22日,国家批准设立中国(上海)自由贸易试验区,中国大陆第一个自贸试验区正式诞生。2016年9月,中共中央、国务院决定,在辽宁省、浙江省、河南省、湖北省、重庆市、四川省、山西省设7个自贸试验区。2018年4月,党中央决定在海南全岛建设自由贸易试验区,开启了"1+3+7+1"的自贸试验区扩展试点新格局。2019年8月26日,国务院印发《中国(山东)、(江苏)、(广西)、(河北)、(云南)、(黑龙江)自由贸易试验区总体方案》,国家将在山东、江苏、广西、河北、云南、黑龙江6省设立自贸试验区。2020年8月30日,国务院批复设立北京、湖南、安徽自由贸易试验区和扩展浙江自由贸易试验区。历经10余年,"1+3+7+1+6+3"的自贸试验区总体格局雏形已现,随着自贸试验区经验的全面复制推广和自由贸易港建设的积极探索,改革开放新高地将逐步形成。

6.5 实训项目——调查自由贸易区相关资料

6.5.1 实训目的

通过查找国内外现有的自由贸易园区,熟悉和了解自由贸易园区的业务范围、优惠政策以及重要意义等。

6.5.2 实训内容

1. 实训任务

(1)通过网络查找国内外自贸区名单及其概况,列一份表格,表格名称为:国内外自由贸易园区名录。

(2)选择其中有代表性的自由贸易园区,每个小组做一份该自由贸易园区介绍的PPT,并选出代表进行汇报。

2. 实训教学建议

(1)教学方法:多媒体教学、实践操作。

(2)实践课时:2学时。

(3)实践过程:教师布置任务后,由学生在课外完成,让学生以小组为单位,在课堂进行案例分享。

3. 实训成果

(1)国内外自由贸易区名录。

(2)自由贸易区介绍PPT。

案例分析

自由贸易园区的物流创新案例——上海畅联国际物流股份有限公司

1. 企业概况

上海畅联国际物流股份有限公司（以下简称"畅联物流"）于2001年5月22日成立由上海浦东新区国资委、上海仪电集团与上海外高桥保税区联合发展有限公司共同投资设立，主要提供第三方物流服务。

2. 创新案例

畅联物流计划依托上海自贸试验区的创新政策，为德国博世集团在洋山综合保税港区设立亚太第一个分拨中心。该分拨中心直接归属于博世集团。主要服务于亚太区域汽车零部件售后市场。博世集团的货物一部分从国外进境，另一部分由国内供应商出口至上海自贸试验区，在区域分拨中心整合后，根据国外订单进行分拣、包装，然后通过海空运至亚太地区的各个经销商。通过这个分拨中心，博世集团能有效地整合全球资源配置，公司运费等物流成本大幅降低。这个项目的成功运行，能吸引集团其他事业部门也加入区域分拨中心，更有效地节约运作成本。

为帮客户建立针对性的解决方案，畅联物流与博世集团一起和海关、商检进行了大量的前期研究，制定了包括海关新制度的解读、货物差异处理、出口东南亚如何签发Forma等实际操作方案。但在运营环节上仍有不便，例如，往往会出现国内外供应商由于发货差错造成的实收货物数量与向海关申报数量存在差异的情况，特别是对于国外进境备案的货物，如果发生实际收货数量与申报数量有差异，当时的做法是只能通过事后改单来解决差异部分，但整个改单的流程复杂，先要出具理货报告，再申请改单，周期在两周左右，影响到客户的交货期。

上海海关2014年4月出台"先进区、后报关"的创新政策后，对于进境备案的货物可以采取先进区后报关的模式进行操作。公司应用该项政策对博世亚太分拨中心形成了针对性的解决方案：海运整箱货物在货物到港后，凭舱单等信息如实填制提货申请单并发送至主管海关；接收到核准信息后公司可前往口岸提货，待货物入库后，可立即开始清点。进区报关可在申报进境之日起14日内向主管海关申报进境备案。目前，集装箱到达港口后，1天内可以完成运输入库，仓库可立即开始实物清点，待清点后，企业可以根据实际收到的货物数量向海关进行申报，如果发生有数量差异的，也可直接与国外供应商立即沟通核对，及时更正交易数量及发票后再进行申报。

新的运作模式不仅提高了博世分拨中心的货物分拨效率，及时满足客户需求，还为企业降低20%左右的物流成本。畅联物流将把该创新模式逐步推广至所有客户，依托上海自贸试验区的改革创新政策和先行先试优势，帮助客户优化现有的操作模式，吸引更多跨国集团的分拨中心在自贸试验区内运作。

资料来源：中国经济网

请结合案例回答下列问题：
(1) 分析"先进区，后报关"的创新政策对畅联物流的影响。
(2) 分析上海自贸试验区建设的重大意义。

思 考 与 习 题

(1) 国际物流仓库的分类有哪些？
(2) 国际物流货物仓库的合理布局要考虑哪些因素？
(3) 保税仓库允许存放的货物范围有哪些？
(4) 请说明国际物流货物仓储业务运作基本程序。
(5) 自由贸易试验区具有哪些特点？

第 7 章　跨境电商物流

跨境电商物流

学习目标与要求

本章重点介绍了跨境电商、跨境电商物流，通过对跨境电商进出口物流模式的介绍以加深对国际物流运输的理解，了解各种模式的优缺点。
1. 了解跨境电商的概念。
2. 掌握跨境电商物流的特征。
3. 熟悉跨境电商在选择时需要考虑的问题。
4. 熟悉跨境电商进出口物流模式。

导入案例

跨境电商成热门赛道　企业资本竞相布局抢抓政策市场红利

2023 年是"一带一路"倡议提出的第 10 个年头。其间，我国跨境电商快速发展。公开数据显示，跨境电商货物进出口规模占外贸比重已由 5 年前的不足 1% 上升至目前的 5% 左右。外贸是拉动中国经济增长的三驾马车之一，当下，跨境电商正成为拉动外贸增长的新引擎。海关总署数据显示，2023 年中国跨境电商进出口总额达 2.38 万亿元，增长 15.6%。其中，出口 1.83 万亿元，增长 19.6%。

从区域来看，以广东、浙江、福建、江苏为代表的东部地区跨境电商行业发展领先；以江西为代表的中部地区呈迅猛增长态势，成为中国制造出口的新生力量。人民网舆情数据中心发布的《跨境电商助力中国制造品牌出海现状及趋势洞察》（简称《洞察》）指出，亮眼数据背后的贸易方式及客户结构特征值得关注。一是跨境电商物流体系不断完善；二是当前海外客户群体趋于年轻化，年轻一代的客户群体更加倾向于通过跨境直播等网络化、媒体化方式快速了解企业生产能力。《洞察》认为，跨境电商平台在促进对外贸易中发挥重要作用，成为外贸转型升级的新动能和外贸创新发展的重要引擎。

资料来源：新华网

思考：什么是跨境电商？跨境电商发展与国际物流有什么关系？

第 7 章 跨境电商物流

7.1 跨境电商概述

中华人民共和国电子商务法

跨境电商即"跨境电子商务",指分属不同关境的交易主体,通过电子商务平台达成交易、进行电子支付结算,并通过跨境电商物流及异地仓储送达商品,从而完成交易的一种国际商业活动。所谓跨境,就是交易主体分属于不同关境,包括进出口,借助互联网达成交易、进行支付结算,并采用快件、包裹等方式通过国际物流将商品送达消费者手中的交易过程,是一种国际商业活动。从严格意义上说,跨境零售是贸易的组成。跨境消费者中也会含有一部分碎片化小额买卖的B类(指的是企业或者商家用户)商家用户,现实中对B类商家和C类(指的是企业或者商家用户)个人消费者很难区分。通常,从海关角度来说,跨境电商等同于在网上进行小包的买卖,主要是针对消费者。传统进出口B2B("Business-to-Business"的缩写,即企业对企业)货物只能销售给进口商,需要签订传统的外贸购销合同,准备箱单、纸质发票、报关单等纸质单证,不属于跨境电商范畴。跨境电商将传统贸易流程数字化、网络化、碎片化,购买特点以小批量、多批次、单笔交易金额小为主,包括直接交易和相关服务,即"产品+服务",可按进出口方向、交易模式、平台运营方、服务类型等角度分类。新的全渠道零售是指通过跨越实体和线上多购物渠道,随时随地始终连接,实现无缝的购物体验,因为需要面临来自整合独立线上和实体店铺的政策风险和物流业挑战,所以一直被视为零售业最难以捉摸的"圣杯"。

7.1.1 跨境电商的特征

随着跨境电商行业的迅猛发展,其竞争也日益加剧,商业模式开始出现变化。近年来,跨境电商进入整合、转型期。跨境电商的发展逐渐呈现多边化、直接化、小批量、高频度、数字化等特征。

1. 多边化,呈网状结构

传统的国际贸易主要表现为两国之间的双边贸易,即使有多边贸易,也是通过多个双边贸易实现的,呈线状结构。跨境电商可以通过一国的交易平台,实现其他国家间的直接贸易,贸易过程相关的信息流、商流、物流、资金流由传统的双边逐步向多边的方向演进,呈现出网状结构,正在重构世界经济新秩序。

2. 直接化,效率高

传统的国际贸易主要由一国的进(出)口商通过另一国的出(进)口商集中进(出)口大批量货物,然后货物通过境内流通企业的多级分销,最后到达有进(出)口需求的企业或者消费者手中,通常进出口环节多、时间长、成本高。而跨境电商可以通过电子商务交易与服务平台,实现多国企业之间、企业与最终消费者之间的直接交易,进出口环节少、时间短、成本低、效率高。

3. 小批量,高频度

跨境电商通过电子商务交易与服务平台,实现多国企业之间、企业与最终消费者之间的直接交易，由于是单个企业之间或单个企业与单个消费者之间的交易，相对于传统贸易而言，大多是小批量，甚至是单件交易，而且一般是即时按需采购、销售和消费，相对于传统贸易而言，交易的次数多、频率高。

4. 数字化，监管难

随着信息网络技术的深化应用，数字化产品（如游戏、软件、影视作品等）的品类和贸易量快速增长，且通过跨境电商进行销售或消费的趋势日趋明显，而传统应用于实物产品或服务的国际贸易监管模式已经不适用于新型的跨境电商交易，尤其是数字化产品的跨境贸易更是没有纳入海关等政府有关部门的有效监管、统计和关税收缴范围。

7.1.2 跨境电商发展历程

1. 萌芽期（1993—2003 年）

在萌芽期，跨境电商主要依附于传统外贸体系。随着互联网的初步发展和普及，企业开始尝试通过线上平台完成信息对接，如供求信息的发布和获取。这一阶段，跨境电商的概念刚刚兴起，主要以小规模的个人或小型企业为主，他们开始尝试通过电子商务平台进行国际贸易。由于缺乏经验和专业知识，这些企业往往需要进行大量的摸索和试错，并多数选择依托知名的电商平台进行交易以降低风险。

2. 成长期（2004—2012 年）

进入成长期后，跨境电商开始展现出强大的发展潜力。这一时期，出现了众多具备在线展示、交易、客服和支付功能的线上交易平台。这些平台不仅提供了商品展示和交易的基本功能，还开始完善客户服务体系，如在线咨询、售后支持等。随着交易规模和品类的扩大，物流、支付等基础设施也逐渐完善，为跨境电商的快速发展提供了有力支撑。

3. 发展期（2013—2018 年）

在发展期，跨境电商经历了前所未有的快速扩张。渠道平台和品类实现了快速增长，交易规模也持续高速增长。在这一阶段，跨境自主品牌和自建独立站等模式逐渐兴起，为企业提供了更多元化的市场拓展方式。同时，随着消费者需求的日益多样化，跨境电商开始注重提供个性化的商品和服务，以满足不同市场的需求。

4. 成熟期（2019 年至今）

进入成熟期后，跨境电商的发展更加注重精细化和本土化。企业开始通过数据分析、市场调研等手段深入了解目标市场的消费者需求和行为习惯，以提供更加精准的商品和服务。同时，跨境电商开始积极探索线上线下结合、分销、直播等新模式，以进一步拓展市场。此外，随着全球贸易环境的不断变化，跨境电商也开始注重风险管理和合规经营，以确保企业的稳定发展。

值得一提的是，近年来跨境电商的发展势头依然强劲。据海关总署数据显示，2023 年中国跨境电商进出口总额达到了 2.38 万亿元，实现了显著的增长。随着技术的不断进步和市场的持续拓展，跨境电商有望在未来继续保持高速发展态势，并为全球贸易的发展做出更大的贡献。

综上所述，跨境电商的发展历程是一个不断创新、不断突破的过程。从萌芽期的初步尝试到成熟期的精细化和本土化运营，跨境电商不断适应和引领着全球贸易的发展趋势。未来，随着技术的不断进步和市场的持续拓展，跨境电商有望在全球贸易中发挥更加重要的作用。

7.2 跨境电商与国际物流

7.2.1 跨境电商与国际物流的关系

伴随人工智能、大数据等技术发展与跨界融合以及国际流通领域的业务延展，跨境电商进入了新时代，国际物流已经成为影响跨境电商发展最重要的因素。跨境电商与国际物流是相互影响、紧密联系的两个行业。

跨境电商企业为国际物流的发展带来市场。传统商务模式越来越不能满足人们的需求，新时代下消费者会更为重视商品的质量及商品种类的丰富程度，此外消费者会更为看重购物体验，而跨境电商的出现则在很大程度上提升购物便捷性、满足消费者需求、优化消费者购物体验。同时，跨境电商的出现，在改善企业服务质量、提高供应链有效性、增进企业经营效益、提升国际贸易成交量及开展范围等方面发挥作用，因此现今很多传统企业都纷纷引入跨境电商经营模式。巨大的跨境电商市场，为跨境电商必备环节——国际物流的发展提供市场机遇，而国际物流的完善则是跨境电商发展的必要环节之一。

1. 跨境电商与国际物流相互促进

跨境电商要求国际物流进行多元化的渠道整合，提供全球化的高效服务，并且对国际物流作业效率的系统性和智能性提出了标准化的要求。高效的国际物流体系为跨境电商带来了更低的物流成本和更好的物流体验，国际物流的全球化也扩大了跨境电商的市场发展范围。

2. 跨境电商和国际物流相互依存

对于跨境电商企业而言，产品是王道，物流是链条。国际物流是其运作过程中的重要保障，整个跨境电商活动都需要国际物流来完成。在跨境电商运作过程中，不同的交易方式会产生不同的物流模式。在跨境电商企业的成本中，采购成本、人工成本、物流成本在其总成本中占据了很大的比例，其中物流成本的比重为20%～25%。如果没有多元化的国际物流体系为跨境电子商务服务，那么这些物流成本的比重将会更大。所以，跨境电商与国际物流不仅是相互促进、相互制约的关系，更重要的是相互依存的关系。

跨境电商之中，企业与消费者合约践行的基础就在于非虚拟性的国际物流，而影响消费者消费体验的因素也在于物流的效率及成本。因此，跨境电商不仅为物流的发展提供市场机遇，更为其发展带来挑战，因而国际物流发展水平的高低也成为跨境电商供应链融合及跨境电商供应链企业获得经营效益的关键因素。

7.2.2 跨境电商的国际物流特征

随着跨境电商的高速发展，适应跨境电商需求的各种类型的国际物流服务也衍生出来。根据物流功能的不同，我们可以把国际物流划分为很多种类型。其中商业快递、邮政快递、国际物流专线、海外仓等是跨境电商企业选择较多的国际物流类型。区别于传统物流，跨境电商国际物流强调以下特征：

（1）物流速度反应快速化。跨境电商要求国际物流供应链上下游对物流配送需求的反应速度要非常迅速，因此整个跨境电商物流前置时间和配送时间间隔越来越短，商品周转和物流配送时效也越来越快。

（2）物流功能的集成化。跨境电商将国际物流与供应链的其他环节进行集成，包括物流渠道与产品渠道的集成、各种类型的物流渠道之间的集成、物流环节与物流功能的集成等。

（3）物流作业的规范化。跨境电商国际物流强调作业流程的标准化，包括制定物流订单处理模板选择、物流渠道的管理标准制定等操作，使复杂的物流作业流程变成简单的、可量化的、可考核的物流操作方式。

（4）物流信息的电子化。跨境电商国际物流强调订单处理、信息处理的系统化和电子化，用企业资源计划（Enterprise Resource Planning，ERP）信息系统功能完成标准化的物流订单处理和物流仓储管理模式。通过ERP信息系统对物流渠道的成本、时效、安全性进行有效的关键业绩指标（KPI）考核，以及对物流仓储管理过程中的库存积压、产品延迟到货、物流配送不及时等进行有效的风险控制。

7.2.3 跨境电商物流企业的类型

在跨境电商物流蓬勃发展的过程中，跨境物流企业扮演着不可或缺的角色。跨境物流企业包括以下几种：

（1）在交通运输业、邮政业中发展起来的跨境物流企业，如联合包裹（UPS）、联邦快递（FedEx）等。

（2）在传统零售业中发展起来的跨境物流企业，如美国的沃尔玛、法国的Cdiscount等。

（3）大型制造企业或零售企业组建的跨境物流企业，如海尔物流、苏宁物流等。

（4）电商企业自建物流体系，如京东物流、兰亭集势的兰亭智通等。

（5）发展跨境物流业务的传统快递企业，如顺丰、申通等。

（6）新兴的跨境物流企业，如递四方、出口易等。

7.2.4 跨境电商国际物流与传统物流的差异性

无论是跨境电子商务的国际物流，还是传统物流，都是在一定可控的成本下基于物品的实体流动过程，这是两者的共同点，但是跨境电子商务对物流的具体要求

又不同于传统物流,两者的差异体现在以下几点:

1. 运营模式对物流的敏捷性和柔性要求不同

跨境电子商务多品种、小批量、多批次、短周期的运营模式对物流的敏捷性和柔性提出了更高的要求。跨境电子商务网上交易后对物流信息的敏捷性需求强调库存商品快速分拣配送的原则,对国际物流的柔性需求强调建立多元化的物流渠道。而传统的商业模式少品种、大批量、少批次、长周期的运营模式决定了传统物流的固化性和单一性。

2. 物流功能性的附加价值不同

对于跨境电子商务商家来说,国际物流除了运输的功能,还包括客户对国际物流时效的体验,以及国际物流的成本对产品的竞争优势的影响;而传统物流除了运输的功能以外,附加价值的体现并不明显。

3. 点面服务范围不同

跨境电子商务的国际物流强调整合化和全球化服务,而传统物流强调的是"门到门""点到点"服务。

4. 服务的主动性不同

跨境电子商务的国际物流是主动服务,传统物流是被动服务。前者是产品、物流、信息流、资金流的统一,交易完成后主动把物流信息发送给客户,并实时监控货物直到完成投递。后者只是完成物品的运输,信息流往往在货物送达以后才发生。

5. IT 系统化、信息智能化重视程度不同

跨境电子商务的国际物流注重 IT 系统化、信息智能化。在跨境电子商务的推动下,以信息技术为核心,对国际物流全过程进行优化。现在各大国际物流服务商致力于开发技术领先的物流 ERP 系统,以期望提供更全面、更简单的物流信息操作模式,实现跨境电子商务网上购物的一体化和智能化。而传统物流的传统作业流程相对固定,且变通性不强,是单一环节的管理,所以,对于 IT 系统的重视程度和智能化程度远远不如跨境电子商务的国际物流高。

7.2.5 跨境电商物流的选择

1. 跨境电商物流存在的主要问题

(1) 配送时间的问题。以跨境电商平台速卖通为例,1 个俄罗斯客户从速卖通下单,可能要 3 个月之后才能收到商品。使用中邮小包或香港小包到俄罗斯等地,普遍的时间是在 40 天到 90 天之间;如果使用专线物流会稍微快些,但也需要 16 天到 35 天。这些长达一个月甚至数月的跨境电商配送时间,在考验海外用户耐心的同时,也严重制约了跨境电商的进一步发展。

(2) 全程跟踪的问题。跨境物流涉及境内段和境外段的复杂流程,对于像英、美、澳这样物流体系发达且使用英语的国家,查询包裹信息还算方便。人们只需要拿到单号,就可以轻松在相关的英文网站上进行查询。但是,对于那些使用小语种如葡萄牙语、俄语或西班牙语的国家,还有像俄罗斯、巴西等物流体系尚待完善的

国家，情况就有些不同了。就算你能看懂这些国家的语言，打开各种语言对应的网站查询包裹信息，有时也会因为系统不完善或信息更新不及时而查不到具体的投递情况。

（3）跨境报关方面的问题。跨境物流需要通过两道海关关卡，即出口国海关和目的国海关。在出口跨境电商物流的业务中，经常出现海关扣货查验的现象，处理的结果一般有3种：直接没收、货件退回发件地和要求补充文件资料再放行。没收和退件带来的损失都是卖家难以承受的，而补充文件资料再放行无疑延长了配送时间，可能导致买家投诉甚至拒付。

（4）服务质量的问题。目前跨境电商物流的主要方式是邮政快递，在跨境物流的邮政系统中，从揽件到最终货物送达客户，往往需要经过四五道甚至更多次的转运，经常出现包裹的破损。除破损外，无论是邮政包裹还是专线物流，还都存在一定的丢包率。这些服务质量问题带来的不仅是客户的不良体验，也给卖家带来运费、客户流失等损失。

2. 跨境电商物流选择的原则

（1）从买家角度考虑。

1）从运费、安全性、运送速度、是否有关税等方面做综合的考虑。

2）尽量在满足物品安全度和速度的情况下，选择运费低廉的服务。比如 EMS 无论服务还是时效性都比其他四大国际快递公司（UPS、DHL、TNT、FedEx）要逊色，但 EMS 的价格优势是非常明显的。

（2）从卖家角度考虑。

1）商品运输无须精美的外包装，重点是安全快速地将售出的商品送达买家手中。

2）尽管拥有再丰富的经验，也无法全面预测所有买家的具体需求。因此，将选择权赋予买家是更为明智的选择。在商品描述中，卖家应明确列出所支持的运输方式，并设定一种默认的运输方式，这样有特殊需求的买家便会主动联系我们进行协商。

3）考虑到部分买家可能适用于多种运送方式，卖家可以在商品描述中注明常用的运输方式以及相应的折扣信息。这样不仅能为买家节省部分运费，提升他们的购物体验，同时也能吸引更多的回头客，进一步促进卖家的业务发展。

7.2.6 跨境电商出口物流模式

传统国际物流，海运拼柜及多式联运成本最低，批量贸易货物为主；对于小件货物，空运则成为主要方式，细分有邮政包裹、商业快递、拼仓/包仓/包板等。跨境物流在原有各环节物流功能基础上进行了拼装，并组合了各国境内物流，形成了多种服务产品。

1. 邮政包裹

邮政网络覆盖全球，中国卖家有60%以上的包裹是通过邮政网络发出的。邮政渠道包括国际小包、大包、e邮宝和国际特快专递 EMS 等，个人邮包形式通过万国邮联体系 UPU 出口发货。

在运营中,邮政会先将邮件在海关过机、铅条关封,发至航空口岸,再把各地收的货按照目的国打包成大的总包,安排航线,即交航发运。交航后还有一个交机安检环节,不同于邮局安检,邮政倾向于查验有没有法律禁止货物流出,而机场主要从运输安全性方面检查,因此货在机场仍可能被退回。到达目的国后接着就是清关、目的国内的邮政转运、分拣与派送。邮政在很长一段时间都是主流的物流方式,占据跨境电商递送渠道的最大份额。

2. 商业快递

商业快递主要指 UPS、DHL、TNT、FedEx 四大国际快递巨头。UPS、DHL 等跨国快递公司拥有全球网络和代理清关资质,针对跨境网购的国际快件业务非常高效、安全,且能提供全程跟踪查询,从美国到中国的全程寄递时限约为 3~7 天,相比邮政渠道,商业快递报关程序复杂,查验严格,关税征收概率较高。货值高、时限高,2 千克以上的大包及重货等可以选择此类方式发货。但四大快递(UPS、DHL、TNT、FedEx)渠道对产品要求高,仿牌、含电、特殊类产品基本上都不能递送,并且价格昂贵,这导致他们目前只占很小的一部分市场份额。

3. 专线与集货仓

专线物流也是现今跨境电商国际物流较常使用的一种运作模式,主要是指在国内仓库集货,批量直接发往特定国家或地区的专门设计的国际运输线路,时效性强、方便快捷,区域针对性也较强,集包集货,具有比一般快递更优化的计重计费方式。因此,海外专线模式一般来说也是针对需求量大、热门的线路,需要一定的货量来分摊成本,实时出货不会带来产品过期、过季和库存积压等问题,可以视为跨境出口直通车。

中欧铁路班列也是一种专线运输,目前,中国到欧洲的国际集装箱班列已开 11 条线路,以出口产成品为主,从阿拉山口或满洲里出关。陆路铁运是比海运更安全的运输通道,可大幅缩短中欧距离和运输时间,随着中国沿海加工业向中西部的转移,中欧陆运的重要性会越来越凸显。

另外,专线还引申出跨境电商的仓配一体模式,与国内电商类似。跨境电商 B2C 平台主导在全国几个城市建立大型仓储中心,卖家将货物发至平台指定的仓库,当海外消费者通过 B2C 电子商务平台下单后,平台直接将订单传递给仓储中心,然后仓库进行拣选、包装、发运,货物通过平台的合作物流商发送至目标国家或地区,最后运送到目标顾客手中。

4. 特殊区域出口

保税出口,按整进散出、汇总申报的模式进行。整进是指整批出口货物填写备案清单或出口货物报关单向海关申报进入园区。散出是指个人网购后填写清单向海关申报并由电商企业提供税款担保,海关先凭清单分批分散出园区。汇总申报就是定期将清单汇总后,填写出口货物报关单向海关申报,个人网购商品涉及许可证管理的可免许可证。保税集货出口模式指运营企业采用货物 B2B 整进保税区集中备货、分拣包裹后 B2C 散出离境的运作方式,批次进出可以直接缩短国内出口货物通关的时间，从而节约整体物流成本。不需要集中报关，每批货物入区后即可退税。海关特殊监管区域现有6种模式：保税区、出口加工区、保税物流园区、跨境工业园区、保税港区和综合保税区。

7.2.7　跨境电商进口物流模式

跨境电商中，物流环节尤为复杂且难以完全掌控，尤其在进口过程中更是如此。跨境电商进口物流模式包括邮政国际邮件、商业快件直邮、集货与转运、海外仓与中国香港仓、跨境电商保税仓等。

1. 邮政国际邮件

准确的"直邮"是指收发两端都是邮政，通过万国邮联的渠道传送数据，由两地邮政进行收寄、运输、清关和配送的交接承运。跨境电商新政推行以后，大量海淘转运选择邮政包裹，以个人物品形式邮寄回国。作为第一跨境物流通道，邮政有几大突出优势：一是广泛性。邮政在大部分国家还是专营的，网络发达，境外发包简单便捷，到了国内可投递到门，可邮寄商品范围广。二是安全性。国际干线运输以航空直航为主，两端海关及交接有专门通道，确保了邮包操作可控。三是报关手续简单。邮办海关简称邮关，是隶属于海关的一套独立监管通道，邮政向海关提供进出境邮政业务单证即可批量清关。四是运费低。邮政包裹资费普遍低于商业物流。

2. 商业快件直邮

商业快件直邮即进出境快件，是以国际快递形式运输进出境的货物和物品。我国海关将其分为三类：文件类（免税且无商业价值的资料）、个人物品类（自用且数量合理的个人物品）以及货物类（超出个人物品限值的快件）。商业快件清关流程规范严格，需逐件清关，由报关行录入申报信息至海关系统，并需提供收件人身份证信息。快件营运公司代理货主完成清关手续并缴纳关税，税票抬头通常为快件公司，最终费用由货主承担。

3. 集货与转运

集货与转运是目前流行的跨境物流运作形式，性价比优于纯国际快递，其突破了邮政包裹、商业快件、海外仓及国际空运等传统模式，是一个组合形态。这一运作模式的核心是利用国际物流的断层，抓住了环节规模效应。选取合适的集货仓库，揽收足够量的包裹，批量发运降低航空订舱成本，到国内再转廉价的快递配送。搭建一套基于互联网的用户、订单、收发货管理系统，签约合适的货运代理发货回国。根据入境口岸，通常有若干线路回国，甚至由港澳线经转。除了海淘散户，随着跨境电商企业端物流需求的积累，这类快递的效率和体验也在快速改善。

4. 海外仓与中国香港仓

很多跨境电商企业在中国香港和海外建仓。海外仓与中国香港仓在跨境电商领域各具有独特的优势和适用场景。

中国香港仓作为跨境电商的一个重要物流节点，其优势主要体现在以下几个方面：首先，中国香港仓的产品准入资格相对较低，这为众多跨境电商提供了便利。

225

同时，中国香港拥有成熟的供应链体系，能够为商家提供稳定且高效的物流服务；其次，中国香港仓适合的产品线较长，能够满足不同商家的多样化需求。尽管中国香港的租金成本较高，但其免税政策为商家节省了大量的税收开支，从而提升了整体盈利能力；此外，跨境电商的货物通常具有小而杂的特点，且可能来自多个不同国家。中国香港作为一个国际性的港口城市，具有灵活的货物调配能力，能够轻松应对这种复杂的物流需求。

相比之下，海外仓的设立主要考虑了网购消费税、国际航空资源、仓租及人力成本等因素。在选择海外仓的位置时，通常会优先考虑进口商品集中度较高的区域，以便更好地满足当地市场的需求。同时，避免二次转运也是海外仓选址的重要考虑因素之一，这有助于降低物流成本并提高物流效率。然而，需要注意的是，海外仓并非适用于所有情况。在境外发货前，物流企业的本地化运作能力、仓储管理、清关以及与当地合作伙伴的协作等方面都是重要的考验。如果发货量或利润不足以支撑海外仓的高额运营成本，那么海外仓可能并不是一个明智的选择。此外，海外仓发货的流程连贯性虽然为消费者提供了更多商品保障上的信任，但时效和体验的不确定性也说明并非所有品类都适合采用海外集货的方式。因此，在选择是否使用海外仓时，商家需要根据自身产品的特性和市场需求进行综合考虑。

综上所述，中国香港仓和海外仓在跨境电商中各有其独特的优势和适用场景。商家在选择使用哪种仓储方式时，应充分考虑自身的产品特性、物流需求以及运营成本等因素，以做出最合理的决策。

5．跨境电商保税仓

跨境电商保税仓作为专门为跨境电商业务设立的特殊仓库形式，位于海关特殊监管区域内，如保税港区、保税物流中心等。其具备暂免关税、快速清关、商品展示与体验、便捷退货等特点，并在政策上享有政府的支持和优惠。这种仓库形式不仅降低了企业的资金占用成本，提高了资金周转率，还大大提升了物流效率和消费者购物体验。

在运作流程上，跨境电商保税仓首先接收跨境电商企业从海外采购的商品入库，并完成海关备案和预检等手续。随后，商品在保税仓内进行安全存储与管理，确保质量。当消费者通过跨境电商平台下单购买商品时，保税仓根据订单信息迅速完成清关，并将商品打包发货给消费者。此外，保税仓还提供退换货服务和售后支持，使购物过程更加便捷和满意。

跨境电商保税仓的建立和发展对推动跨境电商业务的快速发展具有重要意义。其降低了企业的运营成本，提高了运营效率，同时为消费者提供了更优质的购物体验。这种仓库形式不仅有助于增加消费者的信任度和满意度，还促进了国际贸易的发展和经济的全球化。

综上所述，跨境电商保税仓作为一种特殊的仓库形式，在跨境电商业务中发挥着重要作用。其通过暂免关税、快速清关等机制，降低了企业的运营成本，提高了物流效率，为消费者提供了更好的购物体验。同时也需要企业遵守相关法规和规定，确保合规经营。

7.3 实训项目——调查跨境电商领域国际物流企业相关资料

7.3.1 实训目的

通过搜集和整理跨境电商领域知名的国际物流企业的名单及其相关信息，深入了解这些企业的业务范围、主要客户群体以及日常业务流程。通过训练，使学生能够更全面地了解跨境电商物流行业的运作模式和关键要素，为未来的职业发展和实践应用提供有益的参考和借鉴。

7.3.2 实训内容

1. 实训任务

各小组通过搜集知名跨境电商企业的名单和概况，深入研究其业务范围和流程，并制作一份图文并茂的 PPT。在汇报会上，各小组可以选出代表，向全班详细介绍了这些企业的特色、优势及业务流程。

2. 实训教学建议

（1）教学方法：多媒体教学、实践操作。

（2）实践课时：2 学时。

（3）实践过程：教师布置任务，学生在课外自主搜集资料、研究企业背景与业务。课堂上，学生以小组形式分享案例，互相讨论完善，并选派代表展示研究成果。此过程加深了对跨境电商与物流行业的理解，提升了研究、团队协作及表达能力，为日后学习工作奠定坚实基础。

3. 实训成果

（1）跨境电商、参与跨境电商的知名国际物流企业的名单。

（2）跨境电商、参与跨境电商的知名国际物流企业介绍 PPT。

案例分析

平台竞逐物流能力，助力全球贸易新篇章

随着全球贸易的快速发展，跨境电商已成为推动贸易增长的重要力量。其中，物流作为连接卖家与买家的桥梁，在跨境电商中发挥着至关重要的作用。近年来，各大跨境电商平台纷纷加大物流领域的投入，通过优化物流网络、提升物流时效和确定性，为卖家和买家提供更优质的服务体验。

1. 案例背景

亚马逊、阿里巴巴国际站和拼多多旗下的 Temu 作为跨境电商行业的佼佼者，都在物流领域展开了一系列创新和举措。他们通过整合物流资源、优化物流流程、推出创新服务等方式，不断提升物流能力，以满足卖家和买家的需求。

2. 案例描述

亚马逊通过其全球物流网络和跨境承运伙伴方案，帮助中国卖家实现高效出口。其推出了一系列物流创新服务，如"2024亚马逊出口跨境物流加速器计划"，旨在为中国卖家提供从头程物流、仓储分销到尾程配送的端对端供应链解决方案。同时，亚马逊还加强了本地化服务，设立入仓分销网络本地支持团队，以更好地响应卖家的需求。

阿里巴巴国际站在物流领域也取得了显著进展。他们推出了B2B半托管服务，其中托管物流是核心之一。通过与合作伙伴共建物流生态，加开B2B物流专线，阿里巴巴国际站提升了物流时效和确定性。此外，他们还针对特殊品类商品推出了专业线路，为商家提供专门的运输服务。同时，通过阳光化公共服务项目，帮助中小外贸企业实现便捷、阳光化的通关流程。

Temu在物流方面采取了多项措施。他们与多家海外快递公司合作，扩大在欧洲的物流配送网络。同时，启动海外仓建设，计划在美国东西部各建一座新仓库。此外，他们还与船运公司合作，通过海运快船形式解决跨境电商物流问题。这些举措有助于Temu提升物流能力，开拓大件品类业务。

资料来源：国际商报

请结合案例回答下列问题：

（1）请分析跨境电商平台在物流领域的竞争态势及其对未来发展的影响。

（2）亚马逊、阿里巴巴国际站和Temu在物流方面的创新和举措有哪些异同点？

（3）跨境电商物流中面临的主要挑战是什么？这些平台是如何应对这些挑战的？

思 考 与 习 题

（1）什么是跨境电商？

（2）跨境电商物流存在的主要问题有哪些？

（3）简述跨境电商的国际物流特征。

（4）简述跨境电商采取的出口物流模式。

（5）简述跨境电商采取的进口物流模式。

第 8 章 "一带一路"背景下国际供应链管理

学习目标与要求

本章重点介绍了供应链、国际供应链等基本概念,深入阐述了供应链及全球供应链的产生背景,讲述了"一带一路"背景下国际供应链的构建,介绍了"一带一路"背景下国际供应链管理存在的机遇与挑战。
1. 理解国际供应链的产生背景。
2. 掌握国际供应链的概念、类型、特征。
3. 掌握"一带一路"背景下国际供应链的构建。
4. 掌握"一带一路"背景下国际供应链管理存在的机遇与挑战。

导入案例

任正非在荣耀送别会上的讲话

我们将分别,曾经相处的十数年,心中有依依不舍的难受与兴奋。我们处在一个伟大的时代,也处在一个最艰难的时期,我们本来是一棵小草,这两年的狂风暴雨没有把我们打垮,艰难困苦的锻炼,过几年也许会使我们变成一棵小铁树。铁树终会开花的。你们要走了,没有什么送你们的,除了秋风送寒吹落的一地黄叶。

1. 为什么要剥离荣耀

华为在美国的一波又一波严厉的制裁下,使我们终于明白,美国某些政客不是为了纠正我们,而是要打死我们。华为短期的困难,我们有能力克服。我们不因自己受难,而要拖无辜的人下水。

但分布在 170 个国家的代理商、分销商,因渠道没有水而干枯,会导致几百万人失业;供应商也因为我们不能采购,而货物积压,销售下滑,拖累股市。他们有什么错,我们为什么不能承担一些牺牲,你们就是去与他们同甘共苦的,使干枯的渠道在水源未断时,补充流水。

但你们不是救世主,要摆正对客户宗教般虔诚的心态,忠实地去维护客户利益，真诚地尊重对供应商的承诺。契约精神是你们立于不败的基础。荣耀是生产中、低端产品的，剥离后的荣耀在智信公司的领导下迅速恢复生产，解决上、下游合作伙伴的困难。

我们曾经十数年的相处，我们近似严苛的管理，将你们一批天真浪漫、年轻的小知识分子改造成能艰苦奋斗的"战士"，过去我们有些方法过于生冷，对不起了。今天要送别你们，同样是一样的依依不舍。

正当秋风起，杏叶一地黄，出门也许是更冷的寒风，我们再不能为你们遮风挡雨了，一路走好，多多保重。

2. 如何做好这件事

首先尽快地恢复渠道的供应，渠道干久了，小草枯了，就难恢复生命了。为什么傣族人老喊"水、水、水"这句口号呢？那是因为渠道里的水就是救命的水。

全力拥抱全球化产业资源，尽快地建立与供应商的关系，供应是十分复杂而又千头万绪的问题，你们难度比任何一个新公司都大。如何克服困难，就是摆在你们这些英雄豪杰们面前的事情。

坚持向一切先进的学习，包括向自己不喜欢的人学习。坚定不移地拥抱全球化，加强拥抱英、美、欧、日、韩的企业；美国是世界科技强国，它的许多公司很优秀，你们要坚定大胆与他们合作；同时也要与国内合作伙伴合作，与他们一同成长。

你们要保持已经形成的优良传统，干部、专家要全球化、专业化、多元化；除了职员本地化外，要慎重地分权，以免你们不能全球一盘棋，使诸侯林立，拥兵自重，令不能行。合理的淘汰机制是激活整个队伍正向激励的补充，既要尊重人，又要考核科学，又要坚持责任结果导向，脱离大队伍后独立运营，会有难处的地方，慎重又坚决，又不能迁就。

坚持奋斗的目标与方向，坚持有所为、有所不为，坚持创新不动摇，决不允许队伍熵增。

3. 做华为全球最强的竞争对手，成为你们一个自我激励的口号

坚持改进自己，在方向大致正确的路上努力前进；坚持使组织充满活力，员工具有坚强的意志与对胜利的渴望。坚决反对内部的腐败，反对一切贪污、盗窃的行为。

坚持过去有益的习惯与制度，流程科学全面地管好队伍，沉着镇定地前进。挫折会有的，不要惊慌失措。多发挥集体思维的力量，要大胆决策，又不要独断专行。团结一致向前进。今天我们的"离婚"典礼，我就不多说了。一旦"离婚"就不要再藕断丝连，我们是成年人了，理智地处理分开，严格按照合规管理，严格遵守国际规则，各自实现各自的奋斗目标。不能像小青年一样，婚姻恋爱，一会热一会冷，缠缠绵绵，划不清界限。

对于华为，我们无需过于忧虑。展望未来，我们可能会成为竞争对手，你们可能会拥有先进的"洋枪""洋炮"，而我们则可能持有创新的"汉阳造"以及新的"大刀、长矛"。然而，胜负并非绝对，竞争的结果尚难预料。在竞争中，我们不会对你们有任何偏见或敌意。如果有人因为竞争而批评或挑战华为，这是他们的自由，我们应当尊重他们的勇气和观点，不应为难他们。

相处时难别亦难，秋风送寒杏叶黄，你们走好。

       资料来源：2020 年 11 月 25 日任正非在荣耀送别会上的讲话

思考：供应链管理在企业建设中的重要性及作用。

8.1　供应链与供应链管理概述

  由于跨国公司的全球运作，形成了全球性生产链与供应链，使全球的市场竞争出现了新的形势，从过去的国家与国家的竞争、企业与企业的竞争，转变为现在的全球范围内的生产链与生产链之间的竞争，供应链与供应链之间的竞争，在全球范围内形成了跨国供应链。

  跨国供应链即国际供应链，是指一个国际化的企业通过掌握全球最经济的原料，在最经济的国家生产，以最经济的方式满足全球的需要。

8.1.1　供应链

  1. 供应链的内涵

  一般来说，现代社会中人们生产和生活所需要的物品，都要经过最初的原材料生产、零部件加工、产品装配和分销，最终才能进入消费的过程。这个过程既有物质形态产品的生产和消费，也有非物质形态产品（如服务）的生产（提供服务）和消费（享受服务）。其涉及原材料供应商、产品制造商、运输服务商和最终用户等多个独立的厂商及其相互之间的交易，并因此形成物流/服务流、资金流、信息流，最后到达消费者手中。

  早期的观点认为供应链是制造企业中的一个内部过程，它是指把从企业外部采购的原材料和零部件，通过生产转换和销售等活动，再传递到零售商和用户的一个过程。传统供应链的概念局限于企业的内部操作层上，注重企业自身资源的利用。

  有些学者把供应链的概念与采购、供应链管理相关联，用来表示与供应商之间的关系，这种观点得到了那些研究合作关系、JIT 生产方式、精细化供应、供应商行为评估等问题的学者的重视。但这种关系仅仅局限于制造商和供应链之间的关系，而且供应链中各企业独立运作，忽略了与外部供应链成员的联系，往往造成企业间的目标冲突。

  其后发展起来的供应链管理概念注意了供应链运作中不同企业之间的联系，注意了供应链的外部环境，认为供应链应该是一个通过链中不同企业的制造、组装、分销、零售等过程将原材料转换成产品，再到最终用户的转换过程。它更加注意供应链的完整性，考虑了供应链中所有成员操作的一致性。

  而随着核心竞争理论的发展，供应链的概念更加注重围绕核心企业的网链关系，如核心企业与供应商、供应商的供应商乃至一切前向的关系，核心企业与用户、用户的用户及一切后向的关系。此时对供应链的认识形成了一个网链的概念，像丰田（Toyota）、耐克（Nike）等公司的供应链管理都从网链的角度来理解和实施。

由此可见,供应链就是围绕核心企业,以核心竞争理论(核心能力理论)为基础,通过信息流、物流、资金流,从采购原材料开始,到制成中间产品以及最终产品,最后由销售网络把产品送到消费者手中的将供应商、制造商、分销商、零售商直到最终用户连成一个整体的功能网链。它是在多个存在关联交易的企业基础上形成的范围更广的虚拟企业结构模式。供应链不仅是一条联结供应商到客户的物流、信息链、资金链,而且是一条增值链。物流在供应链上因加工、包装、运输等过程而发生增值,从而给关联企业带来收益。在供应链的整体结构中,每个贸易伙伴既是其客户的供应商,又是其供应商的客户,它们既向上游的贸易伙伴订购产品,又向下游的贸易伙伴供应产品。供应链中的不同主体之间表现出的是一种供应和需求的关系。

2. 供应链的结构模型

供应链的结构模型如图 8.1 所示。

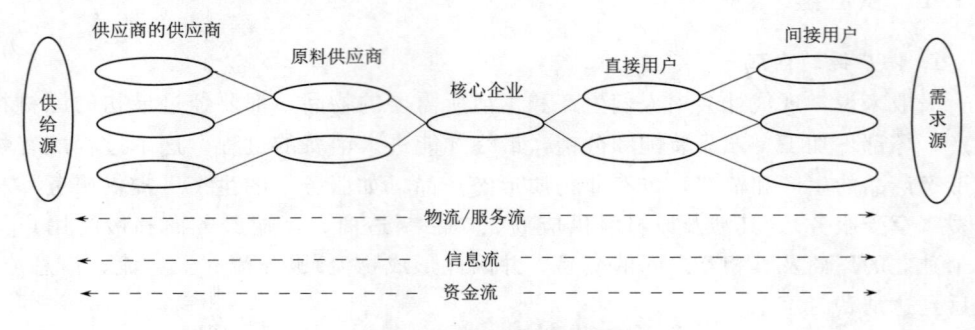

图 8.1 供应链结构模型

图 8.1 揭示了供应链中产品从生产到消费的全过程,按照供应链的定义,这个过程是一个非常复杂的网链模式,覆盖了供应、生产、运输、储运和销售等所有环节。

从供应链的结构模型可以看出,供应链是一个网链结构,由围绕核心企业的供应商、供应商的供应商和用户、用户的用户组成,一个企业是供应链中的一个主体、一个节点,节点企业和节点企业之间是一种需求与供应的关系。供应链的结构模型又可以分为以下 2 种:

(1)供应链链状模型。作为供应链最简单模型——链状模型如图 8.2 所示。图中清楚地表明了供应链系统的源头是供应商所面对的供应源(一般情况下是自然界),而供应链的末端是供应链需求源(一般指最终用户)。从供应商生产原材料开始,到将原材料和零配件发送给下一级制造商,由制造商生产出产成品,再将产成品发送给下一级的分销商和零售商,直到最终用户消费使用。

供应链链状模型结构层次较为简单,主要表现的是以某一企业为核心的单一供应链状态,但并未能说明现实世界中产品的复杂供应关系。例如一家供应商同时为两家不同供应链上的核心企业供应其所需的各种原材料,一家分销商同时为多家生产商销售其所生产的产品。如果将这一因素考虑在内,供应链的结构模型就应该是一种网状模型的状态。

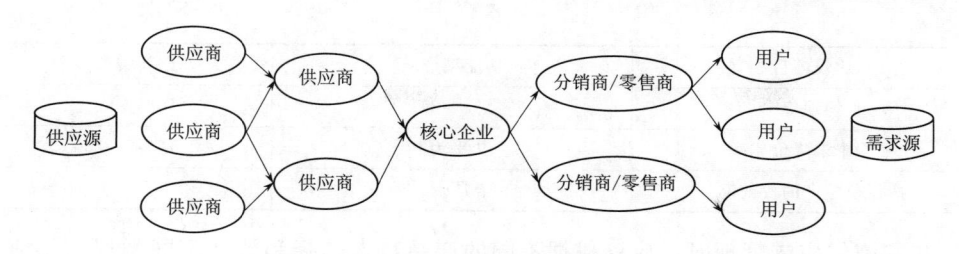

图 8.2　供应链链状模型

（2）供应链网状模型。供应链网状模型如图 8.3 所示。供应链网状模型表示的不再是一个核心企业主导的供应链结构，此时的竞争已由企业之间转变为各个核心企业所主导的供应链之间的竞争。各个核心企业所主导的供应链需要利用核心企业的影响力来争夺有限的供应商与分销商，以此来扩大自身的经济规模，增强其所在供应链的竞争能力。

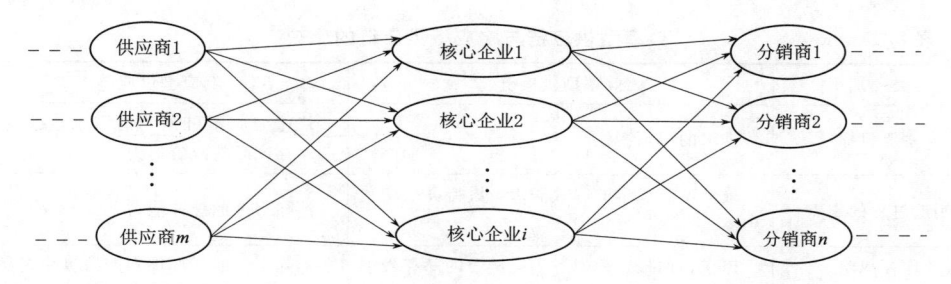

图 8.3　供应链网状模型

综上所述，供应链系统的结构模型不但揭示了系统内各个节点企业的位置，并对其相关的职能进行了设定，并且对于供应链之间的竞争要点也做了描述。这种由企业间的竞争向供应链之间的竞争的转变已成为现实中的一种趋势，因此，作为供应链系统的决策者，需要充分认识到供应链系统的基本特征。

3．供应链类型

不同的划分标准，可以将供应链分为不同的类别。

（1）根据产品种类划分。根据产品生命周期、需求稳定程度及可预测程度等可以将产品分为两大类，即功能型产品（Functional Products）和创新型产品（Innovative Products）。这两类产品的特点对比见表 8.1。

表 8.1　　　　　　　　　　产品分类及其相关特性

比较项目	功能型产品	创新型产品
需求特征	可预测	不可预测
产品寿命周期	>2 年	3 个月～1 年
边际收益	5%～20%	20%～60%
产品多样性	低（10～20 种）	高（上百种）
平均预测误差幅度	10%	40%～100%

233

续表

比较项目	功能型产品	创新型产品
平均缺货率	1%~2%	10%~40%
平均季末降价比率	几乎为0	10%~25%
按订单生产的提前期	6个月~1年	1天~2周

在实施供应链管理时，应该根据不同的产品特点选择和设计不同类型的供应链系统。根据支持功能性产品和创新性产品的不同，有 2 种类型的供应链可以与之匹配：效率型供应链（Efficient Supply Chain）和响应型供应链（Responsive Supply Chain）。效率型供应链主要体现供应链的物料转换功能，即以最低的成本将原材料转化成零部件、半成品、产品，以及在供应链中的运输等；响应型供应链主要体现供应链对市场需求的响应功能，即把产品分配到满足用户需求的市场，对未预知的需求做出快速反应等。2 种类型的供应链比较见表 8.2。

表 8.2　　　　　　效率型供应链与响应型供应链的比较

类　别	效率型供应链	响应型供应链
主要目标	需求的可预测性	快速响应不可预测的需求，减少过期库存产品的减价损失
制造过程的重点	最低生产成本的有效需求，维持高平均利用率	消除多余的缓冲能力
库存战略	追求高回报，使通过供应链上的库存最小	消除大量的零部件和产品缓冲库存
提前期	在不增加成本的前提下缩短提前期	采取主动措施减少提前期
选择供应商的方法	选择的重点是依据成本和质量	选择的重点是依据速度、柔性和质量
产品设计战略	绩效最大、成本最小	使用模块化设计，尽量延迟产品差异化

效率型供应链和响应型供应链的划分主要是从市场需求变化的角度出发的，重点是供应链如何处理市场需求不确定的运作问题。在实际供应链管理过程中，不仅要处理来自需求端的不确定性问题，而且还要考虑来自供应端的不确定性问题。需求不确定性和供应不确定性对某些典型行业影响的示意图如图 8.4 所示。

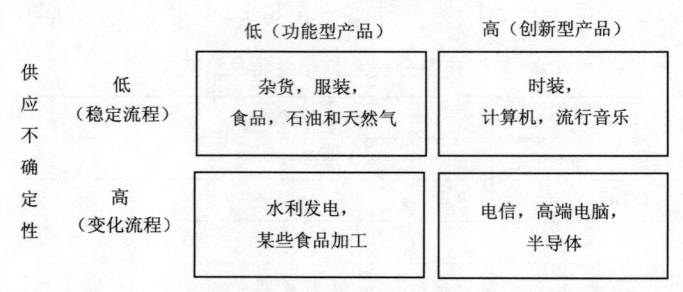

		需求不确定性	
		低（功能型产品）	高（创新型产品）
供应不确定性	低（稳定流程）	杂货，服装，食品，石油和天然气	时装，计算机，流行音乐
	高（变化流程）	水利发电，某些食品加工	电信，高端电脑，半导体

图 8.4　需求不确定性和供应不确定性对某些典型行业影响的示意图

从供应和需求两个方向不确定性对供应链运作的影响出发,人们进一步细分了供应链的类型,如图 8.5 所示。

	需求不确定性	
	低（功能型产品）	高（创新型产品）
供应不确定性 低（稳定流程）	效率型供应链	响应型供应链
供应不确定性 高（变化流程）	风险规避型供应链	敏捷供应链

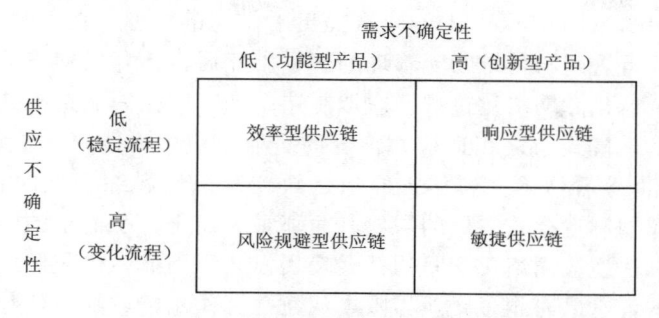

图 8.5 考虑需求不确定性和供应不确定性的供应链类型

图 8.5 中的敏捷供应链应该是一种综合能力最强的供应链系统,它能够对来自需求不确定性和供应不确定性做出及时反应,使自己始终能够围绕运行环境的变化而变化。

(2) 根据供应链容量和用户需求的关系划分。根据供应链容量与用户需求的关系可以将供应链划分为平衡的供应链和倾斜的供应链。一个供应链具有一定的、相对稳定的设备容量和生产能力（包括供应链上的供应商、制造商、运输商、分销商、零售商等的能力的综合）,但用户需求处于不断变化的过程中,当供应链的容量能满足用户需求时,供应链处于平衡状态,而当市场变化加剧,造成供应链成本增加,库存增加、浪费增加时,企业不是在最优状态下运作,供应链则处于倾斜状态,如图 8.6 所示。

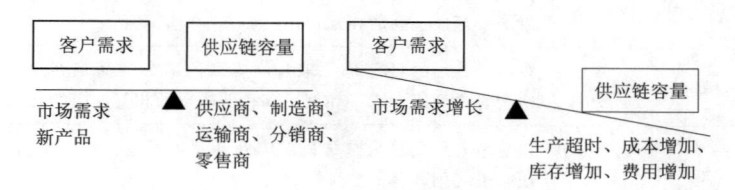

图 8.6 平衡的供应链（左）和倾斜的供应链（右）

平衡的供应链可以实现各主要功能（采购/低成本采购、生产/规模效益、分销/低成本运输、市场/产品多样化和财务/资金运转快）之间的均衡。

8.1.2 供应链管理及目标

1. 供应链管理含义

随着全球经济向一体化方向发展,企业间的竞争变得异常尖锐和激烈。企业要想在多变的市场环境中立足并谋求发展,必须不断地寻求新的竞争优势,增强综合实力。供应链管理正是为迎合这一需要而从众多的管理领域中脱颖而出的。实践表明,供应链管理并不是简单的管理方式的变更,而是体现了一种新型的管理思想和管理理念。有效的供应链管理不仅可以实现企业成本的降低和效率的提高,而且可以实现对客户服务水平的整体提升,使企业拥有持续的市场竞争力。尤其是在当前的网络环境下，供应链管理已成为电子商务活动的重要内容。

供应链管理的概念最早提出于1982年。开思·奥立夫（Keith Oliver）和麦考尔·威波尔（Michael D. Webber）首次提出了供应链管理。在1990年左右，学术界开始探讨供应链管理与传统物流管理的区别。此后，计算机网络的发展进一步推动了制造业的全球化、网络化过程。虚拟制造、动态联盟等制造模式的出现，更加迫切需要新的管理模式与之相适应。传统的企业组织中采购（物资供应）、加工制造（生产）、销售等看似为一整体，但却是缺乏系统性和综合性的企业运作模式，已经无法适应新的制造模式发展的需要，而那种大而全、小而全的企业自我封闭的管理体制，更无法适应网络化竞争的社会发展需要。因此，供应链的概念和传统的销售链是不同的，它已跨越了企业界限，从建立合作制造或战略伙伴管理的新思维出发，从产品生命线的"源"头开始，到产品消费市场的"汇"，从全局和整体的角度考虑产品的竞争力，使供应链从一种运作性的竞争工具上升为一种管理性的方法体系。

供应链管理作为一种新的管理哲学理念，成为理论界关注的热点话题，人们从不同的层面和视角给出了不同的定义，关于供应链管理的各种比较典型的定义见表8.3。

表 8.3　　　　　　　　　　　供应链管理的定义

学　　者	关于供应链管理的具体定义
Houlihn（1988）	供应链管理是对从供应商开始，经生产者或流通业者，到最终消费者的所有物质流动进行管理的活动
Langeley & Houlcomb（1998）	供应链管理是为提供能给最终消费者带来最高价值的产品或服务，而开展的渠道成员间的相互作用
Stevens（1989）	供应链管理的目标是使来自供应商的物流与满足客户需求协同运作，以协调客户高服务水平和低库存、低成本的相互冲突的目标
Tumer（1993）	供应链管理是对从原材料供应商开始，经过生产、保管、流通等各种阶段，最终到顾客的整个过程的连接
Johannson（1994）	供应链管理是为实际商品采购而使用的手段，这种手段追求的是供应商参与者之间的信息和恰当提供，供应链管理中各个成员之间所产生的信息流，对供应链整体绩效有非常重要的影响
Farmer（1995）	供应链管理这个概念更应该用无缝性需求整合来取代
Cooperetal（1997）	供应链管理是一种管理从供应商到最终客户的整个渠道总体流程的集成哲学
Menzeretal（2001）	供应链管理是对传统的企业内部各业务部门间及企业之间的职能从整个供应链进行系统的、战略性的协调，目的是提高供应链及每个企业的长期绩效
美国物流管理协会（2003）	供应链管理专注于对有关资源获取与转换以及物流管理的所有计划和管理活动，主要包括供应商、中间商、第三方物流企业和消费者等流通渠道中的伙伴之间的协调和协作。本质上供应链管理是对贯穿于企业内外的供应管理与需求管理的整合

在以上分析的基础上，本书将供应链管理定义为：供应链管理是一种集成的管理思想和方法，它执行供应链中从供应商到最终用户的物流计划和控制等职能。供应链管理将供应链上各个节点企业作为一个整体，使供应链上各企业分担的采购、生产、分销和销售的职能成为一个协调发展的有机体。如果供应链在一国国内建立，所有加盟节点企业都是国内的企业，即为国内供应链；而如果供应链越过国界，加盟的节点企业属于不同的国家或者位于不同的国家，则是跨国供应链或国际供应链。这里必须说明，国际供应链也并不是意味着供应链中的节点企业必须遍布全球，而是链中节点企业可以位于全球的任何一个国家或地区，也可以说组建或构建供应链的核心企业是从全球这个大范围，而不是仅局限于一国国内来考虑如何设计和构建供应链的。

2. 供应链管理目标

供应链管理使节点企业在分工基础上密切合作，通过外包非核心业务、资源共享和协调整个供应链，不仅可以降低成本，减少社会库存，使企业竞争力增强，而且通过信息网络、组织网络实现生产和销售的有效连接和物流、信息流、资金流的合理流动，使社会资源得到优化配置。

供应链管理的目标是通过协调总成本最小化、客户服务最优化、总库存最少化、总周期时间最短化和物流质量最优化等目标之间的冲突，实现供应链绩效最大化。供应链管理强调以客户为中心，即做到将适当的产品或服务，按照合适的状态与包装，以准确的数量和合理的成本，在恰当的时间送到指定的地方的确定的客户手中。因此，最好的供应链管理不是将财务指标作为最重要的考核标准，而是密切关注产品进入市场的时间、库存水平和市场份额等的变化，供应链管理目标可以细化为：

（1）满足客户需求。根据市场需求的扩大，通过构建和运行供应链，提供完整的产品组合，满足市场上不同消费者的需求。

（2）敏捷供应（Just In Time，JIT）。根据市场需求的多样化，缩短从生产到消费的周期。

（3）提高可靠性。根据市场需求的不确定性，缩短供给市场及需求市场的距离。

（4）降低费用水平。在满足市场需求的情况下，降低物流成本及物流费用。

以客户满足为核心目标的供应链管理必将带来链中各环节的改革和优化，因此供应链管理的作用就是在提高客户满意度的同时实现销售的增长、成本的降低以及固定资产和流动资产更加有效的运用，从而全面提高企业的市场竞争实力。

3. 供应链管理的意义

（1）供应链管理能有效地消除重复浪费与不确定性，减少库存总量，创造竞争的成本优势。实施供应链管理，可以减少供应链成员之间的重复工作，剔除流程中的多余步骤，从而使供应链流程简单化、高效化和低成本。同时，通过建立共享的电子数据交换系统又可以有效地减少因信息交换不充分带来的重复与浪费，进而有效消除需求放大的现象。此外，供应链成员之间实现了全流程无缝作业，可以大大提高接口工作效率、减少失误与浪费。

不确定性是库存存在的根本原因，过多的库存经常是由于需求或供应的时间、数量或质量的不确定性造成的。许多企业长期处于这种不确定性环境之中，并用大量的人力、物力或其他资源来尽可能降低这种不确定性。但是，这种不确定性不仅仅存在于物流过程中，同时也存在于信息流过程中。供应链管理通过对企业外部业务流程的重构，供应链上各成员企业建立战略合作伙伴关系，实现了信息共享，提高了对客户的反应速度，从而有效并且连续不断地消除了不确定性，并使获得的共享利益呈指数增长。此外，供应链通过整体合作和协调，在加快物流速度的同时，也有效地减少了各环节的库存量，避免了许多不必要的库存费用。

(2) 供应链管理能优化供应链成员组合，快速响应客户，创造竞争的时间和空间优势。供应链通过在全球范围内优化选择链上成员，既可以实现相互间的优势互补，更重要的是还能够最大限度地减少产品销售、服务提供的空间距离和时间距离，实现对客户需求的快速反应，大幅度地缩短从订货到完成交货的周期。此外，供应链管理以 Internet/Intranet 作为技术支撑，使其成员企业能够实时获取并处理外部信息及链上信息，从而提高对客户需求的快速有效反应能力，实现供应链各节点的即时销售、即时制造、即时供应。也就是说，通过供应链各成员企业的优化组合，使需求信息的获取与随后做出的反应尽量实时地接近最终客户，将客户需求的提前期缩短到最低程度，从而获得市场竞争的时间和空间优势。

(3) 供应链管理通过建立成员企业之间的战略合作伙伴关系，充分发挥链上企业的核心能力，创造竞争的整体优势。很多企业已经认识到单靠一个企业的努力在日益激烈的市场竞争中难以取胜，有必要集合多个企业结成联盟，共同与对手的联盟竞争。而联盟的盟友首先应该是与本企业业务内容相关的上下游企业。实际上，供应链本身客观上就存在。在之前的供应链管理中，供应链上的各个企业没有通过主动性的合作来增强整个供应链的竞争优势，从而使这条链一直处于断裂的状态之中。通过实施供应链管理，这条原本断裂的"链"可以有机地连接起来，使"链"上的各个企业都受益。也就是说，企业通过供应链的合作实现了共赢或多赢。

总而言之，在当今全球竞争加剧、经济不确定性增大、信息技术高速发展以及消费者需求个性化增加的大环境下，供应链也开始走向全球化，从而增加了供应链的长度和复杂度。企业要想在这样激烈的竞争中求生存、谋发展，就必须采取互相合作的竞争战略。所以，供应链管理在企业战略管理中的地位更加突出，是企业提高整体竞争力的有效手段。

8.2　国际供应链产生背景

8.2.1　市场竞争特征变化及传统企业管理模式弊端

1. 现代市场竞争的基本特征

进入 20 世纪 90 年代以后，技术进步和需求多样化使得产品生命周期不断缩短，企业面临着缩短交货期、提高产品质量、降低成本和改进服务的压力，所有这些都要求企业能对不断变化的市场做出快速反应，源源不断地开发出满足用户需求的、定制化的"个性化产品"去占领市场以赢得竞争，市场竞争也主要围绕新产品的竞争而展开。

（1）消费者对产品和服务的期望越来越高。随着科学技术的发展，生产同类产品的企业之间的竞争也日益激烈，这导致产品的品种越来越多，用户已不满足从市场上买到标准化生产的产品，他们希望得到符合自身需求的个性化的产品或服务，这些变化导致产品生产方式革命性的变化。传统的标准化生产方式是一对多的关系，即企业开发出一种产品，然后组织规模化大批量生产，用一种标准产品满足不同消费者的需求。然而，这种模式已不再能使企业继续获得效益。现代的企业必须具有根据每一个顾客的特别要求定制产品或服务的能力，即所谓的"一对一"的定制化服务。例如，以生产巴比娃娃著称的美泰公司，公司相应网站来设计她们自己的巴比朋友，选择娃娃的皮肤弹性、眼睛颜色、头发的样式和颜色、附件和名字。当娃娃邮寄到孩子手上时，女孩子会在上面找到她们娃娃的名字。又如，中国的海尔是一个全球著名的家电制造企业，每年的产品产量非常大，一般人看来应属于备货型（Make to Stock）生产类型，但是，在2000年以后，海尔却采取了一套按订单生产（Make to Order）战略来组织生产。其结果是不仅满足客户的个性化需求，同时也把库存降到了最低限度，拉近了与用户的距离。实现了向三个"零"（零距离、零缺陷、零运营资本）目标的迈进。不过，应该看到，虽然个性化定制生产能高质量、低成本地快速响应客户需求，但是对企业的运作模式提出了更高的要求。

（2）对订单响应速度越来越快。一般来说，品种、质量、价格、时间和服务是决定企业竞争力的五大要素。但在不同历史时期，这五大要素对企业竞争力的作用是不同的。在工业化初期，主要依靠价格进行竞争；第二次世界大战以后，随着工业化水平的提高，质量逐渐成为影响竞争力的关键；20世纪80年代以来，企业竞争和经营环境发生了深刻变化，竞争优势逐渐转移到品种和服务上；而进入20世纪90年代以后，由于科学技术的进步、经济的发展、全球化市场的形成，以及技术变革的加速，围绕新产品的市场竞争更加激烈，所有这些都要求企业能对不断变化的市场做出快速反应，不断地开发出满足用户需求的定制化产品，去占领市场以赢得竞争。用户不但要求厂家按期交货，而且要求的交货期越来越短。我们所说的企业要有很强的产品开发能力，这不仅指产品品种，更重要的是指产品上市时间，即尽可能提高对客户需求的响应速度。

技术进步和客户需求的个性化使得产品生命周期不断缩短，企业则必须面临不断缩短响应周期的巨大压力，竞争力的决定因素最终转移到时间上来。毋庸置疑，谁能对市场的变化做出快速反应，迅速将新产品推向市场，以最快的速度满足顾客的需求，谁就能在市场中获得竞争优势。因此，各国企业纷纷将制定竞争战略基点建立在时间基础之上，出现了基于时间竞争的思想。实施基于时间的竞争战略就是旨在改善企业的各种与时间有关的绩效指标，快速地对市场变化做出反应以取得竞争优势。

(3) 产品生命周期越来越短。随着消费者需求的多样化，企业的产品开发能力也在不断提高。目前，国外新产品的研制周期大大缩短。例如，美国电话电报公司新电话的开发时间从过去 2 年缩短为 1 年；计算机领域的惠普公司打印机开发时间从过去的 4～5 年缩短为 22 个月，而计算机的软件更新速度则更加让消费者觉得赶不上。但这背后是以雄厚的经济实力作为保障，消耗了大量的企业资源，代价非常大，普通的企业在如此激烈的竞争中感觉越来越吃力。而且，随着科学技术的进步，产品寿命周期缩短的趋势还在不断加强。

(4) 竞争全球化，全球经济一体化。市场竞争的全球化，全球经济的一体化，要求每个企业之间既是竞争者又是合作关系。全球经济的一体化导致参与竞争的企业必须适应市场整体发展的方向。但随着竞争技术含量的不断加大，技术分割越来越细，任何企业无法在自身产品的整个领域全面发展，原来自身研发的产品或制造的产品不得不转向采取业务外包的方式进行研发与制造。

(5) 信息技术的发展。信息技术的发展既给企业带来了机遇，也带来了很大的压力。21 世纪，各个企业无论大小、强弱，发展的机遇越来越趋向均等。企业如何利用海量信息，如何构建自身的信息资源网络，把企业的资源管理范围延伸到企业之间的整个供应链已经成为企业不得不考虑的问题。

(6) 全球资源有限。企业发展需要的资源要受到各种条件限制，采取无限制扩展的资源管理方式已经越来越不现实。资源共享、互补的问题已经摆在企业的面前。为了摆脱困境，企业采取了许多先进的制造技术和管理方法，如计算机辅助设计（Computer Aided Design，CAD）、柔性制造系统（Flexible Manufacturing System，FMS）、制造资源计划（Manufacturing Resource Planning，MRPII）、企业资源计划（ERP）等，虽然这些方法取得了一定的实效，但在经营的灵活性、快速满足顾客需求方面并没有实质性改观。人们终于认识到问题不在于具体的制造技术和管理方法，而是在于其仍局限于传统生产和经营模式的框架内。

2. 传统企业管理模式弊端

从管理模式上看，企业出于对制造资源的占有要求和对市场过程直接控制的需求，传统上常采用纵向一体化的策略，即通过扩大自身规模或参股到供应商企业，和其原料供应商、半成品或零部件企业形成一种所有权关系。我国企业所采取的大而全、小而全的经营方式是纵向一体化的一种表现形式。然而，纵向一体化的策略基本都只考虑企业内部资源的优化利用问题，其指导思想已经不能适应快速多变的市场需求，在消费者需求特征发生前所未有的变化、全球经济一体化特征的前提下，仅靠一个企业所拥有的资源，要想快速响应用户需求，显然是不现实的。传统企业管理模式具有一定的弊端。

(1) 企业承受的风险越来越大。企业对资源需求的传统模式是不断地依靠自身规模的扩大，向纵深方向发展，这样一来消耗了企业的大量资源，企业的负担加重，而且扩建的周期、投资回收期都加长，往往容易错失市场良机，项目的风险也随之加大。

(2) 企业生产成本越来越难以降低。企业扩大非关键的业务，涉及的知识较多，要在其不熟悉的领域扩大生产，技术、人才、设备、管理方式都很难达到最佳状态，因而产品的质量、性能、成本也很难达到市场的最佳水平。

鉴于企业纵向一体化发展的种种弊端，市场的发展推动了横向一体化发展的经营模式，企业只是抓住核心的业务流程，安排生产活动，非核心的业务流程转向选择合作伙伴生产。通过业务外包的形式，充分利用企业外部资源，发挥企业的核心竞争优势。例如，日本汽车制造厂商只生产约25%的部件，大量的业务实行外包，形成一个供应链条，大大地提高了日本汽车制造业的快速反应能力。

横向一体化形成了一条从供应商到制造商再到分销商、零售商的贯穿了所有企业的链。由于相邻节点企业表现出一种需求与供应的关系，当把所有相邻企业依此连接起来，便形成了供应链（Supply Chain，SC）。这条链上的节点企业必须达到同步、协调运行，才有可能使链上的所有企业都能受益，于是便产生了供应链管理这一新的经营与运作模式。供应链管理的概念是把企业资源的范畴从过去单个企业扩大到整个社会，使企业之间为了共同的市场利益而结成战略联盟，因为这个联盟要解决的往往是具体顾客的特殊需要，供应商就需要与客户共同研究，如何满足顾客的需要，还可能要对原设计进行重新思考、重新设计，这样在供应商和顾客之间建立了一种长期联系的依存关系。供应商以满足顾客、为顾客服务为目标，顾客当然也愿意依靠这个供应商。这样一来，借助敏捷制造战略的实施，供应链管理也受到越来越多的人重视，成为当代国际上最有影响力的一种企业运作模式。

8.2.2 经济全球化

按照国内外学者已达成共识的解释，所谓经济全球化（Economic Globalization），是指商品、服务、信息、生产要素等的跨国界流动的规模与形式不断增加，通过国际分工，在世界范围内提高资源配置的效率，从而使各国间经济相互依赖程度日益加深的趋势。

当代经济全球化具体表现为生产要素的全球化、产品市场的全球化、产业结构的全球化、经营理念的全球化和经贸规则的全球化。生产力的发展是推动经济全球化的关键性因素，全球范围内的贸易自由化也功不可没，促进了全球化产品市场的形成及生产要素的全球化。作为多边贸易组织，关贸总协定（GATT）和世界贸易组织（WTO）是战后推动世界贸易自由化进程的最重要制度架构。GATT/WTO使发达国家的产成品的平均关税水平从40%左右下降到目前的3%～4%，大大降低了产品内跨境交易成本，推进了全球贸易自由化进程。促进贸易自由化最重要的3个措施是：①关税的降低；②非关税壁垒措施减少、消除；③区域贸易自由化和多边自由贸易同时发展。虽然反倾销法、反补贴和保障措施（anti‐dumping, countervailing duties, contingency measures）等贸易限制或保护措施导致农业和服务业仍存在较高关税和非关税壁垒，但贸易自由化的大趋势不可逆转。

1. 关税的降低

在关贸总协定主持下，从1947年到1993年年底完成了8轮多边贸易谈判，至1993年12月15日完成，平均减税幅度近40%，有些产品的关税下降超过50%，其中 20 个产品实行零关税，涉及的贸易额高达 12000 亿美元。关税税率，尤其是工业品的税率的大幅降低，极大地促进了跨国贸易的发展，降低了供应链的运营成本。

2. 非关税壁垒消除

世贸组织为各成员国规定了一套处理国际经济贸易关系的规章和原则，要求各成员国以这些规则为依据修改自己国内的经贸法规，规范自己的对外经济贸易行为。这些经贸规则涉及的范围十分广泛，对降低国际供应链的链中交易成本起了非常重要的作用。世贸组织的规则规范了贸易、投资、知识产权等国际经贸活动，极大地促进了贸易便利化及国际供应链的发展。

3. 区域贸易自由化和多边自由贸易同时发展

贸易自由化进程另一个重要特点是区域贸易自由化与多边自由化，即自由贸易区（Free Trade Areas，FTA）等区域经济组织活跃发展。区域性一体化市场的建立和发展，是战后经济全球化过程中出现的新特征和新事物。若干个相邻的国家联合起来采取共同的经贸政策，特别是共同的关税政策，对内减免关税，对外统一关税，建立区域性的一体化市场，以求相互促进，共同繁荣。GATT 第 24 条在 2 个前提条件下允许建立自由贸易区或其他区域经济自由化组织，一是所谓壁垒封顶条件（the barrier cap condition），即区域自由贸易体成员国之间优惠性安排，不应导致对非成员国壁垒水平上升。二是所谓基本覆盖条（substantially all condition），即区域经济自由化措施应当基本覆盖所有部门产品，而不应当选择少数产品对象。

区域贸易自由化和多边贸易自由化之间具有互动关系。例如区域贸易自由化安排往往是在多边贸易自由化推进背景下，一些发展中国家在政策演变锁定到市场化改革路线之后，希望通过进一步自由化吸引外资；另外，某些经济自由化合作难题，可以通过 FTA 在较小区域范围内得以解决，推动多边贸易自由化。两类贸易自由化安排积极互动关系应当大于竞争关系，区域主义安排在降低跨国经济活动交易成本和推动国际分工贸易上发挥了积极作用。

经济全球化的发展，尤其是全球市场日益发展，全球竞争加剧，迫使企业必须将战略眼光着眼于全球而不是局限于国内或部分国家，促进了国际供应链的形成与发展。经济全球一体化的趋势，同样为国际供应链中节点企业与核心企业形成紧密合作的战略合作伙伴关系、采用新的组织形式提供了有利的条件，二者相互促进。

8.2.3 发达国家与发展中国家对加工贸易的鼓励政策

国际供应链的出现和发展涉及到产业结构的问题。各个国家的产业结构在国际市场竞争的催化和比较利益的诱导下，正在变成为世界产业结构的一个密不可分的组成部分。在近来蓬勃发展的外包（Outsourcing）与加工贸易，正是各国政府对加工贸易的鼓励政策及产业结构调整的结果。

1. 发达国家鼓励加工贸易政策

西方发达国家工业化进程开始较早，市场经济发达，技术水平处于世界领先地位，为了在世界竞争中一直保持领先地位，抓住核心竞争优势，发达国家较早地开始了产业结构的调整，把那些资本和技术密集度相对较低的产业向发展中国家转移。进行产品结构调整存在2种选择：一是把特定产品所有生产过程一揽子转移到发展中国家，从而腾挪出经济资源用于发展符合比较优势结构的产品；二是把这类产品生产过程中劳动最为密集的工序或区段转移到国外进行，资本和技术投入比例较高的生产环节仍在国内进行。

美国在1963年开始实行生产分享项目（production sharing scheme），通过特殊免税措施（tariff provision）来鼓励某些生产工序分散到其他国家进行，主要目的在于鼓励美国企业把劳动密集型企业活动转移到国外进行。欧盟国家把这种鼓励加工贸易的政策称为外向加工贸易（Outward Processing Trade，OPT），又称为外向加工流通或外向加工救助安排等。1991年和1994年，通过OPPT方式实现的纺织服装业贸易占欧盟这类商品贸易总额的比例分别为43%和47%，另外三类较大的OPT项目为运输设备、电子元件和计算机。这些政策的实行，极大地促进了加工贸易的发展和其产业结构的调整。

2. 发展中国家鼓励出口加工政策

"二战"结束后，很多发展中国家都相继制订了经济发展战略。发展中国家工业化一般都从实施进口替代战略贸易发展模式开始，即通过政策干预措施建立和发展本国制造业和其他工业，替代过去制成品进口，以求实现国家工业化和平衡国际收支。进口替代政策措施主要包括以下几方面内容：第一是实行贸易保护政策。通过关税（高额关税和进口附加税）和非关税手段如进口许可证、进口数量限制等措施限制直至完全禁止外国某些工业品进口；第二是实行比较严格的外汇管理政策。以将有限的外汇用于发展最急需的一些领域；第三是实行优惠的投资政策。如新加坡颁布的新兴工业（豁免所得税）法，和工厂扩展法，规定按照企业对工业生产追加资本数量多少，豁免2~5年的40%所得税。

由于进口替代贸易发展模式暴露出来的矛盾（如工业市场不足、生产力闲置、工业与基础业和农业发展极不平衡、国际收支困难等）迫使一些国家寻求新的办法，许多发展中国家都转向了鼓励加工贸易的出口替代战略。

出口加工区又称为工业型自由贸易区，是指一个国家或地区划出某一区域，准许外国厂商在区内办企业，享受关税优惠待遇，外资企业可以免税进口原材料、机械设备及其他零部件，制成品出口也享受免税待遇。出口加工区以开拓远洋市场为目标，利用外资和外国技术高产品加工出口，以促进本国工业和经济的发展。出口加工区的实质是利用经济上的优惠政策和廉价劳动力以及一定的基础设施吸引外资，引进技术来发展本国的出口加工工业和对外贸易。各国出口加工区有不同名称，涉及经济活动也有不同内容，但是普遍以出口导向的加工制造活动为基本定位，并且外资企业在其中占有较大份额。出口加工区的特殊政策明显具有降低跨境交易成本的取向和作用。由于出口加工活动依赖于供应链活动中的产品工序间的分工，上述政策显然有鼓励参与国际供应链的制度创新意义。

事实表明，以出口加工区为制度平台实施的政策改革调整，对促进发展中国家

第8章 "一带一路"背景下国际供应链管理

参与加工贸易和产品内分工发挥了关键作用。例如，1979年马来西亚制成品出口75%来自出口加工区，近年这一比例仍为55%；90年代中后期，毛里求斯超过95%制成品出口在出口加工区内生产，肯尼亚、墨西哥这一比例分别为75%、50%；中国经济特区很大程度上具有出口加工区特点，这类地区同时也是中国最活跃的制成品出口基地。发展中国家鼓励加工贸易的政策在较大程度上促进了国际供应链把劳动密集型工序和零部件的生产安排转移到发展中国家进行。

8.3 国际供应链管理

8.3.1 国际供应链的概念、类型

1. 国际供应链概念

国际供应链，顾名思义，是在全球范围内组合供应链。国际供应链概念是随着企业需要在世界各地选取最有竞争力的合作伙伴，结成国际供应链网络，以实现该段供应链的最优化而形成的。国际供应链并不是为全球化而全球化，而以放眼全球的眼光，根据不同产品特性和经营环境（如需要出口配额，以及产品需要符合不同国家或地区的环保条例等），将供应、生产置于最适合的地方。

面临市场竞争的全球化，单个企业难以在产品的所有生产和流通环节都有最强的竞争能力。未来的市场高端竞争，将是供应链与供应链之间的竞争。为适应这种形势，国际供应链将成为未来企业的重要发展方向。

基于全球范围运作的供应链称为全球化供应链。全球化供应链管理的核心思想是充分利用全球范围的各种优势资源和组织管理优势，借助先进的运作组织手段和方法，如现代物流技术和网络信息技术计算机集成制造系统、柔性生产系统、并行工程、敏捷制造、准时制、最优生产技术、制造资源计划、企业资源规划等，组成全球范围内的具有独特优势的生产基地和销售网络，其目的是提高运营效率、降低运营成本、提升整体系统的竞争力。

国际供应链是指面向全球的供应市场、需求市场和物流服务市场，在全球范围内选择合适的供货商、销售商和物流服务商来组建和整合企业的供应链，将企业的供应网络和（或）分销网络不断向国外延伸，以覆盖全球供应市场获取资源和（或）提高全球需求市场的响应速度等方式来增加销售。

国际供应链管理强调在全面、迅速地了解和识别世界各地消费者需求的同时，对其物流过程进行联合计划、协调、运作、控制和优化，在供应链中的核心企业与其供应商以及供应商的供应商、核心企业与其销售商乃至最终消费者之间，以现代计算机信息技术和网络互联技术为支撑，实现供应链的全球物流职能一体化和快速响应化，达到商流、物流、资金流和信息流的通畅与协调，有效地满足全球消费市场需求。全球化供应链管理范畴较宽，是一种综合性的、跨国界的集成化管理模式，也是适应全球化环境下企业跨国经营的管理模式。

2. 国际供应链的类型

国际供应链包括从较为初始的以本国市场为主的国际供应商，到较为高级的真

正的全球化供应链等形式。国际供应链包括国际配送系统、国际供应商、离岸加工、全球性供应链4种类型。4种类型及其特点如下：

(1) 国际配送系统。生产以国内为主，但配送系统与市场有一些在海外。

(2) 国际供应商。这种系统中，原材料与零部件由海外供应商提供，但最终的产品装配在国内，一些情况下，产品装配完成后，会再运回海外市场。

(3) 离岸加工。这种系统中，产品生产的整个过程一般都在海外的某一地区，成品最终运回到国内仓库进行销售与配送。

(4) 全球化供应链。这种系统中，产品的进货、生产、销售的整个过程都发生在全球性的不同工厂。

8.3.2 国际供应链的特征

相比于国内供应链，国际供应链不仅具有一般供应链的特征，而且因其跨越了不同国家的国界，还具有一些独有的特征。

1. 一般供应链的特征

(1) 整体性。供应链整体功能不等于各组成节点企业的功能之和，即非加和原则。要达到供应链整体功能和绩效最优，要求一定结构的供应链中的各组成主体间协调一致，结构良好。

(2) 复杂性。由于供应链节点企业组成的跨度（层次）问题，供应链往往由多个、多类型甚至多个企业构成，所以供应链结构模式比一般单个企业的结构模式更复杂。

(3) 动态性。供应链模式结构因企业战略和适应市场变化的需求而变化，比如，节点企业需要动态的更新，供应链节点企业之间的关系需要动态的更新，这一切都使得供应链具有明显的动态性。

(4) 面向用户需求。供应链的形成、运行、重构，都是基于一定的市场需求而发生的，并且在供应链的运行过程中，用户的需求拉动是供应链中信息流、产品/服务流、资金流运作的驱动源。

(5) 交叉性。节点企业可以是这个供应链的成员，同时又可以是另一个供应链的成员，众多的供应链形成交叉结构，增加了供应链管理协调的难度。

(6) 环境适应性。任何一个供应链都是存在于一定的物质环境之中，其必然要与外界环境产生物质、能量和信息的交换，外界环境的变化必然会引起供应链各节点企业的变化。因此为了保持和恢复供应链的原有特性，供应链必须具有对环境的适应能力。

2. 国际供应链独有特征

(1) 国际性。国际性是指国际供应链网络涉及多个国家，网络覆盖的地理范围大。其物流是在不同国家或地区间进行的，用于国际物流而非国内物流。国际物流跨越不同国家和地区，跨越海洋和大陆，运输距离和时间长，运输方式多样，这就需要合理选择运输路线和运输方式，尽量缩短运输距离和货物到达时间，加速货物周转并降低物流成本。

(2) 复杂性。国际供应链是一个跨越国界的复杂经济活动体系,其中生产、流通、分配和消费 4 个核心环节紧密相连。然而,由于不同国家间的社会制度、自然环境、管理策略、技术手段以及商业习惯存在显著差异,要在国际层面上有效协调产品从生产到最终消费的整个过程,是一项极具挑战性的任务。特别是在物流领域,这种复杂性表现得尤为突出,包括构建高效且兼容的国际物流通信系统的难题,应对不同国家法规环境的差异,以及适应各种商业现状的挑战等。因此,国际供应链的管理和优化需要综合考虑多种因素,以确保产品在国际市场上的顺畅流通。

(3) 风险性。国际供应链涉及到的风险主要包括政治风险、经济风险和自然风险。政治风险主要指由于链中节点企业所在国或产品运输所经过国家的政局动荡,如罢工、战争等原因造成经营损失或货物可能受到的损害或灭失;经济风险又可分为汇率风险和利率风险,主要指国际供应链运营中有关的资金由于汇率和利率的变动而产生的风险。自然风险则主要指在物流过程中可能因自然因素,如地震、海啸、暴雨等而引起的风险。

(4) 技术含量高,标准化要求较高。由于国际供应链范围广、运行环境差异大,需要在不同的法律、人文、习俗、语言、科技、环境设施下运行,大大增加了供应链的复杂程度以及网络系统的信息量和交换频度。要保证流通畅通、提高整个链条的效率,必须要有先进的国际化信息系统和标准化的物流工具和设施。同时,对供应链的设计和管理的要求也更高。

8.3.3 国际供应链管理的基本职能

任何一个公司,甚至大型的跨国公司,采用一体化的全球化供应链管理的过程都是循序渐进的,而非一蹴而就。从全球化供应链的基本业务流程可以简要地说明全球化供应链管理的主要职能。

1. 需求和供给管理

首先,要根据市场和客户的各种商业信息,进行预测和需求分析以清楚地了解和掌握市场动向,从而合理地制定需求计划,去配备所需的资源,然后在充分考虑到资源约束的基础上制定供给计划。为了实现供应链的一体化管理,需求管理在一定程度上应具有集中化的特征。由于其是在全球范围内的业务,制定供给计划时则更需要考虑资源的约束因素。需要考虑全球性的因素,由于这些因素的变化很敏感,需要及时进行修正、反复进行重排计划。

2. 新产品研发

由于产品的销售和使用是全球性的,因此在研发的开始,就必须为产品进行定位:一是要考虑设计和生产地区供应商的资源,尽量选择那些同样具有海外业务的供应商,并把他们的技术、知识和能力融入自己的研发过程,缩短研发周期,共同推出适应市场和客户的好产品;二是在研发的同时就要考虑全球市场的产品投放和推广问题,并不断对新品设计过程提出反馈意见。

3. 采购

互联网与电子商务技术的兴起,为全球采购活动开辟了全新的可能性。这些先进技术使买家能够更广泛地搜索和挑选优质的策略资源，打破了地域限制，实现了全球范围内的资源搜寻。此外，其还有效地将各地分散的生产需求整合在一起，通过集中采购的方式显著降低了成本。买家能够借助全球化的供应链网络，与供应商进行协同作业，确保所需货物能够准时到达，从而提升了整体采购效率和供应链管理的水平。

4. 生产

在生产上对分布在不同地区的众多生产工厂进行统一集成和协调，使其能作为一个整体来运作，这不是一件容易的事。首先，需要根据市场需求对供应链上过剩的和不足的生产能力进行战略性的高速和优化配置，以充分发挥其效益；其次，要根据订单情况对这些工厂做出集中的生产计划，以为全球化的集中采购提供准确的需求信息；最后，在一个复杂的供应链上，各个工厂间可能是互为供应方，必须使它们的业务能够紧密衔接，才能实现高效低耗的生产。这就必须要运用全球化供应链管理协同的功能和工具来对这些业务进行有效地扩展和管理。

5. 订单履行

订单履行包括配送、运输和对交货的监控以及交货过程中的意外事件处理。为了使各个地区的客户可以从全球供应链上方便地拿到所需产品，就像从本地供应链上订货一样，为了确保每一个订单、每一笔交易都能按时、按质、按量地交送到全球范围内的客户手中，必须利用全球化供应链的集中式订单履行方式，整合自己和外包服务商的资源，与客户进行密切地交流和沟通，并对整个合同履行过程进行实时监控，及时处理好例外事件，防止由于订单的履行不周而引起丢失客户的现象。

8.3.4 跨文化的全球新型合作竞争经营理念

为了降低成本、提高效率和增强企业核心竞争力，许多公司都采用了全球化的经营模式，从而出现了跨国家、跨地域和跨文化的国际供应链系统。一般来说，国际供应链的管理就是有效地控制国际供应链的物流、资金流和信息流，它代表着一种新的管理模式，这种模式通过有效地管理国际供应链使得供应商和最终用户有机地联系起来。研究表明，许多公司超过一半（50%～70%）的销售收入都要用于从供应商那里购买原材料、零部件和其他服务。供应商的业绩直接影响着公司的产品质量、生产成本、交货期、技术进步和公司的发展。公司管理供应链的能力明显地影响其竞争力和获利能力。越来越多的公司逐渐认识到供应链计划、设计和控制的战略意义。此外，有关国际供应链管理的研究还涉及上下游关系、信息交换、供应链敏捷性、价值划分和价值配置等领域。

国际供应链管理强调在全面、迅速地了解世界各地消费者需求的同时，对其进行计划、协调、操作、控制和优化。在供应链中的核心企业与其供应商以及供应商的供应商、核心企业与其销售商乃至最终消费者之间，依靠现代网络信息技术支撑，实现供应链的一体化和快速反应，达到商流、物流、资金流和信息流的协调通畅，以满足全球消费者需求。国际供应链管理的实现把供应商、制造商、分销商等所有环节联系起来，通过信息网络尽快把握真实的需求与准确的需求量，并把不断变化的市场需求情况及时反馈到企业的中央管理系统，并通过信息的实时共享，组织快速供应，使物流以最快的速度通过生产、分销环节变成增值的品牌产品，满足消费者需求。

与传统供应链管理理念不同，全球化供应链管理是通过整合全球供应链资源和用户资源，逐步向零库存和零距离的终极目标迈进。

(1) 零距离合作。传统企业物流系统难以实现快速响应市场需求而进行准确交货。按需快速准确交货体现了全球化供应链管理中的零距离。在全球供应链管理中，与全球用户之间的零距离，就要从全球市场的角度对供应链进行全面协调性的合作管理，通过"ERP+CRM"模式快速响应全球客户需求。这不仅要考虑核心企业内部的职能部门合作管理，还要注重国内供应链中各环节的结点企业之间的资源利用和合作联盟，更要强调国际供应链上货代、运输、装卸、仓储等全球物流服务商之间的合作关系，最终实现多赢，达到共同繁荣与发展。

(2) 零库存运作。零库存运作是供应链管理中追求的重要目标之一，强调在保持低成本和高运营效率的同时，实现库存量的最小化。传统的企业物流系统往往难以在物资采购供应方面达到低成本和准时率的理想状态。而全球化供应链管理则致力于通过规模经济性降低国际运输成本，同时力求保持库存数量至最低水平，以达到全球供应链的财务绩效指标。为实现这一目标，全球化供应链管理采用了"CIMS+JIT"的电子制造模式。在这一模式下，节点企业运用计算机集成制造技术，以提高供货的灵活性和响应速度。同时，企业间的分销和采购活动推行准时化物流，通过同步并行工程和一体化智能物流的运作方式，以需求订单信息流为驱动，精确指导供应链企业的生产和采购活动，实现准时供应和准时采购，最终达到零库存的理想状态。

(3) 敏捷性物流。传统物流系统的敏捷性和灵活性不足，而在全球化供应链管理环境下，物流系统的敏捷性和柔性就显得特别重要。全球市场竞争日益白热化，用户需求日益多样化和个性化，这些都要求供应链物流系统能够实现基于互联网络的供货信息和订单需求信息的集成与共享，结点企业同步化作业，快速响应市场变化，提供个性化的产品和物流服务。

(4) 跨文化联盟。战略联盟是企业争取规模经济以降低生产成本的有效手段。在不同产地的同类产品存在成本差异的前提下，企业纷纷调整全球生产区位布局，使生产向低成本区域转移。在以生产合理化为目的的调整中，全球化供应链管理的合作竞争理念把跨文化企业组成的供应链视为一个完整的系统，组成动态跨国联盟，实现规模经济。跨文化联盟企业在生产、加工、销售、采购、运输、金融、服务及后勤等方面进行联合，彼此之间需要解决文化冲突，进行有效沟通，建立信任合作关系，共同开拓国际消费市场。联盟合作追求供应系统的稳定性，实现供应链整体效益的最大化，跨国联盟企业共同分享节约的物流成本和创造的收益。

8.3.5 国际供应链管理的影响因素

国际供应链的设计、运作和管理都会受到不同国家、不同地区的文化、政治、法律、经济、市场、基础设施、人力资源、信息资源等因素的影响。因此，供应链的设计者和管理者在决策和控制管理过程中都必须考虑这些因素。

1. 文化因素

文化因素对企业的全球业务、企业整体目标和整个供应链的业务都有较大的影响，包括信仰、价值观、习俗、语言等内容。所有这些因素在国际供应链的每一个环节都起着重要的作用。因此，在跨国运作时，要充分尊重当地的文化和习俗。

2. 政治和法律因素

在不同的国家和地区，其政策和法律各有不同。每个国家都有自己的税收、进出口、海关、环保和对本国民族工业的保护等政策。国际供应链的运作遍及世界，必然要涉及不同的政策和法律制度，因此在不同的国家和地区开展供应链业务活动时，必须了解和利用当地的政策法规，依此来制定相应的经营战略和策略来应对和处理在业务中遇到的问题和可能发生的纠纷。另外各国政府为了扶植本国企业的发展，解决本国就业问题，纷纷制定各种政策，保护自己的企业。

3. 经济因素

经济因素在供应链的全球化趋势和国际供应链管理中扮演着至关重要的角色。这些因素涵盖了金融环境（如货币、汇率、利率波动以及通胀或通缩率、股市变动等）、地区性贸易协定、税收政策、进出口配额以及劳动力成本等多个方面。此外，不同形式的贸易保护措施也会对全球供应链产生深远影响，如关税和配额可能会阻碍产品进口，进而推动企业考虑在目标出口国设立生产设施。这些贸易政策不仅影响供应链的结构，还对企业的全球化战略产生挑战。因此，企业在开展全球化经营时，必须全面考虑这些经济因素，发挥自身优势，规避潜在风险，充分利用有利因素，以优化业务运营。

4. 市场因素

国际市场驱动力来自海外竞争者的压力与海外消费者提供的机遇，但同时，扩展海外市场也会遇到一定市场阻力和困难。在消费者极为注重个性化消费的今天，那些国际性产品是难以受到他们青睐的。对于不同的国家和地区的消费者，他们更喜欢符合他们口味和习性的地区性产品。地区性的产品具有不同区域性的特点和特性，常常需要专门和有针对性地设计与制造。同时，在国际市场出售产品，没有品牌的商品也很难打开市场，更不要说占领市场，因此，当企业的新产品进入一个国家和地区时，首先要创立一个知名品牌，加以本地化的营销手段进行推广，从而建立忠诚顾客群。

5. 基础设施因素

一个国家的基础设施也是运作和管理国际供应链的基础。包括高速公路系统、港口、铁路运输与交通设施、先进的物流技术、具有一定规模的生产制造基地和先进的制造技术等。基础设施的好坏会促进或制约供应链的运行。

6. 人力资源因素

许多企业在进入海外市场时，常常采取低成本策略去选择劳动力成本费用低的国家和地区。在大部分发达国家里，除了文化差异外，技术与管理人才普遍适用性强,但非技术工人在这些国家成本相对较贵。在发展中国家,虽然技术与管理人才适用性不是很强,但这些国家的非技术劳动力成本相对较低,在国际市场上具有竞争力。因此,这些发展中国家常常是跨国经营者的首选对象,这也是国际供应链运作蓬勃发展潜力最大的区域。

7. 信息资源因素

信息资源在现代供应链管理中具有举足轻重的地位,特别是对于复杂的国际供应链而言。缺乏信息技术的支持,供应链的管理和运作将难以想象。因此,企业在推进全球化业务时,必须充分重视信息资源的运用。借助信息技术,供应链成员能够共享资源、加强协作,共同推动业务发展。然而,不同国家和地区的信息资源可用性和技术水平存在显著差异。作为国际供应链的管理者,企业必须精准把握客户需求,严密监控供应链各个环节,以确保为企业的长远发展提供持续稳定的支持。

8.3.6 国际供应链的作用和意义

1. 国际供应链可增强企业的国际竞争力

企业竞争的本质是科技创新与科技人才的竞争。国际供应链使企业能够从战略高度认识所面临的国际竞争,将这种竞争压力转化为动力,才能把企业改造发展成现代企业,成为科技创新的主体,使企业自主加快技术改造和技术创新步伐才能真正重视企业科技人才的培养和储备,创造吸引科技人才的企业氛围。不仅如此,国际供应链帮助企业优化产业结构,促进产品升级换代,积极开拓国际市场。由现在老化的产品结构与低附加值的产品,逐渐转向技术含量高、附加值高的产品的经营。企业可以了解市场信息,把握市场需求,更好地满足国际市场的需要。

2. 国际供应链可缩短物流时间

国际供应链能快速响应国际市场需求,实现在供应链各节点上的即时供应、即时生产和即时出售。这也就是说,国际供应链在需求信息获取和随后的反馈方面能够实时地接近最终消费者,将消费者需求的消费前置时间降到最低限度,从而在赢得消费者的青睐的同时,也为企业在国际市场中占有更大的份额创造有利条件。企业通过共享供应链信息,对上下游企业的市场信息做出快速、准确而全面的响应,能够对用户做出准确的承诺,并根据需求和供应的变化更新这些承诺,从而缩短从订单开始到最终用户的整个物流时间。

3. 国际供应链可降低库存和成本

供应链通过整体协作,在加快物流速度的同时,相应减少了供应链各节点上的库存量,从而达到节省库存成本的目的。在供应链统一的计划下,上下游企业可最大限度地减少库存,使所有上游企业的产品能够准确、及时地到达下游企业,减少各个供应链节点企业的库存量和资金占用,实时获取最终消费市场的需求信息使整个供应链能紧跟市场的变化。国际供应链还可以从整体意义上降低成员企业各自的成本,使得企业将更多的资金用于产品的研制和市场开发等方面,以保证企业获得长期发展。

4. 国际供应链可提高产品质量和改进服务质量

随着全球经济一体化和信息技术、运输能力的提升,实施高效的供应链管理系统成为企业提升产品质量和服务质量的关键。企业能够借此从全球范围内采购高质量原材料或外包给具有专业优势的合作伙伴,进而全面提升产品质量。同时,在选择供应链合作伙伴时,企业会注重其在技术、产品设计和生产等方面的核心能力,以确保产品质量。国际供应链确保产品无论距离、批量和品种如何,都能及时送达顾客,实现商品供应的多样化和及时性,从而大幅提升服务质量。通过精心选择和整合全球供应链合作伙伴,借助网络技术,企业能够形成强大的整体竞争力,在全球化市场中脱颖而出。

8.3.7 国际物流与国际供应链的联系和区别

1. 国际物流与国际供应链的联系

(1) 从美国的物流概念的演变过程来看,伴随着市场环境的变化,物流与供应链管理呈现出融合的趋势。在现实中,许多人将供应链与物流混淆在一起,认为物流管理就是供应链管理,或者供应链管理就是物流管理。例如,在一些学者和企业家眼里,物流与供应链管理是可以相互替代的。《供应链设计与管理》(*Design and Managing the Supply Chain*)一书中对供应链管理的定义如下:供应链管理是在满足服务水平需要的同时,为了使成本最小,而采用供应商、制造商、仓库和商店有效结合成一体生产商品,并把正确数量的商品在正确的时间内配送到正确地点的一套方法。该书对供应链管理所下的定义与美国供应链管理专业协会给出的物流管理的定义很相似,这两个定义都非常重视供应链中不同组成部分的集成,并对物流管理和供应链管理不做区分。

在实践中,物流系统成为企业运行的重要组成部分,也是供应链管理理论、技术方法的主要应用领域。供应链管理理论、技术方法的发展为改善物流管理和物流系统运行奠定了良好的理论基础。

现代生产企业要做到准时交货,提高交货可靠性,提高响应性,降低库存费用,加速资金周转,快速传递与反馈市场信息。由于当前的物流管理已经不仅仅局限于生产企业的内部管理,而是供应链企业之间的物流管理,因此只有建立敏捷而高效的物流与供应链系统才能达到提高企业竞争力的要求。

经济全球化孕育了国际供应链的发展,国际物流伴随着国际供应链的发展而成长,二者存在着非常紧密的联系。

(2) 国际物流是国际供应链的基本组成和条件。国际分工合作和全球市场拓展是国际供应链的突出特点,使得采购、生产以及销售的各个环节都有可能发生在世界不同的地方,将原材料、零部件、中间产品以及最终产品的物流区域扩展到全球各地,进而要求国际供应链的运作具备对上述物资进行全球物流处理的能力,而这也是国际供应链得以形成的最基本条件。没有国际范围的物流活动,则生产不能进行、消费品也无法进入国际市场,国际供应链便无从谈起。

(3) 国际供应链促进了国际物流的发展。国际供应链的广泛推行,促进了物资在全球范围的大规模流动,国际物流的广泛应用,也引起了各国政府、有关企业和协会组织的高度重视。在不断实践中,人们对于国际物流的组织、运作和管理都有了更深的认识,国际物流日趋合理化;各国政府和有关组织加强了对国际物流的监管和扶持,为国际物流创造了良好的政策环境。此外,国际供应链下企业之间的合作更加深化,企业将国际物流作为重要的协作领域,国际物流的市场环境也日趋优化;同时,对第三方国际物流企业的需求也更加明显,使得第三方国际物流企业有了较大的发展。

(4)国际供应链对国际物流提出了更高、更新的要求。国际供应链间竞争的加剧,对在其中发挥重要甚至是决定性作用的国际物流有了更高、更新的要求。如在物流服务质量方面,对国际物流的及时性、可靠性和准确性有较高的要求,尤其对于小批量、多频次、高附加值物资的物流作业,除了要达到上述目标之外,还需要满足较大的柔性需求,以提升国际供应链的竞争力;同时,国际供应链对于第三方国际物流服务商的要求也比一般供应链物流服务商的要求有了更大的提高,突出表现在国际运输、信息服务以及物流全面解决方案等方面。此外,国际物流成本如何降低也是构成国际供应链国际竞争力的重要因素。

2. 国际物流与国际供应链的区别

首先,从定义和范围来看,国际物流主要关注跨越国界的物资流动,涉及货物的运输、仓储、包装、装卸以及与之相关的信息流和资金流,旨在保障全球商品和服务流通的顺畅。相比之下,供应链是一个更广泛的概念,其不仅包含物流环节,还涵盖了从供应商到最终消费者的整个产品流动和价值创造过程,包括原材料采购、生产、销售等多个环节。

其次,从管理的复杂性来看,国际物流主要关注货物的物理性移动和相关信息的处理,虽然涉及不同国家的法律、文化和语言等问题,但相对较为单一。而供应链管理则更为复杂,其需要对整个产品流动和价值创造过程进行协调和优化,涉及多个企业和多个环节之间的协同合作,以确保整个供应链的效率和效益。

此外,国际供应链还具有风险性、合作性和创新性等特点。供应链中存在着各种风险,如供应商风险、物流风险等,需要建立风险管理机制来应对。同时,供应链上的各个节点企业之间需要建立紧密的合作关系,共同实现供应链的目标和价值。而且,供应链需要不断创新以适应市场的发展和客户的需求。

综上所述,国际物流和国际供应链在定义、范围、管理复杂性以及特点等方面存在明显的区别。国际物流主要关注货物的跨国界流动,而国际供应链则涵盖了从供应商到最终消费者的整个产品流动和价值创造过程,并涉及更为复杂的管理和合作问题。

8.4 "一带一路"背景下的国际供应链构建

8.4.1 "一带一路"产生的背景

"一带一路"(the Belt and Road,缩写 B&R)是"丝绸之路经济带"和"21世纪海上丝绸之路"的简称,2013年9月和10月由中国国家主席习近平分别提出建设"新丝绸之路经济带"和"21世纪海上丝绸之路"的合作倡议。依靠中国与有关国家既有的双多边机制，借助既有的、行之有效的区域合作平台，"一带一路"旨在借用古代丝绸之路的历史符号，高举和平发展的旗帜，积极发展与合作伙伴的经济合作关系，共同打造政治互信、经济融合、文化包容的利益共同体、命运共同体和责任共同体。

"丝绸之路经济带"的重点在陆地。主要有3条走向：从中国出发，一是经中亚、俄罗斯到达欧洲；二是经中亚、西亚至波斯湾地区；三是中国到东南亚、南亚。"21世纪海上丝绸之路"的重点在海上。主要有2条走向：一是从中国沿海港口过南海到印度洋，延伸至欧洲；二是从中国沿海港口过南海到南太平洋。"一带一路"西端是发达的欧洲经济圈，东端是极具活力的东亚经济圈，由此来带动中亚、西亚、南亚以及东南亚的发展，并且辐射到非洲，通过海陆两条线推动形成欧亚非大陆的经济整合。

8.4.2 国际供应链构建应考虑的问题

国际化经营不断延伸，供应链的管理也必须是全球化的，并趋向无国界。供应链管理模式是以市场为导向，以客户需求为中心，将客户、供应商、研发中心、制造商、经销商和服务商等合作伙伴联结成一个完整的链状结构，形成一个极具竞争力的战略联盟。其目的就是在消费者、原材料供应商和生产者之间建立无缝隙的信息流来降低供应链运行的总成本。国际供应链管理与国内供应链管理基本一致，只是国际供应链覆盖的地区更广，情况更为复杂。如果管理得当，将会比国内供应链产生更多机会。

1. 供应链构建所要考虑的问题

（1）客户优先。客户是供应链中唯一真正的资金流入点，任何供应链都只有唯一的一个收入来源——客户。因此，供应链的设计要考虑客户优先的原则。客户需求是供应链设计的驱动力，满足客户需求是供应链设计的目标。为了最大限度满足客户的需求，供应链的设计必须具有高度的柔性和快速响应能力，既能满足客户的现实需求，也能满足客户的潜在需求。

（2）定位明确。供应链的构成是由原料供应商、制制造商、分销商、零售商、物流与配送商及消费者组成的。一条富有竞争力的供应链要求组成供应链的各节点企业都具有较强的竞争力，不管每个成员为整个供应链做什么，都应该是专业化的，而专业化本身就是优势。在供应链中总会有处于从属地位的企业。供应链中没有哪一个节点企业能够完成供应链中的全部业务流程，其必须明确自己的供应链中定位优势，根据自己的优势来确定自己的位置，制定相关的发展战略，对自己的业务活动进行调整和取舍，着力培养自身的核心竞争力。

（3）防范风险。供应链的设计和运行必然会受到各种自然的和非自然因素的影响，面临众多的不确定性，存在一定的风险。例如，供应链中的库存控制就是一例。保持库存的道理是显而易见的，库存是保险，是对抗不确定性的一项措施。为了达到为客户服务的目标，必须维持足够的库存（也就是安全库存），这样即使上游的供应商出现问题，也不至于影响客户服务。因此，在供应链的构建中应对各种风险因素进行度量和说明，了解各种不确定性因素对供应链系统所产生的影响，并制定相应的风险防范措施。

2. 跨国所产生的关键问题

国际供应链管理系统还应主要考虑以下几个方面的问题：

（1）建立全球的售后服务体系。实现国际供应链管理的企业需要建立完善的全球后勤服务体系，以保证物流畅通和树立良好的企业形象。海尔集团是我国成功打入国际市场、实施全球化经营的大型国有企业。海尔的洗衣机生产销售已经形成国际供应链管理模式，销售网点已分布到世界各地，成为了我国海外经营业务最大的国有企业。在进军国际市场的过程中，海尔非常注意售后服务的工作，使海尔产品在任何国家和地区都能获得满意的服务。服务至上是海尔能够成为跨国经营的大型国有企业的秘诀。

（2）建立国际供应链需求信息网络。全球化经营和本地化经营最大的不同是需求信息来源的多样化、地区差别化、消费的文化价值差异化等，因此企业需要根据不同的国情，对需求特点进行分析，建立全球需求信息反馈系统。国际供应链的信息需要从一个地区反馈到另一个地区，从一个供应链节点企业到另一个节点企业，形成满足供应链管理要求的信息网络。它是维护全球供应信息的一致性，保证国际供应链的信息能够准确无误、畅通无阻，进而实现国际供应链同步化运营的关键。另外，由于不同国家的信息系统是异构的，应采用远程多代理的、统一的数据传输方式，这对提高全球信息系统的运行速度与效率非常重要。

（3）建立全球化合作关系网，提高物流效率。由于国际供应链跨越不同的国家和地区，物流过程要经过海关、机场、港口等，运输过程十分复杂，有汽车、飞机、轮船等各种运输工具，还有不同国家的管理与地区性政策等都将会导致物流过程的效率变低。为了提高物流效率，必须建立全球化的合作关系网，通过和当地的物流部门进行合作，把部分业务外包给当地企业，如代理销售、代理运输、代理库存管理等，或建立联合经营体，如地区分销中心等，这些措施可以大大提高物流系统的效率。

8.4.3 国际供应链构建应遵循的基本原理

在构建国际供应链的过程中，遵循一定的基本原理，对于国际供应链的构建和优化都具有重要的意义。

（1）资源横向集成原理。在经济全球化迅速发展的今天，企业仅靠原有的管理模式和自己有限的资源，已经不能满足快速变化的市场对企业提出的要求。在国际供应链的构建过程中，各节点企业均以其能够产生竞争优势的资源来参与国际供应链的资源集成，在国际供应链中以其优势业务来参与国际供应链的整体运作。

（2）系统原理。系统原理认为，国际供应链是一个系统，是由相互作用、相互依赖的若干个节点企业结合而成的具有特定功能的有机整体。国际供应链的系统特征首先体现在其整体功能上，这一整体功能是组成国际供应链的任一成员企业都不具有的特点功能，是国际供应链合作伙伴间的功能集成，而不是简单叠加。国际供应链系统的整体功能集中表现在国际供应链的综合竞争能力上，这种综合竞争能力是任何一个单独的国际供应链成员企业都不具有的。其次，体现在国际供应链系统的目的性上。国际供应链系统有着明确的目的，这就是在复杂多变的竞争环境下，以最低的成本、最快的速度、最好的质量为用户提供最满意的产品和服务，通过不断提高用户的满意度来赢得市场。这一目的也是国际供应链各成员企业的共同目的。此外，体现在国际供应链合作伙伴的密切关系上，这种关系是基于共同利益的合作伙伴关系，国际供应链系统目的的实现，受益的不只是一家企业，而不是一个企业群体。最后，体现在国际供应链系统的环境适应性上。在国际供应链的构建过程中，要坚持系统性原理，选择适合国际供应链整体功能需要的节点企业，在适应环境的情况下，提升国际供应链的整体竞争力。

（3）多赢互惠原理。多赢互惠原理认为，国际供应链是相关企业为了适应新的竞争环境而组成的一个利益共同体，其密切合作是建立在共同利益的基础之上，国际供应链各成员企业之间是通过一种协商机制，来谋求一种多赢互惠的目标。国际供应链管理改变了企业的竞争方式，将企业之间的竞争转变为国际供应链之间的竞争，强调核心企业通过与国际供应链中的上下游企业之间建立战略伙伴关系，以强强联合的方式使每个企业发挥各自的优势，在价值链、增值链上达到多赢互惠的效果。

（4）合作共享原理。合作共享原理有2层含义：一是合作；二是共享。合作原理认为，由于任何企业所拥有的资源都是有限的，它不能在所有的业务领域都获得竞争优势，因而企业要想在竞争中获胜，就必须将有限的资源集中在核心业务上。与此同时，企业必须与全球范围内的在某一方面具有竞争优势的相关企业建立紧密的战略合作关系，将本企业中的非核心业务交由合作企业完成，充分发挥各自独特的竞争优势，从而提高国际供应链系统整体的竞争能力。共享原理认为，实施国际供应链合作关系意味着管理思想与方法的共享、资源的共享、市场机会的共享、信息的共享、先进技术的共享以及风险的共担。信息共享是实现国际供应链管理的基础，准确可靠的信息可以帮助企业做出正确的决策。国际供应链的协调运行建立在各个节点企业高质量的信息传递与共享的基础上，信息技术的应用有效地推动了国际供应链管理的发展，它可以节省时间和提高企业信息交换的准确性，减少了在复杂、重复工作中的人为错误，因为减少了由于失误而导致的时间浪费和经济损失，提供了国际供应链管理的运行效率。

（5）需求驱动原理。需求驱动原理认为，国际供应链的构建是基于一定的市场需求而发生的，并且在国际供应链的运行过程中，用户的需求是国际供应链中信息流、产品/服务流、资金流运作的驱动源。在国际供应链管理模式下，国际供应链的运作是以订单驱动方式进行的，商品采购订单是在用户需求订单的驱动下产生的，然后商品采购订单驱动产品制造订单，产品制造订单又驱动原材料（零部件）采购订单，原材料（零部件）采购订单再驱动供应商。这种逐级驱动的订单驱动模式，使国际供应链系统得以准确响应客户的需求，从而降低了库存成本，提高了物流的速度和库存周转率。基于需求驱动原理的国际供应链运作模式是一种逆向拉动运作模式，与传统的推动式运作模式有着本质的区别。推动式运作模式以制造商为中心，驱动力来源于制造商，而拉动式运作模式是以用户为中心，驱动力来源于最终用户。两种不同的运作模式分别适用于不同的市场环境，有着不同的运作效果。不同的运作模式反映了不同的经营理念，由推动式运作模式向拉动式运作模式的转变，反映的是企业所处环境的巨变和管理者思想认识上的重大转变，反映的是经营理念从以生产为中心向"以顾客为中心"的转变。

（6）快速响应原理。快速响应原理认为，在当前的市场环境里，一切都要求能够快速响应用户需求，而要达到这一目的，仅靠一个企业的努力是不够的。国际供应链具有灵活快速响应市场的能力，通过各节点企业流程的快速组合，加快了对用户需求变化的反应速度。在构建国际供应链的过程中，要以快速满足用户需求为核心。

（7）同步运作原理。同步运作原理认为，国际供应链是由不同企业组成的功能网络，其成员企业之间的合作关系存在着多种类型，国际供应链系统运行业绩的好坏取决于国际供应链合作伙伴关系是否和谐，只有和谐而协调的关系才能发挥最佳的效用。国际供应链在构建过程中要求国际供应链上各节点企业能够很好地联合与合作以及相互之间在各方面良好的协调。国际供应链的同步化运作，要求国际供应链各成员企业之间通过同步化的生产计划来解决生产的同步化问题，只有国际供应链各成员企业之间以及企业内部各部门之间保持步调一致时，国际供应链的同步化运作才能实现。国际供应链形成的准时生产系统，要求上游企业准时为下游企业提供必需的原材料（零部件），如果国际供应链中任何一个企业不能准时交货，都会导致国际供应链系统的不稳定或者运作的中断，导致国际供应链系统对用户的响应能力下降，因此保持国际供应链各成员企业之间生产节奏的一致性是非常重要的。

（8）动态重构原理。国际供应链是在一定时期内，针对某一市场机会且为了适应某一市场需求而形成的，具有一定的生命周期。当市场环境发生较大的变化时，围绕着核心企业的国际供应链必须能够快速响应，能够进行动态快速重构。市场机遇、合作伙伴选择、核心资源集成、业务流程重组以及敏捷性是国际供应链构建过程中必须关注的主要因素。

8.5 "一带一路"背景下国际供应链管理

8.5.1 "一带一路"与跨国供应链形成的关联性

发达国家跨国公司在全球竞争优势明显，在跨国供应链中一般具有较强的话语权，共建"一带一路"国家多数属于发展中国家，在全球竞争格局中，这些国家所属的企业一般处于全球价值链的低端地位或者根本未参与全球价值链，在全球供应链网络中处于边缘位置，缺乏竞争优势，在供应链中分享的利润非常有限。因此，"一带一路"为沿线发展中国家提供了合作的舞台，跨国供应链的构建将不再是发达国家跨国企业的专利。

"一带一路"是一个区域经济合作的宏大战略，既包含各国之间开展合作的宏观战略，也包含中国国内各地区提升开放经济水平，促进共建各国投资贸易合作的中观战略，也包含促进中国企业走出去和各国企业来华投资的微观战略。同时，跨国供应链也是一个极为复杂的战略安排，它既是共建各国企业的国际化发展战略，也是促进跨国产业链合作，实现产业价值链合理分工的中观战略，同时也是确保各国经济社会发展安全的宏观战略因素，"一带一路"与跨国供应链形成在目标、过程、内容和原则等方面，不仅具有较强的内在关联性，而且是相互促进、相互影响、相互耦合的复合系统。

1. 目标的统一性

从中国来看，"一带一路"是中国融入世界经济体系的全球化战略，从这个意义上，"一带一路"本身即包含中国企业的"走出去"战略和国际化战略。中国企业"走出去"战略的成功与国际化水平的提高，既标志着"一带一路"的成功，同时也说明跨国供应链的形成从国际来看，"一带一路"是中国对世界各国发出的合作倡议，中国将会同参与共建国家进行深度合作，这其中也包含企业之间的深度合作。无论是作为国家还是跨国企业，尽管合作的范围不同，但合作的目标即建立战略伙伴关系。国家之间建立战略伙伴关系，标志着"一带一路"各国从政治上达成了一致性意见，将共同实现利益共同体、命运共同体和责任共同体。跨国企业之间建立供应链伙伴关系，则同样标志着供应链成员企业之间达成了契约，将共同实现利润共享，同时风险共担。因此，"一带一路"与跨国供应链形成的目标具有统一性。

2. 过程的同步性

"一带一路"倡议的实施过程中，中国不仅逐步深入地融入了全球经济体系，还积极发挥着引领作用，推动共建国家共同参与区域经济合作。尽管近年来中国在全球价值链中占据了一定地位，尤其是作为世界重要的生产加工基地，处于全球供应链的关键节点上，但在全球供应链的治理结构中，中国并未拥有绝对的主导权和话语权。这在一定程度上意味着中国仍然是嵌入由发达国家主导构建的全球供应链体系中，中国企业在这个过程中更多地扮演着追赶者和学习者的角色。在全球市场出现波动时，由于缺少供应链话语权，利益首先被侵占或排挤，有时甚至面临倒闭、破产的危险。"一带一路"将促进中国与各国之间的产业链合作，促进全球价值链的重构，这个过程将是企业从嵌入全球供应链逐步向主动构建跨国供应链转变的阶段，"一带一路"为众多国家之间的合作提供了平台，通过项目合作，企业之间的合作关系得以建立。因此，"一带一路"与全球供应链形成的过程具有同步性。

3. 内容的耦合性

中国政府倡议"一带一路"的主要内容是以政策沟通、设施联通、贸易畅通、资金融通、民心相通为主。其中，政策沟通是重要保障，设施联通是优先领域，贸易畅通是重点内容，资金融通是重要支撑，民心相通是社会根基。国家之间的政治互信是企业开展深入合作，构建跨国供应链的前提条件。共建"一带一路"国家的设施联通是提升国际物流效率的重要保障，中国与中亚、西亚各国的设施联通，将进一步推动中国向西开放的步伐，有利于中国企业"走出去"与外国企业"引进来"。贸易畅通包括投资贸易便利化、拓宽贸易领域、拓展投资领域、优化产业链分工布局等主要内容，这些内容同时也是构建跨国供应链的关键内容。降低通关成本，减少非关税壁垒，积极探索新的商业业态和投资贸易合作，推动产业集群发展等这些是跨国供应链形成的关键所在。资金融通是跨国供应链形成的重要支撑条件，能有效降低企业经营和供应链管理成本。民心相通能不断缩短供应链成员企业之间的文化距离，是跨国供应链稳定、高效的基础和保障。因此，"一带一路"与跨国供应链形成在内容上具有耦合性。

4. 原则的一致性

中国政府倡议"一带一路"要遵循五项原则，即恪守《联合国宪章》的宗旨和原则、坚持开放合作、坚持和谐包容、坚持市场运作、坚持互利共赢。以上五项原则对国家而言，无论是开放合作还是市场运作，更多地体现在制度性安排方面。实际上，跨国供应链构建也是一种制度性安排，不能将跨国供应链仅仅理解为跨国企业的事务，"一带一路"中的跨国供应链更多体现在各国政府的制度安排。如：汇率、关税、通关、物流通道网络等不是跨国企业能够左右的。共建"一带一路"国家多数为发展中国家，市场化水平还不高，政府在经济发展中的作用非常关键，有时对跨国供应链的构建起着决定性作用。跨国供应链构建是企业之间从初步合作到不断建立信任关系的过程，这与国家之间的信任关系建立是具有相似性的，而且，企业之间合作关系的建立也有利于国家之间的信任关系的建立。因此，跨国供应链的构建原则与"一带一路"原则是一致的。

8.5.2 "一带一路"背景下跨国供应链形成的有利因素

1. 共建"一带一路"国家的合作不断升级

"一带一路"以优化实施共建国家之间基础设施的互联互通，将极大改善共建国家基础设施，逐步形成跨国物流通道网络。由中国倡导的400亿丝路基金将大规模地促进中亚地区基础设施的建设，欧洲在中亚也有大量的援助计划。2013年以来，中国与共建"一带一路"国家之间投资贸易合作不断深入，中国与共建各国的国际产能合作不断深入，建立了中哈（哈萨克斯坦）产能合作专项基金、中阿（阿联酋）共同投资基金、中非（非洲）产能合作基金和中拉（拉美）产能合作基金。2015年中国制造业对外投资额达到143.3亿美元，同比增长105.9%。2016年，中国制造业对外投资为310.6亿美元，占中国对外直接投资总额的比重从2015年的12.1%上升为18.3%。因此，随着"一带一路""五通"水平的不断提升，国家、地区、企业层面的互利共赢、共同发展的格局将逐步实现，跨国供应链的形成将水到渠成。

2. 共建"一带一路"国家经济发展的内生动力

"一带一路"共建各国大多是新兴经济体或发展中国家,总人口约 30 亿,经济总量约占世界的四分之一,从总体上看,这些国家经济发展水平普遍较低,经济发展方式较为粗放,人均 GDP 只有世界平均水平的一半左右。这些国家的产业结构比例大部分处于失调状态,第一产业和第二产业增加值在 GDP 中的比重较高,而第三产业增加值在 GDP 中的比重则较小,甚至显著低于世界平均水平。但是"一带一路"沿线大部分国家或地区的经济发展并未停滞不前,在过去的一二十年里,尽管有时受到内外部环境的影响出现一些波动,但是大部分国家经济实现快速增长,部分国家的 GDP 年均增长率甚至达到世界 GDP 平均增速的 2 倍,成为世界经济区域中比较有活力的地区。这些国家普遍具有大力发展经济的动力,出台发展经济及改善人民生活水平的规划或计划,如哈萨克斯坦提出的"哈萨克斯坦—2050 战略""光明之路""新经济计划""百步计划"等,俄罗斯提出的"欧亚经济联盟"等。

3. 国际投资及物流环境的逐步改善

在"一带一路"倡议的推动下,国际投资及物流环境的逐步改善为共建"一带一路"国家特别是内陆国家带来了前所未有的贸易参与机会。亚洲开发银行的研究表明,内陆国家基础设施贸易成本每降低 10%,其出口将增加 20%,这凸显了基础设施互联互通对于促进贸易增长的重要性。比利时布鲁盖尔研究所的进一步研究表明,这种基础设施的改善对国际贸易具有显著的正面影响。具体而言,当共建"一带一路"国家的铁路、航空及海上运输成本每降低 10% 时,分别能提高国际贸易约 2%、5.5% 和 1.1% 的水平。这不仅说明了交通成本的降低对于提升国际贸易量的直接作用,也显示了"一带一路"倡议在促进区域间经济合作和贸易往来方面的有效性。这些研究成果与"一带一路"背景下跨国供应链形成的有利因素相得益彰。基础设施的互联互通不仅为跨国供应链的形成提供了坚实的基础,还通过降低广义贸易成本,大幅提高了参与国际分工的能力和水平,进而推动了各国的经济发展。在"一带一路"共建过程中,包括塔吉克斯坦、缅甸、泰国、越南、俄罗斯、阿尔巴尼亚等国在内的许多共建国家,其贸易水平都得到了相当程度的提高,这正是国际投资及物流环境逐步改善所带来的积极效应。总之,国际投资及物流环境的逐步改善,特别是基础设施的互联互通,为共建"一带一路"国家提供了更多的贸易参与机会,促进了跨国供应链的形成和发展,推动了区域经济的繁荣与稳定。

4. "一带一路"为跨国企业形成完整供应链提供资源

(1) 跨国企业采购。获取资源是企业国际化的动机之一,跨国采购是在全球范围内获取资源的一个过程。共建"一带一路"国家资源禀赋不同,各国资源分布差异较大,而且各国在全球中的国际分工地位差异较大。共建"一带一路"国家的能源资源较为丰富,比如伊朗、伊拉克、哈萨克斯坦以及俄罗斯的石油存储量较大,在世界各国中排名均处在前 10 位;伊朗、俄罗斯和土库曼斯坦的天然气存储量在世界各国中排名第一、第二和第四位,约占全球的 50%;中国、俄罗斯、哈萨克斯坦和乌克兰以及印度的煤炭存储量占世界各国已探明煤炭储量近半。因此，这些地区将可能成为能源资源行业跨国采购的最佳目的地，成为跨国供应链中重要的节点。

(2) 跨国企业生产。跨国生产网络布局是企业国际化发展的高级形式。企业将研发总部置于科技较为发达的国家或地区，而将加工和装配环节置于劳动力成本较低的国家或地区，这是20世纪90年代以来中国成为世界加工制造中心的主要推动力。正是由于同一产品的不同生产环节在空间上的分离，导致跨国企业必须建立高效的跨国供应链才能保持研发、生产、销售、配送等各环节的无缝连接和快速响应，所以，企业跨国生产的布局是跨国供应链形成的主要内部推动力。共建"一带一路"国家多为新兴经济体或发展中国家，具有一定低成本优势，为跨国供应链的形成奠定了基础。

(3) 跨国企业营销。由于各国经济发展阶段不同，导致了产品生命周期在各国表现的阶段也各不相同。这恰好为企业扩展海外市场提供了机会，在本国淘汰的产品，可能正是别国所需要的产品，因此，通过跨国营销不仅为企业降低了风险，而且获取了更多的利润。企业通过成立销售公司，以纵向一体化模式替代市场交易，这也是企业国际化的高级阶段，在国外成立的销售公司更加有利于寻找客户，建立相应的供应链伙伴关系。"一带一路"覆盖区域人口近30亿，拥有巨大的市场空间和潜力。因此，跨国营销体系的构建，将促进企业生产运营及物流环节的国际化布局，从而推动跨国供应链的形成与管理实践。

8.5.3 "一带一路"背景下跨国供应链形成的不利因素

1. 道路互联互通程度不高

目前中国与中亚各国，以及中亚各国与周边国家或地区之间，在铁路、陆路、管道、空中通道的互联互通程度还不能满足现实需求，中亚各国的交通运输还主要以公路为主，铁路的基础设施建设较为滞后，部分设施急需更新，各国铁路的轨距仍沿用苏联的标准，电气化铁路缺乏，共建国家之间的基础设施联通还未到位，各国海关的通关效率普遍不高。当然，这跟这些国家安全形势也有较大关系，为确保各交通要道的安全，常常采取比较严格的审查，这也影响了通关效率。

此外，由于中亚各国经济发展水平不高，消费能力不强，中亚国家的市场容量有限通过大陆桥去往欧洲各国的铁路班列，多数存在单程货物满车，返程空车返回的窘境，企业运营能力有限导致空车率较高，企业运营成本较高。因此，道路互联互通的程度不高，对跨国供应链形成及运作产生了一定限制，但是，"一带一路"的重点就是基础设施建设，随着时间的推移，这种制约将渐渐成为优势。

2. 文化语言交流障碍

"一带一路"共建国家通用的语言约有50种，而且各个国家内部不同民族可能还有地区性的语言，语种更加复杂，语言之间的差异，导致文化交流的困难。"一带一路"共建各国宗教种类众多，世界上主要的宗教几乎遍布在共建"一带一路"各个国家，而且各个宗教内部的不同派别也有着不同的信仰和风俗习惯，使得文化交流之间的障碍难以逾越。宗教派别之间的差别，导致各种文化冲突，给文化交流也带来一定不利影响。虽然民族文化差异性给世界文化增添了许多色彩，但是文化差异性同时也引起各民族之间的敌视和纷争，给企业跨国经营带来重重压力，也为跨国供应链的形成带来不利影响。

3. 国际市场竞争激烈

"一带一路"为企业带来巨大的投资空间，以中国企业为例，在基础设施投资和建设领域，得益于大项目合作以及中国资金的支持，中国对外承包工程行业取得较好成绩，在交通运输、房屋建筑、电力能源、装备制造等保持了10%以上的高速增长。同时，中国企业外部竞争日趋激烈，日本、韩国、土耳其等国是中国企业主要竞争对手，中国企业在面临其他发展中国家承包商低价竞争时，发达国家承包商也加入其中，而且他们也通过给予企业补贴、出口设备退税等方式支持本国企业参与竞争。另外，由于中国企业在对外直接投资中缺乏合作，有些甚至出现竞相压价的情况，让别国企业坐收渔翁之利。因此，竞争加剧导致企业建立合作关系的难度增大，对"一带一路"跨国供应链的构建带来压力。

8.6 实训项目——中国香港利丰集团全球供应链管理的案例分析报告

8.6.1 实训目的

通过利丰集团供应链管理的案例分析，提高运用所学知识分析与解决案例问题的能力。

8.6.2 实训内容

1. 工作情境

A集团国际供应链管理问题制约了其业务的发展，现向你所在的咨询公司寻求解决方案，你的上级领导要求你提供相应的建议；鉴于A集团和利丰集团公司的发展历程类似，你决定通过剖析利丰集团公司的供应链案例来获得启发。

2. 案例任务

（1）思考以下问题：

1）利丰集团的跨国供应链的形成经历了什么样的过程，其关键点在哪里？

2）利丰集团跨国供应链的上中下游职能分别是什么？

3）利丰集团跨国供应链的创新体现在哪里？

（2）编写一份案例分析报告，谈谈利丰集团国际供应链管理经验对A集团的借鉴作用。

3. 实训成果

案例分析报告。

第8章 "一带一路"背景下国际供应链管理

案例分析

香港利丰集团全球供应链管理

1937年利丰有限公司在香港成立,至2006年年底,利丰集团已成功进行了30多项收购活动。利丰集团分为三大部分,利丰贸易、利和经销及利丰零售。利丰贸易为利丰集团提供出口贸易业务,运用供应链管理的概念,提供高增值及高流量的原料采购、制造及出口统筹等服务。利和经销为集团提供经销业务,为客户提供生产制造、物流管理和品牌推广的全方位配套服务。而利丰零售是利丰集团的零售业务,比如玩具"反"斗城、圣安娜饼屋等。

1. 利丰集团的供应链管理

利丰集团从传统的贸易商逐步蜕变为一家跨国商贸巨头,其成功的关键在于供应链管理。该集团以核心业务为基石,不断为客户创造增值服务,并积极寻找每一条供应链中的关键路径。利丰深知,任何单一地点都无法生产出最具竞争力的产品。因此,其采用了一种创新的策略:对产品的生产过程进行精细化分解,对每个生产环节进行优化,并寻找出最为关键的生产路径。在此基础上,利丰在全球范围内布局生产,从而实现了资源的优化配置和成本的有效控制。

利丰贸易控制着供应链的上游业务。早期的推式系统,为了保证"安全库存",会使订单略大于估计的消费者需求,当销售不畅的时候,就会减少存货,造成"牛鞭效应"。多余的产品就要减价促销,供应链上的企业都会遭受损失。而供应链管理提倡拉式系统,即以市场的需求拉动上游的生产行为,实现以顾客为中心的供应。利丰贸易很好地实现了拉式系统,开创了虚拟生产业务模式,它紧贴市场,根据客户所提的产品要求,先设计出样品的草图,设计员根据这个草图,利用计算机辅助设计制作纸样,找出最节省空间的布料纸样裁剪方法,并且会同时提供多个不同的原材料、布匹、裁剪、颜色的选项供顾客选择。利丰贸易将整个过程分解为供应链的每个环节,最后根据订单将各个环节分配到专业企业中去生产。整个过程中,利丰贸易将信息技术和管理相结合,创造出虚拟生产的专业生产模式,随时和客户及供应链各方保持联系和沟通,努力消除障碍。

利和经销负责供应链中游业务,即以物流业务、市场推广和批发销售为主,以相关的生产加工活动为辅,为所代理的产品提供一站式的配套生产、市场推广和物流服务。让物流连接传统的营销和生产,使这三项业务形成一个完整的价值链,这种模式优于供应主导式的供应链模式,这一方法就被称为"价值链物流"。

第四方物流的定义是:一个供应链集成商结合自己与第三方物流供应商和科技公司的能力,整合客户的资源,将生产、运输、仓储、加工等有机结合,形成一条完整的供应链。

利和经销创新的虚拟物流模式,以第四方物流为基础,摒弃了传统仓库和车队等实体资产,转而运用信息技术,将全球物流伙伴紧密联结,构建了一个全球化的完整供应链网络。这一模式与利丰贸易的虚拟生产相结合，形成了独特的"虚拟供应链"模式，将供应链的上下游环节高效融合，使公司能够快速响应客户需求，并为客户量身打造高品质的解决方案。此外，利和经销还提出了一套优化的供应链评估方案，通过对供应链上下游各个环节，如前置时间、物料供应、生产灵活性、市场反应等关键指标的全面评估，实现了供应链结构的优化重组，从而大幅提升了供应链的整体效率和质量。

利丰零售负责供应链的下游业务，它的工作流程是先分析零售商的市场策划、消费者服务以及消费者需求分析，然后供应商将零售商需要的货物直接配送或用中央仓配送到零售商手中。利丰零售主要经营 OK 便利店及圣安娜饼屋。

2. 利丰集团的增值服务与信息技术

利和经销为 Diageo 提供了一项创新的增值服务，针对不同的销售市场贴上不同的标签，并使用半自动化的生产线进行高速包装。并在同一时期提出了一种"延后策略"。客户将存货一直存放在利和的物流中心贴标签，直到最后一刻确定了每种产品的数目后，才将货物放在生产线上进行包装。这种策略，可以使货物更接近市场，而且因为订货时间缩短，地区的存货量就会降低，降低了因库存造成的损失。

利丰贸易有自己的交易网站，可以为顾客提供多元化的服务，例如，前文提到的利用计算机辅助设计制作纸样。网站可以为顾客提供一个精细的、可旋转的样品的图像，当顾客觉得满意后，就可以在线订购了，并且一天 24 小时都可以。由此，利丰贸易可以为顾客提供差异化的产品，从而提高自己的市场占有率和品牌信誉。但这绝不会就此止步，在未来，利丰还会创办一个"电子储备供货平台"，汇集供应商多余的库存并在网上销售，减少积压的产品，降低企业的损失。并提出了蝴蝶模型，将顾客和供应商联系起来，在中间建立一个虚拟的交易市场，让利丰成为中间的协调人。

3. 利丰集团提倡的三年计划与供应商计划

常规以五年为期的计划对企业来说太长，容易使企业脱离快速变化的市场。从 1992 年起利丰实施零起点三年计划。每次做三年计划时，他们都会从最底层开始考虑，使企业管理层保持清醒的头脑，根据最新的环境和状况，计划企业的未来。三年为期的计划是指第一年制定计划并努力实施计划；第二年努力落实计划争取达到目标；第三年审视企业现状，检查是否达到目标并进行评估。具体过程是：先审视内外环境和自己想要达到什么目标，再分析可能会遇到的优势、劣势、机会和威胁，最后拿出切实可行的策略，并将策略落实在各个部门、政策、技术和指标。

同利丰贸易一样，利和经销的三年计划也是一个零起点计划。这样使决策层做出的每一个决策可以基于现在的环境，并且可以没有负担的进行决策。利和经销依据三大核心业务（营销、物流和制造）提供给客户一站式的综合分销方案，并考虑到现在消费者多元化的需求，为每一位客户提供量身定做的价值链物流方案。利和经销又加入了信息技术，可以使供应链上的各个企业建立密切的联系，并且和客户也可以保持透明的、有效率的合作关系。利和经销应用信息技术的系统有分销及财务管理系统、仓库管理系统、互联网数据检索系统、综合企业应用系统等，使各部门、各地区更及时、有效地沟通和回报数据。减少了员工的工作量,提高了用户对利丰集团的忠诚度。

OK便利店为了寻找更高效率和更低成本的营运模式,提出了供应商伙伴计划,通过与供应商分享资源,共同承担风险与成本,建立长久的信任关系,提高供应链整体的运作效率,形成长久的竞争优势。OK便利店定期会与供应商举行会议,商讨双方都能接受的价格,从而双方受益。OK便利店还与其他公司共同推出了"供应商库存管理计划"。供应商通过零售商的库存量和仓库容量,自动补齐零售商缺少的货品数量,并提供送货服务,减少了零售商本身的补货工作,也消除了店铺内过多的库存,减少了物流费用,提高了整体效率和供应链管理效益。

传统的企业一般都希望资金越多越好,利丰贸易却发现,重资金营运会使企业不能灵活地动态发展,若外部的环境发生重大改变,企业就不能做出及时的反应。所以,利丰贸易提出了"轻资产营运",用尽可能少的资本,创造出尽可能多的产品。利丰贸易的虚拟生产便体现了这一点。不用将大量的资金投入到厂房、机器等固定资产中。当经济或外部环境发生转变时,不会被这些固定资产拖累,影响自己的决策。利和经销也运用轻资产、低风险的营运模式,除了尽量减少固定资产外,对流动的营运资金也严格控制,力求降低库存、压缩应收款、加速现金流。

资料来源:汝楠. 香港利丰集团的供应链模式探究 [J]. 物流工程与管理. 2017,39(09):84-85.

请结合案例,完成本章实训项目。

思考与习题

(1) 如何理解供应链及国际供应链产生的背景?
(2) 国际供应链的特征与职能有哪些?
(3) 如何理解国际供应链背景下的国际竞争合作理念?
(4) 构建国际供应链应考虑哪些问题?
(5) 国际供应链构建应遵循的原理有哪些?

参 考 文 献

［1］ 陈言国. 国际物流实务［M］. 2版. 北京：清华大学出版社，2020.
［2］ 史成东. 国际物流学［M］. 北京：北京理工大学出版社，2016.
［3］ 黄新祥，宋娟娟，陈雅萍. 国际物流［M］. 2版. 北京：清华大学出版社，2020.
［4］ 王钢. 运输管理［M］. 北京：清华大学出版社，2015.
［5］ 张良卫. 国际物流学［M］. 北京：机械工业出版社，2023.
［6］ 逯宇铎. 国际物流管理［M］. 北京：机械工业出版社，2017.
［7］ 孙韬. 跨境电商与国际物流——机遇、模式及运作［M］. 北京：电子工业出版社，2020.
［8］ 代湘荣. 国际物流运作实务［M］. 北京：中国人民大学出版社，2020.
［9］ 刘瑶. 跨境电商运营实务［M］. 北京：人民邮电出版社，2021.
［10］ 韩小霞，王钢. 供应链管理［M］. 北京：清华大学出版社，2016.
［11］ 陈皓. 国际物流与商务运作［M］. 成都：西南财经大学出版社，2023.
［12］ 彭静. 跨境电子商务物流［M］. 北京：清华大学出版社，2023.
［13］ 张荣. 国际货运代理［M］. 2版. 北京：清华大学出版社，2022.
［14］ 谢京辞. 港口物流与供应链管理［M］. 北京：清华大学出版社，2022.
［15］ 刘常宝. 数字化供应链管理［M］. 北京：清华大学出版社，2023.
［16］ 蒋长兵. 国际物流学教程［M］. 2版. 北京：中国财富出版社，2012.
［17］ 牛鱼龙. 美国物流经典案例［M］. 重庆：重庆大学出版社，2006.
［18］ 蔡进. "一带一路"与国家供应链发展战略［J］. 中国流通经济，2016（1）：25-30.
［19］ 王春豪. 丝绸之路经济带建设中跨国供应链形成机制及影响因素研究［D］. 北京：对外经济贸易大学，2017.